خاطرات زندان هالو
محمدرضا عالی پیام

خاطرات زندان هالو
محمدرضا عالی پیام

چاپ سوم ۱۴۰۲

خاطرات زندان

محمدرضا عالی‌پیام

گرافیک جلد: استودیو مهری
ویراستار: حانیه دری
نمونه‌خوان: یانه‌سری

چاپ سوم: لندن ۲۰۲۳ میلادی/ بهار ۱۴۰۲ شمسی
شابک: ۷-۹۳-۹۱۶۶۳۵-۱-۹۷۸
مشخصات ظاهری: ۳۹۲ ص.: مصور.
خاطرات ـ ۲۵

هرگونه ترجمه، نقل و اقتباس اعم از طرح و خط داستانی، بخشی از این کتاب یا در کلیت آن‌چه در قالب صوتی یا تصویری یا در شبکه‌های اجتماعی (فضای مجازی یا حقیقی) تنها با اجازه‌ی نویسنده‌ی این کتاب مجاز است. کپی رایت © محمدرضا عالی‌پیام
تمامی حقوق محفوظ است.

www.mehripublication.com
info@mehripublication.com

سفارش آثار هالو

می‌توانی
درد را ناله کنی
ستوه را فریاد برآوری
و کت‌بسته بروی به جایی
که ناله را به بند عمومی می‌برند
و فریاد را به انفرادی

قباد حیدر

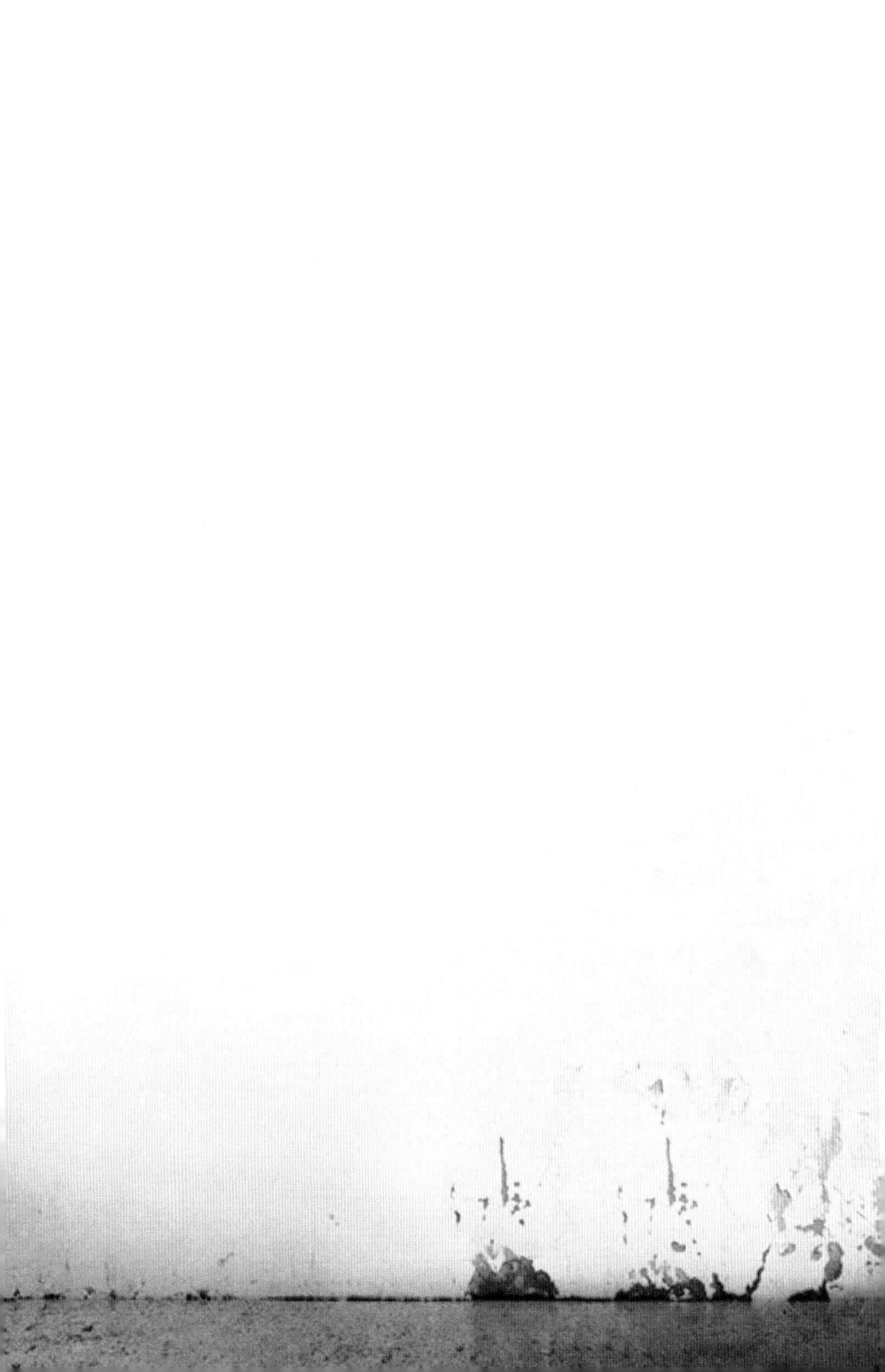

...

مصرع چار: آی زندانبان

باز کن لای درز پنجَره را

تا مگر بشنوند مردم شهر

بغض سرد میان حنجره را

از اوین رفته تا رباطکریم

...

هالو

فهرست

بخش اول ـ زندان عشرت‌آباد / زندان قصر

عشرت‌آباد ۱۳
زندان قصر ۱۸
زندان جهاد ۱۹

بخش دوم ـ زندان توحید

بازداشت اول ۲۵
بازداشت دوم ۲۷
ماجرای ۱۲۳ ۳۸
شلاق‌خانه ۴۰
گچ پا ۴۶
آزادی ۵۰
دادگاه ۵۲

بخش سوم ـ زندان اوین

بازداشت ۶۳
تعویض بازجو ۶۶
ورود به اوین ۸۱
ورود به بند ۳۵۰ ۸۳
آشنایی با هم‌اتاقی‌ها ۸۴
اولین روز ۹۴

۱۱۳	آزادی موقت
۱۱۵	بازداشت دوم
۱۲۱	بخش‌هایی از نامه‌ی عبدالله مومنی به رهبر

بخش چهارم - زندان رجایی‌شهر

۱۳۷	احضار به زندان
۱۴۹	اوین دربست
۱۵۲	قرنطینه‌ی اوین
۱۶۱	زندان رجایی‌شهر
۱۶۴	اولین ملاقات با رییس زندان
۱۶۵	ورود به بند دو
۱۷۱	دومین ملاقات با رییس زندان
۱۷۵	مشکل دارو
۱۷۹	فروشگاه
۱۸۲	اعلام عفو عمومی
۱۹۱	شروع فصل گرما
۱۹۶	کلاس عروض و قافیه
۱۹۷	کاپوها
۲۰۲	بازداشت رییس‌بند
۲۰۷	ماه رمضان
۲۰۹	شب احیا
۲۱۱	و اما ماجرای انبار
۲۱۲	سومین ملاقات با رییس زندان
۲۲۰	آیین‌نامه اجرایی سازمان زندان‌ها
۲۲۶	سبیل
۲۳۲	اتاق اختصاصی
۲۳۵	نامه‌ی هالو به پسرش
۲۳۸	دانشگاه پیام نور
۲۳۸	شروع فصل سرما

۲۴۱	اولین نامه به وزیر بهداشت
۲۴۳	شروع ماه محرم
۲۴۷	قاشق‌دزدی
۲۵۲	لواط
۲۵۳	اصطلاحات رایج در زندان
۲۶۷	قانون تجمیع
۲۷۱	شعرخوانی هالو در زندان
۲۷۵	اولین اعزام به بیمارستان
۲۷۹	دومین نامه به وزیر بهداشت
۲۹۶	فال حافظ
۲۹۹	شش برادر عرزشی
۳۱۱	شمع تولد در گورستان مرگ
۳۲۱	ملاقات با نماینده‌ی دادستان
۳۲۴	یک ملاقات غیرقانونی
۳۲۷	خلخالی در رجایی‌شهر
۳۳۰	چهارشنبه‌ی خاکستری
۳۳۴	سوء قصد به هالو و دومین اعزام به بیمارستان
۳۴۴	نامه به حسن خمینی
۳۵۳	نامه به ریيس قوه‌ی قضاییه
۳۶۵	چهارشنبه سوری
۳۷۰	آزادی
۳۷۵	نامه به قاضی

بخش اول

زندان عشرت آباد
زندان قصر

عشرت آباد

- این مسواکت، اینم خمیر دندون، اینم حوله، اینم صابون، اینم بهش می گن واجبی. ورمی‌داری می‌ری تو حموم خودتو نظافت می کنی میای بیرون. اینجا کسی سوال نمی کنه، فقط حرف گوش می کنه. اگه بچه‌ی سر به زیری باشی، سه سوت حبست تموم می‌شه و می‌ری پی کارت. اگه دردسرساز باشی، بدجور کلامون می‌ره تو هم.

این‌ها اولین جمله‌هایی بود که از زندانبان هنگام ورود به زندان عشرت‌آباد شنیدم. سال شصت و یک و اولین تجربه‌ی زندان در جمهوری اسلامی. آن زمان سپاهی بودم، ولی کار اصلی‌ام فیلمسازی بود. در صداوسیما سریال «غازیان افغان» را تدوین می‌کردم. مستندی که طی دو سال در افغانستان ساخته بودم.[1]

آن روز در ایست و بازرسی ورودی صداوسیما، داشتم سلاح کمری‌ام را تحویل

---

۱. این مستند و سپاهی شدن من رابطه‌ی مستقیم دارند. ماجرا از این قرار بود که سال پنجاه و نه که از افغانستان برگشتم، قراردادی با صداوسیما بستم تا سریال مستند افغانستان را ظرف مدت شش ماه آماده کنم و تحویل دهم. ظرفیت همه‌ی گروه‌ها (مثل گروه کودک، فیلم و سریال، جهاد سازندگی ...) پر بود و فقط گروه سپاه میز مونتاژ خالی داشت که در اختیارم گذاشتند. بعد از یکی دو ماه فرمی جلوی من و همکارم قرار دادند و گفتند: «پر کنین». فرم چه بود؟ فرم استخدام در سپاه پاسداران. گفتیم: «ما که نمی‌خوایم سپاهی بشیم. ما فیلمسازیم و فقط داریم از امکانات گروه سپاه استفاده می کنیم و اجاره‌اش رو هم که داریم می‌دیم». گفتند: «نمی‌شه، اینجا اگه می‌خواین کار کنین حتمن باید سپاهی باشین». ما هم ناچار فرم را پر کردیم و این‌جوری شد که ما کشکی کشکی پاسدار شدیم و ششلولی بر کمر که بلای جان شد.

می‌دادم که یک تیر از اسلحه خارج شد و از شیشه‌ی کیوسک نگهبانی بیرون رفت و وارد قسمت بازرسی خانم‌ها شد. به خاطر بی‌احتیاطی در استفاده از سلاح، سه ماه حبس تأدیبی در کاسه‌ام گذاشتند.

برای اجرای حکم، به زندان عشرت‌آباد واقع در پادگان ولی‌عصر منتقل شدم. آنجا همه‌ی زندانیان نظامی بودند. از همه سابقه‌دارتر یک سروان ارتش بود به نام حاجی رضایی که صد و بیست اسیر عراقی را به او داده بودند تا به عقب منتقل کند. در راه، همه را تیرباران کرده بود. او هر پنجشنبه و جمعه به مرخصی می‌رفت. البته با اتومبیل خودش که یک اپل مدل ۶۰ بود. یک کلت برتا استندلس هم داشت که وقتی می‌آمد، تحویل می‌داد و وقتی می‌رفت تحویل می‌گرفت.

یک تواب مجاهد خلق بود که عصرها در آفتاب می‌نشستیم و ماجراهای مربوط به ترورهای کوری را که داشتند، تعریف می‌کرد. می‌گفت: «ما تیپ موتورسوار بودیم. هرکی تو خیابون ریش و اورکت خاکی داشت می‌زدیم. اگه محیط خلوت و مناسب بود، بعد از زدن بازرسی بدنی می‌کردیم و کارت شناسایی و احیانن اسلحه‌ش رو برمی‌داشتیم. هشتاد درصد ظن ما درست بود و بیست درصد امکان داشت اشتباه انتخاب کرده باشیم. غیر از ما که کارمون ترور کور بود، تیپ‌هایی بودن که کارشون ترور شناسایی شده بود. اکثر کسایی که برای ترور معرفی می‌شدن، مغازه‌دارایی بودن که توی دکونشون بیشتر از یه عکس امام که همه دارند، نصب بود. مثلن عکس بهشتی یا شهدا یا تابلوهایی که نشون می‌داد حزب‌اللهی‌اند. تیپ موتوری هم داشتیم که ماشینایی شبیه ماشین گشت سپاه و کمیته داشتن. برا اینکه یک وقت ما خودی را هدف نگیریم، به سپر ماشین‌هامون یه تیکه نخ می‌بستیم».

دیگری پاسداری بود به نام حمید رنجبران که در خدمت سربازی هنگام شوخی با دوستش تیر از اسلحه‌اش در رفته و باعث مرگش شده بود. این حمید رنجبران در سه عملیات طریق‌القدس، بیت‌المقدس و فتح‌المبین شرکت کرده بود. یک پاسدار دیگر به نام محمد هژبر هم به همین جرم گرفتار بود. فرهاد،

دایی خودش را از باب امر به معروف! کشته بود. البته نه به تنهایی، که بهزاد و حمید حسنی و جواد افراسیابی هم با او در این امر خیر! همراه بودند و همگی در آنجا جمعشان جمع بود. این جواد بعدن در جبهه شهید شد.

شخصی بود به نام محلوجی که فرمانده‌ی سپاه کاشان بود. ایشان با اتوبوس از کاشان می‌آمده تهران، در دستشویی رستوران بین راهی، کلتش را دم پنجره‌ی توالت گذاشته بود، خیر سرش استبراء[1] یادش نرفته، ولی کلت چهل و پنج را فراموش می‌کند و وقتی می‌رسد تهران تازه یادش می‌افتد ای داد بیداد، کلت رفت.

حسین قربانی اهل قورچی‌باشی خمین بود. او با «ام یک» دشمن پدرش را کشته بود. جالب اینکه نامردی نکرده و گوسفندهای آن بنده خدا را هم زده بود.

خِدری که چند انگشت دست نداشت و پایش هم به شدت آسیب دیده بود، لب پنجره داشته با نارنجک بازی می‌کرده که نارنجک منفجر می‌شود و خودش از پنجره پرت می‌شود پایین، ولی سه چهار نفر دیگر که در اتاق بودند کشته می‌شوند.

حمید شالی کارمند مخابرات، برای خودش مخی بود، جرمش ساختن دستگاه استراق سمع بود. شالی بعدها شهید شد.

یک اکبر هم بود که کیف‌قاپ بود. می‌گفت حقوق ماهی دو هزار تومن سپاه کفاف خرجی را نمی‌دهد. محمد دهقان هم اسلحه گم کرده بود.

یک آقا مرتضا هم بود که با رفیق اصفهانیش (اسمش یادم نیست)، هر دو محافظ آقای رفسنجانی بودند. سرقت مسلحانه‌ی ناچیزی کرده و گیر افتاده بودند. آن موقع‌ها رسم بود دزدها را می‌گرفتند. مثل حالا نبود.

در مجموع سی نفر می‌شدیم که جرم من از همه سبک‌تر بود. زندانبانِ

---

۱. استبراء یک عمل مستحبی در فقه اسلامی است که مردها بعد از ادرار، انگشت وسط خود را بیخ آلت نزدیک مقعد قرار داده و سه بار تا بیخ آلت تناسلی می‌کشند، سپس آلت را بین انگشت وسط و شست قرار داده سه بار به سمت نوک آلت می‌کشند. بعد سه بار نیز نوک آلت را فشار می‌دهند تا تتمه‌ی ادرار باقی‌مانده خارج شود. یادم می‌آید استاد ما در کانون آموزش قرآن برای یاد دادن این مسئله از لوله‌ی قوری استفاده می‌کرد. این را استبراء از بول می‌گویند. یک استبراء از منی هم داریم که جایش اینجا نیست.

این سی نفر، شخصی به نام سعید احمدی بود که بعدها، یعنی سال نود، با چهارصد میلیون تومان پول بیت‌المال به آلمان فرار کرد. جالب اینکه همه‌ی این سی نفر زندانی، یا آزاد شدند و سرشان به زندگی است و یا شهید شدند، ولی زندانبان به جرم دزدی به خارج از کشور فراری.

زمانی که پاسدار بودم ...

من پیش‌نماز این جمعیت بودم. یعنی به اصرار مرا پیش‌نماز کرده بودند، چون حافظ قرآن بودم و اطلاعات دینی‌ام زیاد بود. هرچه می‌گفتم: «آقا یکی دیگه رو انتخاب کنین، من باطنم خرابه» قبول نمی‌کردند. من هم یک شب در رکعت اول سوره‌ی جمعه و در رکعت دوم سوره‌ی تغابن را خواندم. کفر همه درآمده بود. بعد از نماز همه اعتراض کردند. گفتم تازه فردا صبح می‌خواهم سوره‌ی بقره را بخوانم. سیاستم کارساز شد. همان شب از سمت پیش‌نمازی معاف شدم و فرهاد به جای من پیش‌نماز شد.

یک شب آقای سالمی، کارمند کشیک شب، آمد و گفت: «خانومت پشت خطه و با تو کار داره». در را باز کرد و من به دفتر رفتم. صدای خانمم بسیار وحشت‌زده بود و گریه می‌کرد. گفت: «یه نفر تو حیاطه و من سایه‌اش رو روی شیشه دیدم». زبانش از ترس بند آمده بود. گفتم: «نترس من زود خودمو

می‌رسونم خونه». آخر تازه داماد بودم و بفهمی نفهمی هنوز در دوران ماه عسل بودیم. به سالمی گفتم: «من باید برم خونه، دزد اومده و زنم تنهاست». گفت: «نمی‌شه و من اجازه ندارم». من که حال خودم را نمی‌فهمیدم یقه‌اش را گرفتم و کوبیدم به دیوار و گفتم: «جون زنم در خطره، می‌فهمی؟». نمی‌فهمید.

شماره: ۲۷۱۷۶۸۲ / ۹۰۲۱۱۱

تاریخ: ۲۱/۰۶/۱۳۹۷

کد منطقه ای: ۲۱۱۱۲۷

کد ملی: ۰۰٤۲۷۳٤۰۵۷

از: مرکز تشخیص هویت پلیس آگاهی تهران بزرگ

به: اداره سجل کیفري دادسراي عمومي و انقلاب تهران

موضوع: سیدمحمدرضا عالي پیام فرزند سیدماشاءاله ش ش ٤۳۱ ت ت ۲۰/۰۳/۱۳۳٦ تهران

سلام علیکم

احتراما برگ انگشت نگاری نامبرده بالا که متقاضی اخذ گواهی عدم سوء پیشینه میباشد مورد بررسی واقع و به اتهامهای ذیل دارای سابقه می باشد خواهشمند است دستور فرمایید در این خصوص اقدام لازم معمول دارند /.

ردیف	شماره رکورد	نام و نام خانوادگی اعلامی	اتهام	شماره عکس	تاریخ بازداشت	شهر بازداشت	شماره قرار	مرجع صدور قرار
۱	۵۷۳۳٦۷۸	سید محمدرضا عالي پیام	قید نشده	٦۷۱٤۷	۲۳/۰٦/۱۳٦۱	تهران	۱۳۲/۱/٦۹۹۷ /داو	دادستان انقلاب اسلامي سپاه پاسداران
شرح اتهام	نامعلوم		**توضیحات**					

چند زندانی دیگر به هواخواهی از من جلو آمدند و از او خواستند آن شب مرا مرخص کند. ولی نشد. مأموران را خبر کرد و ما را به آسایشگاه برگرداندند. آن زمان اوج ترورهای مجاهدین خلق بود و من نگران بودم که آن‌ها برای ترور من آمده باشند و وقتی ببینند من نیستم به همسرم آسیبی برسانند. آن تواب که با ما هم‌بند بود مرا دلداری داد و گفت: «نگران نباش. ما فقط تو کوچه خیابون ترور می‌کنیم. از دیوار خونه‌ی کسی وارد نمی‌شیم، چون ریسکش بالاست و برای خودمون خطر داره. اون حتمن دزده. اگه خانومت یه کم داد و بیداد راه بندازه، فرار می‌کنه». سالمی به من اجازه‌ی تلفن هم نداد تا همین‌ها را به همسرم بگویم. آن شب را با نگرانی و دلشوره به صبح رساندم.

زندان قصر

فردای آن روز، زندانبان احمدی، که هیچ‌گونه انتقاد و اعتراضی را نمی‌توانست تحمل کند، مرا همراه پنج نفری که دیشب از من حمایت کرده بودند، به عنوان تنبیه به زندان قصر فرستاد. آنجا واویلایی بود. محیطی که تاکنون ندیده بودم، چه رسد به اینکه بخواهم در آن دو ماه زندگی کنم. با اینکه بچه‌ی جنوب شهر بودم و در محله‌های مولوی، اعدام، شوش، بازارچه سعادت، صابون‌پزخونه، شاهپور، گذر لوطی صالح و باغلچی و گود زنبورکخونه و ... بزرگ شده بودم، چیزهایی می‌دیدم که به‌کلی با آن بیگانه بودم. بدترین خاطره‌ی آن زندان روز حمام بود. حمام اجباری. ما را همراه پنجاه شصت لات چاقوکش لخت مادرزاد فرستادند حمام. میان این همه زندانی تقریبن کمتر کسی بود که از پاسدارهای کمیته شلاق نخورده باشد. حالا تصور کنید شش تا پاسدار میان این همه آدمی که حاضر بودند خرخره‌ی ما را بجوند. همه ما را لاشی صدا می‌کردند که محترمانه‌ترینش بود. فحش‌ها و حرف‌هایی می‌شنیدم که در عمرم نشنیده بودم.

خیلی سعی کردیم از طریق مددکاری زندان به جای قبلی برگردیم. معتقد بودیم ما سپاهی هستیم و میان این دزدها و معتادها و خلافکارها جای ما نیست. نشد که نشد. ناچار دست به اعتصاب غذا زدیم. فردای اعتصاب، ما را به اتاق رییس زندان بردند. با ما دست داد و طبق معمول از آشنایی با ما خوشوقت شد. بعد، آقایی حدود چهل _ پنجاه ساله را که در اتاق بود به ما معرفی کرد و گفت: «ایشان آقای ... (اسمش یادم نیست) از جهاد سازندگی اومدن شما رو به زندان جهاد منتقل کنن». از اینکه می‌شنیدیم جهاد هم زندان دارد خوشحال شدیم. چون بالاخره هرچه بود حتمن از این خراب‌شده بهتر بود.
با حاج‌آقا دست دادیم. دستش مثل هیکلش بزرگ بود. با قیافه‌ای مصداق:
عارفی باخدا و ربانی
جای مهری به روی پیشانی
کُت او تا به زیر زانوهاش
شانه بیگانه با سر و موهاش
بود تسبیح داخل مشتش
ده عقیق یمن در انگشتش ...
خلاصه هرچه بود، حاجی ناجی ما بود. ما را تحویل گرفت و کاغذهایی را امضا کرد و بیرون رفتیم. سوار ماشین جیپش شدیم و د برو. با دستبند آمدیم و بی‌دستبند رفتیم.

زندان جهاد

از تهران کاملن خارج نشده بودیم که در حاشیه‌ی جنوبی تهران در خیابانی پیچید و جلوی کارخانه‌ای ایستاد و بوق زد. جوانی در را باز کرد و داخل شدیم. حدود بیست و پنج نفر دیگر هم آنجا بودند که با ما شد حدود سی نفر.

از سوله‌ی بزرگی گذشتیم و وارد خوابگاه شدیم. خوابگاهی با تخت‌های سه طبقه و پتو، چیزی شبیه خوابگاه‌های نظامی خود سپاه. ناهارش بعد از یک روز گرسنگیِ اعتصاب غذا خیلی چسبید. بعد به ما گفت:

ـ شما زندانی هستین. ولی هیچ محافظ و نگهبانی نیست. اساس کار ما بر اعتماده. پنجشنبه جمعه‌ها مرخصین که برین خونه. ولی شنبه ساعت هشت صبح باید اینجا باشین.

پیش خود گفتیم حتمن اینجا مثل خر از ما کار می‌کشند. بعد دیدیم از کار هم خبری نیست. سوله‌ی به آن بزرگی با همه جور دستگاه و ماشین‌آلات داشت خاک می‌خورد. تازه پول تو جیبی هم به ما می‌داد. خیلی خیلی که می‌خواستیم کار کنیم، یک سطل رنگ و قلمو می‌داد و می‌گفت: «برین تو کوچه خیابونای اطراف رو دیوارا شعار بنویسین. جملات قصار امام خمینی و آیات و روایات و خواهرم حجابت را، برادرم نگاهت را...».

اکثر اوقاتِ ما به گل‌کوچیک و فوتبال‌دستی و پینگ‌پنگ می‌گذشت. البته بعد از نماز جماعت و دعای توسل و قرآن‌خوانی که رکن اصلی برنامه بود. ناگفته نماند گاهی فیلم‌های ویدئویی مجاز هم می‌آورد تا شب‌ها تماشا کنیم. حاجی می‌گفت: «من اینجا رو از بودجه‌ی خودم اجاره کردم و با هزینه‌ی خودم اداره می‌کنم تا به شما پاسدارای عزیز در زندان بد نگذره. از جهاد سازندگی حکم دارم، ولی دلم نمیاد از شما کار بکشم. راحت باشین و دوران حبستون رو خوش بگذرونین».

دفتر کار حاجی یک نیم‌طبقه داخل سوله بود به ارتفاع هشت ـ نه پله. پنجره‌های جنوبی و شرقی‌اش به سوله باز می‌شد و پنجره‌های شمالی‌اش به سمت حیاط. هیچ‌وقت هیچ‌کس داخل آن نرفته بود. صبح‌ها می‌آمد و بعد از حضور و غیاب، درش را باز می‌کرد و کارهای اداری‌اش را انجام می‌داد و باز درش را قفل می‌کرد و می‌رفت. من مانده بودم چه آدم خوب و باخدایی است که با هزینه‌ی خودش این‌طور رفاه حال ما را فراهم کرده و ته دلم به رییس زندان عشرت‌آباد که مثلن به خیال خودش ما را تنبیه کرده و به زندان قصر فرستاده، می‌خندیدم.

تا اینکه یک روز در حیاط مشغول بازی بودیم، توپ شوت شد و خورد به شیشه‌ی اتاق کار حاجی و شیشه را شکست و رفت تو. خب بازی را که نمی‌شد نیمه‌کاره رها کرد. یک نفر قلاب گرفت و من کشیدم بالا و از پنجره‌ی شکسته وارد شدم. اول توپ را انداختم پایین. بعد به جمع کردن شیشه‌خرده‌ها پرداختم. ضربه‌ی توپ مقداری از کاغذهای روی میز را زمین ریخته بود. ضمن جمع کردن آن‌ها توجهم به متن‌شان جلب شد و به راز حاج‌آقا پی بردم. درخواست سی عدد تلوزیون رنگی برای خانواده‌های زندانی جهاد سازندگی از فلان کارخانه. درخواست سی عدد یخچال برای خانواده‌های مستضعف زندانی از کارخانه‌ای دیگر. درخواست یک تن برنج و پنجاه حلب روغن از یکی از ارگان‌ها. مات و مبهوت مانده بودم که چطور ما مهره‌ی بازی حاجی شده بودیم و نمی‌دانستیم. دستم به سوی زونکن‌های داخل قفسه رفت. صدای مداوم بچه‌ها «د بیا پایین چه غلطی داری می‌کنی؟» توی مغزم اکو برمی‌داشت. داخل زونکن‌ها پر از نامه‌های درخواست پنکه و کولر و آبمیوه‌گیری و فرش و موکت و غیره بود. چه کاسبی‌یی حاجی راه انداخته بود و ماها هم ابزارش بودیم. پایین آمدم و موضوع را به همه گفتم. بحث در گرفت. عده‌ای می‌گفتند: «به ما چه؟ شتر دیدیم ندیدیم». عده‌ای هم مثل من معتقد بودند تو این شرایطی که بچه‌ها تو جبهه دارند با جان‌شان بازی می‌کنند، ما وظیفه داریم این موضوع را گزارش کنیم.

شب که حاجی آمد و ما مسئله را فاش کردیم، مثل موش آب‌کشیده شده بود. شروع کرد به توجیه که من این اقلام را به خانواده‌های مستضعف و یتیم‌خانه‌ها می‌دهم. اسنادش را هم دارم. رسید دارم. هرچه بود، خودش اینجا را تعطیل کرد و ما را به زندان قصر تحویل داد. من مراتب را به اطلاعات سپاه گزارش کردم. دیگر چه شد یا نشد را نمی‌دانم.

چند سال بعد از آن اطراف رد می‌شدم. چشمم به یکی از شعارهایی که خودم روی دیوار نوشته بودم افتاد:

ـ انقلاب ما انفجار نور بود.

بخش دوم

زندان توحید

بازداشت اول

سال هفتاد و چهار بود که احضاریه‌ای مرا به دادگاه انقلاب فراخواند. رفتم. در آنجا سه مورد به من تفهیم اتهام شد. فساد مالی - فساد سیاسی - فساد اخلاقی. مختصر و مفید، بدون اینکه مصداقی برای آن‌ها ذکر کنند. همه را منکر شدم.

آن زمان هشت سال بود که من از وزارت خارجه و سپاه استعفا داده، با تأسیس موسسه‌ی مینا فیلم به کار فیلم‌سازی مشغول بودم. مرا یکراست به اوین بردند. یک شب در قرنطینه و سپس انفرادی. در سلولم یک روشویی فلزی و یک توالت فرنگی قرار داشت.

هر روز بازجویی و اتهام‌های مسخره. خودشان هم نمی‌دانستند چرا مرا گرفته‌اند. چون هم تفهیم اتهام کلی بود، هم سوال‌ها. بوی پرونده‌سازی کاملن به مشام می‌رسید. از سؤالات معلوم بود بازجو چیز زیادی در دست ندارد و با سؤال و جواب سعی می‌کرد از خودم چیزی درآورد. بعد از ده روز با گذاشتن سند آزاد شدم.

این تصویر را به یادگار در سلول انفرادی اوین کشیدم.

بازداشت دوم

دو ماه بعد در خانه روی کاناپه درازکش بودم، در حالی که سه روز قبلش با ماشین تصادف کرده، یک پایم در گچ بود، یک پایم در آتل، حدود ده بخیه در سر و بیست زخم در تن. دستشویی را در پارچ و لگن انجام می‌دادم و غذا را در دهنم می‌گذاشتند. در چنین شرایطی، حدود پنج مأمور امنیتی در خانه‌ام ریختند و شروع کردند به شخم‌زدن اسباب و اثاثیه.

مهمان‌هایی که به عیادتم آمده بودند، در اتاق‌های جداگانه سین جیم شدند. چند کارتن کتاب و فیلم و دست‌نوشته جمع‌آوری شد و آماده‌ی حرکت.

مرا با آن وضع در حالی که با دو عدد عصای زیرکتی راه می‌رفتم، به کوچه آوردند. ولی راننده‌ی عملیات، سوئیچ را در ماشین جا گذاشته و درها قفل شده بود. حدود یک ساعت همان‌طور سرپا بودم. توانایی ایستادن نداشتم و تحملش برایم سخت بود. آن‌ها هم مرتب با بی‌سیم در تماس بودند که یکی سوئیچ یدک بیاورد. سوئیچ یدکی هم در کار نبود. هرچه کردند در ماشین را باز کنند، نشد. از همه بدتر اینکه همسایه‌ها جمع شده بودند و نمی‌دانستند چه خبر است، دستبند روی دست‌های من، آن هم با آن وضعیت، صحنه‌ای بود که طی ده پانزده سالی که من در آن محل ساکن بودم، ندیده بودند.

بالاخره به ۴۱۲ گفتم: «آقای برادر، اگه جرمی به جرمای من اضافه نمی‌شه، اجازه بدین من در ماشین رو باز کنم». (توی خانه که بودند، همه‌شان یکدیگر را با شماره صدا می‌زدند. من از همان‌جا شماره‌ی او را حفظ شدم) گفت: «بلدی؟» گفتم: «بله» گفت: «باز کن».

از خانمم خواستم یک جارختی فلزی از داخل کمد بیاورد. مفتول آن را باز کردم و سرش را چنگک کردم و از بغل شیشه فرو بردم و کشیدم. در باز شد. بعد به فرمانده‌شان گفتم: «پنج تا آدم ویژه‌ی عملیات اطلاعات ریختین تو خونه‌ی من، یکی‌تون بلد نیس در ماشینو باز کنه؟ پس چی به شماها یاد دادن؟».

یک خرده دلم خنک شد بابت توهین‌هایی که توی خانه به من و مهمانانم کردند. این جدا از توهین‌هایی بود که با ورود به زندان نصیبم شد. مرا با چشم بسته بردند. اول نفهمیدم کجا هستم. بعدها فهمیدم بازداشتگاه توحید است. همان کمیته‌ی مشترک معروف که قبل از انقلاب دست ساواک و شهربانی بود، حالا دست این‌هاست.

بسمه تعالی

تاریخ ۷۴/۸/۲۶

برگه وسایل موجود در انبار بازداشتگاه

نام محمدرضا   نام خانوادگی عالی پیام   نام پدر [illegible]

۱- لباس شخصی × یک روان‌نویس × هیجده عدد کلید ×

۲-

۳-

۴-

۵-

۶-

۷-

۸-

۷۴/۵/۲۶

محل امضا تحویل‌دهنده   محل امضا تحویل‌گیرنده

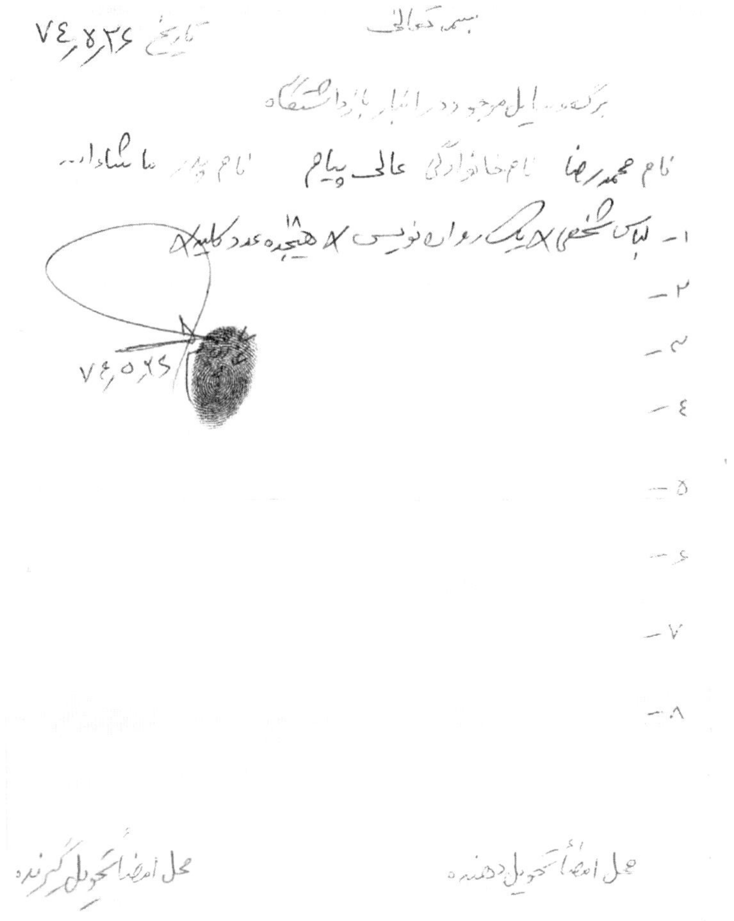

ورود به زندان بسیار توهین‌آمیز بود. فحش مثل نقل و نبات. کسی که بازرسی بدنی می‌کرد گفت: «لخت شو». عرق‌گیرم را درآوردم. گفت: «شلوارتم درآر». راستش را بخواهید این یکی ممکن نبود. چون به خاطر گچ پا، خانمم پاچه‌ی شلوار کردی را جر داده و در قسمت پایین گچ دوخته بود. گفتم: «شلوارمو نمی‌تونم درآرم». گفت: «ما برات درمیاریم. ما اینجا شلوار گنده‌تر از توها رو هم درآوردیم. تو که عددی نیستی». بعد به جان شلوار افتاد و پاچه‌ی شلوار را جر داد و درآورد.

مرا در یک سلول بدون تختخواب که یک پتو برای زیرانداز داشت و یک پتو برای رواندار، انداختند. مثل مرغداری هیچ پنجره‌ای نداشت. شب و روز را فقط از صدای رادیو که مثل لامپ بالای سر بیست و چهار ساعته روشن بود و روی اعصاب زندانی‌ها، تشخیص می‌دادم. هرچه خواهش کردم که چند پتوی اضافه به من بدهند - چون بدنم زخم و زیلی بود و روی آن یک لا پتوی پهن شده‌ی کف سلول درد می‌گرفت - ندادند که ندادند.

از استخوان‌درد نمی‌توانستم بخوابم. اکثر اوقات نشسته می‌خوابیدم. این یکی از شکنجه‌هایی بود که تحمل کردم.

از همان شب بازجویی شروع شد. هر شب هفت هشت ساعت گاهی ده ساعت. اتهام‌ها همه خنده‌آور.

اول کار، مثل دفعه‌ی قبل مرا رو به دیوار نشاندند و بازجو پشت سرم سؤال را نوشت و یک دست آن را جلوی من گذاشت تا پاسخ را بنویسم. گفتم: «من این‌جوری بازجویی پس نمی‌دم، قانونن من باید بازجوم رو ببینم و رودررو بشینم». ابتدا مسخره کردند. بعد که دیدند کوتاه نمی‌آیم، کوتاه آمدند و بازجو جلوی من آن طرف میز نشست. بقیه پشت سرم بودند. تاکید کردند که برنگرد و فقط روبرویت را نگاه کن. بازجو همان بازجوی قبلی و مشخص بود سناریو در ادامه‌ی بازداشت قبل است.

در مجموع هفتاد و یک روزی که بازداشت بودم، حدود سه هزار صفحه

بازجویی پس دادم. از اول زندگی‌ام تا آن موقع هرچه بود را پرسیدند. چگونه بزرگ شدم؟ چگونه قد کشیدم؟ فک و فامیل کی‌ها هستند؟ دوستانم؟ کجاها می‌روم؟ کجاها می‌آیم؟ چه می‌خورم؟ چه نمی‌خورم؟ سوال‌هایی که نمی‌دانم اکثر آن‌ها به چه کارشان می‌آید.

خیلی طول نکشید تا بفهمم موضوع چیست. در زمان خدمتم در وزارت امور خارجه، خیلی با بچه‌های وزارت اطلاعات سرشاخ بودم. منتها آن موقع پشتم قرص بود و حالا خالی. پس طبیعی است که وقت انتقام است.

سلول من یک اتاق دو در سه بود با یک توالت در گوشه‌ی آن. این توالت را من شانس آورده بودم. چون از قرار معلوم سلول‌های دیگر توالت نداشت. این را از فریاد زندانی‌هایی که داد می‌زدند: «من دستشویی دارم، یکی بیاد منو ببره توالت» و پاسخ مأموربند که: «خفه شو، بکش بالا تف کن»، فهمیدم. روزی سه بار برای توالت و وضو آن‌ها را از سلول خارج می‌کردند. تشر زندانبان را می‌شنیدم که مرتب داد می‌زد: «زود باش ... چقد لفتش می‌دی ... شیرو ببند آبو حروم نکن حرومزاده». البته یک فحش ناموسی هم چاشنی هر جمله بود. یک بار شنیدم که یک زندانی را به خاطر اینکه نان اضافه‌ی خود را داخل سطل آشغال انداخته بود داشت کتک می‌زد و می‌گفت: «ولدالزنا، این برکت خداس، چرا میندازی دور».

روی در، یک سوراخ به قطر یک عدس وجود داشت. نگهبان بند بیست و چهار ساعته قدم می‌زد و از این سوراخ یک دید داخل سلول می‌انداخت تا ببیند زندانی چه می‌کند. تقریبن هر ده دقیقه نوبت من می‌شد. یک پولک هم از بیرون روی آن نصب بود تا زندانی نتواند خارج را ببیند.

شب اول که وارد سلول شده بودم، صدای کوبیدن مشت از سلول دست راستی بگوشم رسید: دام، دادام، دام، دام، دادادام ... یکی داشت مورس می‌زد. شنیده بودم زندانیان سیاسی با مورس از حال هم خبر می‌گرفتند و به هم پیغام می‌دادند: «کی هستی؟ اسمت چیه؟ از چه گروهی هستی؟ برا چی

گرفتنت؟ کِی گرفتنت؟ قبلن کجا بودی؟ از بچه‌های دیگه خبر داری؟».

من جواب ندادم. به دو علت. اول اینکه شنیده بودم بچه‌های اطلاعات از اتاق بغلی مورس می‌دهند و کسب خبر می‌کنند. بعد هم می‌گویند: «من دو روز دیگه آزاد می‌شم. پیغامی برا کسی نداری ببرم؟» دوم اینکه من اصلن مورس بلد نبودم و نیستم.

بزرگ‌ترین سرگرمی یک زندانی انفرادی، خواندن یادداشت‌هایی است که زندانی‌های قبلی روی دیوار نوشته‌اند. به قدری زیاد است که تا یک سال هم بخوانم تمام نمی‌شود. یادداشت‌هایی که با میخ یا هر چیز نوک تیز دیگر روی گچ دیوار حک شده بود. از اسم و تاریخ زندان افراد و شعارهای سیاسی مختلف بگیر تا شعرهای کوچه بازاری و کلمات قصار. یکی از این کلمات قصار که هیچ وقت یادم نمی‌رود این بود:

«مرد باش و خلاف نکن، اگه کردی مرد باش و مُقُر نیا، اگه اومدی مرد باش و حبسشو بکش».

همیشه در فکر بودم این آدم‌ها این چیزها را با چه نوشته‌اند. در سلول که چیز نوک تیز پیدا نمی‌شود. تا اینکه یک شب که دراز کشیده بودم و داشتم نوشته‌های رو به رویم را می‌خواندم تا خوابم ببرد، جمله‌ای توجهم را جلب کرد: «میخ لای درز کاشی دوم زیر پتو». مدتی به این جمله فکر کردم که یعنی چه؟ میخ لای درز کاشی دوم ... چه معنی می‌دهد؟ تا اینکه چشمم به بقیه‌ی جمله افتاد، در خط زیر نوشته شده بود: «کارت تموم شد بذار سر جاش».تازه دوزاریم افتاد. حالا معلوم شد این یادداشت‌ها چگونه نوشته شده است.

برگشتم و رو به در خوابیدم تا نگهبان شب از چشمی داخل را برانداز کرد و رد شد. بلافاصله بلند شدم و پتو را کنار زدم و میخ را پیدا کردم. یک میخ فولادی چهار سانتی. معلوم نبود کی و چگونه این را با خودش داخل آورده است.

از دیوارخوانی که بگذریم، بهترین سرگرمی و همدم من مورچه‌ها بودند.

داخل سلول پر از مورچه بود. مورچه‌ها مسیرهای مختلف را پرسه می‌زدند و به دنبال غذا می‌گشتند. از غذایم برایشان مقداری برنج می‌ریختم. جالب بود که هر مورچه وقتی برنجی پیدا می‌کرد، مسیر مستقیم به سمت لانه‌اش را نمی‌پیمود. بلکه از همان راهی که پرسه زده و آمده بود، برمی‌گشت. من فهمیدم که آن‌ها مسیرشان را با بو علامت‌گذاری می‌کنند.

روزی یک تکه کاغذ در مسیر حرکت مورچه‌ای قرار دادم. تا روی کاغذ سوار شد، کاغذ را یک متر آن‌طرف‌تر روی زمین گذاشتم. مورچه از روی کاغذ که پیاده شد کاغذ را برداشتم. دیدم مورچه مثل کسی که گم شده است، نمی‌داند از کجا باید برود. حدود ده سانت به جلو رفت و برگشت. ده سانت به عقب رفت، باز برگشت. همین‌طور سمت چپ و راست را امتحان کرد، مسیر خود را نیافت. بعد شروع کرد یک مسیر حلزونی را دایره‌وار دور خود چرخید و هر بار دایره را بزرگ‌تر و بزرگ‌تر کرد تا به نقطه‌ای که از آنجا قبلن عبور کرده بود رسید و راهش را ادامه داد.

روزی مورچه‌ای، یک تکه تهدیگ، شامل چند برنج به هم چسبیده را برداشت و به سمت لانه‌اش رفت. سوراخی به ارتفاع یک متر در کنار چهارچوب در. برنج را بالا برد و هنگامی که می‌خواست به سوراخ ببرد، برنج بزرگ بود و داخل سوراخ نمی‌رفت. برنج را به درون کشید. برنج افتاد. دوباره آمد پایین و برنج را برد بالا، باز افتاد. من همین‌طور او را نگاه می‌کردم. خدا می‌داند چند بار بالا پایین رفت. صد بار؟ دویست بار؟ هر بار که او برنج را به درون لانه می‌کشید، تکه‌ای از آن که در دهانش بود، کنده می‌شد، در نتیجه تهدیگ مدام کوچک‌تر و کوتاه‌تر شد تا بالاخره به سوراخ رفت.

یاد داستانی از تیمور لنگ افتادم که هنگام فرار به غاری پناه برده بود. در آنجا شاهد قضیه‌ای مثل آنچه من دیدم بود که موری برای بردن دانه به لانه‌اش که در ارتفاع بود، چهل بار پایین و بالا رفت تا بالاخره موفق شد. همان‌جا به خودش گفت: من که از این مور کمتر نیستم. پس مجددن به تجدید قوا پرداخت و دشمن را شکست داد.

قبل از انقلاب، یک جزوه بود به نام «روش‌های بازجویی ساواک» که بین انقلابیون دست به دست می‌شد. من این جزوه را خوانده و فوت آب بودم. روش‌های بازجویی این‌ها دقیقن همان روش‌ها بود. بچه‌های اطلاعات را اول انقلاب، همان افسران ساواک آموزش داده بودند. اصلن وزارت اطلاعات را همان ساواک سازماندهی کرد. اگر یادتان باشد، اول انقلاب اطلاعیه دادند که مأمورین ساواک سر کار خود برگردند. این بازگشت به کار، به همین منظور بود.

از جمله آدم بَده - آدم خوبه. در بازجویی، اول یک آدم بده با تو طرف می‌شود که با شدت و اهانت و خشونت و ضرب و شتم سعی می‌کند توی دلت را خالی کند و از تو حرف بکشد. بعد از مدتی جای خود را به آدم خوبه می‌دهد. دومی می‌گوید: «ببین پسرم، خودتو اذیت نکن. من کمکت می‌کنم که چی بگی تا مشکلی برات پیش نیاد. با اینا هم کل‌کل نکن. می‌زنن شل و پلت می‌کنن. چیزی لازم داری بگو من یواشکی برات بیارم. سیگار می‌خوای؟»

در آن جزوه خوانده بودم که با هوشیاری باید بفهمی بازجو چه چیزهایی می‌داند و چه چیزهایی نمی‌داند. اگر از مطالبی که نمی‌داند، چیزی بگویی، دیگر به آسانی دست از سرت برنمی‌دارد. با خود می‌گوید: «عجب! پس اینم بود و ما نمی‌دونستیم». بعد آن‌قدر تو را شکنجه می‌کند و نگه می‌دارد تا ببیند دیگر چه چیزهایی تو می‌دانی و او نمی‌داند. بنابراین فقط باید در حد اطلاعاتی که او دارد اطلاعات بدهی. آن هم نه یک باره. بلکه ذره ذره و در طولانی مدت. باید احساس کند با روش‌های منحصر به فرد بازجویی‌اش توانسته از تو حرف بکشد. وقتی تمام شد، دیگر حتا یک کلمه نباید اضافه کنی.

حدود یک ماه از بازداشت من گذشته بود. در اتاقم غیر از یک قرآن و یک مفاتیح چیز دیگری برای خواندن نبود. روزی از بازجو خواستم روزنامه به من بدهند. گفت: «پولشو خودت باید بدی». گفتم: «می‌دم». پول یک هفته روزنامه را یکجا پرداختم، ولی دو روز بیشتر برایم نیاوردند. آن هم نصفه نیمه. بعضی صفحات را نداشت. جدول که اصلن نداشت.

بسمه تعالی

جمهوری اسلامی ایران

فرم تحویل موقت اسناد و مدارک متهم

اسناد و مدارک بشرح ذیل متعلق به متهم .... از بازداشتگاه .... جهت بهره برداری اطلاعاتی بمدت : .... روز از تاریخ : .... لغایت : .... تحویل اینجانب نام مستعار .... کد ۱۷۸۷۵ از واحد ۹۲۲۲۳ گردید و مسئولیت حفظ و نگهداری و عودت بموقع آن را متعهد میشوم .

۱ – .... ۶ – ....

۲ – .... ۷ – ....

۳ – .... ۸ – ....

۴ – .... ۹ – ....

۵ – .... ۱۰ – ....

کد و امضاء تحویل دهنده : .... کد و امضاء تحویل گیرنده : ۱۷۸۷۵

(ثبت عودت)

اسناد و مدارک فوق در تاریخ : ۲۹/۵/۷۴ به بازداشتگاه : ....

توسط : .... عودت داده شد .

توضیحات : ....

کد و امضاء عودت دهنده : .... ۷۴/۵/۲۹ کد و امضاء تحویل گیرنده : ۷۴/۵/۲۹

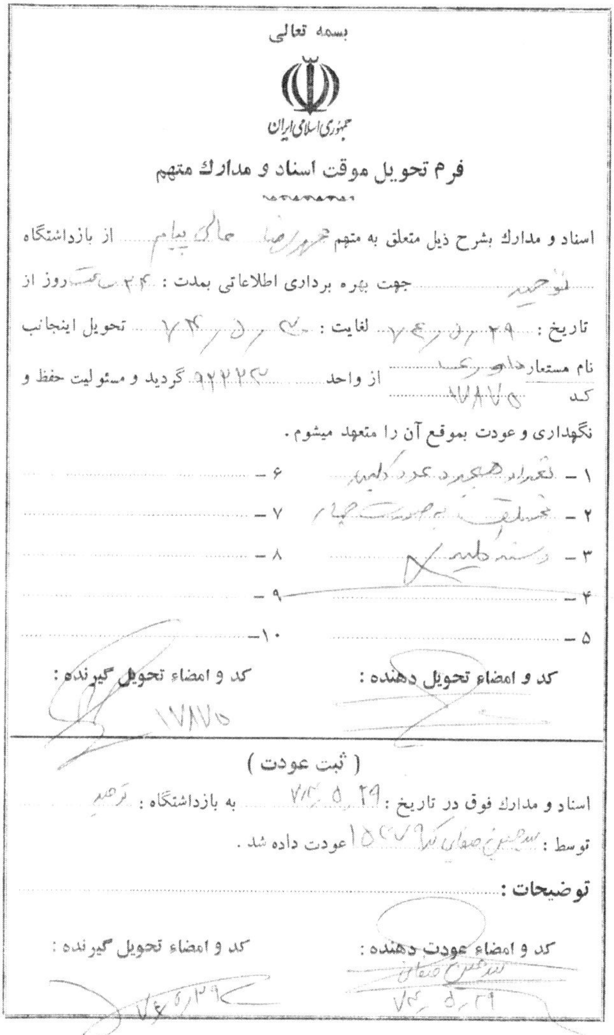

درخواست کتاب کردم. گفت: «چی می‌خوای؟» گفتم: «دیوان شمس و کلیات سعدی». برایم آوردند و چند روزی سرم به آن‌ها گرم بود تا قضیه‌ی ۱۲۳ پیش آمد. سر آن قضیه رابطه‌ی من و بازجو حسابی شکرآب شد...

شب دیدم در سلول باز شد و مأمور سالن گفت: «کتابا رو بده». دادم. گفت: «روزنامه‌ها رو هم بده». دادم. در را بست که برود، داد زدم: «صبر کن». برگشت. قرآن و مفاتیح را هم تحویلش دادم و گفتم: «اینا رو هم ببر. گفت: «لازم نداری؟» گفتم: «نه».

فردا بازجو گفت: «شنیدم قرآن و مفاتیح رو از سلول بیرون دادی؟» گفتم: «بله». گفت: «رفیقت اینجا روزی یه جزء قرآن می‌خونه». منظورش از رفیقت، مترجم وزارت خارجه بود که به جرم جاسوسی دستگیر شده و چند روزی می‌شد که در اینجا بازداشت بود.

گفتم: «ایشون به عمرش قرآن نخونده، قرآناشو اینجا داره می‌خونه. من قرآنامو خوندم و اومدم. اونچه اون داره از رو می‌خونه من از بر هستم. من خودم مفسر و معلم قرآنم. هر کی ندونه تو که سیر تا پیاز زندگی منو می‌دونی».

در بازجویی‌ها بخش فعالیت‌های قبل از انقلاب نوشته بودم در چند مسجد کلاس قرآن و تفسیر و تجوید و حدیث داشتم. حتی به او گفته بودم خیلی از شاگردهای من الان در وزارت اطلاعات همکار او هستند. دستیار بازجو (که بعدن فهمیدم کد او ۱۲۳ است) پشت سر من ایستاده بود، گفت: «اگه راست می‌گی بگو مدها متّان یعنی چی؟» گفتم: «اولن مدها متّان نه و مدها مّتان، یعنی تشدید روی میمه نه روی ت. بعدشم الان دارم با بزرگترت حرف می‌زنم. بازجویی که تموم شد بهت می‌گم».

آخر بازجویی یادم رفت. بلند شدم که برویم، در حالی که چشم‌بند مرا می‌بست گفت: «نگفتی، مدها متان یعنی چی؟» گفتم: «این واژه تو سوره‌ی الرحمانه، به معنی دو باغ بزرگ همیشه سرسبز که سبزی اون به سیاهی می‌زنه. مثه ویلای خودم تو شمال».

این جمله‌ی آخر را مخصوصن گفتم که بسوزد.

از پنجره‌ی اتاقی که من و بازجو در آن می‌نشستیم، پنجره‌های ساختمان وزارت خارجه پیدا بود. روزی زل زده بودم و داشتم آن پنجره‌ها را نگاه می‌کردم و

ناخودآگاه خاطرات در من زنده می‌شد. بازجو متوجه شد و پرسید: «کجایی؟». گفتم: «جسمم این طرف خیابون تو ساختمون کمیته مشترک خرابکاری و ذهنم اون طرف خیابون و پشت اون پنجره‌ها». پرسید: «اونجا کجاست؟». گفتم: «اونجا جاییه که من سال‌ها برای خودم بیا برویی داشتم. دبیر اجرایی ستاد بودم و مشاور وزیر. پنجاه تا کارمند زیر دستم بود. راننده داشتم و پونزده تا ماشین و کلی امکانات دیگه. پاسپورت سیاسی و سفرهای خارجی از پاویون و کیا و بیا. ولی الان با یه زیرشلواری نشستم خدمت شما و سین جیم پس می‌دم». اول جا خورد. مرا با چشم بسته آورده بودند و فکر نمی‌کرد بدانم کجا هستم. ولی حالا که لو رفته بود چیزی به روی خود نیاورد و گفت: «پشیمونی؟». گفتم: «ابدن، حالا آقای خودمم و نوکر خودم». گفت: «چرا از اونجا به اینجا رسیدی؟». گفتم: «چون خایه‌مال نبودم. چون چاپلوس و پاچه‌خار نبودم. چون نمی‌تونستم جلوی زبونمو نگه دارم. چون فضاش تهوع‌آور بود. نفس کشیدن اونجا برام دیگه ممکن نبود».

بعد براش تعریف کردم: «روزی که پامو تو یه کفش کردم و گفتم می‌خوام برم، شیخ‌الاسلام[۱] بهِم گفت حکم سرکنسولی پیشاور رو برات بزنم؟ گفتم نه. گفت بیا نفر دوم بفرستمت سفارت سوییس، هم کار کن هم دَرست رو تموم کن. گفتم نه و زدم بیرون».

آن شب در سلول دراز کشیده بودم و خاطرات آزار دهنده‌ی دوران وزارت خارجه از جلوی چشمم رژه می‌رفت. شب سال تحویل بود و هیئتی از وزارت خارجه شامل معاونین و روسای ادارات همراه ولایتی به مشهد رفته بودیم و مهمان آیت‌الله طبسی بودیم. در بالاخانه‌ی حرم در تالار بزرگی سفره‌ای طویل روی زمین پهن کرده بودند و مشغول شام خوردن، که طلبه‌ای وارد شد و مقابل ولایتی زانو زد و شروع کرد دست او را بوسیدن. طبسی به ولایتی گفت: «این جوان عاشق شماست». ولایتی هم به رییس دفتر خود گفت: «اسم

---

۱. حسین شیخ‌الاسلام آن موقع معاون سیاسی بود. بعدها نماینده‌ی مجلس شد. الان هم که این خاطرات را می‌نویسم کرونا او را به جهان باقی تبعید کرده است.

ایشون رو یادداشت کن». بعد به خودش گفت: «شنبه بعد از تعطیلات تشریف بیارید وزارت خارجه». او آمد و ظرف یک هفته به عنوان سفیر ایران در لیبی اعزام شد. بدون اینکه زبان انگلیسی بداند. با تاریخ و مسایل فرهنگی سیاسی کشور مربوطه آشنا باشد. بدون طی مرحله‌ی آموزش دوره‌ی پروتکل.

خدا می‌داند این دیپلمات‌های صفرکیلومتر و بی‌سواد، چه دردسرها و آبروریزی‌هایی برای کشور به بار آوردند. یک جوانی را که به همین ترتیب به استرالیا فرستاده شده بود، کشور استرالیا عذرش را خواسته و اخراج کرده بود. جرم ایشان این بود که یک ماژیک در جیبش گذاشته بود و هر جا می‌رفت، داخل آسانسور و پشت در توالت و هر جایی که گیر می‌آورد می‌نوشت: مرگ بر آمریکا. آن هم نه به زبان انگلیسی، بلکه به زبان فارسی. این احمق با پدیده‌ای به نام دوربین مداربسته آشنا نبود. موارد منکراتی و مزاحمت‌هایی که این نورچشمی‌ها برای خانم‌ها به بار می‌آوردند، بماند.

یادم می‌آید دوران جنگ بود و در ایران کمبود شدید مواد بهداشتی. سرکنسول ما در کراچی بعد از پایان مأموریتش با خود حدود یک کامیون تاید و صابون و دستمال کاغذی آورده بود. به حراست گزارش شد. چند ماه تمام این بدبخت را به دادگاه تخلفات اداری می‌بردند و می‌آوردند که تو در این شرایط جنگی که جوان‌ها در جبهه زیر توپ و خمپاره جان می‌دهند، ارز کشور را داده‌ای و تاید و صابون خریده‌ای؟ خجالت نمی‌کشی. هرچه او استدلال می‌کرد که بابا با حقوق خودم خریده‌ام، با پول بیت‌المال که نخریدم. تازه من وارد کرده‌ام، صادر که نکرده‌ام، به خرج کسی نمی‌رفت. این در زمانی بود که رییس شرکت تعاونی مسکن وزارت خارجه پولی را که کارمندهای بدبخت به امید خانه‌دار شدن پرداخت کرده بودند برداشت و به خارج فرار کرد. نام این گل پسر «سپاهی» بود. بچه‌های وزارت‌خانه مرتب به هم می‌گفتند: کاش من هم یک سپاهی بودم. این جمله را خمینی تازه فرمایش کرده و شده بود تیتر بالای صفحه‌ی تمام مکاتبات اداری.

ماجرای ۱۲۳

این ۱۲۳ مرتب تیکه می‌آمد و هر دفعه هم جواب دندان‌شکن می‌شنید. تا ماجرایی پیش آمد که روابط من و بازجو به‌کلی خصمانه شد.

ماجرا از این قرار بود که شبی پس از پایان بازجویی، چشم‌ها بسته، زیر بغلم را گرفت و از پله‌ها پایین آورد و وارد محوطه‌ی زیر هشت شدیم که به بند بروم. بازجو پنجره را باز کرد و از آن بالا او را صدا زد و گفت: «۱۲۳». او هم جواب داد: «بله؟» بازجو گفت: «فردا می‌تونه یه زنگ به خونه بزنه». بگذریم که این دستور هیچ وقت اجرا نشد، ولی آنجا بود که فهمیدم شماره‌ی او ۱۲۳ است.

چند روز بعد من و بازجو داشتیم سر یک مسئله کل‌کل می‌کردیم. از او که بگو از من که نمی‌دانم. ۱۲۳ از پشت دست‌هایش را روی شانه‌ام گذاشت و فشار داد و گفت: «ببین جوجه، ما همه چی رو خودمون می‌دونیم. می‌خوای بگم اسم پسرخاله‌ت چیه؟ خونه دخترعموت کجاس؟ با کیا می‌ری؟ با کیا میای؟ ما خودمون همه رو می‌دونیم. فقط می‌خوایم بدونیم تو تا چه حد صداقت داری».

به بازجو گفتم: «به این ۱۲۳ بگو اینقد مثه بچه مرشد خودشو نندازه وسط و اظهار وجود نکنه. منم اگه یه شنود رو تلفنش بذارم همه‌ی اینارو می‌فهمم. هنر نکرده».

قیافه‌ی بازجو در هم رفت. گفت: «تو از کجا می‌دونی این ۱۲۳ اس؟» گفتم: «حالا ...».

بازجو خودکار را روی میز گذاشت و تکیه داد و گفت: «نه جدی می‌گم. کی بهت گفته این ۱۲۳ است؟»

گفتم: «کسی نگفته». جلو آمد و صورتش را نزدیک صورتم گرفت و گفت: «خودش گفته؟» گفتم: «می‌گم کسی نگفته». با صدای بلند گفت: «پس تو از کجا می‌دونی؟» گفتم: «خب من خیلی چیزا می‌دونم». پرسید: «شماره‌ی من چنده؟» گفتم: «هر وقت لازم شد بهت می‌گم».

نقطه‌ضعف خیلی خوبی از بازجو دستم افتاده بود. به لحاظ ذهنی کاملن بهم ریخت. یک بازجو باید حواس جمع و ذهن منسجمی داشته باشد. چون باید بتواند مطالب را به خاطر سپرده و از داخل آن‌ها تناقض پیدا کند. الان یک سوال می‌پرسد. یک ساعت بعد سوال دیگری می‌پرسد که مکمل این سوال است. او باید پاسخ سوال اول یادش باشد. آن روز بازجو ده دقیقه کار می‌کرد و می‌رفت توی فکر و باز می‌گفت: «عالی‌پیام، جان من بگو این ۱۲۳ رو از کجا فهمیدی؟» من هم هر بار می‌گفتم: «حالا بعدن می‌گم».

بازجویی تمام شد و پرونده را بست و گفت: «خب حالا بگو». خود را به آن راه زدم و گفتم: «من که همه را گفتم». گفت: «نه، منظورم قضیه‌ی صد و بیست و سه ست». گفتم: «می‌گم بهت. گفتم بعدن می‌گم، نگفتم امروز می‌گم».

نگاه خشم‌آلود و شکاک بازجو به ۱۲۳ برایم لذت‌بخش بود. کاملن واضح بود او را توی دردسر بزرگی انداخته‌ام. چون شماره‌اش را لو داده بود.

چند روز گذشت و من همچنان در مقابل قضیه مقاومت می‌کردم. بازجو گفت: «می‌ری توی سلولت، اونقد می‌مونی تا این مسئله رو بگی».

آن روز بدون بازجویی مرا به سلول برگرداندند و سیزده روز تمام سراغم نیامدند. تنها انیس من روزها صدای قارقار کلاغ بود که از بیرون می‌آمد و صدای زرزر رادیو از درون. شب‌ها هم صدای شکنجه و شلاق و فحش شکنجه‌گر و التماس شکنجه‌شو. داشتم دیوانه می‌شدم. کسانی که انفرادی رفته‌اند می‌دانند چه می‌گویم. مدام تصور می‌کنی فراموش شده‌ای و برای همیشه اینجا خواهی ماند. تا اینکه اعتصاب غذا کردم.

بعد از یک روز اعتصاب، مرا به اتاق بازجو بردند. تا نشستم و چشم‌بند را برداشتند، بازجو فاتحانه گفت: «خب، مثه اینکه سر عقل اومدی. حالا قضیه‌ی ۱۲۳ رو بگو ببینم چیه؟»

گفتم: «ای بابا، چقد قضیه رو بزرگ می‌کنی». گفت: «تو کوچیکش کن». گفتم: «ببین عزیزم، استاد حسین تهرانی، اولین کسی بود که برای تنبک

نت نوشت. توی مقدمه‌ی کتاب نوشته:

«اون موقع که نت نبود، ما برای هر ریتمی یه اسمی گذاشته بودیم تا هنرجوها بتونن بدونن که منظور استاد از هر درس کدوم ریتمه. مثلن یکی از ریتما این بود: بله و بله، بعله دیگه. این یعنی دی را را دیرام، ریم دا دیرام. وقتی استاد به هنرجو می‌گفت: بله و بله بعله دیگه، اون می‌دونست که باید چه تمرینی رو پس بده».

بازجو همین‌طور داشت حیرت‌زده و با دهان باز مرا نگاه می‌کرد تا ببیند آخر مطلب چه می‌شود. من هم با حرارت همین‌طور که تعریف می‌کردم، با دست روی ضرب خیالی زیر بغلم می‌زدم و با دهان صدا درمی‌آوردم: «دی را را دیرام ریم دا دیرام».

بعد ادامه دادم: «یکی دیگه از این تمرینا این بود: صد، صد و بیست و سه، یکصد و بیست و سه، این یعنی: «دیم دیرا دارا رام، رام دادا دیرا رام ... دیم دیرا دا را رام، رام دادا دیرا رام. اینم قضیه‌ی ۱۲۳ - دیگه چی باید بگم؟»

قیافه‌ی بازجو دیدنی بود. نفس حبس شده‌اش را بیرون داد و دو دستش را لای موها برد و گفت: «عالی‌پیام، تو آدم بشو نیستی. من که بالاخره ته و توی این قضیه رو در میارم».

ولی نتوانست. بنده‌ی خدا تا الان هم هنوز نمی‌داند که من از کجا فهمیدم پامنبری‌اش ۱۲۳ است. سر همین قضیه هم برخوردهای چکشی‌اش با من شدت گرفت.

شلاق‌خانه

شلاق‌خانه به سالن ما بسیار نزدیک بود. به‌طوری که هر شب صدای کتک خوردن و شکنجه‌ی زندانی‌ها را می‌شنیدم. یک شب یادم هست که یک زندانی فریاد زد: «تو رو به فاطمه‌ی زهرا نزن» و پاسخ شکنجه‌گر که: «اسم

اون جـ ... خانوم را نیار». داشتم شاخ درمی‌آوردم. مأمور نظام و توهین به این بزرگی به فاطمه‌ی زهرا!؟ مطمئن بودم بعدن برای هر کسی تعریف کنم، باور نخواهد کرد. به خودم گفتم: خدایا این‌ها کی هستن؟ مسلمونن؟ ایرانین؟ اسرائیلین؟ اینا از کجا اومدن؟

تا اینکه یک شب نوبت من شد. مرا با چشم بسته به شلاق‌خانه بردند. گوشه‌ای ایستادم تا نوبتم شود. ۱۲۳ هم در کنارم بود و هی زیر گوشم می‌گفت: «وایسا تا نوبتت بشه».

من این را می‌دانستم و به من گفته بودند که در مورد زندانیان سیاسی بازجو می‌گردد و یک کیس منکراتی در پرونده پیدا می‌کند و آن را نزد قاضی می‌برد. قاضی هم برای آن مورد مثلن پنجاه یا هفتاد ضربه شلاق حکم می‌دهد[1]. بعد زندانی را به اتاق شلاق می‌برند، ولی نمی‌گویند این شلاق برای فلان کار توست. مثلن عرق‌خوری، یا خانم بازی یا هر چیز دیگر .... بلکه می‌گویند: «حرف می‌زنی یا نه؟» بعد شلاق می‌زنند. او هم یا تا آخر تحمل می‌کند و حرفی نمی‌زند، یا بعد از خوردن ده بیست ضربه دهانش باز می‌شود. دیگر نمی‌داند تعداد شلاقی که نخورده به حساب بدهکاری او محفوظ است. روز آزادی باید بقیه‌اش را بخورد و برود.

در اتاق صدای شلاق زدن می‌آمد. صدای ضربه‌ی شلاق و بعد داد و بیداد یکی که می‌گفت: «نزن ... نزن ... تورو خدا نزن .... جون مادرت نزن ... هر چی بخواین می‌گم ... نزن ....». من هم با چشمان بسته ایستاده و فکر می‌کردم: یعنی چه مورد منکراتی‌یی در پرونده‌ی من هست که قاضی حکم شلاق داده؟ آن موقع آدم بسیار مذهبی و مؤمنی بودم و امکان نداشت خلافی کرده باشم

---

۱. البته آن زمان این مسایل در بعضی محاکم و توسط بعضی قضات مراعات می‌شد و تا حدودی سعی می‌کردند برای جنایاتشان مجوز شرعی بتراشند. مثلن دختر باکره را اعدام نمی‌کردند. قبل از اعدام با یک دسته گل و شیرینی به خانه‌ی پدرش می‌رفتند و می‌گفتند این پاسدار از دختر شما خوشش آمده و به خواستگاری آمده‌ایم. پدر بدبخت هم به این خیال که شاید این مفرّی برای خلاصی دخترش باشد رضایت می‌داد و او را عقد می‌کردند. در نتیجه آن شب حجله‌ی دختر بود و فردا اعدام. الان که برای تجاوز به مردها هم مجوز شرعی دارند. نمونه‌ی بارزش کهریزک.

که مستوجب شلاق باشد. بعد به خودم گفتم شاید بلوف باشد و دارند بچه می‌ترسانند. عالی‌پیام حواست جمع باشد رکب نخوری.

در این فکرها بودم که مرد شلاق‌زن رو به من کرد و سر کابلی را که در دستش بود کف دستم گذاشت و گفت: «این چیه؟» گفتم: «کابل برق». گفت: «اینجا کجاس؟» گفتم: «شلاق‌خونه»، بعد دست مرا گرفت و روی بازو و سینه‌ی پت و پهنش گذاشت. هیکل خیلی درشتی داشت. گفت: «فکر می‌کنی تحمل چند تاشو داشته باشی؟» خیلی خونسرد گفتم: «نمی‌دونم والا، می‌ریم جلو ببینیم چی می‌شه». گفت: «خیلی پررویی». ۱۲۳ گفت: «یواش بزن، لاجونه». گفتم: «ببین اخوی، من اینو می‌دونم که اگه قاضی واسه من شلاق نوشته باشه، من چه حرف بزنم چه نزنم، شلاقو خوردم. اگه هم ننوشته باشه، عمرن تو بتونی یه دونه هم بزنی».

صدای پچ‌پچ ۱۲۳ و شلاق‌زن به گوش می‌رسید، ولی هرچه کردم نتوانستم بفهمم چه می‌گویند. گفتم: «یه چیز دیگه بگم؟» گفت: «بگو». گفتم: «اینا همه‌ش سیاه بازیه، اولن این صدای شلاق که میاد، صدای ضربه‌ی شلاق روی بدن نیست، صدای ضربه‌ی شلاق روی تخت چوبیه. شما برا اینکه صدا طبیعی باشه، باید یه بالش رو خیس کنین و بذارین اینجا روی تخت و ضربه رو روی اون بزنین. این‌جوری صدا طبیعی به گوش می‌رسه. بعدشم صدای اون بازیگری که داره داد و بیداد می‌کنه و نقش محکوم رو بازی می‌کنه، با صدای شلاق شما سینک نیست. گاهی زودتر از ضربه‌ی شما داد می‌زنه. گاهی چند ثانیه دیرتر. من کارم سینماست. اگه بخواین حاضرم بهتون آموزش بدم چجوری صحنه‌سازی کنین که طبیعی باشه».

این حرف‌ها را نزدم که کمکی به آن‌ها کرده باشم، زدم که تحقیرشان کنم، زدم که نشان بدهم روحیه‌ام را نباخته‌ام، زدم که نقشه‌شان را برای ترساندنم نقش بر آب کرده باشم.

شلاق‌زنه که عصبانی شده بود، گردن مرا گرفت و به ۱۲۳ گفت: «بخوابونش تا نشونش بدم الکیه یا واقعیه». ۱۲۳ هم واسطه شد و گفت: «نه، حالا بذار یه

فرصت دیگه بهش بدیم. شاید خودش مثه بچه‌ی خوب حرف زد».

بعد مرا از همان راهی که آورده بود، برگرداند. فهمیدم حدس من درست بوده و در پرونده‌ی من مورد غیراخلاقی و منکراتی پیدا نکردند و خواستند با این روش مرا بترسانند. مرا به سلول برد و بیست صفحه کاغذ بازجویی و یک خودکار داد و گفت: «تا فردا وقت داری هر چی می‌دونی بنویسی». گفتم: «اگه منظورتون همون چیزاییه که قبلن نوشتم، خب این کاغذا کمه سه هزار صفحه کاغذ لازمه تا تکرار کنم. اگه چیز جدید می‌خواین، ندارم. اینارم وردار ببر».

کاغذها را گذاشت و رفت. فقط یک برگش صرف این کاریکاتور شد و باقیش ماند.

این کاریکاتور را هم در سلولم کشیدم.

سناریوی شلاق‌خانه بی‌نتیجه ماند. اولین روزی که برای بازجویی رفتم، بازجو زهر خودش را ریخت و انتقامش را گرفت. خیلی صریح و بی‌مقدمه گفت: «تو ممنوع‌الکار شدی. مجوز دفترت هم باطل شد و دیگه حق تهیه‌کنندگی نداری. دفتر کارت هم پلمپ شد». گفتم: «من که هنوز محاکمه نشدم. چنین تصمیمی رو قاضی باید بگیره نه بازجو». گفت: «قاضی خود منم». گفتم: «مهم نیست، کارگردانی می‌کنم». گفت: «اونم اجازه نداری». گفتم: «من تو سینما همه فن حریفم. از بازیگری بگیر تا طراحی صحنه و دکور و فیلم‌نامه نویسی». گفت: «تو هیچ زمینه‌ی سینما اجازه‌ی کار نداری». گفتم: «شعر می‌گم». گفت: «برو بگو».[1]

فردا موقعی که ۱۲۳ زیر بغل مرا گرفته بود و با چشم بسته از سلول برای بازجویی می‌برد، گفتم: «اینجا سلمونی هست؟» گفت: «آره». گفتم: «اول می‌شه بریم سلمونی بعد بریم بازجویی؟» گفت: «موهات که بلند نیست». گفتم: «می‌خوام ریشم رو بزنم». با تعجب گفت: «جدی می‌گی؟» گفتم: «جدی می‌گم». مسیر را عوض کرد و مرا به سلمانی برد. به آرایشگر گفتم: «ریشم رو از ته بتراش». مأمور گفت: «بعد پشیمون نشی؟» گفتم: «نمی‌شم».

ریشم را زدند و بردند بازجویی، بازجو تا مرا بدون ریش دید گفت: «این چه ریختیه؟ چرا ریشتو زدی؟» گفتم: «حدیثی از پیامبر داریم که ـ مَن تَشَبَّهَ بِقوم فَهُوَ مِنهُم ـ یعنی هر کسی شبیه قومی باشه اونم از اوناست. من دلم نمی‌خواد شبیه شما ریشوها باشم. از همین جا و همین الان راهمو از شما جدا کردم. چون شما اوضاتون خیلی خرابه».

لازم است بگویم که از زمان بلوغ تا آن موقع هرگز ریشم را از ته نزده بودم. قیافه‌ی بازجو دیدنی بود. خب یکی زد، یکی خورد.

---

۱. بعد آزادی از زندان، با در پلمپ شده‌ی دفتر مواجه شدم. نزد قاضی رفتم و گفتم: «در حکم من پلمپ دفتر نبود». گفت: «من دستور ندادم». گفتم: «پس کی پلمپ کرده؟» گفت: «من چه می‌دونم». معلوم شد اداره‌ی اماکن با نامه‌ی ارشاد، دفتر را پلمپ کرده است. مدت‌ها دوندگی داشت تا بازش کردم.

بسمه تعالی

جمهوری اسلامی ایران
وزارت فرهنگ و ارشاد اسلامی
اداره کل حراست

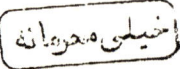

شماره: ۳/۴۳-۱۷۵۴
تاریخ: ۷۴/۴/۱۲
پیوست: ـ

خیلی محرمانه

اداره کل نظارت و ارزشیابی

موضوع : تعیین صلاحیت

سلام علیکم

احتراماً" بازگشت بنامه شماره ۱۵۴/۳۱۵۹ مورخ ۷۴/۳/۳۱ طی بررسیهای بعمل آمده ازمراجع ذیصلاح تأسیس شرکت مینا فیلم بامدیریت آقای سید محمدرضا عالی پیام ازنظراین مرکزبه صلاح نبوده ونامبرده فاقد صلاحیت لازم میباشد.

خواهشمند است این مرکزراازنتایج امرمطلع فرمائید. ق

ومن ا... التوفیق

اداره کل حراست

خیلی محرمانه

میدان بهارستان خیابان کمال‌الملک شماره   تلفن: ۳۱۱۱۲۵۴ ـ ۳۲۴۱۶۴۷ ـ ۳۲۲۱۶۶۶

پیوست شماره دو

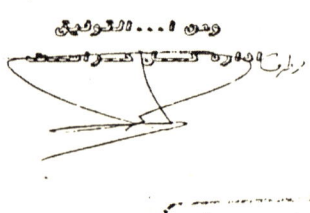

گچ پا

بیست و چند روز از موعد بازکردن گچ پای من می‌گذشت. هرچه می‌گفتم: «منو ببرین درمونگاه و گچ پام رو باز کنین»، هیچ گوشی بدهکار نبود. خصوصن که در اثر عرق‌کردن، لایه‌ی داخلی آن هم نم برداشته بود و پوست پایم به شدت می‌خارید. هیچ چوبی، خط‌کشی، چیزی هم برای فرو بردن در لایه‌ی بین گچ و پوست پا نبود که بخارانمش. شب‌ها از عذاب خارش پا خوابم نمی‌برد. آخر تصمیم گرفتم گچ را خودم باز کنم. یک تکه مفتول از آتل پای چپم کندم و شروع کردم روی گچ پای راست کشیدن، از پایین به بالا، یک شیار ایجاد کردم و آن قدر کشیدم تا بعد از یکی دو ساعت لایه‌ی گچی شکافته شد، همراه یک زخم از بالا تا پایین روی پوست که جا به جا خون از آن می‌چکید. با هر مکافاتی بود گچ را دو تکه کردم و از دور پا برداشتم. کارم که تمام شد ضعف کرده به پشت افتادم. در همین موقع در باز شد و سه چهار مأمور ریختند تو و گفتند: «تکون نخور».

یکی‌شان چکمه‌اش را روی سینه‌ام گذاشت و بی‌حرکت نگهم داشت. بقیه، گچ‌ها را برداشتند و شروع به بررسی آن کردند. تازه فهمیدم در تمام این مدت از صدای خرخر تماس مفتول روی گچ، آن‌ها پشت در ایستاده و از چشمی مراقب من بودند که دارم چه کار می‌کنم. گچ‌ها را برداشتند و به دقت لای آن را گشتند. فکر می‌کردند من چیزی داخل آن جاساز کرده‌ام و الان مشغول بیرون آوردن آن هستم. وقتی چیزی پیدا نکردند، با خشونت تمام پرسیدند: «چه غلطی می‌کردی؟» گفتم: «سه هفته‌اس به شما می‌گم ببرین گچ پای منو باز کنین، نمی‌برین. خودم باز کردم». با نگاه مشکوکی به من و وسایل ریخته شده‌ی وسط اتاق، گچ‌ها و آتل و مفتول را برداشتند و بردند و در را محکم پشت سرشان بستند.

پای راستم خیلی لاغر شده بود. قطر آن تقریبن نصف قطر پای چپم بود. به

علاوه‌ی اینکه زانویم خم نمی‌شد و احتیاج به فیزیوتراپی داشت. تا چند روز موضوع را به مسئولین زندان و بازجویم می‌گفتم و متذکر می‌شدم که زانوی من خم نمی‌شود و احتیاج به فیزیوتراپی دارد، اهمیت نمی‌دادند. آخر خودم تصمیم گرفتم با هر تلاشی بود، پا را خم کنم.

مچ پا را از پشت می‌گرفتم و می‌کشیدم و فشار و سنگینی خود را روی پایم می‌انداختم. درد بسیاری داشت. این شامل هر دو پا بود، ولی پای راست خیلی بیشتر. بالاخره بعد از چند روز تلاش و با درد بسیار زانوها خم شدند و نرمش سبک برای به کار افتادن مفصل‌ها را شروع کردم. ولی بعد از چند روز زانوهایم آب آورد و هر کدام به اندازه‌ی یک طالبی باد کرد. به بازجویم گفتم: «سلامتی زندانی از وظایف شماست. من با این زانوها قادر به راه رفتن نیستم». شب چشم‌های مرا بستند و از بازداشتگاه توحید به درمانگاه وزارت اطلاعات در خیابان پاسداران بردند. هرچند مرا کف ماشین خوابانده بودند، ولی مسیریابی حتا با آن چشم بسته کار مشکلی نبود.

وارد بهداری که شدیم، یک آقایی که روپوش سفید تنش بود و اصلن نمی‌دانم دانش پزشکی داشت یا نه، یک سرنگ بزرگ برداشت و به سمت من آمد. گفتم: «می‌خوای چیکار کنی؟» گفت: «می‌خوام آب زانوهاتو بکشم». گفتم: «اینو هر بچه‌ای می‌دونه که آب زانو رو نمی‌کشن، اگه آب زانو رو بکشی این زانو تا آخر عمر آب میاره». گفت: «پس چیکار کنم؟» گفتم: «از من می‌پرسی؟ دکتر تویی». خیلی رو راست گفت: «ببین اخوی، ما اینجا امکانات نداریم». بعد دو عدد باند کشی برداشت و زانوها را محکم بست و گفت: «تنها راهش اینه که این زانوبندا رو همیشه به زانو داشته باشی تا آب زانو جذب بدنت بشه».

دوباره چشم بسته، کف ماشین خوابیده برگشتیم. ماشین از دروازه‌ی بازداشتگاه وارد شد. مرا پیاده کردند و چپ برو راست برو رسیدیم به زیر هشت سالن خودمان. نگهبان درِ ورودی سالن گفت: دستا به دیوار ... (هربار از سالن بیرون می‌رفتیم، حتی برای بازجویی، موقع برگشت این بازرسی دقیق

بدنی را داشتیم) گشت و گشت تا رسید به زانوها، دست زد و گفت: «این چیه؟» گفتم: «زانوبند». گفت: «وازش کن». گفتم: «دکتر بسته». گفت: «غلط کرده، این تو سلول ممنوعه»، بعد خودش هر دو را باز کرد و انداخت گوشه‌ای و گفت: «برو تو».

تا الان که بیست و چند سال از آن تاریخ می‌گذرد، هرگز این زانوها برای من زانو نشدند و همیشه از درد زانو رنج می‌برم. این هم یکی دیگر از سوغات‌هایی است که از زندان جمهوری اسلامی به یادگار دارم.

در تمام مدت هفتاد و یک روزی که در انفرادی بازداشتگاه توحید بودم، فقط یک بار مرا حمام بردند، یک بار هواخوری و یک بار ملاقات.

هواخوری یک محوطه‌ی چهار در چهار متر روی پشت بام بود با دیوار بلندی دور تا دورش. فقط آسمان را می‌دیدی. همان هم غنیمت بود. برای ملاقات مرا به اوین بردند. به خاطر اینکه خانواده نفهمند من کجا بازداشت هستم. شاید هم بازداشتگاه توحید سالن ملاقات نداشت.

روزی که برای ملاقات با خانمم به اوین برده شدم، قبل از نشستن روی صندلی، هردو عصای زیرکتی را پشت ستونی پنهان کردم تا همسرم آن‌ها را نبینند. بعد از پانزده دقیقه درِ آن طرف که ملاقات کننده‌ها بودند باز شد و هر کس در باکس مقابل زندانی خودش نشست و تلفن‌ها را برداشته صحبت می‌کردیم. وسط صحبت، یکی از مأمورین که در راهرو پشت سر ما قدم می‌زد، خودشیرینی کرد و عصای مرا که آن پشت مخفی کرده بودم برداشت و داد دستم و گفت: «اخوی یه وقت جا نذاری».

خانمم با دیدن آن‌ها نگران و متعجب پرسید؛ «مگه هنوز با عصا راه می‌ری؟» گفتم: «چیزی نیس. همین‌جوری».

بعد از هفتاد و یک روز، بازجویی تمام شد. هیچ چیز دندان‌گیری در پرونده‌ی من پیدا نکرده بودند. این آخر سری گیر داده بودند به اسناد و مدارکی که از

خانه‌ام برده بودند. یک آرشیو تقریبن کامل از سینمای ایران شامل بیش از دو هزار کاست ویدئو که عنوان فیلم‌های مبتذل بر آن نهاده بودند. بازجو این آرشیو را به عنوان تهیه‌ی فیلم‌های مبتذل، به من تفهیم کرد. گفتم: «اخوی، تهیه‌ی فیلم یعنی تولید و ساختن فیلم. اونی که تو قانون جرمه، تولید، تکثیر و توزیع اونه، نه نگهداریش. هر سینماگری تو خونه‌اش یه همچین آرشیوی داره. مثه اینکه شما به یه محقق یا استاد یا مرجع تقلید بگی چرا تو کتابخونه‌ات کتب ضاله داری. خب این اسباب کار تحقیقاتی‌شه». به خرجش نمی‌رفت.

یکی دیگر از چیزهایی که ته پرونده ماند، یک کاست عروسی بود که دختر و پسر دور از چشم برادران کمیته می‌رقصیدند و من هم کناری نشسته بودم. می‌گفت: «نمی‌دونی حضور در مجلس گناه گناهه؟» گفتم: «چرا یقه‌ی اون حاج‌آقا که اومده عقد کنه و صیغه‌شونو خونده و کارش تموم شده و نمی‌ره و بغل دست من نشسته و داره شیش چشمی دخترا رو دید می‌زنه نمی‌گیرین؟»

یک مورد دیگر هم گزارش‌هایی بود که در وزارت خارجه نوشته و یک نسخه برای خودم نگه داشته بودم. می‌گفت: «این اسناد محرمانه و سری تو خونه‌ی تو چیکار می‌کنه». گفتم: «اینا رو خودم نوشتم. همه‌اش تو کله‌ی من موجوده، می‌تونم بشینم دوباره بنویسم». می‌گفت: «طبقه‌بندی شده‌اس». گفتم: «مهر طبقه‌بندیش رو هم خودم زدم روش». احساس کردم بعد هفتاد و یک روز چون چیز به دردخوری در پرونده پیدا نشده، بالاخره باید یه چیزی تهش برای ارائه به دادگاه داشته باشند و این مسایل جزئی را مطرح می‌کنند. پرونده‌ای که در آن از قتل و جاسوسی و اختلاس و حیف و میل اموال بیت‌المال و قاچاق اسلحه بگیر تا موارد منکراتی وجود داشت، حالا شده بود شناسنامه‌ی چهارتا افغانستانی و مجلس عروسی و گزارش‌های خودم. اسلحه‌های مکشوفه هم که پرونده‌ی جداگانه داشت و خورد به عفو عمومی و مالید. آها راستی یه مقدار هم پلاک ماشین و اعلامیه‌ها و جزوه‌های سازمان مجاهدین خلق و عکس آدم‌های مختلف از توی انبار خانه‌ام درآورده بودند و پرسید: «اینا چیه»؟ گفتم: «اینا آکساسوار فیلم سینمایی توهمه که من طراح و مجری دکور و صحنه‌هاش

بودم. هر فیلمی که تموم میشه وسایلش می‌ره تو انبار تا فیلم بعدی. لابد می‌خوای انگ مجاهد خلق هم بهم بزنی؟».

روز آخر که بازجو به من گفت: «می‌تونی بری»، گفتم: «خب! نتیجه؟» گفت: «عالی‌پیام، یا خیلی خار ک... ه هستی که تونستی ما رو بپیچونی و قسر در بری، یا واقعن چیزی نبوده و برات پرونده‌سازی کردن». گفتم: «شما بنا رو بذارین بر اولی». گفت: «نه، ما می‌ذاریم بر دومی، بگو یکی از آشناهات سند بیاره و ضامنت بشه تا روز دادگاه».

آزادی

ادامه‌ی لطفشان در روز آزادی هم شامل حالم شد. در حالی که خانواده برای استقبال از من مقابل اوین رفته بودند، مرا شب سوار ماشین کرده و در میدان فردوسی رها کردند. با لباس‌هایی که موقع دستگیری به تن داشتم. یک شلوار کردی پاچه جر خورده و عرق‌گیر آستین‌دار دو ماه و نیم شسته نشده. با ته‌ریش بلند شده بعد از تراشیدن و کله‌ی یک ماه حمام نرفته و شانه نخورده. با دو عدد عصای زیرکتی در دست و بدون یک ریال پول در جیب. اول سراغ تاکسی تلفنی‌هایی که در میدان فردوسی ردیف در نوبت ایستاده بودند رفتم و گفتم: «دربست تهرانپارس». به هر کدام که می‌گفتم، نگاهی به سر تا پا خلاف من می‌انداخت و کرایه را همان موقع مطالبه می‌کرد. وقتی می‌گفتم «می‌رسم خونه بهتون می‌دم، الان پول ندارم»، می‌گفتن: «نمی‌ریم».

آخر ناامید شدم. تصمیم گرفتم با آن زانوهای معیوب تا خانه پیاده بروم. از میدان فردوسی تا فلکه دوم تهران‌پارس. در خیابان شریعتی یک آژانس دیدم. دل‌دل کردم، برم تو... نرم تو. با ناامیدی وارد شدم و گفتم: «آقایون، من یه زندونی سیاسی هستم که همین الان آزاد شدم. به قیافه‌ام نیگا نکنین. آدم

حسابی‌ام. تو زندون این ریختیم کردن. یکی پیدا می‌شه منو تا خونه ببره اونجا کرایه‌شو بهش بدم؟».

مسئول آژانس محض احتیاط کارت شناسایی مرا خواست. گفتم: «مرد حسابی، ریختن تو خونه‌ام، منو این‌جوری بردن، شناسنامه‌ام کجا بود؟» راننده‌ها مدتی همدیگر را نگاه کردند و آخر یکی‌شان بلند شد و گفت: «من می‌برم».

راه افتادیم. مقداری که آمدیم به راننده گفتم: «خانومم به بچه‌هام نگفته من زندونم. گفته باباتون رفته ژاپن. یه جا سر راه وایسا من یه شلوار و پیرن بخرم تنم کنم با این وضع جلو بچه‌هام ظاهر نشم». گفت: «نوکرتم». جلوی یک بوتیک ایستاد و شلوار و پیراهنی خریدم و تن کردم. البته با پول او.

مقداری که آمدیم، گفتم: «امکانش هس جلو یه سلمونی وایسی من یه تیغ و قیچی به سر و صورتم بزنم و از این وضع دربیام؟». ایستاد. هر جا پیاده می‌شدم، خودش هم با من می‌آمد. البته حق داشت. هر آن امکان فرارکردن من بود. به علاوه باید پولش را حساب می‌کرد. از آرایشگاه که بیرون آمدیم گفت: «نه! راس راسی آدم حسابی بودی، ولی با اون سر و وضع کسی باور نمی‌کرد». گفتم: «حالا که آدم حسابی شدم، ببین پول اگه ته جیبت مونده، بازم زحمت دارم». گفت: «دیگه چی می‌خوای؟» گفتم: «می‌خوام یه جا وایسی من شیرینی بخرم و یه جا هم برا بچه‌هام اسباب بازی. آخه کودوم پدری دست خالی از ژاپن برمی‌گرده و برا بچه‌هاش سوغاتی نمی‌بره؟» گفت: «راست می‌گی».

یادم نیست آن شب چقدر خرج کرد. خدا خدا می‌کردم زنم در خانه پول نقد داشته باشد که خجالت‌زده‌اش نشوم. آن زمان در ایران کارت عابر بانک همه‌گیر نبود و جابجایی پول با موبایل هم هنوز اختراع نشده بود[1]. رسیدیم

---

۱. موبایل در سال ۱۳۷۳ وارد ایران شد. در ابتدا مردم استقبال چندانی نکردند. چون نمی‌دانستند چیست و کاربردش را ندیده بودند. باید در مخابرات ثبت نام می‌کردی و بیش از یک سال طول می‌کشید تا تحویل بگیری. آن هم با قیمت سه میلیون تومان سال ۷۳ که پول یک ماشین سواری بود. در سال ۷۴ کلن کمتر از ده هزار نفر ثبت نام کرده بودند.

موبایل ابتدا فقط امکان مکالمه داشت. در سال ۱۳۸۱ سیستم ارسال و دریافت پیامک در آن برقرار گردید و بعد به مرور تکمیل شد تا به تکنولوژی امروز رسید.

در خانه، در زدم، بچه‌ها دویدند و از سر و کول من بالا رفتند: «بابا اومد ... بابا اومد». گفتم: «خب، برین مامانو صدا کنین بیاد». گفتند: «مامان خونه نیس!» گفتم: «خونه نیست!؟ کجا رفته این وقت شب شماها رو تنها گذاشته؟» گفتند: «با عمو اینا اومدن فرودگاه استقبال شما».

در آن لحظه دلم می‌خواست زمین دهان باز کند و فرو بروم و چشمم به چشم راننده‌ی آژانس نیفتد. با کمال مردانگی گفت: «طوری نیست داداش، فردا برام بیار، برو با بچه‌هات خوش باش.» و رفت.

بعدن از خانمم پرسیدم: «چرا اوین آمده بودید دنبال من؟» گفت: «آخه اونجا اومدیم ملاقاتت، فکر کردیم تو اوین زندانی هستی».

بعله ... این نامردها به خانواده نگفته بودند که من از اوین آزاد نمی‌شوم. خانواده هم از ظهر تا نیمه شب جلوی اوین منتظر من ایستاده بودند. پست‌فطرتی لازمه‌ی کار اطلاعاتی است.

دادگاه

روز دادگاه قاضی داشت روزنامه می‌خواند و منشی دادگاه که یک جوان بیست ـ بیست و دو ساله بود مرا محاکمه کرد. تمام سوال و جواب‌ها و گرفتن آخرین دفاع و امضا پای اوراق بازجویی توسط او انجام شد. فقط وقتی راجع به مسایل افغانستان سوال و جواب می‌کردیم، آقای قاضی یک لحظه سرش را از بالای روزنامه بیرون آورد و از من پرسید: «افغانی هستی؟» گفتم: «نه حاج‌آقا». همین. یعنی اگر این را هم نمی‌پرسید و برای این سوال کله‌اش را از پشت سنگر روزنامه! بیرون نمی‌آورد، من اصلن قیافه‌اش را نمی‌دیدم. ضمنن از این سوال او فهمیدم مطلقن پرونده را نخوانده است.

منشی هم که شوت علیه‌الرحمه. ما محکومین سیاسی موش آزمایشگاه

تمرین قضاوت ایشان بودیم. همه‌ی استدلال‌هایی که موقع بازجویی مبنی بر آبکی بودن اتهاماتم به بازجو گفته بودم، به این هم گفتم. البته که نرود میخ آهنین در سنگ. سنگ که چه عرض کنم، گچ!

یک مطلب مهم دیگر اینکه موقع تفهیم اتهام دیدم آن چند هزار فیلم را که از خانه‌ام برده بودند، صد فیلم صورت‌جلسه کرده‌اند. فهمیدم بقیه‌اش لوطی‌خور شده است. مثل چند کارتن کتاب نفیس و گران‌بها از خانواده‌ی سلطنتی که اصلن در صورت‌جلسه‌ی تحویل وسایل نیامده بود. گفتم: «آقای قاضی، صد تا فیلم نبود و چند هزار تا بود». گفت: «بابت هرکدوم پنج هزار تومن جریمه می‌شی، هرچن تا دوست داری بگو بنویسم». گفتم: «نه قربون دستت، حالا یادم اومد، اصن ده پونزده تا بیشتر نبود».

منشی از اینکه او را آقای قاضی خطاب می‌کردم خوش خوشانش می‌شد. مطمئن بودم همان حسی به او دست می‌داد که توی کلانتری به گروهبان بگویی: «جناب سرهنگ».

بعد از آزادی اولین کاری که کردم ملاقات با ولایتی بود. خیلی استقبال کرد و تحویل گرفت و گفت: «چای می‌خوری یا قهوه؟». گفتم: «نه برای چای آمدم نه قهوه. فقط اومدم زحمت بکشی یه پیغام از من به آقا برسونی. از قول من به ایشون بگو تو روایات خوندم که امام صادق وقتی بحثش با یه دهری به جایی نرسید گفت اگه روز قیامتی نبود که همه فنا شدیم و رفت. ولی اگه بود بدجوری باختی. حالا هم از قول من به آقا بگین اگه روز قیامتی نبود که شما بردین. ولی اگه بود که دست من و یقه‌ی شماها».

قدری فکر کرد و گفت: «می‌خوای وقت ملاقات بگیرم خودت بری پیشش؟».

گفتم: «نه، فقط اگه پیام منو نمی‌رسونی به بروجردی بگم برسونه».

بعد زدم بیرون و رفتم که رفتم.

چند سال بعد، بازداشتگاه توحید شد موزه‌ی عبرت. دلم می‌خواست آن راهروها

و جاهایی که با چشم بسته رفته بودم و آن پله‌هایی را که با چشم بسته مرا هل دادند پایین را ببینم. دفعه‌ی قبل با چشم و دست بسته مجانی رفتم تو، ولی این بار که با چشم باز و به اختیار خودم وارد می‌شدم، پول دادم و بلیط خریدم.

روی دیوار ورودی سمت راست روی آجرها یکی در میان نام زندانی‌هایی که زمان شاه در اینجا بازداشت و شکنجه شده بودند، نوشته شده بود. اسم مخمل‌باف را کنده بودند. اسم زندانی‌های چپ و مجاهدین خلق هم که اصلن از اول نبود. گلسرخی تنها کمونیستی بود که اسمش دیده می‌شد، آن هم به این خاطر که در دفاعیاتش در دادگاه نام امام حسین را برده بود. در بعضی سلول‌ها مجسمه‌ی تعدادی از زندانیان معروف را ساخته بودند. مثل آقای خامنه‌ای، رفسنجانی، شریعتمداری، مفتح و ...

وقتی راهنما توضیح می‌داد که: بله ... در این اتاق زندانی‌ها را شکنجه می‌کردند، این سلول‌های تاریک و بی‌پنجره‌ای ست که مبارزین مسلمان!!! را در آن نگه می‌داشتند و اینجا ال می‌کردند و آنجا بل می‌کردند، دلم می‌خواست داد بزنم:

ـ بله تا بیست سال بعد از انقلاب هم شماها همین جا همین کارا رو می‌کردین. یکیش خود من.[1]

---

۱. پسرم برایم تعریف می‌کرد: در نمایشگاه کتاب مقابل غرفه‌ی موزه‌ی عبرت رسیدم. کتاب‌هایی از خاطرات بعضی زندانیان سیاسی زمان شاه چاپ کرده و در معرض تماشا و فروش قرار داده بودند. مسئول غرفه هم با آب و تاب از آنچه بر سر زندانیان آمده بود تعریف می‌کرد. جلو رفتم و گفتم: «راس می‌گی. بابای خود منم اینجا زندان بود و باهاش همین کارا رو می‌کردن». بعد تعریف کردم از بلاهایی که آنجا سر شما آمده بود. آن آقا که شاهد مثال پیدا کرده بود رو به جمعیت کرد و گفت: «بفرمایین، شاهد حی و حاضر». بعد به من گفت: «به باباتون بگین تشریف بیارن دفتر موزه ما خاطراتشون رو چاپ کنیم». گفتم: «جدی می‌گین؟». گفت: «بعله، با افتخار، پدر گرامیتون چه سالی زندان بودن؟». گفتم: «هفتاد و چهار». ملت زدند زیر خنده. اون آقا گفت: «پسرجون چرا دروغ می‌گی؟ برو برو وانستا، قضیه رو سیاسی نکن».

دادگستری جمهوری اسلامی ایران

دادنامه

دادگاه ....

فلا تتبعوا الهوی ان تعدلوا

تاریخ ۱۳۷

شماره ....

پیوست ....

تاریخ رسیدگی: ۷۵/۷/۱۶ کلاسه پرونده: ۷۵-۳۷/۲۶۲ شماره دادنامه: ۲۹۷-۷۵/۷/۱۶

مشخصات وآدرس شاکی: عمومی

مشخصات و آدرس متهم: آقای محمد رضا عالی پیام فرزند سید ماشاء اله ساکن تهران پارس فرجام خیابان چمران ۱۸۰ غربی پلاک ۱۳۱

موضوع اتهام: تهیه فیلمهای مبتذل ومستهجن - تظاهر به عمل حرام و ...

مرجع رسیدگی کننده: شعبه ۳۷ دادگاه عمومی مجتمع قضائی ویژه تهران

گردشکار:

حسب اعلام وگزارش واصله ازناحیه وزارت اطلاعات جمهوری اسلامی ایران مراتب این شعبه ارجاع وپس ازتشکیل پرونده، ثبت کلاسه، جری تشریفات قانونی، تکمیل تحقیقات بدوی ومعموله ونیز تفهیم اتهام واخذ آخرین دفاع و باتوجه به مجموع محتویات پرونده، دادگاه بااحراز کفایت رسیدگی، ختم دادرسی رااعلام وبااستعانت ازخداوند متعال وذوات مطهره معصومین (علیهم السلام) بشرح ذیل مبادرت به انشاء رای مینماید:

رای دادگاه

درخصوص اتهامات آقای سید محمد رضا عالی پیام فرزند سید ماشاء الله متولد ۱۳۳۶ دارنده شناسنامه شماره ۴۳۱ صادره ازتهران شغل آزاد باسواد متاهل دائر بر ۱) تهیه فیلمهای مبتذل ومستهجن ویدئوئی باکشف بیش ازیکصد وفیلم ازمنزل ایشان ۲) مخفی نمودن اوراق واسنادی مشتمل برالف) شناسنامه انفرادی وهبران واعضاء اصلی گروههای جهادی افغانی به تفکیک سازمانها ب) اعترافات سید مهدی هاشمی درخصوص درگیریهای بیت یکی ازمراجع تقلید و وزارت امورخارجه، عکسها وتصاویر گزارشات عملیات نیروهای افغانی - گزارشها و عکسها و خط مشی های سیاسی ج.ه.ا. دربرخورد باگروههای مختلف افغان که حسب وظیفه نزد ایشان سپرده شده است ۳) تظاهر به عمل حرام بموجب شرکت درمجلس جشن مختلط بطوریکه درآن مدعوین اعم ازاناث وذکور ضمن نداشتن حجاب شرعی اقدام به ترقص نموده اند باتوجه به جمیع محتویات پرونده، تحقیقات وبررسیهای بعمل آمده بوسیله وزارت اطلاعات بشرح منعکس ومندرج درپرونده، ملاحظه اسناد ومدارک ابرازی ازناحیه مرجع مرقوم ملاحظه صورتجلسه کشف اسناد ومدارک مربوط به اتهام ردیف دوم وکشف فیلمهای ممنوعه مذکور، اظهارات واقاریر صریح وضمنی متهم درتقبل وپذیرش اتهامات انتسابی معنونه بشرح صورتمجلس تنظیمی دادگاه عدم ارائه هرگونه دفاعیات موثر وموجه ازناحیه ایشان دراظهارات ابرازی ودیگر قرائن، شواهد وامارات موجود بزهکاری نامبرده رامحرز ومسلم تشخیص ومستنداً به بند ب ماده ۳ قانون نحوه مجازات اشخاص که درامورسمعی وبصری فعالیتهای غیر مجاز مینمایند وماده ۸۲ و ۱۰۲ قانون تعزیرات (قانون حاکم برارتکاب بزه های مذکور ازناحیه متهم واخف بودن آن) وبارعایت مواد ۱۶-۱۸ و ۴۷ قانون مجازات اسلامی دادگاه متهم راازحیث اتهام ردیف اول دائر برتهیه فیلمهای مبتذل ومستهجن بپرداخت مبلغ ۵ میلیون ریال جزای نقدی تعزیراً درحق صندوق دولت وازحیث اتهام ردیف دوم دائر برمخفی نمودن اوراق واسناد اداری بارعایت بندهای ۵ و ۶ ماده ۲۲ قانون مجازات اسلامی بپرداخت مبلغ یک میلیون ریال جزای نقدی تعزیراً درحق صندوق دولت بعنوان بدل ازانفصال وشلاق مقرر درقانون منظور

محکوم و ازحیث اتهام [illegible]

جمهوری اسلامی ایران

فلاتتبعوا الهوی ان تعدلوا

تاریخ ۱۳۷

شماره ....

پیوست ....

دادنامه

دادگاه ....

محکوم واز جهت اتهام ردیف سوم دائر برارتکاب تظاهر به عمل حرام به تحمل ۳۰ ضربه شلاق تعزیــــــری محکوم مینماید . رای صادره حضوری و پس از جری تشریفات قانونی وظرف ۲۰ روز پس از ابلاغ مستندا" بشماره ۵ بخش الف ماده ۹ قانون تشکیل دادگاههای عمومی وانقلاب قابل تجدید نظرخواهی درمحاکم تجدید نظراستان تهران خواهد بود . بط

رئیس شعبه ۳۷ دادگاه عمومی تهران ، ارجمند

[illegible]

کلاسه پرونده: ۷۵/۲۲ت/۲-۵۱ — تاریخ: ۷۵/۱۱/۱۰ — شماره دادنامه: ۵۱۷

مرجع رسیدگی شعبه ۲۲ دادگاه تجدیدنظر استان تهران

هیئت شعبه آقایان: نوراله عزیز محمدی (رئیس) شریف پرور شریفی (مستشاران)

تجدیدنظرخواه: محمد رضا عالی پیام — تهرانپارس، فرجام، خیابان جمران، ۱۸۰ غربی پلاک ۱۳۱

تجدیدنظرخوانده: شعبه ۳۷ دادگاه عمومی تهران

تجدیدنظرخواسته: تجدیدنظر دادنامه شماره ۲۹۷ مورخ ۷۵/۷/۱۶ شعبه ۳۷ دادگاه عمومی شهرستان تهــــران

گردشکار: تجدیدنظرخواه دادخواستی بخواسته فوق تقدیم داشته که باین شعبه ارجاع و پس از ثبت بکلاسه فوق و انجام تشریفات قانونی مورد رسیدگی واقع و سرانجام در وقت فوق العاده دادگاه تشکیل است و با بررسی اوراق و محتویات پرونده ختم دادرسی را اعلام و بشرح زیر مبادرت بصدور رای مینماید.

رای دادگـــــاه

در مورد تجدیدنظرخواهی محمد رضا عالی پیام نسبت بدادنامه شماره ۲۹۷ مورخه ۷۵/۷/۱۶ صادره از شعبه ۳۷ دادگاه عمومی تهران که در رابطه با اتهامات وی مبنی بر تهیه فیلمهای مبتذل و مستهجن ویدئوئی و مخفی نمودن اوراق و شناسنامه اتباع خارجی افغانیها و تظاهر به عمل حرام حکم بر محکومیتش به پرداخت جزای نقدی و شلاق صادر گردیده است با توجه به محتویات پرونده و نظر باینکه اعتراض موجهی از جانب تجدیدنظرخواه در آن قسمت که در رابطه با اتهام تهیه فیلمهای مبتذل و مستهجن حکم بر محکومیت او صادر گردیده است بعمل نیامده لذا دادگاه تجدیدنظرخواهی او را در این قسمت وارد ندانسته و ضمن رد آن حکم مذکور در فوق را در اینمورد تائید مینماید و اما نظر باینکه صرف در اختیار داشتن شناسنامه دیگران و اسنادی که در پرونده قید گردیده جرم نبوده و ماده استنادی در رای بدوی نیز مطابقتی با موضوع ندارد بنابراین دادگاه تجدیدنظرخواهی را وارد دانسته و ضمن نقض این قسمت از رای حکم بر برائت مشارالیه صادر و اعلام مینماید. اعتراض نامبرده به قسمت سوم اتهام که تظاهر به فعل حرام با توجه به عکس موجود در پرونده و اظهارات متهم و تحقیقات انجام شده در ماهیت قضیه وارد نمیباشد ولی از آنجا که تجدیدنظرخواه فاقد پیشینه است و وضعیت اجتماعی وی نیز اقتضا دارد که مشمول تخفیف قانونی قرار گیرد لذا دادگاه ضمن رد تجدیدنظرخواهی مشارالیه مستنداً به ماده ۲۲ از قانون مجازات اسلامی با تبدیل شلاق موضوع حکم به پرداخت مبلغ ۵۰۰/۰۰۰ ریال جزای نقدی اصل رای را در این قسمت نیز تائید مینماید. این رای باستناد مواد ۲۰ و ۲۴ قانون تشکیل دادگاههای عمومی و انقلاب صادر شده و قطعی است. ۰/۱

رئیس شعبه ۲۲ دادگاه تجدیدنظر استان تهران — عزیز محمدی	مستشار دادگاه شریف پـــــرور	مستشار دادگاه عبداله شریفـــــی

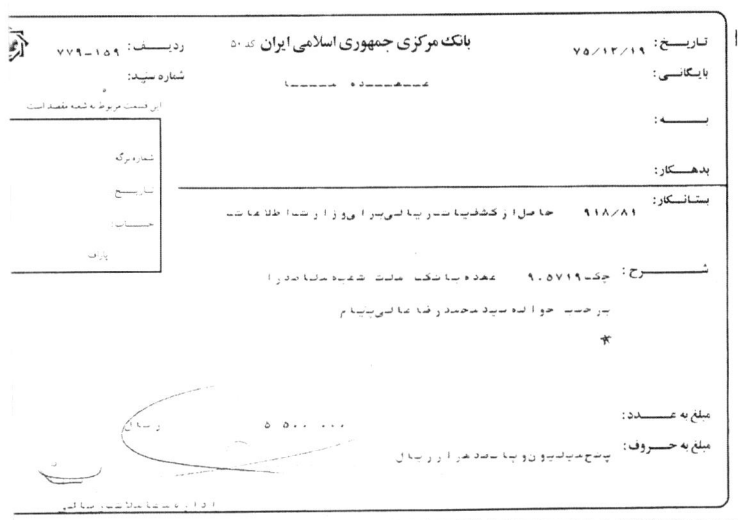

بانک مرکزی جمهوری اسلامی ایران کد ۵۰

تاریخ: ۷۵/۱۲/۱۹

ردیف: ۷۷۹-۱۵۹

شماره سند:

این قسمت مربوط به شعبه مقصد است

شماره برگه

تاریخ

حساب:

پاراف

بایگانی:

به:

بدهکار:

بستانکار: ۹۱۸/۸۱ [illegible]

شرح: چک ۹۰۵۷۱۹ عهده بانک ملت شعبه ملاصدرا

بر حسب حواله سید محمد رضا عالی پیام

*

مبلغ به عدد: ۵۵۰۰۰۰۰ ریال

مبلغ به حروف: پنج میلیون و پانصد هزار ریال

در دادگاه تجدید نظر به جوانیم رحم کردند و آن شلاق هم بدل شد به پنجاه هزار تومن جریمه. سرجمع پانصد و پنجاه هزار تومان سلفیدیم و فاتحه.

دادنامه

قوهٔ قضائیه
دادگاه انقلاب اسلامی تهران

بسمه تعالی
کلاسه پرونده: ۱۴۰۶/۷۷ تاریخ: ۱۳۷۸/۲/۲۶ شماره دادنامه: ۱۸۳

مرجع رسیدگی: شعبه ۲۱ دادگاه تجدیدنظر استان تهران مستقر در دادگاه انقلاب اسلامی تهران

هیئت رسیدگی کننده: علی میحری (رئیس) [موسی پورکاظمی و میرهاشم موسوی آهی (مستشاران دادگاه)]

تجدیدنظرخواه: آقای سیدمحمدرضا هاشمی پهام

نشانی: تهران – خیابان اسدآبادی شمالی – ۱۸۰ غربی پلاک ۱۲۱

تجدیدنظرخواسته: دادنامه شماره ۷۲۹۵۷ مورخ ۷۶/۹/۴ صادره از شعبه ششم دادگاه انقلاب اسلامی تهران

"گردشکار"

پس از وصول پرونده و ثبت، به کلاسه فوق و جری تشریفات قانونی در وقت فوق‌العاده جلسه رسیدگی با حضور امضاء کنندگان ذیل تشکیل است. جهت از ملاحظه و مطالعه اوراق پرونده و تشخیص کفایت مطالعات و انجام مشاوره ختم رسیدگی را اعلام و بشرح آتی مبادرت به صدور رای مینماید.

"رای دادگاه"

در خصوص تجدیدنظرخواهی محمدرضا هاشمی پهام نسبت به دادنامه شماره ۷۲۹۵۷ مورخ ۷۶/۹/۴ صادره از شعبه ششم دادگاه انقلاب اسلامی تهران با ملاحظه درمحتویات پرونده و سایر مندرجات ماده ۱۰۰ قانون دشمن با اسلحه و مهمات و مهمات ، دادنامه تجدیدنظرخواسته در قسمت هاشمی پهام در اجرای اصرار تجدیدنظرخواه در وقوع دادنامه مذکور صحیحا صادر گردیده و اعتراضی که کسر کاهش نقش دادنامه با اصول اصل حاکمه نمی گردد بنابراین امر اعتراض تجدیدنظرخواه ردو دادنامه محترمه صحیحا" و بر بناده مفاد اصل اساسون صادر تر دیده است شاخه میگردد. این رای قطعی است (۱۸)

رئیس شعبه ۲۱ دادگاه تجدیدنظر استان تهران   مستشاران دادگاه
علی میحری   موسوی آهی   کاظمی

این حکم تجدید نظر در مورد مقدار ناچیزی اسلحه شامل چند کلت، خودکار قابل شلیک، ژ ۳، دستبند، گاز اشک‌آور، فشنگ، سلاح دست‌ساز، نارنجک و ... است که در جاساز خانه‌ام کشف شد. متاسفانه حکم بدوی را ندارم.

بخش سوم

زندان اوین

بازداشت

ماه رمضان، بیست و هفت مرداد سال نود و یک در خانه نشسته بودم و مهمان داشتم. در آپارتمان را زدند. صدای همسایه پایینی بود:

ـ آقای عالی‌پیام، باز کنید.

در را که باز کردم، جوانکی ریشو پای خود را لای در گذاشت تا بسته نشود، بعد در را فشار داد و ده نفر وارد خانه شدند. همسایه با شرمندگی فراوان گفت: «آقای عالی‌پیام خیلی ببخشین، اینا نگفتن با شما کار دارن. زنگ واحد منو زدن. تا در رو باز کردم ریختن تو و اومدن بالا».

گفتم: «اشکالی نداره. اینا روش کارشون همین‌طوریه. شما بفرمایید». بعد از تازه واردین حکم ورود به منزل را خواستم. نشانم دادند. بالای حکم، آرم پلیس امنیت نقش بسته بود. گفتم: «در خدمتم».

شروع کردند خانه را شخم‌زدن. از بین کتاب‌ها و سی‌دی‌ها و دست‌نوشته‌هایم، حدود هفت هشت کارتن و دو چمدان غنیمت جمع شد. در اتاق کارم ناظر تلاششان بودم که از اتاق پسرم صدای دعوا و هیاهو شنیدم. می‌خواستند به زور وارد اتاقش شوند و او نمی‌گذاشت. «گفتم: بابا مانع کارشون نشو، حکم دارن». کامپیوتر خودم و پسرم و لپ‌تاپ هم به سایر غنیمت‌ها اضافه شد. بعد موقع رفتن از پسرم و مهمان‌ها خواستند که کمک کنند و غنایم را پایین ببرند. مانع شدم و گفتم: «به اینا ربطی نداره، ده نفر آدمین. خودتون ببرین. مهمونای من حمّال شما نیستن».

بالاخره مرا هم دستبند به دست از خانه خارج کردند. در هر پاگرد پله یک مأمور مسلح ایستاده بود. وارد کوچه شدیم، دیدم جای سوزن انداختن نیست، از مأمورهایی که ایستاده بودند و مردمی که برای تماشا جمع شده بودند. به رییس آن‌ها گفتم: «برای دستگیری موسی خیابانی هم اینقد نیرو بسیج نشده بود. چه خبره اینجا؟ زحمت کشیدین. مثه هر بار یه تلفن می‌زدین خودم خدمت می‌رسیدم».

مرا داخل یک ون کردند که دور تا دورش پرده بود. با این حال چشم‌بند زدند و کاروان حامل عالی‌پیام و اسنادش به راه افتاد. فکر کنم هفت یا هشت تا ماشین بود. با اینکه چشم‌بند داشتم، از پیچ‌هایی که ماشین می‌خورد، مسیر را حدس زدم. در نقطه‌ای حوالی اتوبان حقانی اسکورت ایستاد. وارد یک ساختمان متروکه شدیم. پس از بازرسی کامل بدنی، مرا وارد سلولی مجهز به دوربین مداربسته کردند. کاملن معلوم بود از اینجا مدت‌هاست استفاده نشده، چون همه جا پر از گرد و خاک بود.

بازداشتگاه دو راهرو داشت که در هر کدام هشت سلول بود. چهارتا این طرف، چهار تا آن طرف. بنا به دستور، کفش‌ها و جوراب‌ها را کنار میز بازرسی درآورده، دمپایی پوشیدم و وارد سلول شدم. یعنی تا حدودی هل داده شدم. مأمور کلید زنگی را نشانم داد و گفت: «کاری داشتی این زنگو بزن. داد و هوار راه ننداز». حتا داخل سلول هم پر از گرد و خاک بود. یک جارو گرفتم و سلول را جارو کردم و پتوها را تکاندم. تمام دیوارها کاشی کاری شده بود تا زندانی‌ها روی دیوار یادگاری ننویسند. تنها چیزی که توجه را جلب می‌کرد، یک علامت فلش به طول یک متر و عرض نیم متر به رنگ قرمز روی دیوار روبرو بود که سمت قبله را نشان می‌داد. زیر آن هم با رنگ سبز خیلی درشت نوشته بود: قبله. بعد یک کاغذ A4 هم پهلوی آن چسبانده و روی آن نوشته بودند: قبله کمی متمایل به راست. بعد با خودکار قرمز زیرش اضافه کرده بودند: در صورت هرگونه ابهام، از مأمور مربوطه سوال کنید.

با خودم فکر کردم با این همه خرفهم کردن، باز چه ابهامی ممکن است پیش

بیاید که لازم به سوال از مأمور مربوطه شود؟ شیطنتم گل کرد. زنگ زدم. مأمور آمد. گفتم: «مأمور مربوطه شمایین؟». گفت: «بفرما». گفتم: «اخوی، چند وقته اینجا کار می‌کنی؟». مشکوک نگاهم کرد و گفت: «چطو مگه؟». گفتم: «هیچی، می‌خواستم بپرسم تو این مدتی که اینجا کار می‌کنی، موردی پیش اومده که کسی ابهام داشته باشه و ازت بپرسه قبله کدوم وره؟». مدتی برّوبرّ نگاهم کرد و چشم در چشمانم زل زد. بعد در حالی که خودش را کمی خم کرده بود، گفت: «قبله؟ ازین وره». گفتم: «خیلی ممنون، رفع ابهام شد. بفرمایید».

چیزی نگذشت که برای بازجویی احضار شدم. بازجو جوانکی بیست و چندساله بود با قیافه‌ای که سعی می‌کرد خود را بسیار جدی و خشن نشان دهد. تا نشستم، شروع کرد به تهدید و تشر که ال می‌کنم و بل می‌کنم و پدرت را در می‌آورم. مگر اینکه خودت مثل بچه آدم به همه چیز اعتراف کنی.

یاد روزی افتادم که بازجوهای اطلاعات سپاه در اوین برای اولین بار مرا به بازجویی گرفتند. آن‌ها هم اول همین اداها را درآوردند. خیلی خونسرد نگاهشان کردم و گفتم:

- ببین پسر جون، زیاد تند نرو، اولن من این روشای بازجویی رو بلدم، فوت آبم. اولش با تشر میری تو دل متهم و می‌ترسونیش و اونم میفته به تته پته و تو هم تخلیه‌اش می‌کنی. با من از این اداها در نیار، من اومدم که اومده باشم. با این کارت ملی (از جیبم درآوردم و نشانش دادم) که معلوم بشه من منم و این پنج هزار تومن واسه کرایه برگشتن، اگه برگشتی تو کار باشه، ولی اینو بدون که پشت این دیوارا هیشکی منتظر من نیست. عمرم رو هم کردم. چیزی از خدا طلب ندارم. بعد پنجاه سالگی، هر کی بیشتر عمر کنه، مفت چنگش. پس برا مردن هم حاضرم. سرمایه‌ام رو هم که شما به باد دادین و همه رو گرفتین. پس نگران مال دنیا هم نیستم. مجوزم رو هم که سال‌هاست باطل کردین. پس بدون هیچ نگرانی از هیچ بابت ندارم که بخوای منو تهدید کنی. گفت: «بچه‌هات؟». گفتم: «بزرگ شدن و می‌تونن گلیمشونو از آب بیرون بکشن».

این حرف‌ها روی آن‌ها تاثیر کرد و آرام شدند و بقیه‌ی بازجویی با متانت پیش رفت. ولی اینجا این یکی صدایش را بلندتر کرد و گفت: «حالا می‌بینی چه جوری به حرفت میارم».

گفتم: «پسر جون، من حرف زیاد دارم. ولی نه با تو. با تو حرفی ندارم. تو نه انقلاب رو دیدی، نه قبل از انقلاب رو دیدی، نه بعدشو دیدی، نه شاه رو دیدی، نه خمینی رو دیدی، نه جنگ رو دیدی، نه جبهه رو دیدی، نه پشت جبهه رو دیدی، نه تاریخ می‌دونی، نه سیاست می‌دونی، نه ادبیات می‌دونی، نه شعر سرت می‌شه، نه می‌فهمی استعاره و ایهام و طنز و جد و هزل و هجو چه فرقی با هم داره، آخه من با چه زبونی و از کی و چی بگم که تو بفهمی؟».

چشم‌هایش گرد شد و همین‌جور به من زل زده بود. کاملن معلوم بود تا به حال هیچ متهمی این گونه با او سخن نگفته است. خودکار را روی میز گذاشتم و گفتم: «من با تو حرفی ندارم. برو بگو بزرگترت بیاد».

صدایش را آورد پایین و با لحنی که از آن معذرت می‌بارید، سوال اول را پرسید، گفتم: «من با تو حرفی ندارم. مثل اینکه به تو نگفتن من کی‌ام، برو بگو یه بزرگ‌تر بیاد».

خودش را کشت، هیچ چیز نگفتم، سکوت کامل، دست به سینه فقط نگاهش کردم. یک ساعت به همین ترتیب گذشت. صدای اذان بلند شد. مرا به سلول برگرداند و خودش رفت برای افطاری.

پنجره‌ی زیر در سلول باز شد و سینی افطاری مرا دادند تو، یک وعده شام با آش رشته و نان و پنیر و سبزی و چای. خوردم و چند دقیقه‌ای دراز کشیدم که در سلول باز شد و احضار شدم برای بازجویی.

تعویض بازجو

بازجو این بار آدم مسن‌تر و معقولی بود. با لبخند گفت: «چی به این همکار ما

گفتی؟ بدجور مگسیش کردی». گفتم: «تا شما باشین برای بازجویی هالو اگه همقدشو پیدا نمی‌کنین، اقلن یکی رو بفرستین که تا زانوهاش برسه».

حرف که از دهانم خارج شد، تازه فهمیدم توهین بدی کردم. یعنی حالا تو تا زانوی من هستی. عذرخواهی کردم و گفتم: «می‌دونی که رگ سیدی ما سیدا زود می‌زنه بیرون. کلن چهارشنبه به چهارشنبه قاطی می‌کنیم و هر دفه هم یه هفته طول می‌کشه».

خندید و نشستیم به بازجویی، این مثلن همان آدم خوبه بود که قبلن تعریف کردم. سوال‌های باربط و بی‌ربط. مثلن گفت: «نام و آدرس همه‌ی انجمنای ادبی تهران رو بنویس». نوشتم. گفت: «اسم رییسشون رو هم بنویس». نوشتم. خب این‌ها چیزهایی نبود که از کسی پوشیده باشد. بعد گفت: «رابطه‌ی اینا با خارج از کشور رو هم بنویس».

خنده‌ام گرفت، گفتم:

- شما چرا برای هر چیزی دنبال یه سرنخ خارجی می‌گردین؟ آخه این انجمنای ادبی که ماهی یه بار یه عده پیر و پاتال دور هم جمع می‌شن و شعری و موزیکی و چند ساعت وقت گذروندن، چیه که بخواد آمریکا و اسراییل روش سرمایه‌گذاری کنه و خط بده و نخ بده که جمع شین شعر بخونین؟ خب شما کاباره‌ها رو بستین، مردم چیکار کنن؟ دلخوشی‌شون به همین چیزاست دیگه».

گفت: «نه، اینا بودجه‌شون از یه جایی تأمین می‌شه». گفتم: «معلومه که بودجه شون از یه جایی تأمین می‌شه ...» فوری مثل اینکه مچ گرفته باشد، گفت: «از کجا؟». گفتم: «از ورودیه‌ای که دم در می‌گیرن».

بازجویی آن شب خیلی به درازا کشید، تا نزدیک اذان صبح بگو مگو داشتیم. خیلی سعی داشت از توی این بازجویی یک شاهکار خبری اطلاعاتی درآورد. یک چیز قلمبه. مثلن پرسید: «بگو کی و از چه کشوری به تو خط می‌ده که این شعرا رو بگی؟».

خندیدم، گفتم: «باز دنبال سر نخ خارجی هستی؟ بگم آقای شمعون از

اسراییل خوبه؟ راضی می‌شی؟ برادر من، این شعرا از اندیشه‌ی من میاد بیرون. تو بیا اندیشه‌ی منو عوض کن. خود به خود شعرای منم عوض می‌شه. بیا بشین با من بحث کن. منو قانع کن که دارم اشتباه فکر می‌کنم».

گفت: «من که وقت ندارم بشینم با تو بحث کنم». گفتم: «خب همینه دیگه، بحث نمی‌کنی چون می‌ترسی تو هم مثه من فکر کنی. می‌ترسی اندیشه‌ات عوض شه. می‌ترسی کم بیاری».

نزدیک‌های صبح بود که رفتیم برای خواب. قبل از آن سحری دادند. صبح حدود ساعت هشت و نه بود که بیدارم کردند. چشم بند زدند و سوار ماشین ون شدیم. همان ونی که مرا از خانه به اینجا آورده بود. دو نفر حدودن بیست ساله با لباس شخصی مرا همراهی می‌کردند. چون نام آن‌ها را نمی‌دانستم، اسم یکی را گذاشته بودم همراه اول و دیگری را همراه دوم.

همراه اول مرا کف ماشین نشاند و دستش را پشت سرم گذاشت و به سمت پایین فشار داد. طوری که استخوان‌های ستون فقراتم داشت از هم جدا می‌شد. ماشین که حرکت کرد، دنده دو به دنده سه به قدری کف ماشین داغ شد که پاها و باسنم سوخت. هرچه به او می‌گفتم: «این کارا دیگه برای چیه؟ من دارم می‌سوزم، گردنم شکست...» اهمیتی نمی‌داد. تا به اوین رسیدیم. داخل دادسرای شهید مقدس شدیم. چشم‌بند را برداشت و داخل راهرو مرا روی یک صندلی نشاند. نشستن برایم مشکل بود. فکر می‌کردم پشت پاهایم تاول زده‌است. ترجیح دادم بایستم. داخل شعبه‌ی دوم بازپرسی شد و پرونده‌ی مرا تحویل داد. منتظر نوبت بودم. از اتاق بغل دستی که نمی‌دانم چه شعبه‌ای بود صدای منشی و بازپرس را می‌شنیدم. منشی به بازپرس گفت: «تا حالا دو میلیون نفر از کسایی که رفتن و صفحه‌ی شاهین نجفی رو لایک کردن شناسایی کردیم. چی کارشون کنیم؟». بازپرس هم گفت: «پنجاه تا پنجاه تا احضارشون کنین و یه خورده بترسونین و تعهد بگیرین و ولشون کنین برن».

تو دلم گفتم: «دمت گرم آقای قاضی، تا می‌تونین از این اشتباها بکنین. این

کارتون یعنی ریختن ترس و ابهت اوین و احضار و بازداشت تو دل دو میلیون جوون».

یک مأمور وظیفه که متهمی را آورده بود، مرا شناخت. متهمش را برد ته سالن روی یک صندلی نشاند و نزدیک من آمد و سلام گرمی کرد. بعد گفت: «آقای عالی‌پیام، دستگیری شما غوغایی به پا کرده. همه‌ی شبکه‌های خارجی خبر دستگیری‌تونو پخش کردن». بعد مفصل مرا در جریان خبرها قرار داد که: «دارن براتون امضا جمع می‌کنن و برای آزادی‌تون کمپین زدن و شاعرا دارن مرتب شعر می‌گن و کاریکاتوریستا براتون کاریکاتور کشیدن ...».

حدود ظهر بود که مرا به بازداشتگاهم برگرداندند. این کار هر روز آن‌ها بود. صبح مرا به اوین می‌بردند و قاضی بازجویی‌های مرا می‌خواند و چیزهایی زیرش می‌نوشت و چند کلمه‌ای هم با خودم صحبت می‌کرد و سوالاتی می‌پرسید و باز برمی‌گشتم و دوباره بازجویی و بازجویی.

آن روز اولین چیزی که به بازجو گفتم این بود: «می‌خوای بگم دیشب آیت‌الله بی‌بی‌سی چی درباره من گفته؟ می‌خوای بگم صدای آمریکا کدوم شعر منو پخش کرده؟ می‌خوای بگم کیا برا من امضا کردن؟». دهانش همین‌طور باز مانده بود و مرا برّوبر نگاه می‌کرد. بعد گفتم: «ببین اخوی رو این مأموراتون خیلی حساب نکنین. اینا دست و پاشون در اختیار شماست. دل و اندیشه‌شون در اختیار ماست».

یک روز در اتاق بازجویی نشسته بودم. بازجو وارد شد و داشت می‌خندید. گفتم: «می‌خندید؟». گفت: «قبل از اومدن داشتم دفترچه خاطراتت رو می‌خوندم».

بازجویی شروع شد. در گوشی تلفنم مخاطبین را گروه بندی کرده بودم. یک گروه به هالوچه‌ها تعلق داشت. هالوچه‌ها هنرجوهای من بودند که از زمانی که اکابر هالو را در وبلاگ راه انداخته بودم و عروض و قافیه درس می‌دادم، به تدریج جمع شده بودند و روز به روز به تعدادشان اضافه می‌شد. پرسید: «این

هالوچه‌ها کین؟»". گفتم: «اینا کسانین که بعد از من هر کدوم خودشون یه هالو می‌شن. یعنی شما اون وقت به جای یه صندلی باید چهل تا صندلی اینجا بذارین و بازجویی کنین. چهل تا شاعر جوونی که مثه خود من می‌اندیشن و مثه خود من شعر می‌گن».

فردا باز مرا به اوین بردند. ماشین از مقر ما که حرکت می‌کرد، وارد بزرگراهی می‌شد. پس از مدت کوتاهی دور می‌زد و برمی‌گشت و خیلی زود به میدان ونک می‌رسید. میدان ونک را از صدای مسافرکش‌ها که در گوشم می‌پیچید می‌شناختم: «رسالت یه نفر، رسالت یه نفر، .... تجریش دو نفر ....». سال‌ها پنجره‌های دفتر من به میدان ونک باز می‌شد و با این عربده‌ها آشنا بودم، به همراه اول گفتم: «ببین پسرجون، اگر منو کف ماشین می‌شونی که من مسیرو نشناسم، الان بهت می‌گم ما کجاییم و از کجا اومدیم و کجا می‌ریم. الان از جهان کودک وارد میدون ونک شدیم و داریم از ولی عصر می‌ریم بالا. انقد کله‌ی منو لای پام فشار نده».

بنده خدا آچمز شده بود. گفت: «خیله خوب پاشو بشین رو صندلی، ولی به چشم‌بندت دست نزن». گفتم: «می‌شه بگی دستایی که از پشت دستبند زدی، چطوری می‌تونم به چشم‌بندم بزنم؟».

آن روز چهارشنبه بود، وقتی رسیدیم، طبق معمول چشم‌بند را باز کردند و مرا در راهرو روی صندلی نشاندند. مدتی طول کشید. بازپرس شعبه‌ی چهار از اتاقش خارج شد و در را قفل کرد که برود. مرا دید. بلند شدم و سلام کردم. گفت: «عالی‌پیام، تو که باز اینجاها پیدات شد».

پرونده‌ی دستگیری و محاکمه‌ی قبلی من زیر دست او بود. یادم می‌آید آخرین باری که مرا برای بازپرسی نزد او آوردند، با قیافه‌ای عبوس و ابروهای ۷ آخرین دفاع را از من گرفت. بعد پرونده را بست و تکیه داد و ابروهایش ۸ شد. با قیافه‌ای متبسم گفت: «چای می‌خوری؟». گفتم: «بله». به منشی‌اش دستور داد برای من چای بیاورد. بعد به من گفت: «عالی‌پیام، اون شعره که یکی زنش

مرده بود و آخونده خیال می‌کرده مرحوم مَرده مال توئه؟». گفتم: «بله»، گفت: «بخون». گفتم: «اون شعر خیلی طولانیه و من همش رو حفظ نیستم». گفت: «هر چی رو یادت هست بخون». در این موقع منشی‌اش با چای وارد شد. به او گفت: «در رو ببند و کسی رو راه نده و تلفن رو هم جواب نده. بیا بشین گوش کن». بعد به من گفت: «بخون».

هر کجا را من فراموش کرده بودم، او از حفظ بود. با دیدن او این خاطرات در من مرور شد که همراه اول از راه رسید و گفت: «پاشو بریم». بعد به جای شعبه‌ی دو مرا به شعبه‌ی شش برد. معلوم شد که آن روز بازپرس من مرخصی است و مرا نزد بازپرس کشیک می‌برد. بازپرس شعبه‌ی شش تا مرا دید گفت: «عه عالی‌پیام، تو هستی؟ اینجا چیکار می کنی؟».

همراه اول پرونده را جلوی او گذاشت، بازپرس پرونده را ورق زد و گفت: «من تقریبن شعرای ایشون رو شنیدم. الان مشکل چیه؟». همراه اول سریعن کتاب جلد پنج مرا باز کرد و شعر آقاجون را نشانش داد. او کتاب را گرفت و نگاهی به شعر انداخت و بعد به من داد و گفت: «خودت بخون». من هم خواندم:

آقاجون هزار ساله می‌گن بیا
هی می‌گن مهدی بِن حسن بیا
صب تا شب لحظه شماری می‌کنن
شب تا صب گریه و زاری می‌کنن
به خدا دروغ می‌گن، لاف می‌زنن
درجا تو دنده دو تیک آف می‌زنن
اینا که داد می‌زنن مهدی می‌خوان
خودشونم نمی‌دونن چی می‌خوان
یا کی می‌خوان یا کی رو با کی می‌خوان
همه رو همین‌جوری قاطی می‌خوان

آقاجون اینایی که هوایی‌تن
توی سر می‌زنن و فدایی‌تن
فک نکن واسه‌ی تو شمشیر می‌زنن
به خدا سایه تو با تیر می‌زنن
تو نیگا نکن که ریش و پش دارن
همه‌شون تو سینه غل و غش دارن
فک نکن ناله‌هاشون حسابیه
از ته دل نمی‌گن، قلابیه
نبادا یه وختی باور بکنی
حرفامو از تو گوشات در بکنی
آقاجون اینا که هی مهدی می‌گن
فک نکن عاشق چشم و ابروتن
همه از دم عاشق میزاشونن
همه‌شون اسیر چیز میزاشونن
همه‌شون عاشق ویلاهاشونن
تو رو مثل میخ سر جات می‌شونن
نبادا با گریه‌شون شیرت کنن
با چهارتا ناله جوگیرت کنن
آقاجون می‌خوای بیای چیکار کنی؟
تو می‌خوای یه عده رو بی‌کار کنی؟
آقاجون با اسم تو نون می‌خورن
پولا رو ملیون و ملیون می‌خورن
تو می‌خوای نون شونو آجر کنی؟
تو می‌خوای بنزشونو شتر کنی؟
اینا که همه می‌گن یار توئن
همه سرباز فداکار توئن

هر کی هر کار می‌کنه هر جا می‌ره
می‌گه از شما اجازه می‌گیره
اینا که واست هلاکن می‌میرن
از تو مثل نردبون بالا می‌رن
هر کی هر جا که یه گندی می‌زنه
کاسه کوزه‌ش تو سر تو می‌شکنه
واسه تو جاده توی قم می‌زنن
با پوتین تو فرق مردم می‌زنن
یا می‌گن برنامه‌شون کار توئه
این هدفمندیا شاکار توئه
می‌شینن با اسمت آقا پز می‌دن
پول یارانه رو نصفه جز می‌دن
بعد می‌گن یارانه رو شما می‌دی
به خدا خودم دیدم توی سی‌دی
که اونا پرچمتو باد می‌کنن
با شما دنیا رو آباد می‌کنن
آقاجون می‌خوای بیای چیکار کنی؟
مثلن ظالما رو شیکار کنی؟
تا نیومدی شیکارت می‌کنن
تو نمی‌دونی چیکارت می‌کنن
بِت می‌گن این همه وخ کجا بودی
یا چیکار می‌کردی با کیا بودی
بعدشم انگ سیاسی می‌زنن
حقه‌های دیپلماسی می‌زنن
توی کیهان شما رو سو می‌کنن
یه عالم سند مند رو می‌کنن

آقاجون می‌شی اسیر باند بازی
یا می‌شی اسیر پرونده سازی
این بیاها همه دوز و کلکه
جای تو بند دوی کهریزکه
خودتو دچار غمباد می‌کنی
همه رَبو رُبتو یاد می‌کنی
بعدشم یه وخ دیدی تو این میون
می‌برن تو رادیو تلوزیون
اونجا باس شمشیرتو غلاف کنی
بشینی همّه رو اعتراف کنی
باس بگی از کجاها خط می‌گیری
این همه بودجه‌ی مفرط می‌گیری
با کیا توی جی‌جی بیجی بودی
تو کودوم کشور خارجی بودی
به کیا ایمیل می‌دی چت می‌کنی
پاتو تو کفش سیاست می‌کنی
آقاجون، والا قسم به شارگم
به خدا راسّ حسینی بت می‌گم
تو باهاس باز بشینی فک بکنی
دوباره برنامه تو چک بکنی
هر چی پیش بیاد نیاد پا خودته
همه مسئولیتش با خودته
نگی هالو بِم نگف، فدات بشم
الهی فدای اون چشات بشم
اگه خواستی هم بیای، جون برار
اقلن اون شال سبزو در بیار

تمام که شد، بازپرس رو به همراه اول و دوم کرد و گفت: «همین؟ خب اینکه اشکالی نداره. من با عالی‌پیام هم‌عقیده‌ام. خیلی از اینایی که ادعا می‌کنن منتظر امام زمانن دروغ می‌گن». بعد داستانی را به نقل از کتابی که او نام برد، ولی من اسمش را به یاد ندارم تعریف کرد و گفت:

- می‌گن تو یه شهری یه آدمی بود که آهنگر بود و با امام زمان رابطه داشت. اون هر بار که آقا رو می‌دید می‌گفت: آقا چرا ظهور نمی‌کنید؟ به خدا همه مردم منتظر شمان. آقا هم می‌گفت: الان وقتش نیست. اونا منتظر واقعی نیستن. ولی هر بار آهنگره اصرار می‌کرد که شما ظهور کنید ببینید چطور مردم از شما استقبال می‌کنن. آخر روزی امام زمان به او گفت: خیله خب، برو به مردم بگو آقا روز جمعه تو مسجد جامع ظهور خواهد کرد. خودتم دو تا گوسفند ببر رو پشت بوم مسجد و یه گوشه ببند و منتظر من باش. روز جمعه آقا اومدن رو پشت بوم و به آهنگره گفتن: پایین چه خبره؟ آهنگر گفت: آقا تموم حیاط مسجد پره آدمه. همه منتظر ظهور شمان. آقا گفت: خب حالا برو لب بوم و یکی رو صدا کن بیاد بالا. همین کار رو کرد و یکی اومد بالا. گفت: بهش بگو بره یه گوشه بشینه. بعد یکی از این گوسفندا رو سر ببر و خونش رو از ناودون بده پایین. آهنگر هم همین کار رو کرد. آقا به آهنگره گفت: حالا تو حیاط رو نیگاه کن ببین چه خبره؟ نگاه کرد و گفت: آقا نصف مردم رفتن. آقا گفت: خب حالا یکی دیگه رو صدا کن و اون یکی گوسفند رو هم بکُش و خونش رو از ناودون بده پایین. اونم همین کار رو کرد. بعد آقا گفت: حالا نیگاه کن ببین چی می‌بینی؟ نیگاه کرد و گفت: آقا همه رفتن. هیچ کس نیست. آقا گفت: به این دو نفر هم بگو برن خونشون. دیدی گفتم کسی منتظر واقعی من نیست. حالا عالی‌پیام هم همینو داره می‌گه و اشکالی تو این شعر نیست.[1]

بعد خودکارشو برداشت که چیزی بنویسد، همراه اول پا جلو گذاشت و شعر دیگری را جلوی او گرفت و گفت: «اینم هس ...» بازپرس گفت: «بده خودش

---

۱. خدایا من چه دارم می‌گویم، این چه دارد می‌گوید؟ ولی خب چه اشکال دارد. خرافات که همیشه خونم را به جوش می‌آورد، این بار به دادم رسید.

بخونه». به همین ترتیب شعرهای زلزله، هواشناسی دینی و چند شعر دیگر را خواندم.

منشی دادگاه حسابی کیفور شده بود. با نیش تا بناگوش باز مرتب تقاضای ترانه درخواستی می‌کرد: «آقا بگین شعر - من که دیگه رأی نمی‌دم - رو هم بخونه. بگین شعر مادرزن رو هم بخونه، بگین شعر دیه و مهریه رو هم ...». قاضی هم دلش را نمی‌شکست و به من می‌گفت: «بخون». من هم می‌خواندم. شعبه شده بود شب شعر. غیر از قاضی و منشی‌اش که داشتند حال می‌کردند، چند نفر دیگر هم در اتاق بودند که نمی‌دانم کادر بودند یا ارباب رجوع. هرچه بود مستفیض شدند. تنها کسانی که داشتند حرص می‌خوردند و خونشان به جوش آمده بود، همراه اول و همراه دوم بودند.

بازپرس گفت: «این‌ها جرمی نیست که به خاطرش یه هفته تو انفرادی نگهش داشتین. دستبندشو باز کن. من اینجا سی میلیون قرار براش نوشتم». بعد رو به من کرد و پرسید: «کسی رو داری الان بیاد فیش حقوقی برات بذاره بری؟». گفتم: «دارم، ولی گوشی تلفنم دست ایناس». بازپرس به همراه اول گفت: «گوشی‌شو بهش بدین». او گفت: «گوشیش اینجا نیست. توی بازداشتگاهه». گفتم: «آقای بازپرس دروغ می‌گن، گوشی من تو راه زنگ خورد و اینا جواب دادن». بازپرس با تشر به آن‌ها گفت: «می‌گم گوشی‌شو بهش بدین». همراه اول که دست و پایش را گم کرده بود گفت: «گوشی تو ماشینه». گفت: «برو بیار». گفت: «باتریش تموم شده». بازپرس گفت: «من اینجا می‌نویسم به مجردی که برگشتین بازداشتگاه گوشی‌شو بهش بدین، یکی بیاد ضامنش بشه بره خونه». پرونده را داد زیر بغل آن‌ها و نگذاشت به من دستبند بزنند.

موقع خروج، دم نگهبانی ایستادند که کارت شناساییشان را بگیرند. نگهبان یک دسته کارت برداشت و در حالی که ورق می‌زد، از همراه اول پرسید: «اسمت؟». او که نمی‌خواست جلوی من اسمش را بگوید، گفت: «چیز ... چیزه .... همون دیگه ... عکسم روشه ...». نگهبان با تغیر گفت: «می‌گم اسمت؟» و او مجبور شد اسمش را بگوید. واویلا. هم اسم خودش لو رفت و هم رفیقش.

خنده‌ام گرفت. امروز روز من بود.

از اوین بیرون آمدیم. تعدادی از خانواده‌ی زندانی‌ها که جلو در بودند مرا شناختند، جلو آمدند و روبوسی و احوالپرسی کردند. سوار ماشین شدیم. همراه اول پرسید: «این‌ها کی بودن؟». گفتم: «نمی‌دونم». گفت: «خیلی صمیمی سلام علیک کردین». گفتم: «مردم لطف دارن. مثه شما نیستند که بچه‌جون. حتا حرمت منو که جای پدرت هستم نگه نمی‌داری این‌جور کف ماشین می‌شونی». چیزی نگفت. ادامه دادم: «فکر نمی‌کنم بیشتر از بیست سال داشته باشی. فکر اینو بکن که اگه یه روزی اوضاع عوض شد، جای دفاعی برای خودت داشته باشی».

او که با لو رفتن اسمش یک، صحبت‌های بازپرس، دو و اتفاقی که دم در افتاد سه، بکلی در موضع ضعف قرار گرفته بود، با لحنی که دیگر آمرانه نبود و بیچارگی از آن می‌بارید گفت: «آقای عالی‌پیام، به خدا من یه دانشجو هستم که به خاطر کمک خرجی‌ام استخدام اینا شدم. من بی‌تقصیرم».

آن روز مرا به بازداشتگاه برگرداندند. گوشی مرا ندادند که هیچ، فردا پنجشنبه و پس‌فردا جمعه را هم در انفرادی بودم. بعد از آن هم شنبه و یکشنبه عید فطر. یعنی چهار روز قدم زدن در قطر چهار دیواری زندان و نگاه به آن پنجره‌ی کوچک لعنتی که چرا آفتاب غروب نمی‌کند یا چرا طلوع نمی‌کند. ساعت که نداشتم. باز در زندان‌های قبلی، از صدای رادیو که بیست و چهار ساعت روشن بود می‌شد فهمید چه ساعتی از روز است. ولی این‌جا نه، برای خودم یک ساعت اختراع کردم، یعنی طول قطر سلول را که چهار قدم می‌شد با شمردن هزار و یک ... هزار و دو ... هزار و سه ... قدم می‌زدم و می‌شماردم تا هزار و شصت می‌شد یک دقیقه. با انگشت‌ها حساب دقیقه و ساعت را نگه می‌داشتم ولی نمی‌دانم چرا خورشید با این ساعت من حرکت نمی‌کرد. یعنی پس از مثلن سه ساعت پنجره را که نگاه می‌کردم، هیچ تغییری در تاریک روشنی بیرون دیده نمی‌شد.

تا وقتی که ماه رمضان بود، وضعیت غذایی هم نسبتن خوب بود، بعد از ماه

رمضان که اوضاع به روال عادی برگشت. اوضاع غذایی به قدری مزخرف شد که حد نداشت. یک شب زندانبان سینی غذای مرا از پنجره زیر در تحویل داد. مقداری نان بود و تکه‌ای پنیر. بعد گفت:

ـ آقای عالی‌پیام، غذای امشب آبگوشت بود. ولی به قدری بوی گند می‌داد که من روم نشد بیارم. این نان و پنیر را آوردم، ببخشید. گفتم: «عیبی نداره پسرم. یه لیوان چایی هم که بدی برای من کافیه».

این دفعه شانس آوردم که اسیر نیروی انتظامی هستم. مأمورها سرباز وظیفه هستند و برخوردشان با مأمورهای اطلاعات و سپاه تومنی صد تومن تفاوت دارد.

بعد از عید فطر باز مرا به اوین بردند. این بار شعبه‌ی دو پیش بازپرس خودم، بازجویی‌ها را خواند و گفت: «پوستت را می‌کنم. به امام زمان توهین می‌کنی؟». گفتم: «آقا برداشت شما از شعر توهینه. همین بازپرس شعبه‌ی شیش چند روز پیش گفت این شعر اشکالی نداره و من باهاش موافقم».

گفت: «این مرتیکه ... دیوانه‌ست. (اسمش را گفت، من به خاطر ندارم) اگه دست من بود بیرونش می‌کردم». گفتم: «خب شما وقتی راجع به همکار خودتون این‌جوری می‌گین، من که جای خود دارم. پوست من برای کنده‌شدن توسط شما آماده است».

یک روز موقع بازجویی به بازجو گفتم: «من راجع به این شعرها قبلن محاکمه شدم و تاوان پس دادم. چند دفه راجع به یه شعر باید جواب بدم؟». با تعجب گفت: «کجا؟» گفتم: شعبه‌ی بیست و شش دادگاه انقلاب»، گفت: «شماره پرونده‌ات؟ دادنامه‌ات؟» گفتم: «شما دادنامه دست کی می‌دین که حالا من داشته باشم؟ صدا می‌کنن اونجا می‌گن بخون و امضا کن و خوش اومدی».

بازجو مطالب مرا تند تند یادداشت کرد. بنده خدا اصلن بی‌خبر بود. این ارگان‌های موازی که کار اطلاعاتی می‌کنند در جریان کارهای هم نیستند. اطلاعات سپاه، وزارت اطلاعات، پلیس امنیت ... هر کدام دکه‌ی خود را دارند و به یکدیگر هم سرویس نمی‌دهند.

روزهای اول که مرا از سلول به دستشویی می‌بردند و برمی‌گرداندند، فقط کفش‌های خودم را زیر میز تفتیش بدنی می‌دیدم. بعد از چند روز، یک جفت کفش دیگر هم دیدم. فهمیدم شخص دیگری هم بعد از من به آنجا آورده شده. در روزهای بعد این کفش‌ها به چهار عدد رسید. بعد از آزادی فهمیدم آن سه جفت کفش دیگر، یکی متعلق به استاد صدرا، دبیر انجمن امیرکبیر بود، یکی مربوط به کسی بود که سی‌دی‌های مرا تکثیر می‌کرد، یکی هم مربوط به کسی که کتاب‌های مرا بدون مجوز چاپ کرده بود. یعنی یک بازداشتگاه اختصاصی برای هالو و متحدینش!!».

بازجو سوال کرد: «چرا کتاباتو بدون مجوز چاپ کردی؟» گفتم: «خب تقصیر شماس که مجوز نمی‌دین. مجوز بدین من با مجوز چاپ کنم». گفت: «جدی سوال کردم. جدی جواب بده». گفتم: «ببین اخوی، کتاب اولم چهار سال و کتاب دوم نه سال منتظر مجوز بود. تو تصور کن تا امروز که هشت جلد کتاب چاپ کردم، اگه می‌خواستم منتظر مجوز شما باشم، چند سال باید صبر می‌کردم. عمر نوح که ندارم، در ثانی چاپ کتاب بدون مجوز یه جرم امنیتی نیست. یه جرم عمومیه. وزارت ارشاد باید شکایت کنه. بعد وکیل من می‌ره جواب می‌ده. جزای زندان هم نداره و جریمه داره. جریمه رو هم یا می‌دم یا نمی‌دم».

یاد یکی از دوستان شاعر افتادم که یک روز به من گفت: «عالی‌پیام، تو چه جوری این کتابا رو با این شعرای خفن چاپ می‌کنی؟ اون وقت کتاب ما چند سال تو ارشاد گیر می‌کنه و آخرم اجازه چاپ نمی‌دن؟». گفتم: «اشکال کار تو اینه که کتاب رو برای چاپ می‌بری ارشاد». گفت: «پس کجا ببرم؟» گفتم: «چاپخونه». گفت: «یعنی بدون مجوز چاپ کنم؟» گفتم: «بعله». گفت: «هیچی نمی‌شه؟» گفتم: «برا من که تا حالا هیچی نشده».

اولین کتابش را بدون مجوز چاپ کرد، بعد ناشی بازی درآورد و کتاب‌ها را برد نمایشگاه کتاب و یک گوشه بساط کرد و لو رفت. بعد از یک مدت شبانه آمد در خانه‌ی ما و در حالی که خیلی ترسیده بود، کاغذی را نشانم داد. از هیئت رسیدگی به تخلفات وزارت ارشاد نامه‌ای برایش آمده بود و او را فلان

روز به دادگاه فراخوانده بودند. گفتم: «خب چرا ترسیدی؟» گفت: «حالا چی کار کنم؟» احضار شدم». گفتم: «نرو». گفت: «نرم؟ هیچی نمی‌شه؟» گفتم: «نه، هیچی نمی‌شه». بعد از یک ماه نامه‌ی دیگری آورد و گفت: «حکم دادن». گفتم: «چه حکمی دادن؟» گفت: «صد و هشت هزار تومن جریمه شدم». گفتم: «نده». گفت: «ندم؟ چیزی نمی‌شه؟» گفتم: «نه، چیزی نمی‌شه. وزارت ارشاد که نمی‌ره برا صد و هشت هزار تومن مأمور بیاره در خونه‌ی تو».
او رفت و چیزی هم نشد. بعد از آن دیگر راهش را یاد گرفت، کتاب‌های سوم و چهارم خود را هم چاپ کرد. باز چیزی نشد.

دفتری داشتم که تمام پیامک‌های سیاسی اجتماعی را که به صورت طنز برایم ارسال می‌شد، یادداشت می‌کردم. معتقد بودم این‌ها جزئی از تاریخ معاصر است. اینکه مردم نسبت به هر حادثه و واقعه‌ای عکس‌العمل طنز نشان داده و مخالفت خود را به این وسیله نسبت به مسائل جاری مملکت بروز می‌دهند، قابل تامل است. این دفترچه میان مابقی دست نوشته‌هایم، دست مأموران افتاده بود.
روزی بازجو با این دفترچه آمد و گفت: «حالا ما کشف کردیم که این اس‌ام‌اس‌های طنز رو چه کسی می‌نویسه و بین مردم پخش می‌کنه. عالی پیام، بد چاله‌ای برای خودت کندی».
بازپرس هم روی این دفترچه که دوجلد صدبرگی بود بدجوری گیرداد و گفت: «این مصداق نشر اکاذیب و تشویش اذهان عمومیه». گفتم: «آقای قاضی شما از مخابرات استعلام کنین ببینین این پیامکا رو من ارسال کردم یا دریافت کردم. اصولن در این مورد من یه‌طرفه کار می‌کنم. فقط دریافت می‌کنم. ارسال نمی‌کنم. می‌دونی سیّدا دست بگیر دارن. چیزی به کسی نمی‌دن». این تکه پرانی‌های من هم بازپرس را عصبانی می‌کرد هم بازجو را. بازپرس علنن عصبانیت خود را نشان می‌داد، ولی بازجو خویشتن‌دار بود و همچنان نقش آدم خوبه را خوب بازی می‌کرد.

یک روز یادم نیست در حین بازجویی چه گفتم که گفت: «ها، این خوبه، این مطلب تو دادگاه کمکت می‌کنه. اینو به قاضی بگو». گفتم: «پسر خوب ... قاضی تویی، بازپرس تویی، دادگاه تویی، حکم تویی، قاضی چه کاره‌اس؟ اینو همه می‌دونن که پرونده‌های سیاسی، حکمش بهش سنجاق می‌شه می‌ره دادگاه. قاضی هم همونو می‌نویسه. به من این حرفا رو نزن ما خودمون اوستای کاریم».

یک روز گفتم: «من شما را به چه اسمی خطاب کنم؟» گفت: «بگو حسن» (البته کمی فکر کرد تا اسم حسن را انتخاب کند) گفتم: «حسن که خلق‌الساعه بود، ولی حالا تو می‌گی حسن، ما هم می‌گیم حسن، ببین حسن آقا، فردا رو چه دیدی. شاید یه روز ورق برگشت و من اومدم اونور میز و تو اومدی این ور میز. پس یه راه درroویی برای خودت بذار و تو کارات و حرفات خدا و انصاف و وجدان رو در نظر بگیر. نگو المأمور معذور». گفت: «عالی‌پیام، به جون خودم اسم ما بازجوها بد در رفته، ولی خداییش من همیشه حقیقت رو مد نظر دارم».

ورود به اوین

دوران بازجویی و انفرادی من بیست روز طول کشید. تا بالاخره مرا به اوین فرستادند. آخرین باری بود که همراه اول و همراه دوم را می‌دیدم و اولین باری بود که مرا بدون چشم‌بند به اوین بردند. بعد از نوشتن آخرین دفاع در دادسرای شهید مقدس، مرا از در پشتی دادسرا وارد زندان اوین کردند. اول بازرسی بدنی و بعد ساختمان انگشت‌نگاری و عکاسی.

آنجا روی نیمکت منتظر نوبت نشسته بودم. قبل از من از یک زندانی داشتند عکس می‌گرفتند. جرمش آوردن اسلحه از کردستان به تهران بود. برایش شش ماه بریده بودند. یاللعجب که جرم اسلحه کمتر از شعر است. یا بالعکس. آنجا

بود که فهمیدم از شعر بیش از اسلحه می‌ترسند.

پاسبانی که او را آورده بود مرا شناخت و گفت: «عع... آقای عالی‌پیام شمایید؟ ما شنیده بودیم شما رو گرفتن. بی‌صبرانه منتظر بودیم ببینیمتون. پس کجا بودین؟». گفتم: «نمی‌دونم، هر چی که هست خارج از اوین بودم». بعد رفت و سربازهای دیگر را خبر کرد. چهار پنج سرباز دور من جمع شدند و چاق سلامتی. تا نوبتم شد و بعد از عکس رفتم برای انگشت‌نگاری. مرتب سرباز بود که می‌آمد و از پشت پنجره بای‌بای می‌کرد.

مأموری مرا به بهداری برد. آنجا بود که فهمیدم به بیماری فشار خون هم مبتلا هستم.

بعد از ماجرای شهادت ستار بهشتی در زندان، معاینه‌ی کامل زندانی قبل از ورود به بند اجباری شده بود. دکتر فشار خونم را گرفت و گفت: «فشارت چرا اینقد بالاست؟» همکارش گفت: «شاید به خاطر استرس ورود به زندانه». گفتم: «مگه دفه اولمه که استرس داشته باشم؟». بعد یک کاغذ برداشت و روی آن تاریخ زد و نوشت: «هجده روی ده». کاغذ را داد دستم و گفت: «تا پنج روز، هر روز بیا برای تست فشار خون».

همراه مأمور به سمت بند ۳۵۰ راه افتادیم. آهسته قدم برمی‌داشت تا فرصت بیشتری برای صحبت با من داشته باشد. نیم ساعتی بالا و پایین رفتیم و گپ زدیم. دلش نمی‌آمد مرا تحویل دهد. در همان مدت کم خیلی چیزها برایم تعریف کرد. از جمله اینکه مرتضا رفیق‌دوست که به جرم اختلاس ۱۲۳ میلیاردی اینجا زندان بود، به اعتبار برادرش محسن رفیق‌دوست، بیا برویی داشت. بعد هم شد مأمور خرید زندان. نه تنها راحت می‌رفت و می‌آمد، بلکه کلی هم درآمد داشت. بعد گفت: «می‌دونین که مأمور خریدا ...» حرفش را قطع کردم و گفتم: «بله می‌دونم». بعد، از ماجرای سوریه رفتن‌هاش تعریف کرد و اینکه ده سال نشد که حبس ابدش تمام شد و رفت. سینه‌ی این مأمور پر از اسرار بود.

جلوی در ورودی ۳۵۰ رسیدیم. قبل از اینکه در بزند، خیلی رک از من پرسید: «آقای عالی‌پیام، اینا کی کارشون تمومه؟».

ورود به بند ۳۵۰

همه‌ی بچه‌ها منتظر بودند. مقیسه که وکیل‌بند بود ضمن خوش‌آمدگویی کسی را دنبال عبدالله مومنی فرستاد. گفت: «عبدالله گفته، عالی‌پیام که اومد جایی نفرستیش تا من بیام دنبالش». عبدالله آمد و مرا با خود به اتاق نُه برد. هفده زندانی در آن اتاق بودند، از جمله رییس‌دانا، عبدالفتاح سلطانی و امید کوکبی.

دورتادور اتاق تخت‌های سه طبقه بود. عده‌ای هم کف‌خواب بودند. بچه‌های اتاق با خوشرویی دورم جمع شدند. یک چای دبش قندپهلو خیلی چسبید. گفتم: «یاد دایی خدابیامرزم افتادم که هر دفه براش چایی می‌آوردم می‌گفت دایی جان، فحش هم که می‌دن دو تا پشت سرهم می‌دن». خندیدند. چای دوم را که خوردم، عبدالله یک دست لباس زیر نو با شامپو و صابون جلوم گذاشت و گفت: «حموم حاضره». بعد از تقریبن دو هفته ندیدنِ آب، به شدت "حمام لازم" بودم. با اینکه تازه وارد قاعدتن باید کف‌خواب باشد، حرمت مرا نگه داشتند و یک تخت در طبقه‌ی دوم به من اختصاص دادند. این تخت را از زمان خالی‌شدن برای من نگه داشته بودند.

عبدالله بچه‌های اتاق را یکی یکی به من معرفی کرد. بعضی‌ها را که معروف‌تر بودند می‌شناختم، البته فقط اسمن. قبل از زندان هیچ زندان سیاسی را از نزدیک ندیده بودم. اسم و رسم بقیه‌ی هم‌اتاقی‌ها را هم سعی کردم به خاطر بسپرم.

اتاق‌ها تر و تمیز بود با پنجره‌های دو جداره. هر اتاق یک یخچال، یک فریزر، چای‌جوش و فرش. گفتم: اینکه می‌گن اینجا هتله بی‌راه نمی‌گن. بچه‌ها توضیح دادند که تند نرو، عمده‌ی این امکانات با بودجه‌ی شخصی آقای مرعشی که یک‌سال در این بند زندانی بوده خریداری و اهدا شده است.

دو نفر از بچه‌ها شهردار بودند. کار شهرداران پهن‌کردن سفره، جمع‌کردن آن و شستن ظرف‌هاست. دو نفر دیگر هم آشپز بودند. این سِمت‌ها دوره‌ای هر

هفته عوض می‌شد. هیچ کس از غذای زندان نمی‌خورد. همه‌ی اتاق‌ها خودشان آشپزی می‌کردند. مواد اولیه از فروشگاه زندان خریداری می‌شد. هر کس ماهی صدهزار تومان به حساب کارت حاج‌آقا هادوی که مادرخرج اتاق بود واریز می‌کرد. یک بار از دهانم داشت در می‌رفت که بگویم: «حاج‌آقا، مادرخرج که شما باشی آدم دلش می‌خواد پدرخرج باشه». بعد حرفم را خوردم. ب بسم‌الله نرسیده جای شوخی نبود. آن هم با کسی که از من بزرگ‌تر بود و آشنایی قبلی و مراوده و شوخی هم نداشتیم.

عبدالله از من پرسید: «آشپزی بلدی؟». گفتم: «پس چی که بلدم. نون پنیر چایی برات درست می‌کنم که انگشتاتو می‌خوای بخوری». بچه‌ها خندیدند. گفتم: «ولی ظرف ظرف‌شستن بلدم. تضمینی بدون شکستن ظروف». گفت: «تا یه ماه که مهمون مایی. نه دونگ می‌دی نه کار می‌کنی. بعد یه ماه اگه موندنی شدی یه فکری برات می‌کنم».

عبدالله سرپرست اتاق بود.

آشنایی با هم‌اتاقی‌ها

مدتی طول کشید تا اسم همه‌ی هم‌اتاقی‌هایم را یاد بگیرم. روزی چند دفعه عبدالله یکی یکی از من می‌پرسید: «این کیه؟ اون کیه؟». هر کدام را یادم رفته بود یا اشتباه می‌گفتم، همه می‌زدند زیر خنده.

جالب اینکه همه مرا عالی‌مقام صدا می‌کردند. یک روز گفتم: «شما هفده نفر اسم من یکی رو هنوز یاد نگرفتین، چطور توقع دارین من یه نفر اسم هفده نفر رو یه روزه یاد بگیرم؟».

در مورد خود عبدالله مومنی زیاد شنیده بودم. می‌دانستم فوق لیسانس از

دانشگاه مدیریت و کارآفرینی دانشگاه تهران دارد. او که رییس سابق تشکیلات دفتر تحکیم وحدت بود، چند بار مورد سوء قصد قمه‌کش‌های رژیم قرار گرفته و زخمی شده بود. بعد از انتخابات سال هشتاد و هشت دستگیر شده و شکنجه‌های بسیاری را تحمل کرده بود. نامه‌ی او به رهبری خیلی سر و صدا به پا کرد.

فریبرز رییس‌دانا در تخت کناری من بود. او که استاد اقتصاد دانشگاه تهران و عضو کانون نویسندگان ایران است، به خاطر یک مصاحبه با آیت‌الله بی‌بی‌سی و انتقاد از طرح یارانه به یک سال زندان محکوم شده بود. به او اتهام تبلیغ علیه نظام زده بودند. بعدها فهمیدم دانش‌آموخته‌ی دکترای مدرسه‌ی اقتصاد و علوم سیاسی از دانشگاه لندن است.

یک روز کسی از او پرسید: «استاد شما فارغ‌التحصیل کجایید؟». به شدت برافروخته شد و بنای یکه به دو با او را گذاشت. فهمیدم به این سوال حساس است و برای سر به سر گذاشتن با او، تحصیل در لندن را به رخش می‌کشند.

او هدفمندی یارانه‌ها را سیاستی نئولیبرالیستی خوانده و در مصاحبه گفته بود:

ـ دولت آقای احمدی‌نژاد از طریق شوک درمانی وارد نشده، بلکه از طریق توهم درمانی وارد شده. یارانه‌ها را در واقع و به تدریج و قطعه قطعه حذف کرده‌اند و حالا دارند به جای آن‌ها مقداری پول به حساب مردم می‌ریزند تا از توهم پولی مردم محروم سوء استفاده کنند. من از یارانه برای طبقات محروم دفاع می‌کنم، اما این‌جور که یارانه‌ها را قطع کنی و به جای آن پولی به مردم بدهی، به رفاه همگانی نمی‌انجامد.

برخورد رییس‌دانا با من روزهای اول خیلی سرد و رسمی بود. ولی پس از اینکه تعدادی از شعرهای مرا شنید، گفت: «شعرات خوبه». بعد از آن کم‌کم یخ‌هایش آب شد و با هم رفیق شدیم. در حیاط قدم می‌زدیم و من سوالات خود را از او می‌پرسیدم. با وجود اختلاف نظرهایی که داشتیم، خیلی چیزها از او آموختم.

یک بار از او پرسیدم: «نظرتان در مورد کره شمالی چیست؟» پاسخ داد: «حکومت بوزینه‌هاست». در مورد کوبا هم خیلی نظر مساعدی نداشت. پرسیدم: «کدام کشور الگوی موفق اندیشه‌های شماست؟». گفت: «ونزوئلا». گفتم: «پس با این همه ثروت، چرا این‌قدر فقیر است؟». گفت: «تو ونزوئلا رفتی؟». گفتم: «شما هم نرفتی».

او معتقد به تجدید نظر در تفکرات مارکسیسم بود. می‌گفت: «در گذشته اشتباهات زیادی شده که باید جبران بشه». ولی هرچه کردم نه به این اشتباهات اشاره کرد، نه مواردی را که در مارکسیسم نیاز به بازنگری دارد بیان کرد. یک بار در بحثی که در اتاق درگرفته بود، گفت: «درست است که من یک مارکسیستم، ولی از نظر اخلاقی معتقد به لیبرالیسم اخلاقی هستم.»

یک شب در اتاق دو بیت در مورد بشار اسد خواندم:

آن شنیدستی که قذافی شبی
گفت با صدام در کنج لحد:
میهمان داریم، خیز، آماده شو
می‌رسد این روزها بشّار اسد

فردا که در حیاط قدم می‌زدیم، گفت: «بی‌انصافی است که بشار اسد را با صدام و قذافی در یک ترازو گذاشتی». گفتم: «شما بشار اسد را تایید می‌کنید؟». گفت: «نه اینکه صد در صد تایید کنم، ولی بهتر از همه‌ی مخالفینشه».

بهترین مصاحب من بود. چون همیشه حرفی جدید برای زدن داشت. روزی در مورد پوپولیسم و سیاست‌های پوپولیستی احمدی‌نژاد صحبت می‌کردیم. بحث به جنبش سبز کشید. یعنی اول پرسید: «تو اصلاح‌طلبی؟». گفتم: «به نظر من این رژیم اصلاح‌شدنی نیست». بعد پرسید: «جنبش سبزی هستی؟». گفتم: «تا جنبش سبز را چه معنی کنی؟». گفت: «مثه اینا» و با دستش جمعیت حاضر در حیاط را نشان داد. عده‌ی زیادی از زندانیان یا جنبش سبزی بودند یا به خاطر وقایع هشتاد و هشت پایشان به زندان کشیده شده بود.

گفتم: «بین اینا همه جور آدم با تفکرات و گرایش‌های مختلف وجود داره. کدومشون؟ به قول آخوندا از گوگوش تا سروش جنبش سبزین». گفت: «از طرفدارای میرحسینی؟». گفتم: «نود و نه در صد کسایی که کف خیابون فریاد یا حسین میرحسین سر می‌دادن عقد اخوت باهاش نبسته بودن و کیلومترها از میرحسین جلوتر بودن. میرحسین می‌گفت می‌خوایم به دوران طلایی امام برگردیم، ولی مردم شعار ضد رهبری می‌دادن و از جمهوری اسلامی عبور کرده بودن. میرحسین یه سمبل بود، رهبر نبود». گفت: «هرچی بود، جنبش سبز از اولش محکوم به شکست بود. چون متعلق به طبقه‌ی متوسط بود و قشر محروم و کارگر و تهی‌دست ازش حمایت نکرد». گفتم: «این قشر بعدن پشیمان خواهد شد».

تخت عبدالفتاح سلطانی، عضو کانون مدافعان حقوق بشر و عضو سابق هیئت مدیره‌ی کانون وکلای دادگستری درست روبروی من بود. او بعد از انتخابات هشتاد و هشت به جرم تشکیک در انتخابات و وکالت رایگان از چند زندانی سیاسی به اجتماع و تبانی و فعالیت تبلیغی علیه نظام و افشای اسناد طبقه‌بندی شده متهم و در مجموع به هجده سال حبس و بیست سال محرومیت از وکالت محکوم شده بود. یکی دیگر از اتهامات او تاسیس کانون مدافعان حقوق بشر بود.

از دیگر اتهامات سلطانی، دریافت جایزه‌ی حقوق بشر نورنبرگ آلمان بود. در حکم وی نوشته بودند: «در شرایطی که اروپا مانند درازگوش تپیده در گل از نظر اقتصادی شرایط ناجوری دارد، چه طور ممکن است این اروپا ده هزار یورو به کسی جایزه بدهد؟». در نتیجه به خاطر دریافت این جایزه به تحصیل مال نامشروع از طریق دریافت جایزه محکوم شده بود. پیدا کنید پرتقال‌فروش را.

تخت امید کوکبی کنار تخت من و بالای سر رییس‌دانا قرار داشت. راجع به او هم چیزهایی شنیده بودم، ولی بعد از آشنایی نزدیک با او اطلاعاتم تکمیل شد.

وی با کسب رتبه‌ی بیست و نه در کنکور سراسری توانست به طور هم‌زمان در دو رشته‌ی فیزیک و مهندسی مکانیک در دانشگاه صنعتی شریف تحصیل کند. فوق لیسانس خود را با اخذ بورسیه‌ی تحصیلی از اتحادیه‌ی اروپا در اسپانیا در رشته‌ی فیزیک اتمی در گرایش لیزر دنبال کرد. پس از اتمام دروس و تحقیقات دوره‌ی کارشناسی ارشد در بارسلون، برای ادامه‌ی تحصیل در دوره‌ی فوق دکترا در گرایش برهمکنش لیزرهای پرقدرت با پلاسما با دریافت بورسیه‌ی تحصیلی دیگری از آمریکا به دانشگاه تگزاس در آستین آمریکا که بالاترین سطح علمی را در رشته‌ی فیزیک اتمی در این گرایش در میان دانشگاه‌های دنیا داراست، رفت.

او برای دیدن خانواده‌اش به ایران می‌آید. در ایران از سال هشتاد و پنج تا هشتاد و نه به او پیشنهاد می‌کنند در پروژه‌های هسته‌ای همکاری کند. او نمی‌پذیرد و در نتیجه به اتهام ارتباط با دولت متخاصم و کسب درآمد نامشروع به ده سال زندان محکوم می‌شود. برای مجبورکردن او به همکاری خانواده‌اش را زیر فشار می‌گذارند و خودش را هم مورد شدیدترین آزارها قرار می‌دهند. اما او مقاومت می‌کند و زندان را به همکاری با رژیم ترجیح می‌دهد تا سرانجام در زندان به بیماری سرطان کلیه دچار می‌شود.

در سپتامبر سال ۲۰۱۳، انجمن فیزیک آمریکا جایزه‌ی آندره ساخاروف را به‌دلیل «شجاعت وی در رد همکاری برای استفاده از دانش خود، در پروژه‌هایی که به زعم وی برای بشریت زیان‌آور است، علی‌رغم فشار شدید جسمی و روانی» به‌طور مشترک با دکتر بوریس آلت شولر فیزیکدان روسی به امید کوکبی اهدا کرد. در نوامبر ۲۰۱۳، سازمان عفو بین‌الملل طی بیانیه‌ای عمومی امید کوکبی را زندانی عقیده اعلام کرد که تنها به دلیل رد همکاری در پروژه‌های نظامی در ایران و بر اساس اتهامات بی‌پایه در ارتباط با روابط مشروع و معمول علمی با نهادهای دانشگاهی خارج از ایران زندانی شده‌است. در آن بیانیه، این سازمان خواهان آزادی فوری و بی‌قید و شرط کوکبی شد.

در سال ۲۰۱۴ از سوی انجمن غیردولتی پیشبرد علوم آمریکا، به‌دلیل

«موضع و اراده‌ی شجاعانه‌ی وی برای تحمل زندان به جای زیر پا گذاشتن اصول اخلاقی‌اش یعنی استفاده نکردن از تخصص علمی برای مقاصد مخرب و همچنین تلاش‌های وی برای ایجاد امید و ارائه‌ی آموزش به دیگر زندانیان» به‌عنوان برنده‌ی جایزه‌ی آزادی و مسئولیت‌پذیری علمی انتخاب شد. امید کوکبی و هم‌بندی‌اش مهدی خدایی فعال حقوق بشر، در زندان کتاب اطلس حقوق بشر، نوشته‌ی آندرو فاگان را به زبان فارسی ترجمه کردند.

امید کوکبی یک دانشمند به تمام معنا بود. موقع حل جدول هر سوالی در هر زمینه‌ای از او می‌پرسیدیم، بلافاصله جواب می‌داد.

از دیگر هم‌اتاقی‌های من حسن زیدآبادی بود. او که عضو شورای مرکزی سازمان دانش آموختگان ایران، ادوار تحکیم وحدت و مسئول کمیته‌ی حقوق بشر سازمان دانش آموختگان ایران است، بعد از انتخابات سال هشتاد و هشت، به جرم اجتماع و تبانی علیه نظام، تبلیغ علیه نظام، تشویش اذهان عمومی، توهین به رییس جمهور، شرکت در تجمعات غیرقانونی و نشر اکاذیب به شش سال حبس و شش سال تبعید به گناباد محکوم شده بود.

زیدآبادی در انفرادی هفده روز اعتصاب غذا کرده بود. او و خانواده‌اش را به خاطر نامه‌ای که به رهبر نوشته و در آن به شرح شکنجه‌ها و رفتار غیرانسانی با او در زندان پرداخته، زیر فشار زیادی قرار داده بودند. زیدآبادی در سال نود برنده‌ی جایزه‌ی آزادی یونسکو موسوم به گیاموروکانو شد. همچنین انجمن جهانی روزنامه‌نگاران و ناشران خبر، جایزه‌ی قلم زرین آزادی را به او دادند. بنیاد بین‌المللی مطبوعات هم که مقر آن در وین است جایزه‌ی قهرمان آزادی مطبوعات جهان در سال ۲۰۱۶ را به او اهدا کرد.

آقای محمد امین هادوی که به او حاج‌آقا می‌گفتند، یک فعال اقتصادی بود که در سال هشتاد و نه هنگام خروج از کشور برای شرکت در یک کنفرانس بین‌المللی مواد معدنی در فرودگاه دستگیر شد. پس از او، پسرش شفیق را

تلفنی به وزارت اطلاعات احضار و بازداشت می‌کنند. او را گروگان گرفته و علنن می‌گویند: «بیا معامله کنیم». سپس وی را زیر فشار قرار می‌دهند تا علیه پدرش اعتراف کند. جرم محمد امین حمایت از جنبش سبز و اعتراض به انتخابات هشتاد و هشت و ارتباط با خانواده‌های زندانیان و شهدای جنبش سبز بود. آقای هادوی در اعتراض به بازداشت پسرش دو ماه اعتصاب غذا می‌کند تا بالاخره پس از کم کردن هجده کیلو وزن، بیهوش شده و زمین می‌خورد و سرش می‌شکند. او در قبال آزادی پسرش اتهاماتی غیرواقعی را می‌پذیرد. ولی بعد از پنج ماه انفرادی در دادگاه همه‌ی آنچه را اعتراف کرده بود، منکر شده و شش سال حبس می‌گیرد.

پدر آقای محمد امین هادوی، یعنی آقای مهدی هادوی که اولین دادستان انقلاب اسلامی بود، به خاطر نگارش نامه‌هایی در اعتراض به بازداشت پسر و نوه‌اش با شکایت وزارت اطلاعات دوره‌ی احمدی‌نژاد در دادگاه محکوم شد.

دکتر مسعود پدرام، دارای دکترای علوم سیاسی از دانشگاه جواهر لعل نهرو هندوستان و مدرس علوم سیاسی در دانشگاه مفید قم، از فعالان ملی ـ مذهبی بود که به‌خاطر اعتراض به انتخابات هشتاد و هشت زندان بود. او در مرحله‌ی بدوی به پنج سال زندان محکوم شده بود، ولی حکم او در دادگاه تجدید نظر متوقف ماند و نتیجه‌ی این دادگاه هیچ‌گاه به او و دیگر متهمان پرونده از جمله عزت‌الله سحابی، هدا صابر، حبیب‌الله پیمان، محمد ملکی و دیگران اعلام نشد.

دکتر پدرام در زندان اظهار داشته بود:

«بعد از تحمل سی سال انواع فشار و محدودیت از نداشتن حق تحصیل، حق کار، حتی در زمان اصلاح‌طلبان و سه بار تحمل زندان در دوران ریاست جمهوری هاشمی رفسنجانی، خاتمی و احمدی‌نژاد، اینک که در حال گذراندن سومین دوره‌ی زندان خود است و اینکه باز پرونده‌ای تازه برایش گشوده‌اند، به این امید که در شرایط تاریخی ویژه‌ی کنونی با گذشتن از منافع و خواسته‌های شخصی، همه به آزادی و آبادانی ایران بیاندیشند، تمام کسانی را که در این

سی سال مسبب و مجری این فشارها بوده‌اند، از بالاترین مقام‌ها تا پایین‌ترین آن‌ها را به خاطر گسترش دموکراسی در ایران، آرزویی که او سال‌هاست به خاطرش تلاش کرده است، می‌بخشد.»

خداییش خیلی سخت است. من یکی که عمرن نمی‌توانم ببخشم. بلاهایی که سر خودم آمده به کنار، هر وقت یاد زمانی می‌افتم که از فاصله‌ی ده سانتی اسپری فلفل در صورت پسرم زدند و داشت کور می‌شد و تا یک هفته جایی را نمی‌دید، جگرم آتش می‌گیرد. بگذریم.

تخت زیر من متعلق بود به کاپیتان یعقوب ملکی که همه او را کاپیتان خطاب می‌کردند. این درجه‌دار سابق نیروی هوایی در انتخابات هشتاد و هشت از اعضای فعال ستاد میرحسین موسوی در ارومیه بود. این استاد خلبان هواپیماهای جنگی اف و سوخو، دوره‌ی آموزشی خود را در آمریکا گذرانده و در دوران جنگ، هفت سال و ده ماه سابقه‌ی جبهه دارد. پس از جنگ پاکسازی شده و با تاسیس یک آموزشگاه زبان‌های خارجی در ارومیه به همراه پسرش به تدریس می‌پردازد. او علت و نحوه‌ی دستگیریش را برایم چنین تعریف کرد:

- برای امتحان تافلِ پسرم به آمریکا رفته بودیم. وقتی برگشتیم پسرم توی فرودگاه دستگیر شد. مدتی بازداشت بود بدون اینکه بدونیم جرمش چیه. چند روز بعد برای دیدنش و پرسش از وضعیت پرونده‌اش به دادسرای انقلاب رفتم. دم در رفتار بسیار توهین‌آمیز و خشنی با من شد. منم عصبانی شدم و بنای یکه‌به‌دو با مأمور مربوطه را گذاشتم. اونم یقه‌ام رو گرفت و کشید داخل و گفت: اصلن خودت هم مجرمی، بیا تو. بعد هم به همین سادگی برایم پرونده‌سازی کردن.

او را به اتهام ارتباط با دوَل متخاصم نُه ماه در سلول انفرادی بدون حق استفاده از تلفن و ملاقات تحت شکنجه‌ی شدید قرار دادند. نود ساعت بی‌خوابی به همراه سخت‌ترین آزار بدنی؛ در ادامه آویزان‌کردن از سقف و سپس بستن به تخت سربازی و زدن کابل از کف پاها تا گردن به تمامی بدن، کشیدن موهای

سر و صورت و سینه به شکل کشنده و بی‌رحمانه. آثار سوختگی بر بدنش مشهود بود. بر اثر سیلی گوش چپش ناشنوا و بر اثر ضربه‌های شدید به سرش، چشمش به شدت آسیب دیده بود و در آستانه‌ی نابینایی قرار داشت.

پس از نه ماه انفرادی به بند ۲۰۹ اوین منتقل و سرانجام پس از بیست و شش ماه بلاتکلیفی در آذر نود و یک تبرئه می‌شود. اما از آزادیش جلوگیری می‌کنند و ده روز بعد مجددن اتهام تلاش برای کودتا علیه نظام را به او بسته و بدون دادگاه به ده سال زندان محکوم می‌شود.

کاپیتان در زندان برای بچه‌ها کلاس انگلیسی داشت ولی من زبان ترکی را تا حدودی از او آموختم. همان‌طور که گفتم تخت من بالای تخت او قرار داشت. یک روز خیلی عصبانی به من گفت: «تو موقع بالا رفتن و پایین اومدن هر بار منو از خواب می‌پرونی». عذرخواهی کردم و گفتم: «به خاطر مشکل زانوهام خودم هم در عذابم (همان زانوهایی که در بازداشتگاه توحید برای همیشه سلامتش را از دست دادم). نمی‌دونم چیکار کنم». حتا پیشنهاد کردم جایمان را عوض کنیم. گفت: «وضع من بهتر از تو نیست». بعد برایم یک نردبان ساخت تا راحت و بدون سر و صدا بالا و پایین بروم.

حسین رونقی ملکی از دیگر هم‌اتاقی‌های من بود. او مسئولیت «ایران پروکسی» را که همان کمیته‌ی مبارزه با سانسور در ایران باشد بر عهده داشت و با اسم مستعار بابک خرمدین وبلاگ می‌نوشت. دانشجوی رشته‌ی نرم‌افزار کامپیوتر دانشگاه آزاد اراک بود و پس از انتخابات سال هشتاد و هشت در شهر ملکان در آذربایجان شرقی بازداشت شد. برادر او را هم برای فشار بر او و اخذ اعتراف و قبول اتهامات دستگیر کردند و هر دو تحت شدیدترین شکنجه‌های جسمی و روحی قرار گرفتند، تا جایی که از ناحیه‌ی مهره‌های پشت و گردن آسیب دید. پس از ده ماه انفرادی در بند دوی الف به خاطر خودداری از امضای حکمی که برایش بریده بودند، مورد ضرب و شتم رییس دفتر و مأموران همراه قرار گرفت. او به پانزده سال زندان به جرم عضویت در شبکه‌ی ایران پروکسی، توهین به

رهبری و توهین به رییس جمهور محکوم شده بود.

حسین رونقی علی‌رغم گزارش پزشکی قانونی مبنی بر نیازش به مرخصی استعلاجی همراه با موافقت دادستان، به دلیل مخالفت سپاه با مداوای او، یک کلیه‌اش را از دست داد.

بابک داشّاب اولین کسی بود که اسمش را یاد گرفتم. او که دانش‌آموخته‌ی فلسفه‌ی غرب در مقطع کارشناسی ارشد از دانشگاه شهید بهشتی بود، بعد از عاشورای سال هشتاد و هشت دستگیر و به جرم اجتماع و تبانی به قصد براندازی و انجام جرایم علیه امنیت ملی و تبلیغ علیه نظام به شش سال حبس محکوم شده بود. فشارهای بازجویی از او در بند دوی الف به قدری زیاد بود که فکر می‌کرد دیگر زنده نمی‌ماند.

از دیگر هم‌اتاقی‌های خودم باید از امیر خرّم نام ببرم. خرّم عضو شورای مرکزی نهضت آزادی و مسئول شاخه‌ی جوانان این حزب بود. این جانباز جنگ ایران و عراق اولین بار در سال هشتاد به همراه سایر اعضای نهضت آزادی بازداشت و پس از یک دادگاه غیرعلنی به چهار سال و نیم زندان تعزیری محکوم شده بود. بار دوم پس از عاشورای هشتاد و هشت دستگیر شد و شش سال زندان و هفتاد و چهار ضربه شلاق حکم دریافت کرد.

بامزه‌ترین عضو اتاق ما، جوانی بود به نام سیاوش حاتم با لهجه‌ی شیرین همدانی، روحیه‌ی قوی، پرانرژی و شاد. داستان‌های زیبایی تحت عنوان خاطرات مادربزرگم تعریف می‌کرد. سیاوش دانشجوی مهندسی برق، فعال دانشجویی و دبیر سابق انجمن اسلامی دانشگاه بوعلی همدان بود. بار اول در خانه‌اش دستگیر و در شعبه‌ی بیست و شش دادگاه انقلاب به ریاست پیرعباسی به چهار ماه زندان و هفتاد و چهار ضربه شلاق به جرم اقدام علیه امنیت ملی و حضور در گروه‌های غیرقانونی محکوم شده بود. بار دوم سر

جلسه‌ی امتحان دستگیر و در شعبه‌ی بیست و هشت بدون حضور او و وکیلش به جرم تجمعات غیرقانونی و تبلیغ علیه نظام محاکمه‌ی غیابی شده، محکوم به یک سال حبس، ستاره‌دار شدن و اخراج از دانشگاه می‌شود.

سیاوش هر شب تا دیر وقت در نمازخانه به درس‌خواندن مشغول بود. به او گفتم: «مگه از دانشگاه اخراج نشدی، درس برا چی می‌خونی؟». پاسخ داد: «برای بی‌سواد نبودن».

اولین روز

بعد از حمام به حیاط رفتم. حدود ده - پانزده نفر را تازه آورده بودند که جرمشان رفتن به اهر و کمک به زلزله‌زده‌ها بود. به آن‌ها گفته بودند که شما با این کارتان می‌خواستید بگویید دولت بی‌عرضه است و توان رسیدگی و کمک به مردم زلزله‌زده را ندارد.

آدم‌های زیادی با عقاید و گرایش‌های سیاسی مختلف وجود داشت. تا به حال این همه آدم باحال یک جا ندیده بودم. همه هم‌سنخ خودم. برخوردشان با من بسیار صمیمی و گرم بود. از همین رو اصلن احساس غربت و دلتنگی نمی‌کردم. با کسانی از نزدیک آشنا شدم که قبلن فقط اسمشان را شنیده بودم.

زودتر از همه میردامادی مرا تور کرد. او از دانشجویان خط امام بود. روزی که از دیوار سفارت آمریکا بالا می‌رفت یک در میلیون فکرش را هم نمی‌کرد زمانی گذارش به اینجا بیفتد. حتا زمانی که جهاد سازندگی و سپاه پاسداران را بنیان‌گذاری می‌کرد، معاون سیاسی دادستان کل کشور بود، یا وقتی که معاونت پشتیبانی جنگ وزارت فرهنگ و آموزش عالی را یدک می‌کشید، حکم قائم مقامیِ بعثه‌ی امام خمینی در حج را داشت یا استاندار خوزستان بود هم فکرش را نمی‌کرد.

دکتر محسن میردامادی که زمانی در مجلس بر صندلی ریاست کمیسیون امنیت ملی و سیاست خارجی تکیه زده بود، حالا زانوانش را بغل گرفته و از من می‌پرسید:

- عالی‌پیام، اون بیرون چه خبر؟

او را از زمانی که در سپاه بودم می‌شناختم. با هم دوست بودیم. ولی خیلی زود راهمان از هم جدا شد. شعار «استقلال ـ آزادی ـ جمهوری اسلامی» را با هم تقسیم کردیم. من به استقلال و آزادی وفادار ماندم، او به جمهوری اسلامی، من سر عهدی که با مردم داشتم ماندم و او به عهدی که با امام راحل داشت. حالا روزگار هر دوی ما را در یک چهار دیواری قرار داده بود. او را به‌خاطر دبیر کلی جبهه مشارکت بودن و مرا به خاطر اشعارم.

پاسخش را دادم:

- حاجی خبرای خوبی برات ندارم. مردم دیگه اون مردمی که تو فکر می‌کنی نیستن. خصوصن بعد از انتخابات هشتاد و هشت نه تنها از نظام عبور کردن، بلکه از مرحله‌ی دین‌گریزی به دین‌ستیزی رسیدن.

با محسن تقریبن هر روز گفتگو داشتیم. یک بار بعد از خواندن شعر "فتوای مرغی" در مراسم شعرخوانی زندان مرا کنار کشید و گفت: «به حریم انبیا نزدیک نشو. کمی رعایت کن». گفتم: «اگه قرار بود رعایت کنم، اون بیرون باید رعایت می‌کردم که کارم به اینجا نکشه. الان دیگه چی رو باید رعایت کنم؟».

یک شب مرا شام به اتاقش دعوت کرد. بعد از شام باز مرا به بحث کشید. خیلی رک گفتم:

- محسن، فرق تو و من اینه که تو به خاطر بازی سیاسی اینجایی و من ایرادای اساسی. درد شما و امثال شما اینه که چرا تو بازی نیستین. همین الان اگه یه پست وزارتی، معاونتی، مدیر کلی چیزی بهت بدن مشکلت با نظام حل می‌شه. ولی مسئله‌ی من حقوق و معیشت مردمه. برا همین آب ما تو یه جوب نمی‌ره.

بچه‌ها اینجا یک روزنامه دیواری داشتند که هر هفته یک شعر هم از من

می‌نوشتند. بعد از شعر فتوای مرغی، دیگر شعری از من درج نشد. یعنی ممنوع‌الشعر شدم!!! تو را به خدا می‌بینید. در زندان سیاسی هم سانسور یقه‌ام را رها نمی‌کند.

یاد روزی افتادم که زمان انتخابات هشتاد و هشت یکی از دوستان زنگ زد و مرا برای شعرخوانی در میتینگ تبلیغاتی میرحسین موسوی دعوت کرد. گفتم:

- دختر خوبم، من با همه‌ی ارادتی که به میرحسین دارم از این کار معذورم. چون اولن شعر مناسبی ندارم. دوم اینکه من معتقدم جایگاه یه هنرمند بسیار فراتر از جایگاه یه سیاستمداره. من اگه بیام تو میتینگ تبلیغاتی یه کاندیدا شعر بخونم و براش تبلیغ کنم، پس‌فردا اگه ایرادی تو کارش بود، دیگه نمی‌تونم ازش انتقاد کنم. مردم چی می‌گن؟ نمی‌گن مگه این همونی نیست که تو سنگشو به سینه می‌زدی؟[1]

گفت:

- تو بیا هرچی دلت خواست بگو و هر چی دلت خواست بخون.

آنقدر اصرار کرد که گفتم باشه میام. ده دقیقه بعد زنگ زد و گفت:

- می‌شه بگی چه شعری می‌خوای بخونی؟

گفتم: «قرار شد هر چی دلم خواست بخونم». گفت: «درسته، ولی حس کنجکاوی زنونه‌ام گل کرده و می‌خوام بدونم». گفتم: «شعر "بگیر و ببند" رو می‌خونم». گفت: «باشه». ده دقیقه دیگر زنگ زد و گفت: «می‌شه فلان بیت و فلان بیت رو حذف کنی و نخونی؟». گفتم: «چرا؟». گفت: «همین‌جوری». گفتم: «باشه».

رفتم و بعد از سخنرانی مبسوطی مبنی بر اینکه: «به من ربطی نداره که تو انتخابات شرکت می‌کنین یا نمی‌کنین، حتا به من مربوط نیس که به کی رأی می‌دین و به کی نمی‌دین، فقط به هر کی رأی دادین، بعد از انتخابات نرین خونه‌هاتون و نظاره‌گر باشین، تو صحنه بمونین و برا تحقق وعده‌های انتخاباتی

---

۱. همان اشتباهی که با همه‌ی درایتم در سال ۹۶ مرتکب شده و به روحانی رأی دادم و حیثیتم را چوب حراج زدم.

یقه‌گیری کنین». بعد هم شعر را خواندم و آن سه بیت را هم عمدن خواندم و گفتم:

ـ آخ آخ قرار بود این سه بیت رو سانسور کنم یادم رفت. شما نشنیده بگیرین.

نگاهم به دختر خانمی بود که مرا دعوت کرده بود. ته سالن با عصبانیت قدم می‌زد و خون خونش را می‌خورد. وقت رفتن گفت: «آخر کار خودتو کردی؟». گفتم: «آخه من هیچ اشکالی تو این سه بیت ندیدم که بخوام حذفش کنم». گفت: «ولی من به تو گفتم نخون». گفتم: «کی به تو این صلاحیت رو داده که فکر می‌کنی بهتر از من تشخیص می‌دی چی خوبه چی بده؟ دخترجون من به اندازه‌ی سن تو هم دارم شعر می‌گم، هم کار سیاسی کردم. تو هنوز نه به داره نه به باره و کاندیدات انتخاب نشده سانسور رو شروع کردی، پسفردا که روی صندلی قدرت بشینی چه می‌کنی؟ خب اگه بنا به سانسور باشه که اینا هستن. تازه کارکشته‌ان و کارشونو بهتر از تو بلدن».

گوشه‌ی حیاط عصرها حدود هفت هشت نفر دور حاج‌آقا... حلقه می‌زدند و تفسیر قرآن کار می‌کردند. یکی دو روز من هم به جمعشان پیوستم. آخر جلسه چند تا سوال قرآنی پرسیدم که حاج‌آقا شروع کرد به توجیه. روز سوم قبل از تشکیل جلسه مرا گوشه‌ای کشید و گفت: «می‌شه خواهش کنم تو کلاس ما شرکت نکنین». گفتم: «چشم. شما به کارتون برسید».

یکی از زندانی‌ها که اسمش یادم نیست هر روز ساعت پنج بعد از ظهر در حیاط زیر پنجره‌ی اتاق نُه با چهار نفر دیگر قرار دورهمی به صرف چای سبز و بیسکویت داشتند. من را هم به جمعشان دعوت کردند. بعد از چند روز یکی از متدینین مرا کناری کشید و گفت:

ـ در شأن شما نیست در این جمع شرکت کنین.

گفتم: «چرا؟». گفت: «شما می‌دونین اون آقایی که چای دم می‌کنه و بقیه

رو دور خودش جمع می‌کنه سُنیه؟». گفتم: «نه نمی‌دونم، ولی خب مگه چه اشکالی داره؟ سنی باشه. ما که بحث عقیدتی نمی‌کنیم. هر کی می‌خواد باشه». بنده خدا نگران بود نکند طرف در فلاسک چایش عمر و ابوبکر بریزد و عالی‌پیام سنی بشود. تنها چیزی که در این زندان رنجم می‌داد همین تنگ‌نظری تعدادی انگشت‌شمار بود که نگران آخرت بقیه بودند.

تعدادی جوان با گرایش چپ در بند بودند که گاهی به اتاق ما می‌آمدند و از محضر رییس‌دانا استفاده می‌کردند. به آن‌ها بچه‌های رییس‌دانا می‌گفتند. در مواردی که بین آن‌ها با دیگران اختلافی پیش می‌آمد، رییس‌دانا همیشه از بچه‌ها حمایت می‌کرد. یک بار که در اتاق بین بچه‌ها و دیگران بحث درگرفت، رییس‌دانا به ناحق طرف آن‌ها را گرفت. یادم نیست بحث بر سر چه بود. پدرام به او گفت: «این برخلاف عدالتی است که از آن دم می‌زنی». رییس‌دانا ساکت شد و چیزی نگفت.

یک بار دیگر بین بچه‌ها و دیگران در مورد مطالبی که باید در روزنامه دیواری نوشته می‌شد، بحث درگرفت. بچه‌ها با اینکه تعدادشان خیلی اندک بود، اکثرن نظر خود را بر دیگران تحمیل می‌کردند. آقای رییس‌دانا باز طبق معمول طرف بچه‌های خود را گرفت. گفتم: «استاد چطوری ست که همیشه حق با بچه‌های شماست؟». بچه‌ها خیلی مغرور و از خود راضی بودند و کسی را آدم حساب نمی‌کردند. با من که مطلقن صحبت نمی‌کردند و حتا سلام و علیک را هم جواب نمی‌دادند.

امروز با دکتر محمد سیف‌زاده آشنا شدم. این حقوقدان برجسته‌ی کشور، یکی دیگر از وکلایی بود که بعد از انتخابات هشتاد و هشت سر از زندان درآورده بود. قاضی صلواتی به اتهام فعالیت تبلیغی علیه نظام و تاسیس کانون مدافعان حقوق بشر، او را به نه سال زندان و ده سال محرومیت از وکالت محکوم کرد. در حالی که کانون مدافعان حقوق بشر به طور قانونی و با تایید وزارت کشور

تاسیس شده بود، ولی احمدی‌نژاد آن را غیرقانونی اعلام کرد. دفتر کانون را هم در غیاب مالک فروختند.

سیف‌زاده به خاطر نامه‌ای به محمد خاتمی از درون زندان و امضای بیانیه‌های گروهی، مجددن متهم به تبانی و اجتماع علیه امنیت ملی شد و شش سال حبس دیگر از قاضی صلواتی نوش جان کرد.

او سه دفترچه شعر داشت. روزها در حیاط گوشه‌ای می‌نشستیم و شعرهایش را برایم می‌خواند و نظر مرا می‌پرسید. ضمنن در مسایل حقوقی چیزهای زیادی از او آموختم. مثلن می‌گفت:

- در اصول ۳۲، ۳۴، ۳۶ و ۳۷ قانون اساسی صحبت از مراجع صالحه‌ی قضایی می‌شود، اصول ۶۱ و ۱۵۹ قانون اساسی مراجع صالحه قضایی را محاکم عمومی دادگستری می‌داند. به استناد اصل ۱۶۸ رسیدگی به اتهامات سیاسی و مطبوعاتی انحصارن در محاکم عمومی دادگستری با حضور هیأت منصفه‌ی واقعی و نه حکومتی است و باید به صورت علنی باشد.

او دادگاه انقلاب را از اساس غیرقانونی می‌دانست و معتقد بود دادگاه انقلاب به خاطر دخالت مقامات اطلاعاتی در روند رسیدگی قضایی، نه تنها ناعادلانه است، بلکه به دلیل علنی نبودن و نبود هیأت منصفه نامشروع است. بنابراین دادگاه‌های انقلاب، علاوه بر غیرقانونی‌بودن، بلاموضوع است.

ایشان از مرحوم دکتر کاتوزیان استاد ممتاز حقوق نقل می‌کرد:

بعد از انقلاب ۵۷، دادگاه‌های انقلاب به مدت یکی دو ماه برای محاکمه‌ی سران رژیم سابق در نظر گرفته شده بود که از لحاظ مهلت و موضوع منتفی شده است. بنابراین تمام کسانی که از آن تاریخ به بعد توسط این مراجع غیرقانونی محاکمه شده‌اند، باید آزاد شوند و به آن‌ها خسارت پرداخت شود. همچنین آمر و مباشر چنین محاکماتی باید از خدمات قضایی، اداری و اجرایی منفصل شوند.

از ایشان پرسیدم داستانی در مورد آقای دکتر کاتوزیان در فضای مجازی وجود دارد مبنی بر اینکه در کتاب خاطراتش نوشته در زمان جوانیش که تازه

قاضی شده بود، پرونده‌ای به ایشان ارجاع می‌شود از پیرمردی که بنیاد پهلوی زمینش را غصب کرده بود و او به نفع پیرمرد رای داد و بنیاد پهلوی را محکوم کرده بود. در این رابطه تقدیرنامه‌ای از سوی رییس دادگستری وقت دریافت می‌کند. پاسخ داد: من سال‌ها با کاتوزیان رفیق و همکار بودم و چنین چیزی از ایشان نشنیدم و در شصت و پنج جلد کتابی هم که از ایشان موجود است، چنین مطلبی نقل نشده، ولی خاطره‌ی زیر را از خود ایشان شنیدم که نقل می‌کرد روزی آخوندی نزد من پرونده داشت. از او پرسیدم: «شغل؟» گفت: «روحانی» گفتم: «مگه بقیه جسمانی‌اند؟» گفت: «عالم» گفتم: «مگه بقیه جاهلند؟».

از او در مورد داستانی که از مرحوم داور در زمان رضاشاه به شرح زیر نقل می‌کنند پرسیدم:

- زمانی که داور رییس دادگستری بود، پرونده‌ی شکایت عده‌ای از روستاییان شمال از رضاشاه مبنی بر غصب زمین‌هایشان به دادگستری واصل می‌شود. هیچ‌یک از قضات جرأت رسیدگی به آن را نداشت. خود داور پرونده را رسیدگی کرده و حکم به نفع کشاورزان صادر می‌کند. در اولین سلام عید نوروز رضاشاه به داور می‌گوید: شنیده‌ام علیه ما حکم صادر کردی؟ او هم زیرکانه پاسخ می‌دهد: امیدوارم از امتحان اعلیحضرت روسفید بیرون آمده باشم.

سیف‌زاده گفت: این را نشنیدم و می‌دانید که داور به دستور رضاشاه که گفت برو بمیر تریاک خورد و خودکشی کرد، ولی داستان زیر را از مرحوم پدرم شنیدم:

- در زمان رضاشاه عده‌ای پاسبان در قم تعدادی زن چادری را تعقیب می‌کنند و وارد خانه‌شان شده و زیر کتک می‌گیرند. منسوبین زن‌ها هم پاسبان‌ها را زیر چوب گرفته و تا می‌خورند کتک می‌زنند. دادگاه جنایی قم ضاربین را به خاطر ضرب و جرح مأمور دولت حین انجام وظیفه به حبس‌های طولانی مدت محکوم می‌کند. با پیگیری محکومین پرونده به تهران ارجاع می‌شود. مرحوم وجدانی که در آن وقت دادستان کل کشور بود حکم می‌کند که اولن کشف حجاب قانون نیست که پاسبان‌ها در حال اجرای آن بوده باشند،

در ثانی حق ورود به ملک خصوصی را نداشته‌اند. در نتیجه ضاربین را تبرئه و پاسبان‌ها را محکوم می‌کند.

در مورد نظر خدابخشی، معاون دادستان، که گفت دستگاه قضایی در زمان شاه مستقل‌تر از الان بود پرسیدم. گفت: «اولن خدابخشی دادیار دادسراست و ناظر بر زندان‌ها و سواد سمتی را که بهش دادن رو نداره. دوم اینکه اگه بخوایم دادگستری زمان شاه رو با الان مقایسه کنیم باید بگم الان یک فاجعه است، هر چند اون موقع هم سیستم قضایی سالم، عادلانه و بی‌طرفی نداشتیم. اگه دادگستری سالمی داشتیم که حق دادخواهی برای مردم قائل بود که انقلاب نمی‌شد. اولین مشکلش این بود که خودش یه قوه‌ی مستقل نبود و یه وزارتخونه بود زیر نظر دولت. بین قضات یه اقلیت سالم، پاکدامن، درستکار و رادیکال بودن که زیر حرف زور نمی‌رفتن. اقلیتی هم فاسد، دزد، فراماسون، سازمان سیایی و درباری بودن. غیر از این دو قشر، اکثریت قریب به اتفاق قضات محافظه‌کار بودن و سعی می‌کردن سری که درد نمی‌کنه دستمال نبندن. اون قضات رادیکال و درست‌کار همیشه محروم بودن، بدترین شغل‌ها رو بهشون می‌دادن، ترفیع نمی‌دادن، اذیتشون می‌کردن، آخر هم بالاخره یه پرونده براشون می‌ساختن. همون طور که با آقای ناصر کاخساز این کارو کردن. بیچاره مدتی زندان بود و زیر شکنجه چشماش نابینا شد و الانم آلمانه. هم خودش رو هم خانومش رو از قضاوت محروم کردن.

یا بلاهایی که سر خود من آوردن. سناتور رضایی که زمین‌های مردم رو تصرف عدوانی کرده بود و من حکم علیهش دادم. یا ماجرای سناتور موسوی که اگه اشتباه نکنم اسم کوچیکش اسدالله بود. این آدم املاک زیادی رو از مردم گرفته بود و سندهاشونو آتیش زده بود و بعد به نام خودش سند گرفته بود. زارعین شکایت کردن. من خودم شخصن رفتم به محل. کارشناس هم پدر همین ناصر کاخساز که آدم خبره و منصفی بود، تعیین شده بود. تو سیزده صفحه حکم صادر کردم و زمینا رو به زارعین پس دادم. بعدش اومد و منو تهدید کرد و یه ماشین هم برا دختر رییس ساواک خرید که منو از سر

راه برداره تا بالاخره دو تا ترفیع منو ازم گرفتن، ولی من از حکم برنگشتم. این‌قدر این آدم ظلم کرده بود که زمان انقلاب دستگیر شده بود، مردم بهبهان خبردار میشن که تو تهران یه عده دارن تلاش می‌کنن آزادش کنن، خودشون می‌ریزن تو زندان و می‌کشنش.

در مجموع مواردی داشتیم که دربار به بعضی قضات توی بعضی پرونده‌ها فشار می‌آوردن و سعی می‌کردن اعمال نفوذ کنن، ولی نمی‌شه گفت رویه‌ی معمول بود و این کار به ندرت اتفاق می‌افتاد. در مقایسه با الان باید بگیم دادگستری بدی نداشتیم، در مقایسه با دنیا نه، دادگستری خوبی نداشتیم. همه جور قاضی‌ای هم داشتیم. یه عده از قضاتی هم بودند که علیرغم دستبوسی شاه و مراوده‌ی خوب با دربار، قصدشون این بود که از تجاوزات شاه و دربار به دادگستری جلوگیری کنن، در نتیجه نه به طور علنی و آشکار، بلکه چراغ خاموش از قضات رادیکال و درستکار و مقاوم حمایت می‌کردن. هیچ وقت دادگستری اون زمون مثه الان بی‌در و پیکر نبود. هیچگاه قضاتی در حد و اندازه‌ی مثلن صلواتی و مرتضوی و این‌ها به مقام‌های بالا مثه دادستانی تهران نرسیده بودند. می‌شه گفت دادگستری زمان شاه قابل اصلاح بود ولی قوه‌قضاییه‌ی الان اصلن اصلاح شدنی نیست و چاره‌اش فقط انحلاله».

در جمع ما یک آموزگار همدانی بود که به جرم شرکت در راهپیمایی‌های بعد از انتخابات هشتاد و هشت پنج سال زندان گرفته بود. از او پرسیدم: «میلیون‌ها نفر تو راهپیمایی‌ها بودن، میون این همه آدم چرا تو رو گرفتن؟». گفت: «منو اصلن تو راهپیمایی نگرفتن. یه روز منو حراست آموزش و پرورش همدان خواست و گفتن: «چرا هر وقت تو تهران راهپیماییه تو مرخصی گرفتی؟» گفتم: «آخه یه دونه عکس به من نشون بدین که من تو راهپیمایی بودم.» گفتن: «خفه شو. همین شد برام پرونده و پنج سال حبس و زندان اوین».

یک پیرمرد مسن دیگری هم بود که با عصا به سختی راه می‌رفت. گفت: «منو

به جرم شعارنویسی روی دیوار گرفتن». گفتم: «خب منکر می‌شدی». گفت: «منکر شدم، ولی از تو جیبام یه عالمه ماژیک و اسپری درآورده بودن».

در طبقه‌ی دوم، آخرین اتاق، یعنی اتاق یازده را به کلاس اختصاص داده بودند. حدود پانزده صندلی و یک وایت بورد داشت. برنامه و ساعت کلاس‌های مختلف روی دیوار چسبانده شده بود. کلاس‌ها شامل فیزیک، حقوق، موسیقی، ادبیات و انواع زبان‌ها حتا عربی بود. حضور آن همه استاد در بند سیصد و پنجاه و خیل دانشجویانی که برای آموختن له‌له می‌زدند، به راستی یک دانشگاه واقعی به وجود آورده بود.

یاد اوایل انقلاب افتادم که روی دیوار همین زندان اوین از قول خمینی خواندم: «زندان را دانشگاه می‌کنیم». حالا این شعار به واقعیت پیوسته بود.

همان شب شعر "دانشگاه اوین" را سرودم:

در بهمن پنجاه و هفتی که
گویی همین دیروز بود انگار

بر روی زندان اوین شخصی
بنوشته بود این جمله بر دیوار:

مردم بدانید اینکه خیلی زود
با سرنگونی رژیم شاه
با همت روحانیون زندان
تبدیل می‌گردد به دانشگاه

بعد از گذشت سال‌های سال
همواره با خود کرده‌ام تکرار
پس کو؟ چه شد آن وعده‌های خوب؟
پس کی محقق می‌شود این کار؟

تا اینکه افتادم به زندان و
دیدم که در هر گوشه‌ای از آن
مملوِ استاد است و دانشجوست
این‌گونه دانشگاه شد زندان

فردا این شعر را برای بچه‌ها خواندم. همان روز شعر از زندان خارج شد و در سایت کلمه نشست. بازپرس مرا احضار کرد. وارد اتاقش که شدم خیلی عصبانی پرسید: «این شعرو تو گفتی؟». گفتم: «بله». جا خورد. قدری مِن مِن کرد و جابجا شد. نمی‌دانست چه بگوید. توقع داشت بگویم نه. حدس می‌زدم بقیه‌ی سوال‌هایش را بر اساس پاسخ "نه" آماده کرده بود. من که گفتم "بله" پیش‌بینی‌اش خراب از آب درآمد. پس از قدری مکث گفت: «خب...» گفتم: «خب». آشکارا معلوم بود دنبال یک سوال خوب می‌گردد.
خیلی بد می‌شد بازپرس کسی را احضار کند و چیزی برای پرسیدن نداشته

باشد. کمی زور زد و بالاخره درجا یک سوال جدید پیدا کرد. گفت: «تو زندانم شعر می‌گی؟». گفتم: «شعر رو من نمی‌گم، خودش میاد. همه جا میاد. تو زندانم میاد». باز قدری فکر کرد و آچمزانه پرسید: «چجوری دادیش بیرون؟». گفتم: «اونشو دیگه من نمی‌دونم. شما باید پیداش کنید. من شعرو برای همه خوندم. کی داده بیرونشو من از کجا بدونم. بگردین ببینین کار کی بوده».

دستور داد مرا به بند برگردانند. هرگز او را چنین عاجز و درمانده ندیده بودم.

در انتهای راهروی طبقه‌دوم، نمازخانه بود. با تابلویی بالای آن: «بیت‌العباس». بچه‌ها به آن «عباس‌خونه» می‌گفتند. شب‌ها بعد از شام شاهد ازدحام دانشجوهایی بود که گُله به گله مشغول درس و مطالعه بودند. هرچه به نیمه شب نزدیک می‌شد، جمعیت کم‌تر و کم‌تر، تا ساعت‌های حدود دو و سه که تنها من باقی می‌ماندم و خودم و سکوت نیمه شب و بهترین فرصت برای کار. مطالعات نیمه تمام زیادی داشتم که این ایام بهترین فرصت تکمیل آن‌ها بود. از جمله تحقیق روی ریشه‌یابی ضرب‌المثل‌ها که چند سالی است شروع کرده‌ام.

معمولن کارم تا اذان صبح طول می‌کشید. آن موقع بود که سر و کله‌ی نمازخوان‌ها پیدا می‌شد. جمعیت سیصد و خورده‌ای آن بند فقط سیزده تا نمازخوان داشت. بعد از نماز دوباره عباس‌خونه مال من بود تا آمار و صبحانه که وقت خواب من فرا می‌رسید.

عصر روزهای جمعه گردهمایی ادبی داشتیم. هرچه صندلی در اتاق‌ها بود به حیاط آورده می‌شد. کمبود جا را هم با پهن‌کردن فرش جبران می‌کردیم. برنامه شامل شعرخوانی، سخنرانی و آوازخوانی بود. در آخر هم سرود ای ایران دسته جمعی خوانده می‌شد. این غیر از شعرخوانی‌هایی بود که سه‌شنبه‌ها در اتاق ما برگزار می‌شد و علاقمندان اتاق‌های دیگر هم شرکت می‌کردند.

امروز رییس کل زندان‌ها به همراه رییس زندان اوین و چند نفر دیگر جلوی اتاق

سبز شدند. خدا قبول کند مشغول بازرسی بودند. پرسیدند: «مشکلی ندارید؟». عبدالفتاح سلطانی به نمایندگی از بقیه شروع کرد به ارائه‌ی مشکلات کلی زندان‌ها و زندانی‌ها و داد سخن از عدم رعایت حقوق زندانی و ال و بل. گفتم: «اخوی، این درخواست‌ها که در شان این آقایون نیست. از این‌ها باید چیزای کوچولو موچولو خواست». بعد رو به رییس کل زندان‌ها کردم و گفتم: «مثلن رایجه که وقتی زندانی چه موقت چه برای اجرای حکم وارد زندان می‌شه، بهش یه دست لباس زیر شامل شورت و عرق‌گیر نو، یه حوله‌ی کوچیک، مسواک و خمیر دندون، شامپو و واجبی می‌دن. ما اینجا از این چیزا ندیدیم».

رییس رو کرد به یکی از همراهانش و پرسید: «به این‌ها وسایل شخصی ندادید؟». او هم گفت: «قربان این چیزا به زندانیای سیاسی تعلق نمی‌گیره». او هم گفت: «اوهوم، فهمیدم». بعد رو به من کرد و گفت: «متوجه شدی؟». گفتم: «اوهوم، فهمیدم».

روزهای دوشنبه بچه‌های اتاق ما صبحانه را در حیاط می‌خوردند. حاج‌آقا هادوی مسن‌ترین و پرکارترین عضو اتاق، یک فرش را از اتاق که در طبقه‌ی دوم بود کول می‌کرد و به حیاط می‌آورد و جارو می‌زد. بعد بساط صبحانه را می‌چید. بر و بچه‌های اتاق‌های دیگر که صبحانه‌شان را زودتر خورده و برای قدم‌زدن به حیاط می‌آمدند، مجبور بودند دور ما که وسط حیاط بساط پهن کرده بودیم طواف کنند تا کار ما تمام شود.

یک زندانی اردبیلی داشتیم. جوانی بسیار مودب و پرانرژی. اشعار طنز شعرای ترک‌زبان را برایم می‌خواند و ترجمه می‌کرد.

روزی از من خواست شعری برای پدر و مادرش بسرایم تا موقع ملاقات به آن‌ها بدهد. نام پدر و مادرش را پرسیدم و یک دوبیتی سرودم. در آن شعر از واژه‌های کوه سبلان و قله و استقامت و عظمت کوه و رود و شقایق خونرنگ و شیرینی عسل و این‌ها استفاده کرده بودم. زمانی که داشت آن را به مادرش

می‌داد، او را گرفتند و شعر را خوانده و فکر کردند این‌ها رمزی چیزی است که دارند رد و بدل می‌کنند. کلی برایش دردسر شده بود. وقتی گفته بود این را عالی‌پیام برایم سروده قوز بالا قوز شد. از پسرم که همان روز برای ملاقات من آمده بود کلی بازجویی کرده بودند که این را پدرت نوشته. منظورش چه بوده. چرا نوشته. این واژه‌های مستعار چه معنی می‌دهد. این‌ها را پسرم در ملاقات به من گفت. بعد از ملاقات آن پسر اردبیلی که نامش را فراموش کرده‌ام بازنگشت. فردا به بند آمد و گفت یک روز کامل در انفرادی بوده و بابت این شعر سین جیم می‌شده. بسیار ناراحت بود از اینکه پدر و مادر پیرش که از راه دور برای دیدنش آمده بودند، ملاقات نکرده بازگشتند.

بدبخت‌ها از سایه‌ی خودشان هم می‌ترسند.

امروز در سالن ملاقات، نسرین ستوده را دیدم. اولین بار بود که همدیگر را می‌دیدیم. از پشت شیشه با همسرش رضا خندان هم سلام و علیک کردم. نسرین گفت: «شب شعرهایی که شما جمعه‌ها تو حیاط برگزار می‌کنید، صداش تا بند خواهران هم میاد و ما هم استفاده می‌کنیم. اون موقع تو بند سکوت محض حاکمه تا صدای شماها کاملن به ما برسه».

بند خواهران درست پشت بند سیصد و پنجاه بود و فقط یک دیوار آن‌ها را از هم جدا می‌کرد.

تمام زوایای زندان را دوربین‌های مداربسته کنترل می‌کند. اتاق‌ها، راهروها، نمازخانه، آشپزخانه، حتا دستشویی‌ها در دید کامل دوربین‌هاست. دوربین اتاق ما درست بالای تلوزیون قرار داشت. همین قضیه ماجرایی را رقم زد که تا مدت‌ها به آن می‌خندیدیم.

موضوع از این قرار بود که گاهی فلش مموری حاوی فیلم‌های سینمایی و مستند و غیره به دستمان می‌رسید. شب که درها قفل می‌شد، فرصت مناسبی برای تماشای فیلم بود. فیلم‌های زبان اصلی را امید کوکبی ترجمه‌ی هم‌زمان

می‌کرد. البته همان‌طور که گفتم چون دوربین مداربسته بالای تلوزیون نصب بود، نگهبان نمی‌توانست ببیند ما چه فیلمی داریم می‌بینیم.

آن شب یک فیلم کمدی می‌دیدیم. صبح نگهبان آمد و گفت: «شما دیشب چی داشتین می‌دیدین و می‌خندیدین؟». گفتیم: «چی می‌دیدیم؟ داشتیم تلویزیون نگا می‌کردیم». گفت: «اِهه؟ من هر شونزده تا کانال تلویزیون رو چک کردم، هیچ چیز خنده‌داری نداشت». گفتم: «خب ما هم داشتیم به همین می‌خندیدیم دیگه».

هر روز یکی از بچه‌های طبقه‌ی پایین خبرهای روز را می‌نوشت و با دست تکثیر می‌کرد و به هر اتاق یکی تحویل می‌داد. من مانده بودم این خبرها به این داغی از کجا می‌رسد. تا اینکه یک روز در حیاط یک سیم بسیار باریک که از این سر حیاط به آن سر کشیده شده بود توجهم را جلب کرد. از عبدالله پرسیدم: «این سیم چیه؟». به شوخی گفت: «بند رخت». یعنی سوال نکن.

بعدها فهمیدم این آنتن رادیوی دست‌سازی است که بچه‌ها خودشان ساخته‌اند و هر روز یک نفر مسئول شنیدن اخبار رادیوفرداست. آن‌ها را می‌نویسد و در اتاق‌ها پخش می‌کند.

الان که دیگر بند ۳۵۰ از زندانی سیاسی تخلیه شده و همه را به زندان‌های دیگر در کنار زندانیان عادی جای داده‌اند، این را می‌نویسم، والا گفتنی نبود.

در این بند، آلودگی آب حمام و حتی آب آشامیدنی به حدی است که اغلب زندانی‌ها یا دچار دردهای کلیوی شده یا مشکل پوستی پیدا کرده‌اند. تقریبن تمام خدمات پزشکی و دارویی به هزینه‌ی خود زندانی‌ها ارائه می‌شود و بهداری زندان که زیر نظر سازمان زندان‌ها و اقدامات تامینی کشور است، اقدامی برای درمان بیماران نمی‌کند.

امروز روز ملاقات است. به همه‌ی زندانی‌هایی که ملاقاتی دارند، لباس فرم

زندان داده‌اند که برای رفتن به سالن ملاقات بپوشند. در هواخوری بودیم که دیدیم دکتر سیف‌زاده با عصبانیت وارد حیاط شد و با داد و بیداد گفت: «هر روز یه قانون برا ما در میارن. هر روز یه جور گربه می‌رقصونن. لباس فرم برای زندانیای سیاسی ممنوعه و ما اینارو نمی‌پوشیم». بعد لباسی را که دستش بود، پرت کرد وسط حیاط. بقیه هم به پیروی از او همین کار را کردند. بلندگو داشت خودش را جر می‌داد: «این دستور جدیده و به ما مربوط نیست. هر کی این لباسا رو نپوشه، حق ملاقات نداره».

آن روز کسی ملاقات نرفت. لباس‌ها را که بچه‌ها وسط حیاط ریخته بودند همان‌جور ماند و در قدم زدن زیر دمپایی‌ها حسابی اطو شد.

از فعال‌ترین بچه‌های این بند، می‌توان از سید محمد ابراهیمی نام برد. او را در محل کارش با ضرب و شتم فراوان دستگیر کرده و مدت هجده ماه در ۲۰۹ و ۲۴۰ زیر شدیدترین شکنجه‌ها قرار داده بودند. جرم او عضویت در کمپین مادران پارک لاله و کمک به خانواده‌ی زندانیان سیاسی بود و همین کافی بود تا پنج سال حبس برایش ببرند.

ابراهیمی زیر شکنجه پنج دندانش می‌شکند و ضربه‌های وارد به سرش حافظه‌ی او را دچار اختلال می‌کند. به طوری که برای چهار ماه به آسایشگاه روانی امین‌آباد منتقل می‌شود. وقتی پدرش در ملاقات او را با آن حال و وضعیت بسیار بد می‌بیند، از هوش می‌رود. دو هفته بعد هم دچار سکته شده و فوت می‌کند.

احمد شهید، گزارشگر حقوق بشر سازمان ملل از محمد ابراهیمی به عنوان یکی از مصادیق شکنجه‌های سخت یاد می‌کند. وقتی خبر شکنجه‌های او به بیرون از زندان درز می‌کند، او را برای تکذیب آن زیر فشار مضاعف قرار می‌دهند.

ابراهیمی علاوه بر خونریزی کلیه، دچار مشکل ریوی و تنگی نفس شد. علیرغم تاکید پزشکان مبنی بر نیاز او به دستگاه اکسیژن، مقامات زندان هیچ اقدامی در این زمینه برایش نکردند.

او یک مچ‌بند سبز برایم بافت که تا روز آزادی دستم بود. یک روز پسرم در ملاقات توجهش به آن جلب شد. پرسید: «بابا این مچ‌بند رو بستی کارت ندارن؟». گفتم: «چیه؟ نگرانی زندانم کنن؟».

امروز فهمیدم یکی از آن خانواده‌ای که فک و فامیلی اقدام به ربودن هواپیما کرده و حاتمی کیا فیلم ارتفاع پست را از روی آن ماجرا ساخته بود، در این بند است. رسول حردانی ساکن اتاق ده بود. گاهی اوقات با هم شطرنج می‌زدیم. در اتاقی که رسول بود، اکیپ دراویش هم بودند.

حمید رضا مرادی که ده سال و نیم حبس گرفته بود. البته بار اولش نبود. او در دهه شصت هم به دو سال زندان و اعدام معلق محکوم شده بود. اعدام معلق!! تا به حال چنین چیزی نشنیده بودم.

از دیگر درویشان مصطفا دانشجو، فرشید یداللهی، امیر اسلامی، علیرضا روشن، امید بهروزی و افشین کرم‌پور که همگی وکیل دادگستری بودند، هر کدام محکوم به هفت سال و شش ماه. البته پروانه‌ی وکالت عده‌ای از آن‌ها نیز باطل شده بود.

علی‌رضا روشن، خبرنگار، شاعر و نویسنده که برنده‌ی جایزه‌ی شعر مقاومت فرانسه بود، محکوم به پنج سال حبس تعزیری و چهار سال تعلیق.

مصطفا عبدی سه سال.

رضا انتصاری، عکاس و خبرنگار با هشت سال و شش ماه زندان.[1]

آن‌ها مدیران سایت مجذوبان نور بودند که به اتهام اقدام علیه امنیت ملی، تبلیغ علیه نظام و تشویش اذهان عمومی محکوم شده بودند.

این عده قبل از انتقال به بند ۳۵۰ جای شما خالی در ۲۰۹ کتک مفصلی خورده بودند. واقعن یکی از تخصص‌های بارز نظام این است که از چوب خشک

---

۱. مصطفا دانشجو، رضا انتصاری و مصطفا عبدی پس از آزادی از اوین، در ماجرای گلستان هفتم که در سال ۹۶ رخ داد، بازداشت، و به ترتیب به هشت سال و هفت ماه، هفت سال و شش ماه و بیست و شش سال حبس تعزیری محکوم شدند.

هم برای خود دشمن می‌تراشد.

روز محاکمه، به این دلیل که نه خود را مجرم می‌دانند و نه مشروعیتی برای دادگاه قائلند، از رفتن به دادگاه خودداری می‌کنند. گارد برای بردن اجباری آن‌ها به پشت در بند می‌آید. بچه‌های جنبش سبز به آن‌ها می‌گویند صلاح نیست پای گارد به بند باز شود، چون ممکن است عواقب دیگری به دنبال داشته باشد. در نتیجه از بند خارج می‌شوند، ولی به دادگاه هم نمی‌روند. آن‌ها را به زیرزمین ۲۴۰ و سپس به بند ۲۰۹ منتقل می‌کنند.

ساختمان ۲۴۰ سه طبقه دارد. طبقه‌ی پایین که زیرزمین است، در اختیار اطلاعات است. طبقه‌ی بالا در اختیار سازمان زندان‌ها و طبقه‌ی آخر در اختیار سپاه.

مرادی تعریف می‌کرد: «تو اون سرمای زیر صفر زمستون تو سلول شماره ۱۲۱ زیرزمین بند ۲۰۹ ما رو لخت مادرزاد کرده به حد مرگ زیر مشت و لگد گرفتن. به طوری که بعضی از بچه‌ها خون بالا آوردن».

سه ماه در آن زیرزمین در سلول ۱۲۱ زندانی بودند. مأموران به این سلول می‌گفتند: خانقاه درویشا. تا اینکه در اعتراض به وضعیت آن‌ها دراویش زندانی در زندان عادل آباد شیراز اعتصاب غذا می‌کنند. در نتیجه بعد از نود روز اعتصاب غذا، آن‌ها به ۳۵۰ عودت داده می‌شوند.

مرادی که مسن‌ترین عضو این گروه بود، به تشخیص بهداری زندان در بیمارستان شهدای تجریش بستری می‌شود. ولی پس از یک روز به دستور آقای خدابخشی، معاون دادستان و دادیار ناظر بر زندان، با لباس بیمارستان به بند برگردانده می‌شود. یک بار دیگر قرار بود در بیمارستان سینا به خاطر مسدود بودن رگ قلب به پا عمل باز شود، ولی دوباره دستور عودت او به زندان را می‌دهند. همین کار را با مصطفا دانشجو که بیماری ریوی داشت هم بارها کردند و از بیمارستان بدون تایید پزشک متخصص به زندان برگرداندند. قاعده بر این است که وقتی می‌خواهند یک زندانی را از بیمارستان به زندان برگردانند، باید با اجازه‌ی پزشک معالج او باشد. ولی در این موارد هرچه کردند

پزشک معالج تایید نکرد، در نتیجه بدون امضا و اجازه‌ی پزشک، آن‌ها را به زور برگرداندند. همین قضیه باعث سکته‌ی مرادی بعد از آزادی و فلج‌شدن نیمه‌ی چپ بدنش و تشدید بیماری ریوی دانشجو شد.

شاید به جرأت بتوانم بگویم موقرترین و مودب‌ترین زندانی آن بند، سید علیرضا بهشتی شیرازی بود. باسواد و مسلط به زبان انگلیسی. او قبل از انقلاب در آمریکا دانشجو بود. با پیروزی انقلاب درسش را رها کرده و به ایران می‌آید. در زمان نخست وزیری میرحسین موسوی دبیر جلسات هیئت دولت و مسئول پیگیری مصوبات کابینه بود. آخرین پست دولتی‌اش ریاست بنیاد نشرالهدی وابسته به وزارت ارشاد بود. در زمان انتخابات هشتاد و هشت مشاور موسوی بود که به همین جرم دستگیر شده و مدت هفتاد روز در انفرادی به سر برد. او را برای زیر فشار قرار دادن با یک بیمار روانی هم سلول می‌کنند. در نهایت به اتهام اقدام علیه امنیت ملی به پنج سال حبس محکوم می‌شود.
او اولین نفری نیست که جان، عمر و همه‌ی زندگیش را وقف انقلاب اسلامی، نظام، امام و خط امام کرده و اکنون در زندان است و البته آخری هم نخواهد بود. همیشه هر انقلابی صدیق‌ترین، وفادارترین و مومن‌ترین خدمتگزارانش را زیر پا له می‌کند. این مثل معروف است که «انقلاب بچه‌های خودش را می‌خورد».
علیرضا همیشه شوخی‌های بچه‌ها را با لبخند پاسخ می‌داد. یکی از شوخی‌های رایج این بود که از راه دور او را صدا می‌زدند: «بهشتی». وقتی جواب می‌داد: «بله؟» می‌گفتند: «طالقانی رو تو کشتی؟».

یک زندانی اینجا هست که از اردوگاه اشرف فرار کرده و به ایران آمده ولی دستگیر شده و فعلن بلاتکلیف است. می‌گفت: «اگه قرار بود تو زندان باشم که همون‌جا بودم. من به اشتیاق آزادی فرار کردم». نامش را یادم نیست ولی هنرش را به یاد دارم. با طناب پلاستیکی که معمولن برای بند رخت استفاده می‌شود، کتابخانه و قفسه می‌ساخت به چه محکمی. مرگ نداشت.

دو هفته است که پسرم به ملاقات من نیامده. اینجا تلفن هم نیست تا بفهمم بیرون چه خبر است. با خودم می‌اندیشم شاید او هم دستگیر شده باشد. اگر این‌طور باشد، چه خوب است که او را هم به اینجا بیاورند. پدر و پسر در زندان کنار هم خیلی مزه دارد.

آزادی موقت

نامه‌ای تند و تیز نوشتم مبنی بر اینکه قضات از خود اختیاری ندارند و این بازجوها هستند که تصمیم‌گیرنده‌ی پرونده هستند. به عبدالله مومنی گفتم: «این نامه رو چطوری باید بدم بیرون؟» گفت: «بده من».

یک ساعت بعد سر سفره‌ی ناهار نشسته بودم، از پشت من رد شد و زد سر شانه‌ام و گفت: «نامه‌ات تو سایت کلمه است». فردا قاضی مرا احضار کرد. خیلی عصبانی بود. گفت: «ما را هم که نواختی». گفتم: «دروغ نوشتم؟ قاضی کشیک برای من سی میلیون تومن کفالت نوشت و گفت آزادش کنید. ولی من هنوز اینجام. دلیل از این بالاتر که شماها کاره‌ای نیستین و آنچه استاد ازل گفت بگو می‌گویید و می‌کنید؟».

گفت: «صد میلیون قرار برات صادر کردم. زنگ بزن سند برات بیارن و برو». گفتم: «تشکر منو از این بابت به بازجوم ابلاغ بفرمایید». از عصبانیت داشت می‌ترکید.

دو روز بعد حکم آزادیم آمد. همه‌ی یادداشت‌هایم را در دو نسخه نوشته بودم. یک نسخه را نزد عبدالله گذاشتم و گفتم: «اگه موقع خروج یادداشتامو گرفتن، اینا رو یه‌جوری به من برسون». با همه‌ی بچه‌ها خداحافظی کردم. دلم برایشان تنگ می‌شد. به اینجا عادت کرده بودم. دوستان خوبی پیدا کردم که دلم نمی‌آمد به این زودی از دستشان بدهم. گفتم: «به‌زودی برمی‌گردم. به

امید دیدار». بدرقه‌ی خوبی برگزار شد. موقع خروج از بند زندانبان مودبانه مرا بازرسی بدنی کرد. از این کارش عذر خواست و گفت: «جسارت منو ببخشید آقای عالی‌پیام. زیر دوربینا هستیم و من مجبورم کاری انجام بدم که برای خودمم دلچسب نیست».

هرچه فکر کردم به حکمت این بازرسی بدنی پی نبردم. مگر زندانی چه چیزی ممکن بود با خودش خارج کند که نباید بکند. یک مأمور وظیفه مرا تا دم در خروجی آورد. آنجا هم تشریفات مفصلی برگزار شد. افسری که پشت پیشخوان نشسته بود، تمام مشخصات مرا پرسید. شاید حدود بیست سوال. باید مطمئن می‌شدند من به جای کس دیگری از زندان خارج نمی‌شوم. یا برعکس، کس دیگری به جای من بیرون نمی‌رود. آخر سر گفت: «اینجا رو انگشت بزن». دستم را بالا آوردم که انگشت بزنم، مچ‌بند سبز مرا دید. گفت: «این چیه؟». گفتم: «همینه که داری می‌بینی؟». گفت: «بازش کن». گفتم: «نمی‌کنم». با تحکم و آمرانه گفت: «می‌گم بازش کن». جواب دادم: «می‌گم باز نمی‌کنم». همین‌طور بِر و بِر زل زده بود توی چشم‌هایم و نگاه می‌کرد. رویم را به سمت دری که وارد شده بودم کردم و گفتم: «برگردم تو؟». گفت: «گمشو برو بیرون که شماها آدم بشو نیستین».

این یکی را راست می‌گفت. کدام زندانی سیاسی را سراغ دارید که بعد از حبس و شکنجه و بگیر و ببند متنبه شده دست از عقایدش کشیده باشد. جری‌تر و ثابت‌قدم‌تر شده، ولی پشیمان نشده. رییس‌دانا به خاطر یک مصاحبه با یک شبکه‌ی خارجی یک سال حبس کشید، هنوز یک هفته از آزادیش نگذشته بود که مجددن با همه‌ی شبکه‌های خارجی مصاحبه کرد. خود من یک ماه بعد از آزادی از رجایی‌شهر با صدای آمریکا مصاحبه کردم. زندان آنچنان را آنچنان‌تر می‌کند. خلاف‌کار را خلاف‌کارتر و مبارز را مبارزتر. این قاعده‌ای است که هنوز بعد از چهل سال مسئولین ما از درکش عاجزند.

بیرون زندان پسرانم و دوستانم و تعدادی از هنرجویانم منتظرم بودند. یک آبگوشت دورهمی بعد از این مدت حبس واقعن چسبید.

بازداشت دوم

اردیبهشت سال بعد هنوز کیفرخواست صادر نشده و پرونده‌ام به دادگاه نرفته بود که باز احضار شدم. خود را معرفی کردم. قاضی یک کاغذ و خودکار جلوم گذاشت و گفت: «تعهد بده برا انتخابات شعر نمی‌گی». گفتم: «عمرن همچین تعهدی نمی‌تونم بدم، چون شعرو من نمی‌گم». با تعجب و هیجان پشت خود را از تکیه‌ی صندلی جدا کرد، به جلو خم شد و گفت: «پس کی می‌گه؟». گفتم: «خودش میاد». گفت: «می‌فرستمت اون تو». گفتم: «آماده‌ام».

همان موقع بازداشت و از در پشت دادسرای شهید مقدس وارد اوین شدم. بازرسی بدنی کامل و هدایت به اتاق انتظار. یک سرباز پشت میزی نشسته بود. یک زندانی دیگر هم قبل از من آنجا بود. منتظر بودیم تا سربازی بیاید و ما را داخل ببرد. خیلی طول کشید. با آن زندانی سر حرف را باز کردم. جرمش قاچاق بود و از مرخصی بازمی‌گشت. آنچه برایم حیرت‌آور بود اینکه دو گوشی موبایل دستش بود و تعداد زیادی سیم کارت در جیب که مرتب یکی یکی آن‌ها را در گوشی می‌گذاشت و امتحان می‌کرد. سرباز هم خونسردانه او را نگاه می‌کرد و او ابایی از اینکه گوشی و سیم‌کارت‌هایش دیده شود، نداشت. با تعجب پرسیدم: «چطوری اینا رو آوردی تو؟ مگه دم در نگشتنت؟». او هم متعجب از این سوال من پاسخ داد: «مگه ممنوعه؟ تو بند ما پره». فهمیدم در بند قاچاقچی‌ها و دزدها و قاتل‌ها گوشی آزاد است. فقط بند سیاسی‌هاست که حتا تلفن عمومی هم ندارد.

سرباز که فهمید من سیاسی هستم، به او گفت: «گوشیتو بذار تو جیبت». هنگام جابجا کردن وسایل جیبش دیدم پول نقد هم همراه دارد.

تا حدود چهار بعد از ظهر معطل شدیم. در این مدت دو تازه‌وارد دیگر هم به جمع ما اضافه شده بود. حس کردم این سرباز که مسئول تحویل ما به واحد انگشت‌نگاری و سپس بندهای مربوطه است، برای اینکه به خاطر هر زندانی

این سربالایی را طی نکند، منتظر است تا زمان پایان شیفتش فرا برسد و بعد همه را یکجا ببرد داخل. بلند شدم و اعتراض کردم. برای دیدار بچه‌ها بی‌تاب بودم. بالاخره داد و بیدادهای من کارساز شد و آقای سرباز رضایت به جداسازی ماتحت خود از صندلی داد.

آخ جون. دوباره ۳۵۰ و دیدار یاران. من به همان اتاق و همان تخت راهنمایی شدم. اولین چیزی که توجهم را جلب کرد اینکه رییس‌دانا از اتاق ما رفته بود. پرسیدم: «فریبرز کو؟». گفتند: «به اتاق بچه‌هایش رفته است». بعد که او را دیدم، بر او خرده گرفتم. گفتم: «شما متعلق به همه هستی. چرا خود را تیمی کرده‌ای؟».

این بار با دوستان جدیدی آشنا شدم. اکبر امینی معروف به اکبر جرثقیلی. روی دمپایی‌اش هم نوشته بود: جرثقیل. علت لقب او این بود که در جریان تظاهرات روز بیست و پنجم بهمن سال هشتاد و نه از یک جرثقیل در چهارراه قصر بالا رفته و عکس شهدای جنبش هشتاد و هشت را به همراه یک پرچم سبز بزرگ از آن بالا آویزان کرده بود.

بشاش و گشاده‌رو و پرانرژی بود، با هیکلی درشت و ورزشکاری. به قول بچه‌ها رو فرم. برایم تعریف کرد که آن روز قبل از هر کاری اول یک طناب به گردنم بستم و سر دیگرش را به میله‌ی جرثقیل گره زدم. با خودم گفتم ممکن است مرا با تیر بزنند و سرنگون کنند. با این کار، جنازه‌ام آن بالا آویزان می‌ماند و تا بخواهند بیایند بالا و مرا باز کنند چند ساعت طول می‌کشد و در این مدت مردم می‌توانستند فیلم و عکس بگیرند.

اکبر که بعد از انتخابات هشتاد و هشت هم سابقه‌ی بازداشت داشت، سریعن شناسایی شد و مأموران امنیتی با آوردن خانواده‌ی او به محل و تهدید آن‌ها، سعی کردند او را مجبور به پایین آمدن از بالای جرثقیل کنند. سردار مصطفانژاد از فرماندهان نیروی پلیس با یک بالابر خود را تا پنج شش متری او رساند. بالابرش کوتاه بود. سردار می‌گوید: «بیا پایین با هم حرف بزنیم».

اکبر می‌گوید: «آن موقع که من شکنجه می‌شدم تو کجا بودی که با هم حرف بزنیم». چند تکاور از راهی که او رفته بود خود را به او می‌رسانند. یک هلی‌کوپتر از بالا و چند بالابر بلند هم از پایین بالاخره او را پس از پنج ساعت به زیر می‌کشند و همان جا زیر مشت و لگد می‌گیرند. مادرش از هوش می‌رود. ولی اکبر کار خود را کرده بود. خبر این کار او همان ساعات اولیه، نه در تمام تهران، که در تمام دنیا و رسانه‌های خبری پیچده بود.

اکبر می‌گفت: «عصبانیت مأموران وصف‌نکردنی است. یکی از بازجوهای پلیس امنیت تهران مرا زیر مشت و لگد و دشنام گرفته بود و می‌گفت ما برای هر کاری آماده بودیم، حتی اگر ده میلیون نفر هم می‌آمدند توی خیابان سرکوبشان می‌کردیم، اما تو لعنتی ما را غافلگیر کردی و برنامه‌هایمان را به هم ریختی».

پس از بازداشت اکبر امینی، خانواده‌ی وی تحت فشار نیروهای امنیتی برای انجام مصاحبه با صدا و سیما و اعلام عدم ثبات روانی اکبر بودند و تهدید شدند که امکان دارد حکم اعدام هم برای او صادر شود.

اکبر می‌گفت: «برادرم حسین یک ماه بعد به طرز مشکوکی درگذشت. من فکر می‌کنم برای اینکه بتونن خانواده‌ی منو تو سکوت و انزوا قرار بدن، این فشار رو روی برادر کوچکتر من آوردن و تا حالا هم پاسخ ندادن و گفتن شما هیچ مصاحبه‌ای در مورد برادرتون انجام ندین تا ما خودمون پیگیری و علت مرگ رو پرس و جو کنیم و به شما اطلاع بدیم. من به اونا گفتم شما خودتون بهتر می‌دونین که برادرم چطوری فوت کرده. آخر سر هم دادگاه به ما گفت این جوان بر اثر مصرف قرص‌های روان‌گردان فوت کرده».

از اکبر پرسیدم: «چی شد که این فکر به کلهات زد؟». گفت: «ماجرا برمی‌گرده به بازداشت اولم. اول تیر ماه هشتاد و هشت، هشت تا لباس شخصی ریختن تو مغازه‌ام و با خشونت و کتک منو به بازداشتگاه ۲۰۹ اوین بردن. سلول انفرادی ۱۰۲. سه روز بعد بازجویی با کتک و فحاشی شروع شد. بعد چهل و پنج روز انفرادی، با خیلی از جوونایی که دستگیر شده بودن به بند هفت قرنطینه‌ی اوین منتقل شدیم، حدود ۱۹۰ نفر از ساختمان دو الف سپاه و ۲۰۹ وزارت اطلاعات تو اون زیرزمین توی هم وول می‌خوردیم. بین اون جوونا چند نفری هم بودن که از بازداشتگاه کهریزک به اونجا منتقل شده بودن. چیزایی از اون بازداشتگاه می‌گفتن که موی تن بقیه زندانیا سیخ می‌شد، چیزایی که هم باورشون سخت بود و هم شنیدنشون ترسناک. حرفایی مثه تجاوز با باتوم، کتک خوردن با شلاق، سیم کابل و ... ما خوشحال بودیم که سپاه و وزارت اطلاعات بازداشتمون کرده و تو اوین زندانی هستیم.

با شنیدن این حرفا ناخودآگاه تصاویر شکنجه‌ی اسرا توی عراق و زندان ابوغُریب جلوی چشمام رژه می‌رفت. با این همه به خودم می‌گفتم نه بابا این حرفا غلوه، مگه می‌شه تو زندانای جمهوری اسلامی از این کارا کرد؟!

چهارشنبه بیست و یک مرداد هشتاد و هشت، چند نفر از نماینده‌های

مجلس به قرنطینه‌ی بند هفت اومدن تا مثلن به وضعیت زندانیا رسیدگی کنن و حرفاشون رو بشنوند. ظاهرن ابعاد دستگیریا زیاد بود و تغییر و تحولاتی در راه که ما زندانیا از اون بی‌خبر بودیم.

علاءالدین بروجردی از کمیسیون امنیت ملی، امیدوار رضایی، قدرت علیخانی و زهره الهیان پرسیدند که رفتار بازجوها با شما چطوری بوده و غذا چه می‌خوردید؟ و از این‌جور سوالا. یه فیلم‌بردارم همراشون بود و همه این صحبتا رو ضبط می‌کرد. اونایی که از کهریزک اومده بودن باز همون حرفا رو برای نماینده‌های مجلس تکرار کردند: بازجویی‌های مکرر و طولانی، آویزون‌کردن از پا به مدت طولانی و گاه نیمه برهنه، انداختن توی بشکه‌ی آب و زدن زندانیا با باتوم‌های الکتریکی که شوکای دردآوری داشت.

خانوم و آقایون نماینده ظاهرن خیلی متاثر شدن. قدرت علیخانی فشار خونش پایین افتاد و سرش گیج رفت. یکیشون گریه‌اش گرفت. همون‌جا خبر آزادی بعضی از جمله منو دادن و قول گرفتند که بعد از آزادی به مجلس بریم تا کمکمون کنن. بعد آزادی منو چن نفر دیگه برای پیگیری کارمون به مجلس رفتیم. اما کسی جوابمونو نداد. حتی برخورد نگهبانا هم غیردوستانه بود. برای امیدوار رضایی و بروجردی پیغام گذاشتیم که ما اومدیم بر پایه‌ی همون قول و پیمانی که داده بودین، اما جوابی نشنیدیم و دست از پا درازتر برگشتیم.

حالا احساس می‌کردم بیشتر به غرورم توهین شده، حالا که کسی حاضر نیست به حرفام گوش کنه، منم کاری می‌کنم که همه مجبور بشن به حرفام گوش بدن. جرقه‌ی بالا رفتن از جرثقیل از همون روز به ذهنم رسید. اول می‌خواستم مثه اون دستفروش تونسی خودمو جلو دادگاه انقلاب آتیش بزنم، ولی بعد گفتم نه اکبر، کاری باید بکنی کارستون و کردم».

امشب اولین شبی است که من باز در عباس‌خانه هستم. قدم می‌زنم و به شعری که باید در مورد انتخابات بگویم فکر می‌کنم. شعر قبلی با بند «من که دیگه رأی نمی‌دم» خیلی برادران عرزشی را عصبانی کرده بود. بازجو می‌گفت:

«مرد حسابی، همه‌ی ارکان نظام از مردم می‌خوان تو انتخابات شرکت کنن، اون وقت تو می‌گی من که دیگه رأی نمی‌دم، می‌خوای بده می‌خوای نده؟». در جوابش گفته بودم: «من که نگفتم شماهام رأی ندین. گفتم می‌خوای بده می‌خوای نده. حالا اگه فکر می‌کنین مردم که نرفتن رأی بدن به خاطر شعر منه، جبران می‌کنم. یه شعر می‌گم که برن رأی بدن». حالا وقت جبران بود.

در شعر قبلی حد عالی ممکنه‌ی اوضاع جامعه را تصویر کرده و بعد گفته بودم حتا اگه همه چیز این قد خوب بشه، من که دیگه رأی نمی‌دم. این بار باید نقیض آن را می‌گفتم. یعنی بدترین شرایط را ترسیم کنم و بگویم حتا اگه این بلاها هم سرمون بیاد، من که می‌رم رأی می‌دم شمام برین رأی بدین.

امروز سهیل بابادی و دو نفر دیگر را که اسمشان یادم نیست از بند دو الف به ۳۵۰ آوردند. قیافه‌هاشان حاکی از شکنجه‌ی فراوان بود. از گردن سهیل یک زائده مثل خیار زده بود بیرون. گفتم: «این چیه؟» گفت: «نمی‌دونم. منو می‌کردن تو گونی. بعد با پوتین می‌افتادن به جونم و د بزن. هر لقد هر جا خورد، خورد». بعدها که دیدمش، گفتم: «بالاخره فهمیدی اون غده که از گردنت زده بود بیرون چی بود؟» گفت: «تاندون گردنم پاره شده بود».

رفیق همراهش گفت: «یه تایر کامیونو میذاشتن زیر آفتاب تا حسابی منبسط بشه. بعد منو می‌شوندن توش تا نزدیک غروب. هوا که سردتر می‌شد، لاستیک منقبض می‌شد و من اون تو گیر می‌کردم. بعد از اون بالای خیابون قل می‌دادن پایین. دنیا دور سرم می‌چرخید و دل و روده‌هام می‌خواس بریزه بیرون. اصل شکنجه اون آخرش بود که تایر می‌خورد به دیوار و وامیستاد. انگار تموم مهره‌هام و مفصلام داره از هم جدا می‌شه».

راجع به نامه‌ی عبدالله مومنی به رهبر جسته گریخته چیزهایی شنیده بودم،

ولی هیچ وقت فرصت نشده بود تمام آن را بخوانم. به عبدالله گفتم: «نامه‌ات به رهبر را داری؟» گفت: «دارم». گفتم: «کامله؟» گفت: «کامله». گفتم: «می‌خوام بخونم». نامه را داد و گوشه‌ی دنجی پیدا کردم.

بخش‌هایی از نامه‌ی عبدالله مومنی به رهبر

جناب آیت‌الله خامنه‌ای
مقام رهبری جمهوری اسلامی ایران
در یکی از روزهای بازداشت در زندان اوین فرصتی دست داد تا سخنان شما را از تلویزیون در ضرورت ضدیت با ظلم و رعایت انصاف و عدالت بشنوم (۸۹/۴/۲) و همان روز بود که تصمیم گرفتم تا این نامه را خطاب به شما بنویسم. از آن رو که شاید اخبار این بازداشتگاه‌ها به شما نرسد و ندانید که غیر از کهریزک در بازداشتگاه اوین نیز یک زندانی نه تنها از حداقل حقوق برخوردار نیست، بلکه شدیدترین فشارهای روحی و جسمی نیز با هدف ترور شخصیتی و اقرار اجباری بر او وارد می‌شود. همچنین از آن‌جا که شنیدم در همان ایام که من و امثال من تحت سخت‌ترین شکنجه‌ها جهت اعتراف به جرایم ناکرده بودیم، حضرت‌عالی در خطبه‌های نماز عید سعید فطر، اظهار داشته‌اید که «متهم هرچه درباره‌ی خود بگوید در دادگاه، این حجت است»، قصد کردم طی این نامه، شکنجه‌ها و رفتارهای غیرقانونی و غیرشرعی رفته بر خودم را شرح دهم تا به این پرسش پاسخ جدی داده شود که آیا اعترافاتی که از طریق چنین شیوه‌های غیرانسانی و غیراخلاقی اخذ می‌شود نیز از نظر شما معتبر است یا خیر؟ بدین ترتیب و به

امید تشکیل کمیته‌ای حقیقت‌یاب جهت بررسی آنچه در طول دوران بازداشت، بازجویی و دادگاه بر من به عنوان یک زندانی جمهوری اسلامی در دوران حکومت شما گذشته است را بازگو می‌کنم. گرچه امیدوارم بازگویی آنچه بر من رفته است، به جای تحقیق در خصوص واقعیت ماجرا و اجرای عدالت، به افزون شدن فشارها و تلخ‌تر شدن ایام زندان نیانجامد.

مقام رهبری

هتاکی و فحاشی، ضرب و شتم و رفتارهای غیرقانونی از همان لحظه‌ی اول بازداشت من آغاز شد. در جریان دستگیری درحالی که گاز اشک‌آور که تا پیش از آن در خیابان‌ها استفاده می‌شد، در فضای بسته مرا به حالت خفگی انداخته و امکان هرگونه تحرکی را از من سلب کرده بود، مأموران دست‌بردار نبوده و با کینه و دشمنی چنان مرا به زیر مشت و لگد گرفتند که با بینی، دهان و دندان‌هایی خونین و دستان و پاهایی زنجیرشده به مسئولان‌شان در زندان اوین تحویل شدم؛ و جالب آنکه وقتی به مأموران که حدود بیست نفر بودند در برابر فحاشی و ضرب و شتم می‌گفتم که از شما به قاضی شکایت می‌کنم، با فحش‌های رکیک آن‌ها و الفاظ وقیحانه به خودم و قاضی مواجه می‌شدم. این البته دستگرمی آغاز کار بازجویان بر روی جسم و روح من بود. از همان ابتدای بازداشت درحالی که مدام در گوشم می‌خواندند که «نظام ترک برداشته» با این وعده مواجه بودم که «شماها اعدام خواهید شد». انتظار تحقق این وعده تا مدت‌ها بارها وقتی در طی شبانه روز بدون هیچ توضیحی از سلولی به سلولی دیگر و از بندی به بندی دیگر منتقل می‌شدم، مرا در بیم و هراس نسبت به ادامه‌ی حیات خویش قرار می‌داد. طی

هشتاد و شش روز انفرادی، هیچ وقت آسمان را ندیدم و طی هفت ماه بازداشت در بندهای امنیتی ۲۰۹ و ۲۴۰ تنها شش بار از «حق هواخوری» برخوردار شدم و پس از دوران انفرادی و حتی پایان بازجویی و برگزاری دادگاه هر دو هفته تنها یک بار اجازه‌ی تماس تلفنی کوتاهی آن هم با حضور بازجو با خانواده را داشتم. بگذریم و بگذارید به شرح روزهای ابتدای دستگیری خود برگردم: پس از بازداشت به شرح فوق، روانه‌ی انفرادی در سلول ۱۰۱ بند ۲۰۹ اوین شدم و در بدو ورود متوجه‌ی وجود مدفوع در زیر موکت سلول شده و اعتراض کردم، پاسخم این بود که «شایسته‌ی بیشتر از این نیستی».

از بند ۲۰۹ نیز که پس از دو روز مرا به بند ۲۴۰ منتقل کردند و در اختیار وزارت اطلاعات قرار گرفتم، شرایط زندان سخت‌تر و غیرانسانی‌تر شد. برخلاف مصوبه‌ی مجلس ششم و دستور آیت‌الله شاهرودی که هر دو سلول انفرادی را یکی کرده بودند تا سوئیت بشود، اینجا هر سلول انفرادی را تقسیم به دو سلول کرده بودند با ابعاد ۱/۶۰ در ۲/۲۰ متر (به شکلی که عرض سلول از قد من کوتاه‌تر بوده و تنها در یک وضعیت امکان درازکشیدن داشتم). یک سطل فلزی که بر سر چاه توالت جهت اجابت مزاج گذاشته بودند و یک شیرآب در بالای آن نیز داخل سلولی به همین اندازه بود تا زندانی برای نیازهای اولیه نیز از سلول بیرون آورده نشود. در فضای قبر مانند سلول و سکوت گورستانی بند، متاسفانه وضعیت سلول نیز به شکلی بود که جهت قبله به سمت سطل فلزی مذکور بوده و فاصله سجده‌گاه زندانی با آن حدود یک وجب بود و نورافکنی هم بیست و چهار ساعته روشن، تا مبادا زندانی هوس خواب در سر بپرورد.

تحمل انفرادی و بازجویی‌های طولانی امری بود که باید به آن

عادت می‌کردم. اما در کنار انفرادی، بی‌خوابی‌های مکرر در نتیجه‌ی جلسات بازجویی چند ساعته و ایستادن بر روی یک پا و ضرب و شتم و سیلی‌های پیاپی نیز ترجیع بند این روزها بود. فشارها و آزار ناشی از عدم تمکین از خواست بازجویان آن قدر بود که گاهی باعث می‌شد در حین بازجویی از هوش بروم.

گاهی نیز که گویی باید مشت آهنین از آستین بازجو بیرون می‌آمد، چنین می‌شد و چندین بار آن‌چنان بازجوی پرونده، گلویم را تا حد خفگی می‌فشرد که بی هوش برزمین می‌افتادم و تا روزها از شدت درد در ناحیه‌ی گلو، خوردن آب و غذا برایم زجرآور می‌شد. البته صدمات ناشی از شکنجه تنها متوجه یک زندانی چون من نیست، بلکه به شخص بازجو و شکنجه‌گر نیز آسیب می‌رساند، تا جایی که به یاد دارم در جریان یکی از بازجویی‌ها پس از ضربات متعدد و مکرر بازجو که با پشت دست به دهان و دندان‌هایم می‌کوبید، متوجه ایراد جرح بر روی انگشتان دستش شدم.

بازجویان حتی از فریاد و ناله‌های من نیز در هنگام ضرب و شتم علیه دیگر زندانیان استفاده می‌کردند. به طوری که بعدها از برخی زندانیان شنیدم که با ترتیب دادن جلسات بازجویی همزمان، ضجه‌های مرا به گوش سایر زندانیان می‌رسانده‌اند تا آن‌ها را نیز بدین وسیله تحت فشار و شکنجه‌ی روحی و روانی قرار دهند.

بدین ترتیب بازجویی‌ها تنها یک هدف داشت: بریدن زندانی و اعتراف او به آنچه بازجو می‌خواهد و البته وقتی می‌پرسیدم که چگونه می‌توان برای اعتراف گرفتن دست به چنین رفتارهایی زد، پاسخی چنین می‌شنیدم که به گفته‌ی بنیانگذار انقلاب، حفظ نظام از اوجب واجبات است.

در ماه اول بازجویی مدام این جمله را از زبان بازجوها می‌شنیدم که «خونی ریخته شده و نظام ترک برداشته و خیلی از شماها باید اعدام شوید و شاکی شما نیز نظام است». هر بار نیز که در بازجویی مطابق میل بازجو و به تعبیر آن‌ها «مطابق مصلحت نظام» پاسخ نمی‌گفتم، گفته می‌شد که «جواب یا مطابق آنچه ما می‌خواهیم باید باشد، یا باید همین برگه‌ی بازجویی را بخوری و قورت بدهی» و این فقط تهدید نبود، بلکه پس از رد خواست‌هایشان با زور و فشار برگه‌های بازجویی به من خورانده می‌شد و جالب آن که این عمل حتی یک‌بار در ماه مبارک رمضان و در هنگامی که روزه بودم نیز انجام شد، البته وقتی کتک زدن و فحش‌های ناموسی در شب‌های مبارک قدر حرمتی نداشته باشد، دیگر هر رفتاری مجاز خواهد بود.

جناب آیت‌الله خامنه‌ای

از همان ابتدای بازجویی من را وادار به تک نویسی علیه دوستان و نزدیکان کرده و وقتی مقاومت کردم علاوه بر ضرب و شتم و سیلی‌های پیاپی با این پاسخ بازجو مواجه شدم که «باید تک نویسی کنی تا شخصیت کذایی‌ات خرد شود». شاید از همین رو و برای خرد شدن و تحقیر شخصیت من بود که مرتبن می‌خواستند به روابط و مسائل اخلاقی ناکرده نیز اعتراف کنم و وقتی می‌گفتم این سخنان درست نیست و من نمی‌توانم علیه خود به دروغ اعتراف کنم، با فحش‌های رکیک و ضرب و شتم و این پاسخ آن‌ها روبرو می‌شدم که «فاحشه‌ای را در دادگاه می‌آوریم تا علیه تو اعتراف کند و بگوید که رابطه‌ی نامشروع با تو داشته است».

تخصص بازجوی نظام جمهوری اسلامی و به اصطلاح سربازان

گمنام امام زمان در استعمال الفاظ رکیک و فحش‌های ناموسی - رکیک‌ترین فحش‌هایی که به هیچ عنوان در این نامه نمی‌توان به آن اشاره کرد و حتی برای اولین بار در عمرم به گوشم می‌خورد - برایم تجربه‌ی دردناکی بود و در ادامه‌ی همین بازجویی‌ها و فحاشی‌ها، وقتی از بازجوی خود می‌شنیدم که «بلایی سرت می‌آوریم که وقتی بیرون اسم ۲۴۰ را شنیدی بدنت بلرزد»، از خود می‌پرسیدم که چگونه یک دستگاه امنیتی می‌تواند با چنین تهدیدها و ارعاب‌هایی امنیت را در کشور برقرار کند و عاقبت چنین روش‌هایی به کجا خواهد رسید؟ آیا با تکیه بر انهدام روانی و شخصیتی زندانیان به عنوان حلقه‌ی مکمل شکنجه و سرکوب می‌توان به عدالت دست یافت؟ اینکه در رفتار ضابطان هیچ ضابطه‌ای جز قاعده‌ی اعتراف‌گیری به هر قیمت، حکفرما نباشد با کدام اصول اخلاقی، شرعی و انسانی سازگار است؟ بازجویان در تمام طول بازجویی بارها مادر مرحومه‌ام را که زنی مومنه و مادر شهید است، با بدترین وجه ممکنه، مورد فحش و ناسزا و الفاظ رکیک قرار می‌دادند، همسر فداکارم، بارها برغم آن که زنی مسلمان و مومنه و همسر شهید است (و با آن که می‌دانستند من با همسر برادر شهیدم ازدواج نموده‌ام) به عنوان... می‌نامیدند و خواهران و نوامیس مرا به فجیع‌ترین وجه ممکن با لقب... مورد دشنام و توهین قرار می‌دادند. این ابراز مکرر الفاظ ناشایست از مدافعین نظام اسلامی شامل حال برادر شهیدم نیز می‌شد و هدیه‌ی خانواده‌ی ما به میهن را منافق می‌خواندند.

آنان نه تنها برای ما، که برای مسئولان سابق و فعلی کشور نیز هیچ حرمتی قائل نبودند و بارها شاهد بودم که با فحاشی و الفاظ زشت و زننده از شخصیت‌هایی همچون حجت الاسلام سید حسن خمینی (به عنوان لپ گلی، بچه مزلف، و از نظر اخلاقی مسئله‌دار

و...)، آیت‌الله هاشمی رفسنجانی (فاسد و...)، میرحسین موسوی (دجال و...)، حجت‌الاسلام مهدی کروبی (فاسد مالی و اخلاقی و...)، حجت‌الاسلام سید محمد خاتمی (فاسد اخلاقی و با نام بردن از برخی زنان مسلمان و متدین مدعی رابطه‌ی ایشان با آن زنان بودند)، آیت‌الله موسوی خوئینی‌ها (مفسد و...) یاد می‌کردند. در حالی که حتی برخی از این افراد را در طول زندگی خود ندیده بودم و می‌خواستند که سخنانی علیه آن‌ها در دادگاه به زبان آورم.[1] در خصوص آقایان کروبی و عبدالله نوری می‌خواستند واژه‌های سخیف و ناشایستی علیه آنان در دادگاه به زبان آورم. در مورد آیت‌الله موسوی خوینی‌ها می‌گفتند که شما باید از ایشان در دادگاه اسم بیاورید و بگویید ایشان در به اصطلاح فتنه، نقش اصلی و محوری داشته و صحنه‌گردان و طراح اصلی فتنه بوده است، در حالی که تاکنون هیچ‌گاه ایشان را ندیده‌ام. در این رابطه گفتنی است که در مودبانه‌ترین حالت ذکر نام این شخصیت‌ها، فی‌المثل جناب آقای هاشمی را همیشه «اکبر شاه» خطاب کرده و می‌گفتند که همه‌ی این‌ها را به زندان می‌آوریم. گویی اراده‌ی بازجو بالاتر از دستگاه قضایی و هر قانونی است. چرا که حتی بازجویان مدعی بودند که احکام قضایی را نیز آنان صادر می‌کنند. شاید ذکر این نکته ضروری باشد که قاضی پرونده‌ی من (قاضی صلواتی) مطرح می‌کرد که اگر بازجویان از تو راضی باشند، شما را آزاد می‌کنم؛ که این خود موید میزان استقلال مقام قضا از ضابطین خود است.

---

۱. مطالبی که عبدالله مومنی از بازجویانش نقل می‌کند، گویای اختلافات درونی قدرت‌طلبان است که چگونه برای رسیدن به قله، یکدیگر را زیر پا می‌گذارند. من برای امانت‌داری عین متن نامه را نقل کردم و باور قلبی‌ام این است که عبدالله با تمام صافی قلب و پاکی درون، بر گوری می‌گرید که مرده‌ای در آن نیست و خودش در محرومیت، سینه برای کسانی سپر کرده که فرزندانْ میلیاردرشان در آمریکا و کانادا و اروپا مشغول خندیدن به ریش همه‌ی ما هستند.

به فشار برای اعتراف اخلاقی علیه خود اشاره کردم و اکنون برای آن که سخنم را دقیق‌تر کرده باشم، شرح تنها یکی از جلسات بازجویی خود در یک سلول، درخصوص مسائل اخلاقی را بازگو می‌کنم. باشد که این نمونه‌ی کثیف اِعمال شده در حق من با معیارهای اخلاق و عدل و انصاف و رفتار و سیره‌ی علوی و نبوی سنجیده و تطبیق داده شود: باری دریک سلول کوچک بازجوها به سراغ من آمدند و گفتند: آیا تصمیمت را به اعتراف گرفته‌ای؟ پرسیدم: درچه خصوص؟ گفتند: در مورد مسائل اخلاقی، همه‌ی مسایل اخلاقی که داری بگو و خودت را خلاص کن و هرآنچه از دیگران نیز می‌دانی بازگو کن. آن‌ها به دروغ خبر از مسایل اخلاقی برخی از زندانیان و مسئولان سابق نظام می‌دادند و ادعا می‌کردند که از فلان فعال سیاسی اعترافاتی در مورد روابط نامشروعش گرفته‌ایم. بصورت مداوم مسائل مربوط به پرونده‌ی دیگران که یا با زور و فشار و شکنجه از آنان اخذ شده بود و یا اساسن کذب محض و دروغ بود را به هدف تخریب چهره‌ی آنان مطرح می‌کردند که البته بعدها متوجه شدم که این حربه و شیوه‌ی کثیف بیت‌الغزل بازجویی از زندانیان سیاسی پس از انتخابات به ویژه چهره‌های سرشناس بوده است. (به طور مثال در خصوص یکی از چهره‌های برجسته و متدین اصلاحات، بارها مسائلی در خصوص ارتباط ایشان با زنان شوهردار را مطرح می‌کردند).

در آن شرایط، که اصرار به اعتراف به داشتن رابطه‌ی نامشروع با دیگران، جهت به اصطلاح خلاص‌کردن و پاک‌شدن من وجود داشت، هرچه قسم خوردم که به زنم پایبند بوده‌ام و گفتم که به رییس تیمتان هم گفته‌ام طرح این مسائل هیچ مشکلی را حل نمی‌کند و وارد این اتهامات ناروا نشوید و بس کنید، پاسخ

می‌دادند که ما می‌خواهیم تو اعتراف کنی تا نشانه‌ی صداقت و همکاریت باشد و اگر روی کاغذ بنویسی و اعتراف کنی در حکمت تخفیف داده می‌شود، در غیر این صورت برخوردها تندتر خواهد شد. آن‌ها همچنین می‌گفتند که البته اعتراف تو به ما کمکی نمی‌کند، چون ما همه چیز را می‌دانیم و این اعتراف فقط کمک به خودت است. گفتند که می‌رویم و برمی‌گردیم و در این فاصله با فکر و حوصله و درنظر گرفتن عواقب، آنچه لازم است را روی کاغذ بنویس. به آن‌ها گفتم که جوابم از هم اکنون روشن است که در نتیجه سیلی‌های محکم بر صورتم فرود آمد. پس از این مجادله، بازجویان از سلول بیرون رفتند و من با خدای خود عهد کردم که در مقابل آن‌ها کوتاه نیایم و هیچ چیز خلاف واقعی را نپذیرم و بر کاغذ نوشتم که من هیچ رفتار و عمل غیراخلاقی نداشته‌ام.

در فضای دلهره و انتظار، مدت مدیدی را منتظر ماندم تا بازجویان برگردند. پس از ساعتی بازگشتند و پرسیدند که آیا آنچه باید را نوشته‌ای یا نه؟ و من نیز بیان داشتم همان را که به شما قبلا هم گفته بودم نوشتم. کاغذ را از من گرفتند و خواندند. پس از خواندن کاغذ بازجویی، به من هجوم آورده و با مشت و لگد و سیلی به جان من افتادند و به خود و خانواده‌ام تا جای ممکن فحاشی کردند و پس از کتک‌کاری مفصل و تحقیر و توهین گفتند: «به تو اثبات می‌کنیم که حرام‌زاده و ولدزنا هستی».

این سخنان عصبانیت مرا برانگیخت و به درگیرشدن من با آنان نیز منجر شد که البته نتیجه‌ی آن فروکردن سر من در چاه توالت بود. آنچنان که کثافت‌های درون توالت به دهان و حلق من وارد و به مرحله‌ی خفگی رسیدم. سرم را بیرون آوردند و گفتند که می‌رویم و تا شب بر می‌گردیم و تو تا آن زمان وقت داری که به

مسائل اخلاقیت اعتراف و خودت را خلاص کنی. می‌گفتند که باید کاملا توضیح دهی که با چه کسی در چه زمانی و در کجا و چگونه ارتباط داشته‌ای و حتی از من می‌خواستند که در برگه‌ی بازجویی‌ام بنویسم که در دوران کودکی مورد تجاوز جنسی قرار گرفته‌ام. بارها به تجاوز و استعمال بطری و شیشه نوشابه و چوب تهدید می‌شدم تا جایی که فی‌المثل بازجوی وزارت اطلاعات جمهوری اسلامی بیان می‌کرد که چوبی را در... استعمال می‌کنیم که صد تا نجار نتواند آن را در بیاورد و می‌گفت مسایلی در خصوص مسئله‌دار بودن اخلاقی شماها به سایت‌ها سفارش داده‌ایم که به زودی در سطح جامعه بصورت بلوتوث یا سی دی منتشر می‌شود. در شرح این واقعیت تاسف‌آوری که حکایت از فروپاشی نظام اخلاقی در میان مأموران منتسب به یک حکومت دینی دارد و یادآوری آن نیز برایم عذاب‌آور است به همین مقدار بسنده می‌کنم تا روشن شود که یک زندانی سیاسی محبوس در اوین برای اعتراف به ناکرده‌های خود تحت چه فشارهایی قرار می‌گیرد و این پرسش را در برابر شما مطرح کنم که آیا وجود این برخوردها بدین مفهوم نیست که حکمرانان و حاکمان فعلی نظام جمهوری اسلامی در آزمایش عدالت اخلاق و انسانیت مردود شده‌اند؟ گرچه این وقایع بی‌سابقه نبوده و حتی افکار عمومی نیز با انتشار جریان بازجویی از همسر سعید امامی در سال‌ها پیش بدان پی برده بوده‌اند، اما جریان بازجویی‌ها از زندانیان سیاسی در سال هشتاد و هشت نشان داد که آن واقعه یک تخلف موردی نبوده و اراده‌ای برای برخورد با این بی‌قانونی‌ها در کشور وجود ندارد. آنان بصورت مداوم بر این نکته پای می‌فشردند که ما به پشتوانه‌ی رهبری از هرگونه برخوردی برای رسیدن به هدف استفاده می‌کنیم و هیچ خط قرمزی برای رسیدن به اهداف خود

نداریم و استفاده از هر روشی برای وادارسازی افراد و منتقدین به پذیرش القائات بازجویان در راستای حفظ نظام را مشروع بلکه واجب می‌دانستند.

مقام رهبری

برای آن که از ذهنیت تیم بازجویی و فضای حاکم بر آن بیشتر اطلاع داشته باشید نیز سخنی را نقل می‌کنم که یک بار بازجو در جلسه‌ی بازجویی به من گفت و با زبانی آکنده از نفرت و خشم فریاد زد «حاضر بودم گردن هاشم آقاجری را بعد از سخنرانی همدان از پشت با دست‌های خودم ببرم، حتی اگر پس از آن هفت بار اعدام می‌شدم راضی بودم، اما به خاطر مصلحت نظام و برای آن که پای نظام نوشته نشود، این کار را نکردم و در مورد امثال تو نیز همین‌طور است». آن بازجو می‌گفت که در قنوت نماز به جانب خدا استغفار می‌کند که نتوانسته است حکم او را اجرا کند و امثال ما را به خیال خود، به جهنم بفرستد.
البته به باور من این سخنان بازجویان ادعایی بی‌پایه بود، چرا که آنان در واقع به هیچ ایدئولوژی اعتقاد نداشته و حتی به قرائتی غیر رحمانی و خشونت‌آمیز از دین نیز پایبند نیستند و تنها حضور در قدرت و بهره‌مندی از منافع آن و همچنین کینه و نفرت نهادینه شده در آنان است که انگیزه‌ی این افراد در مأموریت‌های غیرانسانی‌شان را تشکیل می‌دهد.

....

....[1]

۱. به خاطر کوتاه کردن مطلب، بخش‌هایی از نامه را حذف کرده‌ام. متن کامل را می‌توانید در فضای مجازی بیابید.

مقام رهبری
باید توجه داشت که آیا قدرت‌نمایی نهادهای امنیتی در برابر مردم و جایگاه بالادستی آن‌ها در تصمیم‌گیری‌های مربوط به روند سرکوب و مهار و کنترل تحولات سیاسی اجتماعی نشان از کاهش مشروعیت حاکمیت نداشته و وابستگی حکومت به قدرت سرکوب را به ذهن متبادر نمی‌کند؟ و آیا این باور هنوز در ذهن حاکمان ما ایجاد نشده که راه حل استفاده از زور برای ادامه‌ی حکومت منسوخ شده است؟ و آیا اینان هم‌چنان پاسخ مناسب برای اعتراض، مخالفت و حق‌خواهی را سرکوب می‌دانند؟

بیش از چهارصد روز از بازداشت من می‌گذرد و اندکی پیش از عید نوروز نیز که با وثیقه‌ای سنگین از زندان آزاد شده و به مرخصی کوتاهی آمدم، به دلیل نپذیرفتن اراده‌ی تیم بازجویی به ادامه‌ی اعتراف علیه خود و دیگران در خارج از زندان، به حبس بازگشتم. به آگاهی می‌رسانم من هم‌چنان به اعتقاداتی که پیش از بازداشت داشته‌ام پایبندم و آن‌چنان که توضیح دادم سخنانی را که تحت فشار در دادگاه روخوانی کردم، بیان اعتقاد خود نمی‌دانم.

جرم ما این بوده و هست که برای بهبود شرایط کشور اصلاحات و دموکراسی را مناسب‌ترین روش می‌دانیم و می‌خواستیم قدرت نامحدود نهادهای بازدارنده‌ی دموکراسی را محدود کنیم. پرسش من این است که آیا حمایت از خواست ملت ایران برای دستیابی به دموکراسی کیفری برابر با تحمیل رفتارهای غیرانسانی و ظالمانه دارد؟ آیا هنوز زمان آن نرسیده که بپذیریم بیان و باور هیچ فرد و یا جریانی نباید موضوع محاکمه قرار گیرد؟

و آیا انتظار اینکه در صورت ثبوت شکنجه، شکنجه‌گر محاکمه شود انتظار گزافی است؟ اگر به دنبال دفع عملی ظالم و رفع

ظلم هستیم، محاکمه‌ی شکنجه‌گران است که می‌تواند به تشویق راه‌های موثر و عملی برای اجرای عدالت بیانجامد و این کاستن از ظلم و استبداد است که می‌تواند زمینه‌ساز اجرای عدالت و قانون گردد.

در نهایت نمی‌دانم که این ظلم‌ها و شکنجه‌ها بر من و خانواده‌ام که گوشه‌هایی از آن روایت شد، با چه منطق و به چه قصدی انجام شده است و پاسخی نیز برای این پرسش نمی‌خواهم، چرا که «صلاح مملکت خویش خسروان دانند». اما آنچه می‌دانم این است که چنین رفتارهایی نه با عدالت و انصاف سازگار و نه با هیچ قانون وشرعی قابل توجیه است. امید که تشکیل یک کمیته‌ی حقیقت‌یاب، ما را از این ظلم‌های آشکار برهاند و لختی به سوی عدالت بکشاند.

وَلاَ تَرْكَنُواْ إِلَى الَّذِينَ ظَلَمُواْ فَتَمَسَّكُمُ النَّارُ وَمَا لَكُم مِّن دُونِ اللّهِ مِنْ أَوْلِيَاء ثُمَّ لاَ تُنصَرُونَ.

و بر ظالمان تکیه ننمایید، که موجب می‌شود آتش شما را فرا گیرد و در آن حال، هیچ ولی و سرپرستی جز خدا نخواهید داشت؛ و یاری نمی‌شوید! (قرآن کریم آیه ۱۱۳ سوره هود)

والسلام
عبدالله مومنی
مرداد ماه ۱۳۸۹
زندان اوین

یک کتابخانه‌ی خوب و پر و پیمان در طبقه‌ی اول بود. ولی هر اتاق هم برای خودش یک کتابخانه داشت. کتاب‌هایی که زندانی‌ها با خود می‌آوردند یا برایشان فرستاده می‌شد، موقع رفتن با خود نمی‌بردند. کتاب خاطرات علم را همان‌جا خواندم.

از مهم‌ترین خاطره‌های این دوره از ۳۵۰، آزادی رییس‌دانا بود. معمولن آزادی یک زندانی با بدرقه‌ی دیگر زندانی‌ها همراه است. ولی رییس‌دانا را فقط چپ‌ها بدرقه کردند. تنها آدم غیر چپ (راست؟) در آن میان من بودم. همراه بقیه سرود خواندیم و کف و سوت و سایر قضایا.

بخشی از این عدم همراهی سایر زندانی‌ها به دگم‌اندیشی و تنگ‌نظری بقیه مربوط می‌شد و بخشی به خود فریبرز که این اواخر خود را وقف هم‌اندیشان خود کرده و از بقیه فاصله گرفته بود. همراهی من با چپ‌ها در بدرقه‌ی رییس‌دانا مورد انتقاد بعضی کوته‌نظران قرار گرفت. گفتم: «من در کنار هر کس که ایران را دوست دارد و دلسوز مردم است، ایستاده‌ام».

شعر «من که می‌رم رأی می‌دم» بالاخره تمام شد. آخرین بند آن امروز سر توالت آمد:

اگه بگن برادرا، باتوم ینی حرف حساب
با مشت محکم بکوبین تو پوز ضدانقلاب
ازین ببعد وضو با ساندیس بگیرین به جای آب
بعد برین شعار بدین، مرگ به اون، مرگ به این
من که می رم رأی می‌دم، شمام برین رأی بدین

شعر را از همان سوراخی که بلد بودم فرستادم بیرون. فردا قاضی مرا احضار کرد:

ـ کار خودتو کردی؟
ـ عرض کردم که شعر جا و مکان نداره. وقتی میاد، میاد. جسارت نشه، باور می‌کنید آخرین بندش سر توالت اومد.

هیچی ... آزاد شدم. با صد میلیون سند، تا روز دادگاه چه شود.

بخش چهارم

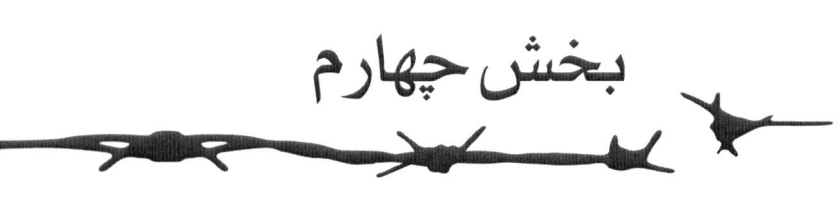

زندان رجایی‌شهر

احضار به زندان

دوازده بهمن سال نود و سه، حدود ساعت یک نیمه شب بود که از جشنواره‌ی فیلم فجر به خانه برگشتم. از پله‌ها که بالا می‌رفتم، طبقه‌ی دوم همسایه در را باز کرد و گفت:

- ببخشید، امروز یه مأمور این برگه رو آورد و شما رو خواست که نبودید. به من گفت: اینو امضا کن و تحویل بگیر. من امضا نکردم. اونم برگه رو انداخت زمین و رفت.

برگه‌ی احضار اجرای احکام بود. مدت‌ها بود که تلفنی به ضامن پرونده‌ی من می‌گفتند: «عالی‌پیام رو بیار و معرفی کن وگرنه سندت توقیف می‌شه». او هم از من می‌خواست که بیا برویم تحویلت بدهم.

به او می‌گفتم: «عزیز من، دارن اذیتت می‌کنن. اینا قانونن باید سه بار منو کتبن احضار کنن. اگه نرفتم، سه بار کتبن از شما بخوان. اگر بازم نرفتم حکم جلبم صادر می‌شه. اگه منو پیدا نکنن، به شما اخطار کتبی می‌فرستن که بیا صد میلیون وجه قرار رو پرداخت کن و الا سندت برای توقیف می‌ره اجرا».

پیرمرد کمی نگران بود. به او گفتم: «اگه دوباره بهت زنگ زدن، بگو چرا با خود عالی‌پیام تماس نمی‌گیرین؟».

هر چند در این چند ماه که این پروسه‌ی ارّه و تیشه طول کشید، پیرمرد خیلی اذیت شد و نگران بود، ولی من اصرار داشتم آقایان را وادار کنم که باید از مجرای قانونی گذر کنند که بالاخره هم موفق شدم. امروز احضاریه‌ی کتبی به دستم

رسید. منتظر دومی و سومی نشدم. همان را برداشته و به دفتر معاون دادستان رفتم. از بچه‌های سیاسی شنیده بودم که آدم مثبت و کار راه اندازی است.

موبایل را دم در تحویل دادم و بعد از بازرسی بدنی که شبیه کیسه‌کشی دلاک‌های حمام بود، به طبقه‌ی دوم رفتم. درِ اتاق دفتر معاون دادستان باز بود و جوانکی که حدودن بیست و پنج ساله می‌نمود پشت میز نشسته بود و داشت با خانواده‌ی یکی از زندانیان صحبت می‌کرد. تقه‌ای به در زدم و بدون اینکه وارد شوم از همان‌جا پرسیدم: «آقای خدابخشی تشریف دارند؟».

گفت: «بیرون تو راهرو منتظر باشین میان».

خوشبختانه در راهرو صندلی بود. نشستم. خیلی طول نکشید که آن خانم رفت و جوانک به من گفت: «بفرمایید تو». رفتم داخل و سلام کردم. گفت: «بنشینید». نشستم و گفتم: «عالی‌پیام هستم». گفت: «می‌دونم». گفتم: «من می‌خوام با خود آقای خدابخشی صحبت کنم». گفت: «خود آقای خدابخشی خود من هستم. بفرمایید». جا خوردم. فکر نمی‌کردم معاون دادستان که همزمان دادیار ناظر بر زندان‌ها هم هست، این‌قدر جوان باشد. از کشوی میز خود نان بربری با پنیر درآورد و گفت: «می‌خوری؟». گفتم: «بله». روی میز گذاشت. من هم بدون تعارف با او هم‌لقمه شدم. بلند شد رفت داخل اتاق بغل. هرچند درش باز بود، ولی من در زاویه‌ای قرار نداشتم که بتوانم داخل آن را ببینم. صدای دو خانم که گویا منشی یا دفتردار بودند به گوش می‌رسید. صدای آقای خدابخشی را با تمام تلاشی که می‌کرد آهسته حرف بزند تا من نشنوم، شنیدم که گفت: «عالی‌پیام اینجاس».

یکی از دو خانم گفت: «کدوم عالی‌پیام؟». او هم گفت: «همون هالو دیگه، شاعره که طنز می‌گه». بعد با دو لیوان چای آمد و نشست و گفت: «خب، بگو».

سرک‌کشیدن خانم‌ها به نوبت برای دیدن هالو کاملن واضح بود، ولی من به روی خود نیاوردم. انگار که آن‌ها را ندیده‌ام. برگه‌ی احضاریه را روی میز گذاشتم و گفتم: «این برای من اومده». نگاهی کرد و گفت: «خب مگه همینو نمی‌خواستی؟ گفتی کتبی احضارت کنیم ما هم کردیم. حالا بفرما برو خودتو معرفی کن».

گفتم: «اینو می‌دونم که باید برم خودمو معرفی کنم. ولی فکر نمی‌کنی خیلی موقع بدی این احضاریه رو دادین؟» گفت: «یعنی چی؟ باید کی می‌دادیم؟».

گفتم: «اخوی الان دهه‌ی فجره، با این همه زحمت و خرج نظام برای جشنای دهه‌ی فجر و تلاش برای بازتاب درونی و بیرونی، فکر نمی‌کنی زندان رفتن هالو چه سوژه‌ی مناسبیه برای خبرگزاریای خارجی و شبکه‌های اون ور آب. من به خاطر خودتون می‌گم. در ثانی الان جشنواره‌ی فیلم فجره و من عضو شورای مرکزی تهیه‌کنندگان مستقل سینمای ایران هستم و کلی بار و مسئولیت جشنواره رو دوش منه. خب اینا زمین می‌مونه».

با تمسخر گفت: «تو و جشنواره‌ی فجر؟ توی ضد انقلاب؟».

بی‌تعارف گفتم: «ببخشیدا، تا تعریفتون از انقلاب چی باشه. اگه منظورتون نظامه، خب بله ما نیستیم. ولی اگه منظورتون مملکته، من گوشت و پوست و استخونم مال این آب و خاکه. اگه هم منظورتون انقلاب پنجاه و هفته، اون موقع که انقلاب شد، شما هنوز به دنیا نیومده بودی. یه چیزی خوندی و یه فیلمایی هم از تلویزیون دیدی. پسر خوب، من برادر شهیدم، من نُه سال عضو رسمی سپاه بودم. من سال‌ها مشاور وزیر خارجه بودم. تو توی اون سالا کجا بودی؟ اگه هم شدم این عالی‌پیامی که می‌بینی، شماها و امثال شماها و کارای شماها منو کرده این. من که از اون ور آب نیومدم. مال این آب و خاکم. دلم برا این مملکت بیشتر از شماها می‌سوزه، چون شما براش زحمت نکشیدین. ماهی چند میلیون حقوق می‌گیرین و کارتونو می‌کنین. اگه هم ندن نمی‌کنین. ولی من جوونی و عمرمو گذاشتم. برای همینه که بیشتر از شما می‌سوزم وقتی این همه ظلم و دزدی و اختلاس و ناحقی رو می‌بینم. بله با شما بودم تا وقتی که فکر می‌کردم شما با مردمید».

دید من بدجوری جوشی شدم و رگ سیّدیم گل کرد. حرفم را قطع کرد و گفت: «باشه، من بهت مهلت می‌دم. به شرطی که بری یه شعر راجع به دهه‌ی فجر بگی و تا سه روز دیگه بیاری». گفتم: «قبول».

دست دادیم و بیرون آمدم و اولین کاری که بعد از گرفتن موبایل و خارج

شدن از دادگاه کردم این بود که به ضامنم زنگ بزنم و خیالش را راحت کنم.

- الو مهندس سلام. من امروز اومدم دادگاه پیش معاون دادستان. قرار شد یه مدتی مهلت بهم بده.

- عالی‌پیام، تورو خدا اذیت نکن. دار و ندار من همین سنده، اونم آخر به باد می‌دیا!

دیدم باور نکرد. گفتم: «من شنبه باید دوباره برم پیشش، تو هم با من بیا و خودت ببین که قراره چقد بندازه عقب. من دروغ ندارم بگم که، خودتم بیا».

قبول کرد و من از میدان ارگ به سمت گلوبندک شروع کردم قدم زدن، با خودم فکر می‌کردم این به حساب خودش مرا آچمز کرده. اگر من شعر نگویم که خواهد گفت به وعده‌ات عمل نکردی و بیا برو تو، اگر هم بگویم که ... چه بگویم؟ می‌خواهد با حیثیت من بازی کند که هورا!!! بفرمایید. عالی‌پیامم از خودمونه.

رسیدم خانه. قلم و کاغذی برداشتم و شعر زیر را سرودم :

کودکان عزیز ایرانی
بچه‌های قشنگ مامانی
چار زانو نشسته گوش دهید
قصه‌ای کهنه را به سبک جدید
سی چهل سال پیش‌تر از ما
در زمان پدربزرگ شما
بود یک شاه ظالم خودسر
زیر پاهای او حقوق بشر
هرچه می‌گفت وحی منزل بود
منطق او فقط مسلسل بود
ارتشی‌ها و مجلس و دولت
تحت امر همان قدر قدرت
دادگا(ه)، دادگستری، قاضی

چون عروسان خیمه شب بازی
نخشان دست شاه بود همه
باعث قاه قاه بود همه
پاسخ اعتراض زندان بود
چوب و شلاق، اوین و دژبان بود
هر رقم انتقاد از حکّام
معنی‌اش بود دشمنی نظام
در نظامی که شاه حاکم بود
تک صدایی محض قائم بود
جز یکی، حزب‌ها همه بسته
آن یکی هم به شاه وابسته
تلوزیّون و رادیو به دروغ
خبر خالی و چاخان در بوق
تیغ سانسور بود و مطبوعات
چوبه‌ی دار بود و منتقدات
«داد» چون راز چند مجهولی
دزدی و اختلاس، معمولی
پول نفت و معادن دولت
رانت‌های کلان با لذت
فک و فامیل شاه می‌خوردند
ژنرال‌های شاه می‌بردند
ملتی زیر خط ناداری
پول‌ها جیب اهل درباری
اعتیادِ به شیره و هروئین
بین نسل جوان بیا و ببین

کاسه‌ی صبر ملتی لبریز
یاعلی گفت و بعد با یک خیز
انقلابی نمود جانانه
شورشی کرد قهرمانانه
تا مگر ظلم ریشه کن گردد
تا مگر این وطن، وطن گردد

بهمنت پر ز یاس و پوپک باد
دهه‌ی فجرتان مبارک باد

روز شنبه ساعت یازده صبح قرارمان با مهندس جلوی دادگاه میدان ارگ بود. وقتی رسیدم دیدم زودتر از من ایستاده است و قدم می‌زند. از پشت زدم روی شانه‌اش. برگشت و گفت: «اومدی؟» گفتم: «مگه قرار بود نیام». توی دلم غیبتش را کردم. احساس می‌کنم فکر کرده سر کارش گذاشته‌ام و نمی‌آیم. ولی خب من کسی نیستم که جواب مردی را با نامردی بدهم. وقتی دو سال پیش پسرم با او تماس گرفت که بابا برای خلاصی از اوین به صد میلیون سند نیاز داره، ظرف پانزده دقیقه خودش را با آژانس رسانده بود. این‌جور رفیق‌ها کم پیدا می‌شوند.

با تقه‌ای به در اجازه گرفته و وارد اتاق معاون دادستان شدیم. جواب سلام ما را داده و با نگاه پرسش‌آمیزی به همراه من نگاه کرد. گفتم: «ضامن من هستن. امروز همراه من اومدن تا ببینن بالاخره شما به من مهلت تاخیر در معرفی رو می‌دین یا نه. بچه‌های اجرای احکام تلفنی خیلی اذیتش کردن». در حین گفتن این جملات، شعر سروده شده را از کیف درآوردم و جلوی او گذاشتم.

شروع کرد به خواندن. لبخندی بر گوشه‌ی لبانش نقش بست. نمی‌توانستم معنی این لبخند را حلاجی کنم. آیا این لبخند رضایت بود و خواسته‌اش برآورده شده بود، یا شیطنت مرا درک کرده و به آن می‌خندید. بالاخره شعر را

تا ته خواند و سرش را بلند کرد و گفت:
- مرد حسابی، اینکه اوضاع الانه.
گفتم: «جدی می‌گید حاج‌آقا؟ این اوضاع الانه؟».
گفت: «معلومه که اوضاع الانه. اختلاس و زندان و بگیر و ببند و اعتیاد و ... تو فقط جای کس دیگه رو با شاه عوض کردی». بعد از گفتن این جمله، جمله‌ی دیگری گفت که هرگز فراموش نمی‌کنم:
- تازه من شنیدم قوه‌ی قضاییه اون موقع خیلی مستقل‌تر از الان بود.
گفتم: «حاجی قربونت برم. پس من و تو که هم‌عقیده‌ایم. چرا شما اون طرف میز نشستی و من این طرف؟».
گفت: «نخیر، تو ما رو هالو فرض کردی. آخر شعر هم آوردی که مردم باید به پا بخیزن و انقلاب کنن و یه دهه فجر دیگه درست کنن». گفتم: «شما اون‌قدر به من هالو بدبینین که اگه بگم ماست سفیده، می‌گین نخیر سیاهه. شما چون می‌دونین این شعرو من هالو گفتم، این برداشت رو می‌کنین. شما همین شعرو الان وردار فکس کن به دگم‌ترین آدمی که می‌شناسم، یعنی آقای شریعتمداری کیهان، ولی نگو مال منه، بگو یکی از پاسدارام این شعرو گفته، اگه چاپ نکرد. به جون خودم چاپ می‌کنه. اسم هالو که میاد پای شعر، هزار تا گیر و بند براش پیدا می‌شه».
گفت: «اولن دگم‌ترین آدم شریعتمداری نیست، خود منم. دومن فرض کنیم همه‌ی اینا که نوشتی درسته و حقیقت داره. ولی تو اشکالت اینه که فقط سیاهی‌ها رو می‌بینی. سفیدیا رو نمی‌بینی».
گفتم: «واقعن همین‌طوره. من جز سیاهی چیزی نمی‌بینم. شما سفیدی به من نشون بده، من به شعرم اضافه کنم».
گفت: «این انقلاب این همه دستاورد داره». گفتم: «مثلن؟» گفت: «اولش اینکه دویست و پنجاه هزار تا شهید دادیم». حرف او را قطع کردم و گفتم: «حاجی، اینکه حرف ضدانقلاباس که می‌گن خمینی ایران رو ویران کرد و قبرستونا رو آباد. جای دیگه این حرفو نزنیا، منم نشنیده می‌گیرم. دویست و

پنجاه هزار شهید که دستاورد انقلاب نیست. ضایعات انقلابه. مثه اینه که مردم ونزوئلا بگن: بیایین بریم انقلاب کنیم تا صد هزار تا شهید بدیم. بعدشم وسط دعوا نرخ تعیین نکن. شهدای جنگو پای انقلاب نذار. شهدای جنگ برای وطنشون و این آب و خاک جنگیدن. خود انقلاب پنجاه و هفت صد تا شهید هم نداشت».

حرفش را پس گرفت. گفت: «خب این هیچ، من که نبودم، تو که بودی یادت نمیاد تو همه خیابونا و میدونا پر مشروب فروشی بود؟».

گفتم: «مگه حالا نیس؟ شما پولشو به من بده، نیم ساعت تایم بگیر. من جلوی همین دادگاه هر چی می‌خوای برایت بخرم بیارم. ودکا می‌خوای؟ ویسکی می‌خوای؟ جانی واکر؟ عرق سگی؟ جلو همین دادگاه. تازه اون موقع استاندارد بود و قیمتشم معلوم، الان ببخشیدا، معذرت می‌خوام، شاش خر رو می‌کنن تو شیشه، هر قیمتی هم می‌خوان می‌فروشن».

مهندس مرتب با پایش به پای من می‌زد که یعنی: «خیلی حرف نزن، خفه شو، کار خراب می‌شه. پاشو بریم». دفعه‌ی آخر به قدری محکم کوبید که حاجی هم فهمید و لبخندی زد. رو به پیرمرد کردم و گفتم: «عزیزم، بالاخره بعد از سال‌ها یکی از مسئولینو گیر آوردم که بشینم و باهاش حرف دلمو بزنم، بذار حرف بزنم. دیگه بالاتر از زندون که نیس. اومدم که برم زندون».

حاجی هم گفت: «بگو، هر چی می‌خوای بگو». گفتم: «تو بازجویی، بازجوی من اصرار داشت که بگو کی از خارج از کشور و کدوم کشور بهت دستور می‌ده این شعرا رو بگی. بهش گفتم عزیز دل برادر، این شعرا از اندیشه‌ی من تراوش می‌کنه. بشین با من بحث کن، متقاعدم کن که اشتباه فکر می‌کنم. بالاخره یا من تو رو قانع می‌کنم یا تو منو، اگه اندیشه‌ی من عوض بشه، خب معلومه از توش اونی در میاد که تو می‌خوای. می‌گفت ما که وقت نداریم بشینیم با تو بحث عقیدتی سیاسی بکنیم». حاجی گفت: «ولی من وقت کافی دارم. بگو، هر چی دلت می‌خواد بگو».

گفتم: «شما بگو، شما داشتی دستاوردای انقلابو می‌گفتی».

گفت: «یادت نیس قدم به قدم تو این مملکت کاباره بود؟» گفتم: «مگه حالا

نیس؟ شما فکر کردی کاباره چیه؟ یه پارکینگ ساختمون رو با شیلنگ می‌شورن و یه دی‌جی میارن و زن و مرد و دختر و پسر شب تا صب مشروب می‌خورن و می‌زنن و می‌رقصن. خب این کاباره‌س دیگه. می‌خوای ببرمت؟ ریشتو بزن، دنگ منو هم بده، حدود هفتاد هشتاد تومن می‌شه. من هر شب می‌برمت کاباره. قول می‌دم جای تکراری هم نبرم. هر شب یه جای جدید می‌برم».

گفت: «خب حالا این هیچی، بی‌انصاف این همه جاده و پل و کارخونه و دانشگاه و ... تو این مملکت ساخته شده. اینا رو نمی‌بینی؟».

گفتم: «با انصاف، اینا زمان رضا شاه هم ساخته شد. پس چرا شما اونا رو نمی‌بینی؟ چرا می‌گید رضا شاه پلید؟ شما اونا رو بگو، منم اینا رو می‌گم. تازه اون با بیل و کلنگ ساخت، شما با لودر و بولدوزر».

گفت: «حجاب، حجاب بزرگ‌ترین دستاورد انقلابه».

گفتم: «حاجی تورو خدا اینو دیگه نگو مرغ پخته تو بشقاب خنده‌ش می‌گیره. حجاب؟ کدوم حجاب؟ شما عکس نوه‌ی امام خمینی رو تو فضای مجازی ندیدی؟ ندیدی برات بیارم ببین».

گفت: «دیدم».

گفتم: «خدا پدرتو بیامرزه. هنوز که هنوزه بعد چهل سال ائمه‌ی شما توی نمازجمعه‌ها دارن گلو پاره می‌کنن که چرا حجاب نیس. تو صورت دختر مردم اسید می‌پاشین». بعد ادامه دادم: «قبل انقلاب خانوما دو دسته بودن، یه دسته چادری و باحجاب، یه دسته بی‌حجاب. نه اونا با اینا کار داشتن، نه اینا با اونا. الان تو این چهل سال بعد انقلاب، کلی آدم از اون چادریا اومدن این ور و شدن به قول شما بی‌حجاب، ولی یه نفر من سراغ ندارم از این وریا رفته باشه اون ور شده باشه چادری. تو سراغ داری؟».

ضامن من مرتب حرص می‌خورد و دلش می‌خواست بحث هرچه زودتر تمام شود و برویم. ولی من تازه شارژ شده بودم. یکی پیدا شده بود بتوانم با او بحث کنم.

حاجی گفت: «بحث فقط سر مسئله‌ی حجاب نیست. مسئله‌ی دینه. تو

خودت خوب می‌دونی که شاه می‌خواس اساس دینو ریشه‌کن کنه و با دین مخالف بود. این همه علمای مذهبی و بچه مسلمونا تو زندانا نبودن؟ اینو که دیگه نمی‌تونی انکار کنی».

گفتم: «اتفاقن نظر من کاملن برعکسه، شاه با اسلام مشکلی نداشت. شاه از کمونیستا می‌ترسید و بهترین وسیله‌ای هم که می‌تونست جلوی کمونیستا رو بگیره، همین اسلام بود. شاهم اینو می‌دونس. اون موقع دارالتبلیغ اسلامی تو قم برا خودش یه واتیکان بود. بزرگ‌ترین چاپخونه‌ی رنگی تو خاورمیانه رو داشت. انواع و اقسام مجله و کتاب چاپ می‌کرد. آزاد آزادم بود. مدارس اسلامی وجود داشت. جامعه تعلیمات اسلامی حدود صد تا مدرسه تو ایران داشت. خود من و برادرام تو دبستان و دبیرستان جعفری اسلامی درس خوندیم. خواهرم مدرسه نرگس اسلامی می‌رفت. کسی کاری نداشت. ده‌ها موسسه‌ی اسلامی مثه "در راه حق" و "دارالکتب الاسلامیه" و غیره و غیره وجود داشت که بعضن بودجه هم از دولت می‌گرفتن. من بیارم برات کتاب فیلسوف نماهای آقای ناصر مکارم شیرازی چاپ قبل از انقلابو که اولش نوشته: برنده جایزه اول سلطنتی؟».

گفت: «پس این همه علما و بچه مسلمونا به خاطر عقایدشون تو زندون شاه چی کار می‌کردن؟» گفتم: «آهان ... اونا به خاطر عقاید مذهبی‌شون تو زندان نبودن، اونا به خاطر مبارزه با سلطنت و رژیم تو زندان بودن. کما اینکه الانم این همه عالم دینی توی زندونای شماس به خاطر ضدیت با نظام و این یه مسئله‌ی طبیعیه. هر رژیمی برای سر پا موندن، مخالفای خودشو زندانی می‌کنه، می‌گیره، می‌بنده، اعدام می‌کنه».

کمی فکر کرد و با خودکار سرش را خاراند و گفت: «تو انرژی هسته‌ای رو یه موفقیت بزرگ برای کشور نمی‌دونی؟».

گفتم: «با تحریمش یا بی‌تحریمش؟ بخوای تو شعرم میارم ولی بعدش نگی عالی‌پیام گند زدی؟».

گفت: «خیله خب پاشو برو. من می‌گم که یه ماه بهت وقت بدن».

گفتم: «حاجی لطف می‌کنی. ولی اگه من این ور عید برم زندان، دو تا نوروز

۱۸۸۹۱۹۹۹۹۹۱۵۱۰۰۰۱۴۶۳۱

شعبه اول اجرای احکام کیفری دادسرای ناحیه ۳۳

شهیدمقدس (اوین) تهران

دادگستری جمهوری

اسلامی ایران

شماره ابلاغنامه: ۹۳۱۰۱۰۰۲۷۷۱۰۰۳۱۶
شماره پرونده: ۹۱۰۹۹۸۰۲۷۷۰۰۰۰۳۸
شماره بایگانی شعبه: ۹۳۰۴۲۷
تاریخ تنظیم: ۱۳۹۳/۱۱/۲۱
پیوست:

مشخصات ابلاغ شونده حقیقی:		
۱- نام: سیدمحمدرضا	۲- نام خانوادگی: عالی پیام	
۳- نام پدر: ماشاءاله	۴- کدپستی:	۵- کد ملی:
۶- نشانی: خ قائم مقام فراهانی ک میرزا حسنی پ۱۴ ط۳		۷- منطقه شهرداری:

مهلت حضور از تاریخ ابلاغ: ۳ روز - محل حضور: تهران - انتهای شمالی بزرگراه یادگار امام - جنب درب اصلی زندان اوین - دادسرای عمومی و انقلاب ناحیه ۳۳ (شهید مقدس) تهران

علت حضور

مقرر است شما به عنوان محکوم علیه جهت اجرای حکم طی مهلت مقرر دراین اجرا حاضر شوید. نتیجه عدم حضور جلب است.

امضاء:

تاریخ تحویل به مرجع ابلاغ: ۹۳/۱۱/۲۱

اجرای احکام ... دادسرای عمومی و انقلاب تهران

این قسمت توسط اداره ابلاغ تکمیل می شود:

ابلاغنامه تکمیل است	بله / خیر	تاریخ تحویل به مامور ابلاغ:

علت نقص:

محل امضاء یا اثر انگشت گیرنده ابلاغنامه

محل گواهی مامور ابلاغ

شماره دسترسی اداره ابلاغ

نام و نام خانوادگی مامور ابلاغ

امضاء مامور ابلاغ

نشانی: تهران - انتهای شمالی بزرگراه یادگار امام - جنب درب اصلی زندان اوین - دادسرای عمومی و انقلاب ناحیه ۳۳ (شهید مقدس) تهران

همراه داشتن کارت ملی جهت احراز هویت الزامی است.

بنام خدا
جناب نصیره پور، پیرو مذاکره تلفنی لطفاً اجرای حکم
در اواخر فروردین یا اوایل اردیبهشت ملاحظه نمائید
۲۵/۱۱/۹۳

۰۲/۱۰/۲۰۱۵

تو زندونم، اما اگه بعد عید برم، یه نوروز رو از خانواده دورم. شما که لطف می‌کنی بندازش بعد تعطیلات نوروز».

شماره اوین را گرفت و به اجرای احکام گفت: «من به عالی‌پیام سه ماه وقت دادم که خودشو معرفی کنه. تا بعد عید بهش زنگ نزنید».

گفتم: «حاجی بنویس زیر درخواستم».

نوشت: اواخر فروردین یا اوایل اردیبهشت خود را معرفی کنید.

موقع خداحافظی زد روی شانه‌ام و گفت:

«ولی همه اینا که تو گفتی و می‌گی، همه جای دنیا هست. همه جای دنیا دزدی هست، اختلاس هست، اعتیاد هست، فقر هست، بی‌عدالتی هست، فاصله طبقاتی هست. اینم بگو».

گفتم: «بله، منم می‌دونم همه جای دنیا اینا همه هست. ولی اونا دیگه پرچم امام زمان رو دوششون نیس. اونا دیگه ادعای اسلام ناب محمدی ندارن. شما هم پرچم امام زمان رو بذار زمین، من اگه دیگه حرفی زدم. می‌گم خب همه جای دنیا هست، اینجا هم هست».

نامه را گرفتم و دادم دست ضامن و بیرون آمدیم. خوشحال بودم که خیال او را راحت کرده‌ام و بعد از این همه محبت، باعث اذیت روحی‌اش نشده‌ام. موقع خداحافظی گفت: «خدایی خیلی کله شقّی، تو این حرفا رو می‌زدی من پاپیون کرده بودم. گفتم الانه که از پنجره پرتت کنه بیرون».

گفتم: «مهندس ما دیگه ته خطّیم. چیزی برا از دست دادن برامون نمونده».

به خانه که رسیدم، اولین کاری که کردم بحث‌های خودم با معاون دادستان را در ادامه‌ی شعر دهه‌ی فجر به نظم کشیدم:

شیخ این شعر خواند و با من گفت
خوب گفتی ولی نیرزد مفت
اینکه اوضاع این زمان باشد
یک به یک شرح حالمان باشد

خواستی تا بگویی ای هالو
باز هم دور دور آن یارو؟
همه بر پا و انقلاب کنید
خانه‌ی ظلم را خراب کنید؟
گفتمش: من به گور خود خندم
به چنان انقلاب دل بندم
انقلابی که مزه‌اش گس بود
بهر هفتاد نسل‌مان بس بود ...
(متن کامل شعر را در جلد هفتم افاضات آقای هالو بخوانید یا در کانال یوتیوب «mrhalloo» تحت عنوان کلیپ ۱۷۴ به نام دهه فجر تماشا کنید)

اوین دربست

تعطیلات عید را در شمال سپری کردم. اواخر فروردین ماه بود که تلفنی به اوین احضار شدم:
- هفته‌ی آینده ظرف شنبه تا چهارشنبه خود را به اجرای احکام دادگاه شهید مقدس اوین معرفی کنید -
خب معلوم است وقتی تا چهارشنبه وقت دارم، چرا خود را زودتر معرفی کنم؟ کلی کار داشتم که باید قبل از معرفی خود به زندان انجام دهم.
چهارشنبه دوم اردیبهشت نود و چهار بار و بندیل خود را بستم و با دو ساک به اوین رفتم. فرزندانم همراه تعدادی از دوستان مرا بدرقه کردند. کلیپ «اوین دربست» را قبل از رسیدن به زندان ساختم و گفتم در فیس بوک بگذارند و پخش کنند. در این کلیپ گفتم:
«من محمدرضا عالی‌پیام هستم. متخلص به هالو. کسی که شعراش رو بارها

پیرمرد دست راست ضامن من است

و بارها شنیدید و بارها و بارها لذت بردید. دارم می‌رم اوین، چون احضار شدم، به خاطر همین شعرا؛ شعرایی که یه بار سال نود و دو محاکمه شدم و سال نود و سه دوباره محاکمه شدم. گفتم آقای قاضی این امر مختومه است؛ برا یه شعر نمی‌شه یه نفر رو دو بار محاکمه کرد. گفت اون بار شاکیت سپاه بود، این بار شاکیت پلیس امنیته. گفتم این‌طور که نمی‌شه. شاید سال دیگه شاکی من حوزه علمیه قم باشه یا تاکسی‌رانا یا اتحادیه لحاف دوزا از من شکایت کنن. من بابت یه شعر چند بار باید برم زندان؟ گفت: همینه که هست! به هر جهت اگه اونا به قانون خودشون احترام نمی‌ذارن، من به قانون احترام می‌ذارم. احضار شدم و دارم می‌رم.

خنده به لبم اگر به دل پر دردم
در باطن خود سبز و به ظاهر زردم
محکوم قفس شد این قناری اما
یک سال و سه ماه بعد برمی‌گردم»

وارد اوین شدم. ساکم را اجازه‌ی ورود ندادند. دم در گرفتند و نگذاشتند با خود به داخل ببرم. به جز دارو و پرونده‌ی پزشکی[۱]. پول‌هایم را هم گرفتند تا بعدن برایم پاسارکارت صادر شود.

پاسارکارت، کارت‌های اعتباری است که بانک پاسارگاد طی قراردادی با زندان برای زندانیان صادر می‌کند. با این کارت فقط ماهی دویست هزار تومن می‌شود خرید کرد و فقط در فروشگاه‌های زندان اعتبار دارد.

وارد اتاق بازرسی که شدم، سرباز مأمور بازرسی گفت: همه‌ی لباساتو در آر. تا من لباس‌ها را درآورم، او شروع به بررسی پرونده پزشکی من کرد. اول از همه سی‌دی که مال ام. آر. آی. مغزم بود را شکست و انداخت توی سطل آشغال. تا آمدم اعتراض کنم، گفت: «اینجا سی‌دی ممنوعه!». دیدم حالا که آن را شکسته دیگر دهان‌به‌دهان‌شدن با او چه فایده دارد. بعد از بازرسی کامل بدنی شامل هر هفت سوراخ و لباس‌ها، داروها را دست یک مأمور دیگر داد تا به بهداری ببرد. هرچه گفتم من روزی سه بار باید این داروها را مصرف کنم... ناله‌ی من بود و گوش او و باد هوا. همراه مأمور بعد از واحد انگشت‌نگاری و عکس‌برداری به بهداری رفتم و به پزشک بهداری توضیح دادم. او کیسه دارو را گرفت و در یک قفسه در اتاقی قرار داد و گفت: مطمئن باش مصرف هر روز داروی تو را می‌رسانیم. مأمور من را به قرنطینه تحویل داد و رفت. دوباره بازرسی بدنی.

---

۱. من به خاطر بیماری‌های صرع، فشار خون و آرتروز زانو، داروهای مختلفی می‌خورم که به توصیه‌ی پزشک معالجم خصوصن داروهای صرع را خارجی تهیه می‌کنم. از آنجا که مطمئن بودم در زندان تهیه‌ی این داروها مشکل است و قطع‌شدن حتی یک وعده مصرف آن‌ها عوارض زیان‌باری دارد، مصرف یک سال دارو را خریده و با خود به زندان بردم.

قرنطینه‌ی اوین

هر زندان یک بازداشتگاه موقت دارد به نام قرنطینه. زندانی در قرنطینه سه روز نگهداری می‌شود تا اگر مواد مخدر داخل بدنش جاسازی کرده باشد، کشف شود. کاسه توالت‌های آنجا با توری پوشیده شده است. دستشویی رفتن تشریفات خاص خودش را دارد. اول باید بروی اعلام کنی که نیاز به دستشویی داری. بعد مسئول مربوطه هر موقع عشقش کشید، قفل دستشویی را باز کرده جلوی تو می‌نشیند و زل می‌زند به خروجی بدنت که مبادا غیر از گه چیز غیرمجازی خارج شود.

دور تا دور بازداشتگاه (قرنطینه) تخت‌های سه نفره بود و همه جور آدمی از زندانیان مالی بگیر تا قاچاقچی و معتاد و دزد و ... آرامش عجیبی حکم‌فرما بود. این آرامش حدود ساعت پنج شکست. صدایی بلند شد:

- هواخوری.

هواخوری یک حیاط خلوت حدودن چهار در چهار بود که پایین‌تر از سطح همکف قرار داشت. از پله‌های آهنی پایین رفتیم. در پیچ پاگرد پله‌ها یک مأمور ایستاده بود و به هر نفر یک سیگار داد. البته فقط سیگار اولی را با فندک خود روشن کرد. بقیه باید سیگارهایشان را آتش به آتش هم روشن می‌کردند. تصور کنید هواخوری در یک چهار دیواری شانزده متری با حدود پنجاه شصت آدم سیگاری، چه شود.

آن شب را یادم نیست چه خوردم، ولی خیلی زود بعد از آمار، خاموشی زدند. منِ شب‌بیدار که اهل سر شب خوابیدن نبودم، روی تخت دراز کشیدم. هیچ کاری نمی‌شد کرد، مگر فکرکردن و غوطه در خاطرات. ماجراهایی که هیچ‌گاه فراموش نخواهد شد:

وقتی وارد شعبه‌ی بیست و شش دادگاه انقلاب شدم و به منشی گفتم:

«عالی‌پیام هستم و ساعت نه وقت رسیدگی دارم»، یکی از چند قاضی که به دیدن پیر عباسی قاضی شعبه آمده و منتظر او بودند، به من رو کرد و پرسید: «عالی‌پیام تویی؟» گفتم: «بله» گفت: «همون هالو؟» گفتم: «بله؟» گفت: «خب بدبخت چرا این شعرا رو می‌گی و خودتو می‌ندازی تو هچل؟ بیا برو پیش رهبر براش شعر بگو. سکه بگیر، مایه بگیر (وقتی می‌گفت مایه، انگشت نشانه و شستش را به هم می‌مالید)، خونه بگیر، پست بگیر، امکانات بگیر...». درست است که به ظاهر داشت نصیحتم می‌کرد، ولی بوی طعنه را از لحن کلامش به خوبی حس می‌کردم که ذم شاعرهای درباری را با خود داشت.

دادگاه اول من بیش از یک ساعت طول کشید. تنها قاضی‌یی بود که با حوصله به تمام حرف‌های من گوش داد. اول از همه پرسید: «وکیل نداری؟» گفتم: «نه». گفت: «چرا؟» گفتم: «اگه قرار باشه حرفای من شما رو قانع کنه، بدون وکیل هم قانع می‌شید. اگه قرار باشه من هر چی می‌گم، شما حرف خودتون رو بزنید و حکم من قبل از دادرسی نوشته شده باشه، دیگه وکیل به چه درد می‌خوره. من حرف خودمو می‌زنم، شما هم حکم خودتون رو بدین».

هشت مورد را به من تفهیم اتهام کرد. همه را جواب دادم. گفتم: «آقای قاضی، شما فکر کردین من از انگلیس اومدم؟ یا آمریکایی‌ام؟ من فرزند این انقلابم. من جزو بدنه‌ی نظام بودم. من برادر شهید هستم. اگه این شدم که هستم، شما منو به اینجا رسوندین. این نظامی که شما درست کردین چیزی نبود که ملت براش قیام کرد. آقای قاضی، اگر زنا بی‌حجابن، به خاطر شعرای من نیست. اگه مردم ناراضین، به خاطر شعرای من نیست. پسرم رفته رنگ بخره، می‌بینه یه سوم قوطی خالیه. می‌گه: این قوطی سرش خالیه، یکی دیگه بده. بعدی و بعدی و بعدی همچنان سرشون خالیه. اعتراض می‌کنه چرا این قوطیا پر نیستن. آقای قاضی، می‌دونین فروشنده چی جواب داد؟ گفت: این قوطیا رو آقا هورت کشیده. نتیجه‌ی اول اینکه همه تقصیرا رو از آقا می‌دونه. نمی‌گه احمدی نژاد هورت کشیده. نمی‌گه وزیر هورت کشیده. می‌گه آقا هورت کشیده. نتیجه‌ی دوم اینکه اون فروشنده پسر منو نمی‌شناسه. ممکنه

این مشتری یه حزب‌اللهی باشه، بسیجی باشه، ولی نمی‌ترسه. راحت می‌گه آقا هورت کشیده. این یعنی اینکه مردم به اینجاشون رسیده (اشاره به زیر خرخره). خب حالا اینا با شعر من این‌جوری شدن یا با عملکرد شماها؟».

وقتی جرم پنجم، یعنی توهین به رییس جمهور را تفهیم کرد، خیلی جدی گفتم: «آقای قاضی، کسی که از دایره‌ی ولایت پاشو بیرون بذاره مهدورالدمه، خونش حلاله، چه برسه به توهین!!». خنده‌ای زیر پوستی گوشه‌ی لبش دوید، ولی خیلی زود خودش را جمع و جور کرد تا نخندد. از شیطنت خودم خوشم آمد. زده بودم تو خال. آن موقع اوج اختلاف رهبر و احمدی‌نژاد بود. گفتم: «آقای قاضی، تو بازجویی برادرا برای رفع خستگی از من می‌خواستن شعرای احمدی‌نژادی بخونم و غش‌غش می‌خندیدن. حالا شما به من می‌گین توهین؟».

بعد گفتم: «تو خارج، دولتا به یه عده پول می‌دن می‌گن به ما فحش بدین. حالا ما که پول نمی‌گیریم و مجانی کار می‌کنیم. در ثانی کدوم فحش؟ شما اسم شوخی رو می‌ذارین فحش؟».

سپس ادامه دادم: «صبح که شما از خونه بیرون میاین، خودتونو تو آیینه نگاه می‌کنین و عمامه‌تون رو صاف و صوف می‌کنین و ریشتونو مرتب می‌کنین تا ایرادی تو سر و وضعتون نباشه. غیر اینه؟ خب ما منتقدین هم آیینه‌ی رفتاری و گفتاری شما هستیم و هر جا عیب و علتی تو کارتون باشه، تذکر می‌دیم. شما به جای تشکر ما رو محاکمه می‌کنین؟».

آن روز وقتی محاکمه تمام شد و خواستم بروم، دم در که رسیدم گفت: «آها راستی یه سوال دیگه». برگشتم و نگاهش کردم و منتظر که بپرسد. گفت: «تو برا چی اسمتو گذاشتی هالو؟» گفتم: «هالوام دیگه. اگه هالو نبودم که در خدمت شما نبودم». گفت: «نه این دلیل نمی‌شه. خیلیا میان اینجا خدمت ما». گفتم: «خب هالو هستن دیگه. هالو که شاخ و دم نداره».

صبح زود، با عربده‌ی مأمورها بلند شدیم. آمار و صبحانه. بعد از صبحانه،

دوباره غریبانه گوشه‌ای نشستم. چند جوان کُرد که قیافه‌شان بیشتر به دانشجو می‌خورد تا خلافکار، گل یا پوچ بازی می‌کردند. معلوم بود همه را با هم گرفته‌اند، چون همه همدیگر را می‌شناختند. یکی‌شان به من گفت: «به خونه زنگ زدی؟» گفتم: «نه». گفت: «کارت تلفن داری؟» گفتم: «نه».

یک کارت تلفن از جیب پیراهنش درآورد و گفت: «برو به خونوادت زنگ بزن». این اولین اتفاق خوبی بود که در زندان برایم افتاد.

عصر دوباره هواخوری. این بار به هر دو نفر یک سیگار دادند. شریک من از اینکه من سهمم را به او بخشیدم و یک سیگار را به تنهایی کشید خیلی خوشحال شد. فکر کنم برای او هم این اولین اتفاق خوبی بود که در زندان برایش می‌افتاد.

روز سوم مدیر کل امور سیگار در قرنطینه، آمد و گفت: «بفرمایید هواخوری، ولی امروز سیگار نداریم». همه صدایشان در آمد. مأمور گفت: «چیکار کنم؟ امروز سیگار ندادن». چند زندانی، بانی و دست به جیب شدند. پول دادند تا با پول خود زندانی‌ها، سیگار خریداری شود. تعجب کردم! پول در جیب این‌ها چه می‌کرد؟ چرا پول‌های مرا دم در گرفتند ولی این‌ها همه پول دارند؟ بگذریم ... یکی دو هزار تومن، یکی پانصد تومن، یکی هزار تومن ... روی هم حدود بیست هزار تومان جمع شد[۱]. پول را دادند به مأمور که برود از بیرون سیگار بخرد. رفت و با یک پاکت سیگار برگشت و گفت: «به هر چهار نفر یه نخ سیگار می‌رسه. تیم‌بندی کنین تا تقسیم کنم». بقیه‌ی پول هم معلوم نشد چه شد.

دوباره شام و دوباره خاموشی و دوباره بی‌خوابی. دراز کشیدم و رفتم در خاطرات گذشته:

- آخرین روزهای تابستان نود و یک بود که از اوین با گذاشتن صد میلیون سند آزاد شدم. پسرم حمزه، که فقط یک ترم دیگر تا پایان دوره‌ی کارشناسی

---

۱. به قیمت آن روز می‌شد پول یک بکس سیگار.

داشت، گفت: «امروز برا ثبت نام رفتم دانشگاه، گفتن دستور اومده تو رو ثبت نام نکنیم». گفتم: «چرا؟» گفت: «چون پسر شما هستم». رفتم دانشگاه. وارد اتاق رییس دانشگاه شدم. نیمچه رفاقتی با هم داشتیم. گفتم: «آقای روشن، پسرم می‌گه ثبت نامش نمی‌کنین». گفت: «بله، دستور حراسته». گفتم: «خیله خب. فقط اگه امشب صدای آمریکا گفت دانشگاه سوره، حمزه عالی‌پیام رو به جرم اینکه پسر ممدرضا عالی‌پیامه و ممدرضا عالی‌پیامم زندان بوده ثبت نام نمی‌کنه از من دلخور نشی». بلند شدم که خارج شوم، با دستپاچگی گفت: «آقای عالی‌پیام، بشین خواهش می‌کنم. چرا جوش میاری؟» گفتم: «شما بودی جوش نمی‌آوردی؟» گفت: «من که مشکل ندارم. دستور حراسته». گفتم: «خب خبر که پخش شد، زنگ بزن صدای آمریکا بگو من مشکل ندارم، دستور حراسته».

با خواهش و تمنا مرا برگرداند و گفت: «بیا براش یه راهی پیدا می‌کنیم». نشستم و گفتم: «پیدا کن». گفت: «می‌خوای بری حراست باهاشون صحبت کنی؟» گفتم: «نه». گفت: «یه ترم مرخصی رد کنه تا آبا از آسیاب بیفته». گفتم: «نه». بالاخره بعد از کلی فکر و بالا پایین کردن گفت: «ببین، چون حراست دستور داده، من روی دستور حراست نمی‌تونم حرفی بزنم، ولی می‌تونم به همه‌ی استادا بگم همین‌جوری بره سر کلاس، اونا هم براش حضور غیاب بزنن. آخر ترمم امتحان بده و مدرکشو بگیره». گفتم: «مردونه؟» گفت: «مردونه». با هم دست دادیم و به حمزه گفتم قرارمان این شد. او هم رفت سر کلاس و همه‌ی استادها هم به او نمره دادند، غیر از تربیت بدنی. با اینکه امتحان هم داد و چون به پینگ‌پنگ خیلی مسلط بود، نفر اول هم شد، نمره‌ی صفر داد و همه‌ی کلاس‌ها را هم غایب زد و به این ترتیب معدلش پایین آمد. [1]

---

۱. سر پسر دومم هم همین بلا را آوردند. بعد از دو سال تحصیل در دانشگاه آزاد رودهن در رشته‌ی مدیریت، گفتند پرونده‌ات گم شده. بعد از یک سال دوندگی گفتند: «از شما هیچ سابقه‌ی دانشجویی در این دانشگاه نیست». بعد همه به من می‌گویند چرا بعد از زندان این‌طور پیر و شکسته شدی و موهایت سپید شده. هیچ کس نمی‌داند این سپیدی مو و شکستگی قامت برای زجر زندان نیست. برای ظلمی است که به خاطر من به خانواده و هنرجویان و اطرافیانم روا شد.

مشکل بعدی پایان نامه‌اش بود که یک سال روی آن کار کرده بود، ولی همه‌ی تحقیقاتش در کامپیوتری بود که برادرها حین بازرسی و شخم زدن خانه‌ی من، با خودشان برده بودند. رفتم پلیس امنیت و گفتم شما دستور توقیف وسایل مرا داشتید نه پسرم. پایان نامه‌اش درون کامپیوترش است و ترم آخر است و باید تکمیل کند و تحویل دهد. بدون اغراق بیست بار پلیس امنیت رفتم. آخر سر گفتند قاضی دادیار باید دستور دهد. عملیات برای گرفتن دستور دادیار شروع شد. نتیجه‌ی همه‌ی دوندگی‌هایم را در نامه‌ی زیر بخوانید:

مجتمع قضایی قدس
دادیاری شعبه ۳
قاضی محترم
با سلام، اجازه فرمایید نامه‌ام را با فرازی از نامه‌ی حضرت علی به مالک اشتر آغاز کنم. آنجا که می‌فرماید:

وَ اجعَل لِذَوی الحاجاتِ منک قِسماً تُفَرِغُ لَهُم فیهِ شَخصَکَ، وَ تَجلسُ لَهُم مَجلساً عامًّا فَتَتَواضعُ فیهِ لِلّهِ الّذی خَلَقَک، وَ تُقعِدُ عَنهم جُندکَ وَ اعوانَکَ مِن اَحراسِکَ و شُرَطِکَ حتّی یُکَلّمَکَ مُتَکَلمُهُم غَیرَ مُتَتَعتِعٍ، فانّی سمعتُ رسول الّله _صلّی اللّهُ علیهِ و الِهِ _ یقولُ فی غیرِ مَوطِنٍ: «لن تُقدَّسَ امَّهٌ لّا یوخَذ للضَّعیفِ فِیها حَقهُ من القَویِّ غَیرَ مُتَتَعتِعٍ»

ترجمه:

زمانی از اوقات (هر هفته را)	برای همه حق ز کف رفته‌ها
معین کن و صدر مجلس نشین	بشو با رعایای خود همنشین
تواضع گزین و سرافکن به پیش	برای رضای خداوند خویش
ز خود دور کن حاجب و پاسبان	نگهبان و دربان و اطرافیان
(بدون سلاح و درفش و نشان)	که لکنت نیفتد به آوازشان
که من بارها خود شنیدم به گوش	ز قول رسول خدا این سروش
هر آن جامعه کو بود ناتوان	از احقاق حق ستمدیدگان
بدون هراس از امیر و زعیم	و یا لکنتی بر زبانش ز بیم
نبیند بخود روی خیر و صلاح	حرام است بر او رفاه و فلاح

علت اینکه این نامه را سرگشاده منتشر کرده‌ام این است که سه روز تمام به مجتمع مراجعه کردم تا این نامه را تحویل دهم. نه تنها نگهبانان مانع از تماس من با شما یا دفتر شما شدند، بلکه از دریافت آن هم خودداری کردند و چون آن مجتمع فاقد هرگونه دبیرخانه برای تحویل نامه است، از این رو فضای مجازی را تنها راه رساندن آن به شما تشخیص دادم. هرچند نمی‌دانم نامه‌هایی که قبل از این نامه دم در تحویل مأمورین داده‌ام و گفتند: برو خبرت می‌کنیم، به دست شما می‌رسد یا نه و اگر می‌رسد، شما آن را می‌خوانید یا نه و اگر می‌خوانید، روی آن دستور می‌دهید یا نه، و اگر دستور می‌دهید، آقایان به حرف شما گوش می‌کنند یا نه و اگر ترتیب اثر نمی‌دهند، توبیخ می‌شوند یا نه..
و اما بعد اینکه:
از تاریخ ۹۱/۵/۲۴ که وسایل مرا از منزلم بردند و مرتب تاکید می‌کردند که به‌زودی پس خواهیم داد تا امروز (۹۱/۷/۲۲) دقیقا

شصت روز می‌گذرد. من هرچه حساب می‌کنم می‌بینم:
۱- کپی کردن به جای خود، که خواندن و حتی رونویسی همه‌ی دست نوشته‌هایی که از من بردند بیش از ده روز وقت نمی‌برد. این به کنار ...
۲- کپی‌کردن همه‌ی فایل‌ها و اطلاعاتی که در لپ تاپ من است، فقط پانزده دقیقه وقت لازم دارد. این هم به کنار ...
۳- پیاده کردن همه‌ی شماره تلفن‌های گوشی من بیش از دو سه ساعت کار ندارد، این هم هیچ ...
۴- کامپیوتر فرزندم که ضبط آن اصولن خارج از دستور حکم قضایی حضرتعالی بوده و بارها عرض کردم این جوان دانشجوی سال آخر است و پایان نامه‌ی او درون آن است و چون دسترسی به آن ندارد یک سال می‌افتد، این هم به جای خود ...
۵- من مانده‌ام حیران که استخراج اطلاعات مخفی شده در گواهینامه و کارت ملی و سایر کارت‌های شناسایی من چرا این‌قدر به طول انجامیده است؟
هرچند همه‌ی این‌ها سوژه‌های بکر برای یک طنزپرداز است، اما برای بار چندم خواهش می‌کنم دستور فرمایید آن دسته از وسایلم را که مصداق جرم نیست و به کار آقایان نمی‌آید و در دایره‌ی اتهامات تفهیم شده قرار ندارد، خصوصن کامپیوتر فرزندم را به من برگردانند.

والسلام، با احترام، عالی پیام

تمام تلاشم بی‌نتیجه ماند. تا اینکه پرونده بعد از صدور کیفرخواست از دادیاری به شعبه‌ی بیست و هشت انقلاب ارجاع شد. پس از حدود ده بار مراجعه به شعبه، بالاخره قاضی راضی شد و کتبن دستور داد که کامپیوتر پسرش را بدهید.

باز ندادند. رفتم نزد قاضی و گفتم: «برای نامه‌ی شما تره هم خرد نمی‌کنند». گفت: «من چه کنم؟ باید نامه می‌دادم که دادم».

مجبور شدم داستانی برایش تعریف کنم:

- پیرزنی از راه بسیار دور که تا غزنین یک سال راه بود، خود را به غزنین رساند و سر راه سلطان محمود را گرفت و گفت فرماندار تو در فلان شهر زمین منو به زور غصب کرده. سلطان نامه‌ای به اون فرماندار نوشت که زمین این پیرزن رو بهش پس بده. پیرزن یک سال راه پیمود تا به شهر خودش رسید و نامه رو به فرماندار داد. حاکم نامه رو خواند و پاره کرد و دستور داد پیرزن رو بزنن و از قصر بیرون کنن. اون با خودش فکر کرد این عجوزه یه سال تا غزنین رفته و یه سال برگشته، امکان نداره دوباره بره. ولی اشتباه فکر می‌کرد. چون پیرزنه دوباره راه غزنین رو در پیش گرفت و خودشو به سلطان محمود رسوند و گفت: نامه‌ات رو حاکمت پاره کرد و زمینم رو نداد.

بعد به چشمان قاضی خیره شدم و گفتم:

- سلطان همین حرف شما رو زد. گفت: «من باید نامه می‌دادم که دادم. حالا چه کنم؟». پیرزن گفت: «من چه کنم؟». سلطان گفت: «تو برو یه خاکی به سرت کن.» پیرزن گفت: «من چرا خاک به سرم کنم؟ تو برو خاک به سرت کن که زیردستت خطت رو نمی‌خونه».

قاضی پیرعباسی نگاهی به من کرد و گفت: «آره راست می‌گی. خاک تو سر من قاضی بکنن که یه پاسبون خطمو نمی‌خونه».

بالاخره روز تقسیم زندانی‌ها به بندهای مختلف فرا رسید. معاون زندان، آقای جواد مومنی آمد و اسم‌ها را خواند و اعلام کرد که هر کس به کدام بند خواهد

رفت. مرا برای بند هشت اعلام کردند. همه به صف شدند. موقعی که از ساختمان قرنطینه بیرون آمدیم، یک ون جلوی پای من توقف کرد. یک لباس شخصی تنومند پیاده شد و گفت: «برو بالا».

گفتم: «کجا؟»

گفت: «صحبت نباشه».

بقیه به صف راهی بندها شدند. من سوار ون شدم. جز من یک نفر دیگر هم داخل ون بود. دستبند و پابند زدند و ماشین راه افتاد. دیدم دارد از زندان خارج می‌شود. گفتم: «اخوی، اگه منو جای دیگه دارین می‌برین، جلو بهداری یه توقف کنین من داروهامو بگیرم».

گفت: «بعدن برات می‌فرستن».

هرچه اصرار کردم فایده نداشت. بر سنگینی دست‌بند و پابند، چشم‌بند هم اضافه شد و ماشین حرکت کرد. به مأمور مربوطه گفتم: «اخوی، من صد میلیون سند رو پرونده‌مه. خودم با پای خودم اینجا اومدم، دستگیرم که نکردین. این بازیا چیه؟ اصن آدرس بده کجا داری می‌ری، من زودتر از تو اونجام». گفت: «تو کار من دخالت نکن».

بیش از یک ساعت در راه بودیم. تا بالاخره به مقصد رسید و ایستاد. آقا هیلکلیه پیاده شد تا نامه‌ی لازم را به نگهبانی بدهد و کارهای اداری انجام شود. از راننده پرسیدم: «اینجا کجاس؟». گفت: «رجایی‌شهر کرج».

زندان رجایی‌شهر

تعجب کردم. در احضاریه‌ی من اوین نوشته بود. حتی تقسیمِ بند هم شدم. ولی حالا چرا از اینجا سر درآوردم خدا می‌داند. مرا تحویل دادند و رفتند.

باز درآوردن لباس و بازرسی دقیق بدنی و تحویل به قرنطینه. به مسئول

قرنطینه گفتم: «من سه روز قرنطینه‌ام رو توی اوین گذروندم».

گفت: «اونجا اونجاس. اینجا اینجاس». بعد به من و زندانی همراهم گفت: «لخت شین». لخت شدیم. قبل از ما سی چهل زندانی دیگر هم تازه وارد قرنطینه شده بودند که توی صف بودند. لباس‌های ما را گرفته داخل یک کیسه قرار دادند و رویش یک شماره خورد و یک رسید به ما دادند. حتا کفش کتانی مرا هم گرفتند و یک دمپایی دادند و گفتند: «کفش تو زندان قدغنه». بازرسی دقیق بدنی بسیار توهین‌آمیز و حقارت‌بار بود. یک داش غلام تو جمع ما بود که گفت: «کی می‌خواد تو ماتحت منو بگرده؟ جرات داره بیاد جلو». دو مأمور جلو رفتند. هر دو را بلند کرد و کوبید به هم و پرت کرد زمین. پس از کلی جر و بحث و من بمیرم و تو بمیری او را معاف کردند.

بعد از بازرسی، وارد یک اتاق سی چهل متری شدیم که تعدادی تخت آهنی با کف توری فلزی داشت. نه پتویی نه موکتی. کف هم که سنگ. یعنی هیچ جایی برای نشستن نبود چه رسد به خوابیدن. بعد همه را به صف کرده روی زمین به حالت چمباتمه نشاندند و یکی یک کاسه برنج بدون خورش توی ظرف‌های پلاستیکی دادند. بدون قاشق. این شد ناهار.

بعد از ناهار یک روحانی آمد و اعلام کردند که نماز جماعت برگزار می‌شود. همه باید بروند نمازخانه. محکومین بدبخت به امید تأثیر این نماز روی پرونده‌شان همه رفتند پشت سر حاج‌آقا صف بستند. با وضو و بی وضو. مأمور مربوطه همین‌طور که باتومش را به نرده‌ها می‌کشید و راه می‌رفت و از صدای تق تق برخورد باتوم و نرده لذت می‌برد و داد می‌زد: «نماز ..... نماز»، به من رسید که همین‌جور بی‌حرکت به نرده‌ها تکیه داده بودم. گفت: «تو مگه نمی‌ری نماز؟» گفتم: «نه». گفت: «چرا؟» گفتم: «چون حاج‌آقا که میاد نماز می‌خونه پول می‌گیره نماز می‌خونه. اگه به منم پول می‌دین، نماز می‌خونم. اگه اون مجانی خوند، منم مجانی می‌خونم. نمی‌شه اون پول بگیره نماز بخونه من مجانی بخونم».

چشمانش از تعجب گرد شد و داشت از حدقه در می‌آمد. تا به حال چنین

جواب صریح و محکمی نشنیده بود. اینجا اطاعت محض حاکم است. یک لحظه نمی‌دانست چه کند. خیره به من نگریست و من خیره به او. سرانجام یک «برو گم شو» گفت و رفت.

اتاق من رو به روی نمازخانه بود. قبله هم درست به سمت من. دستانم را به نرده‌ها حلقه کردم و زل زدم به چشمان حاج‌آقا. بین ما فقط یک راهروی دو متری فاصله بود. می‌رفت رکوع و بلند می‌شد: چشم در چشم من، از سجده بلند می‌شد: چشم در چشم من. می‌ایستاد: چشم در چشم من. به خوبی معلوم بود کاملن عصبی شده است.

نمازش تمام شد. خواست برود، صدایش کردم:

- حاج‌آقا مسئلتن.

آمد جلو و گفت: «چی می گی تو؟ امروز نه گذاشتی من بفهمم چی می‌خونم نه بقیه. همین‌جور زل زدی به من».

گفتم: «حاج‌آقا مسئله‌ی مهمی هست که باید به شما بگم. توی این قرنطینه خیلی دزد هست. ولی دزد اصلی اون کسیه که از غذای زندانیا می‌دزده. غذای امروز هیچ‌کس خورش نداشت. معلومه بودجه‌ی این خورش پرداخت شده، ولی تو جیب کی هس خدا می‌دونه. ما که دستمون به بالایی‌یا نمی‌رسه، شما که می‌رسه مِن باب امر به معروف تذکر بدین غذای زندانی خوردن نداره، بعدم به این تختای فلزی نیگا کنین. هیچ کدومش پتو نداره. زمین هم موکت نداره. تو زندان گوانتانامو هم زندانیا رو این‌جوری نیگر نمی‌دارن».

گفت: «چشم چشم» و رفت.

آن شب مرا به انفرادی فرستادند و مطلقن اجازه‌ی تلفن ندادند. درحالی که همه‌ی دزدها و معتادها راه به راه زنگ می‌زدند. به مسئول آنجا گفتم: «چرا من اجازه‌ی تلفن ندارم؟». گفت: «دستور قضاییه».

فردا ظهر دوباره حاج‌آقا آمد و صدای نماز نماز بلند شد. من سر جای دیروز خود ایستادم. حاجی برای اینکه باز چشم در چشم من نشود، در را بست. بعد از نماز هم گولّه کرد تا از دست من در برود که با صدای بلند صدایش

کردم. جلو آمد و گفت: «دیگه چیه؟ باز چی شده؟». گفتم: «حاجی پیغام منو رسوندی؟». با عصبانیت گفت: «من که مأمور شما نیستم هر چی گفتی اجرا کنم. هر چیزی جایی داره. هر نکته مکانی داره. خودم هر وخ موقعش بشه تذکر می‌دم» و رفت.

اولین ملاقات با رییس زندان

یک ساعت بعد، مرا زیر هشت صدا کردند و گفتند: «رییس زندان می‌خواد تو رو ببینه». تعجب کردم. فکر کردم در رابطه با برخورد من و پیش‌نماز باید باشد. یک مأمور مرا به اتاق آقای مردانی رییس زندان برد. آقای مردانی به من گفت: «بنشین». نشستم. سپس گفت: «آقای عالی‌پیام، تو رو به این زندان فرستادن تا حالتو بگیرن. به منم سفارش کردن تا حالتو بگیرم».

عجیب است. این جمله را قاضی هم به من گفت. وقتی به او گفتم: «آقای قاضی، من بابت این شعرا یه بار قبلن تو همین شعبه محاکمه شده‌ام»، جواب داد: «یه آدم کله گنده پشت پرونده‌ی توست و سفارش کرده حالتو بگیریم».

هنوز تو فکر بودم که آقای مردانی گفت: «حواست با منه؟» گفتم: «بله گوشم با شماس». بعد ادامه داد: «به سه شرط تو رو به بهترین بند می‌فرستم. اول اینکه قول بدی از زندان کلیپ بیرون نفرستی ...»، خودم را به آن راه زدم و گفتم: «مگه اینجا موبایلم هس؟». گفت: «حالا ... دوم اینکه زندانیا رو جمع نکنی براشون شعر بخونی و شب شعر راه بندازی، همون کارا که قبلن تو اوین می‌کردی و خبرشو دارم». گفتم: «سوم؟» گفت: «سوم اینکه شلوغ نکنی و نظم و آرامش زندان منو به هم نریزی. منم قول می‌دم اینجا شرایط خوبی برات فراهم کنم و نذارم خیلی بهت سخت بگذره».

گفتم: «قبول، به شرطی که حرمت من حفظ بشه، منم قول می‌دم بچه

خوبی باشم. اینم بدونین من وقتی عصبانی بشم، شعرم میاد».
موقع بلند شدن به او گفتم: «داروهای من تو اوین مونده و نذاشتن اونا رو با خودم بیارم». گفت: «یه درخواست بنویس».
با هم توافق کردیم و دست دادیم.

ورود به بند دو

در ششم اردیبهشت به بند دو منتقل شدم. بند دو، شامل سه طبقه بود. سالن‌های چهار و پنج و شش. هر سالن یک راهروی دراز با حدود چهار متر عرض که در دو طرف، اتاق‌هایی به طول و عرض تقریبی یک و نیم در دو متر قرار داشت. این اتاق‌ها قبل از انقلاب، سلول‌های انفرادی بودند که حالا درهای آن‌ها را برداشته و در هر کدام دو تا سه نفر روی زمین می‌خوابیدند. انتهای سالن طبقه‌ی همکف به حسینیه منتهی می‌شد. یک فضای بزرگ با ظرفیت حدود صد نفر.

در طبقه‌ی دوم، غیر از راهرو و اتاق‌ها درست به سبک پایین، روی حسینیه فضایی به همان بزرگی بود که قبلن حسینیه بوده و از وقتی حسینیه به طبقه‌ی پایین منتقل شده، دور تا دور آن را تخت‌های سه طبقه قرار داده بودند و خوابگاه شده بود. ولی مثل میدان امام خمینی که هنوز مردم به آن توپخانه می‌گویند، زندانی‌ها هم به اینجا حسینیه می‌گفتند.

غیر از افرادی که جایشان روی تخت‌ها بود، عده‌ی زیادی هم کف‌خواب بودند، یعنی کف زمین می‌خوابیدند و جای مشخصی نداشتند. در زندان رسم بر این است که افراد تازه وارد، کف‌خواب می‌شوند، آن هم وسط حسینیه. به مرور که جا خالی می‌شود، آن‌ها به سمت دیوار کشیده می‌شوند. با خالی‌شدن هر تخت، صاحب تخت همکف به تخت بالاتر و بعد بالاتر منتقل می‌شود و کف خوابی که حالا به حاشیه‌ی حسینیه رسیده است، می‌تواند به تخت

طبقه‌ی اول نقل مکان کند. البته این نقل و انتقال‌ها حتمن باید با اجازه و دستور وکیل‌بند صورت گیرد و سال‌ها طول می‌کشد تا یک کف‌خواب صاحب تخت شود و به همین ترتیب سال‌ها طول می‌کشد تا یک تخت‌خواب، به تخت بالاتر و سپس به اتاق منتقل شود. این نقل و انتقال‌ها در پی آزادی یا اعدام یک زندانی امکان‌پذیر است. معمول است زندانی‌ها با شیتیل، هوای وکیل‌بند را دارند تا در صورت خالی شدن جای خوب، متقابلن او هم هوای آن‌ها را داشته باشد.

در هر طبقه حدود یکصد و هفتاد هشتاد زندانی بود که بیش از نود و پنج درصد قصاصی و زیر اعدام بودند. با جرم‌هایی از قبیل قتل، سرقت مسلحانه، آدم‌ربایی، تجاوز به عنف و ... طبقه‌ی اول که سالن شش بود دارالقرآن نام داشت. در این سالن زندانی‌هایی نگه‌داری می‌شدند که قرآن می‌خواندند و در کلاس‌های قرآن شرکت می‌کردند.

ماجرای دارالقرآن که در همه‌ی زندان‌های ایران وجود دارد از این قرار است که طی بخشنامه‌ی سازمان زندان‌ها هر زندانی که یک جزء قرآن را حفظ کند، مقداری از محکومیتش کم و هر کس بتواند کل قرآن را حفظ کند، آزاد می‌شود. این افراد در بندی جداگانه که دارالقرآن نامیده می‌شود به سر می‌برند. در دارالقرآن امتیازاتی هست که در سایر بندها نیست. از جمله اینکه تمیزتر است، پرده دارد، فرش دارد و ... بر همین اساس، در رجایی‌شهر هم تعدادی از این طرح استقبال کرده و در دارالقرآن به قرائت و حفظ قرآن مشغول بودند. غافل از اینکه آن‌ها اکثرن شاکی خصوصی دارند و تا رضایت شاکی را نداشته باشند، آزادیشان ممکن نیست، اگرچه تمام قرآن را به قول حافظ در چهارده روایت حفظ باشند،[1] یا مثل تیمور لنگ از آخر به اول بخوانند.

سالن شش یعنی دارالقرآن، تنها سالنی است که دستگاه تصفیه‌ی آب دارد که توسط خود زندانی‌ها تهیه شده است. همین دستگاه تصفیه‌ی آب موجب بروز مشکلاتی هم بود که بعدها شاهدش بودم. زندانی‌های سالن‌های بالا

---

۱. عشقت رسد به فریاد ار خود به سان حافظ / قرآن ز بر بخوانی در چارده روایت

برای بردن آب با گالن پایین آمده و اگر گردن‌کلفت بودند که می‌بردند و اگر گردن‌نازک! که دعوا و کتک کاری‌یی می‌شد دیدنی. به خاطر همین امکانات، بچه‌های سالن چهار و پنج به بچه‌های سالن شش می‌گفتند: گربه‌های اشرافی.

آن روز به دستور رییس زندان، به دارالقرآن منتقل شدم. رییس‌بند مرخصی بود. وکیل‌بند مرا در اتاقی اسکان داد. هم‌اتاقی من به اتهام شقه کردن شوهر خواهرش منتظر اعدام بود. روز اول را به گشت و گذار در زندان و آشنایی با زندانی‌ها پرداختم. تا به حال با چنین آدم‌هایی افتخار آشنایی از نزدیک نداشتم. مثلن کسی که به یک دختر نه ساله تجاوز کرده و دختر مرده بود. پیرمردی که دخترش بچه‌ی شیرخواره را نزد او گذاشته و برای خرید رفته بود، او هم آلت خود را در دهان نوه‌ی خود گذاشته و آب منی او باعث خفگی کودک شده بود. کسی که به خاله‌ی خودش تجاوز به عنف کرده بود. کسی که زن خود را کشته و با جسدش آبگوشت درست کرده و به خورد فرزندانش داده بود.

در سالن ما هیچ محکوم سیاسی‌یی نبود، همه‌ی بچه‌های سیاسی و امنیتی در طبقات بالا بودند. رفتم بالا تا با آن‌ها آشنا شوم. با ورود به سالن پنج، با استقبال خوب زندانیان سیاسی مواجه شدم، بهنام ابراهیم‌زاده، ایرج حاتمی، حجت حاتمی، رضا فرهانی، فرید آزموده، مسعود عرب چوبدار، بهزاد ترحمی، علیرضا ناصری، اسد محمدی، رضا کاهه. آن‌ها هم ماجراهای جالبی در نوع خود داشتند. مثل انفرادی‌های طولانی مدتی که مغز سر آدم سوت می‌کشد.

- علیرضا فرهانی: بیست و چهار ماه انفرادی. با چهار سال حکم
- ایرج حاتمی: بیست و چهار ماه انفرادی و سه ماه بند ۳۵۰ اوین. با ده سال حکم
- حجت اله حاتمی: بیست و چهار ماه انفرادی و سه ماه بند ۳۵۰ اوین. با هفت سال حکم
- رضا کاهه: یازده ماه انفرادی. با هشت سال حکم
- علی‌رضا ناصری با ده سال حکم

- اسد محمدی یک سال انفرادی با ده سال حکم

- محمود ناجی با ده سال حکم. او یک بار از زندان فرار کرده و به ترکیه رفته و درخواست پناهندگی داده بود. ولی دولت ترکیه او را کت‌بسته تحویل ایران داد که باز به حکمش اضافه شد.

- سید جبار موسوی با ده سال حکم.

- بهزاد ترحمی هفده ماه انفرادی با پنج سال حکم.

- فرید آزموده سرودی چهارده ماه انفرادی با پنج سال حکم.

- بهنام ابراهیم‌زاده که تا می‌آمد حبسش تمام شود، غیابی چند سال تتمه اضافه می‌شد.

- مسعود عرب چوبدار پنج سال حکم.

- آرش مقدم و تعدادی دیگر که نامشان یادم رفته است.

فقط کسانی که انفرادی کشیده باشند می‌دانند من چه می‌گویم. واقعن هر یک روز انفرادی، معادل ده روز بر انسان دیر و سخت می‌گذرد. جالب اینجاست که مدت حبس انفرادی آن‌ها در حکمشان محاسبه نشده بود. رسول حردانی هم بود. در مورد او قبلن در بخش زندان اوین نوشته‌ام. بنده خدا را بدجوری معتاد کرده بودند.

ساعت شش بعد از ظهر آمارمان را گرفتند و در سالن‌ها قفل شد. شب‌ها تردد بین سالن‌ها ممنوع بود. بعد از آمار سینی‌کش شام را وارد سالن کرد. سینی‌کش یکی از زندانی‌هاست که مسئول توزیع شام و ناهار و صبحانه است. دیگ غذا را روی یک گاری می‌گذارد و اتاق به اتاق سهم غذایشان را می‌دهد. زندانی‌هایی که دستشان به دهانشان می‌رسد، غذای زندان را نمی‌خورند و خودشان آشپزی می‌کنند. یک آشپزخانه در ابتدای سالن هست که دورتادور اجاق گاز دارد. از اول غروب زندانی‌ها با گذاشتن یک کاسه یا قابلمه آب روی یک شعله، آن را رزرو می‌کنند. مثل مؤمنینی که از یک ساعت قبل از اذان در مسجد سجاده پهن کرده و جا می‌گیرند. شب اول با سه پتویی که وکیل‌بند

تحویلم داد و توصیه کرد مراقبش باش، اگر از تو بدزدند، دیگر پتویی نداری، سپری شد. یکی زیر، یکی رو، یکی زیر سر.

فردا بعد از آمار به فروشگاه رفتم تا قدری خرت و پرت و خوراکی و دفتر و خودکار بخرم. پاسارکارت مرا کشید و گفت: «کار نمی‌کنه». گفتم: «یه هفته نیست گرفتمش». گفت: «از کجا؟» گفتم: «از اوین». گفت: «کارت اوین اینجا معتبر نیست».

ناامید به اتاقم برگشتم که آه از نهادم برآمد. پتوهام سر جاش نبود. از هم‌اتاقیم پرسیدم: «پتوهای من کو؟» با بداخلاقی گفت: «مگه من مسئول اموال تو هستم؟». سراغ وکیل‌بند رفتم و گفتم: «پتوهای منو روز اول دزدیدن». گفت: «ندزدیدن. به دستور رییس‌بند به حسینیه بالا منتقل شد». گفتم: «چرا؟» گفت: «چراش رو برو از خودش بپرس».

رفتم بالا و بی‌اجازه وارد اتاقش شدم. آدم قوی هیکل عنقی بود. گفتم: «به دستور شما پتوهای منو بردن حسینیه؟» گفت: «بله، جات اونجاس. باید حالا حالاها کف خوابی کنی. روز اول اومدی رفتی تو اتاق جا خوش کردی اونم تو دارالقرآن؟». گفتم: «من که سرخود نرفتم تو اون سالن، حاج‌آقا مردانی دستور دادن». گفت: «ببین پسرجون، اون سالن دارالقرآنه. جای قرآن‌خوناس». گفتم: «ببخشید، رییسشون کیه؟». گفت: «حاج‌آقا مححق». گفتم: «الان هستن؟» گفت: «بله». گفتم: «خب خیلی خوب شد. منو بفرستین پیشش بگین قرآنو باز کنه رندوم از هر جای قرآن دلش خواس از من امتحان روخونی و ترجمه و تجوید و تفسیر بگیره. حله؟» گفت: «خیله خوب. برو پیشش، بهش زنگ می‌زنم».

آدرس دفتر آقای محقق رو داد. آمدم پایین و رفتم تو حیاط و گوشه حیاط پله‌ها رو گرفتم و رفتم بالا. در زدم. گفت: «بیا تو». رفتم تو و سلام کردم. بعد یک صندلی برداشتم و گذاشتم جلو میزش و گفتم: «من عالی‌پیامم. قرار بود آقای حسینی به شما زنگ بزنن. من آماده‌ی امتحانم. روخوانی، تجوید، ترجمه، تفسیر. اگر از شاگرد اول شما کمتر بودم بگین منو رو پشت بون بخوابونن».

گفت: «ما با مددجوها تفسیر و ترجمه کار نمی‌کنیم. کار ما فقط روخونی و حفظ قرآنه». گفتم: «از جزء سی‌ام قرآن هر آیه‌ای رو دوست دارین بخونین تا من آیه‌ی بعدی رو از حفظ بخونم». گفت: «ببین آقای عالی‌پیام، من راجع به شما تحقیق کردم. مسئله این نیست که شما قرآن بلدی یا نیستی. مسئله اینه که اون سالن جای شما نیست». گفتم: «چرا؟» گفت: «ما چن سال رو این مددجوها زحمت کشیدیم و با خدا و پیغمبر و دین و قرآن آشناشون کردیم. شما برین تو اون سالن خرابشون می‌کنی». گفتم: «چرا فکر نمی‌کنی اونا منو درستم کنن. هرچی باشه اونا صد و هفتاد هشتاد نفرن و من یه نفرم. خدا رو چه دیدی. شاید نور حق در دل ما هم تابید و اصلاح شدیم». گفت: «بحث نکن، همینه که گفتم. اونجا جای شما نیست». نگاهش کردم و مدتی بین ما به سکوت گذشت. دیدم دارد حکم حکومتی می‌دهد. باید همین اول کار می‌شکستمش. نگاهم به قرآنی که در کتابخانه‌ی پشت سرش بود، افتاد. گفتم: «می‌شه اون قرآنو از پشت سرتون بدین؟» گفت: «می‌خوای چیکار؟» گفتم: «می‌خوام من از شما امتحان بگیرم». خیلی عصبانی شد. خون زیر پوست صورتش دوید. بلند شد و در را باز کرد و کنار در ایستاد. یعنی بیا برو بیرون. بلند شدم و در حالی که از در خارج می‌شدم، گفتم: «نمی‌دونم حرفاتون قرآنیه یا کاراتون». در حالی که توی دلم می‌گفتم: «حاجی خوب دکونی باز کردی. ماهی چقد درآمد داره؟» از پله‌ها سرازیر شدم. این اولین درگیری من و روحانی بند بود.

یکراست رفتم اتاق مدیر بند. وارد که شدم، فاتحانه گفت: «خب؟ چی شد؟ دیدی که مخالفت کرد؟» همون شد که بهت گفتم. از کوره در رفتم. گفتم: «می‌خوام آقای مردانی رو ببینم». گفت: «برای ملاقات با رییس زندان باید بری از فروشگاه فرم مخصوص مکاتبات داخلی زندان رو بخری و درخواستت رو روش بنویسی و بدی زیر هشت. علت ملاقات رو هم بنویسی. اونجا ثبت می‌شه و بهت شماره و تاریخ می‌دن. این درخواستا می‌ره پیش رییس. می‌خونه. اگه صلاح دونست بهت وقت ملاقات می‌ده. معمولن هم چند ماه طول می‌کشه».

با عصبانیت رفتم تو سینه‌اش و گفتم: «من نامه بنویس و نوبت بگیر و این قرطاس‌بازیا بلد نیستم. اون تلفن رو وردار و بهش زنگ بزن بگو عالی‌پیام کارت داره باید فوری ببینتت».

چشم‌هایش از تعجب گرد شده بود. همین‌طور مرا برّ و بر نگاه می‌کرد. پر واضح بود تا به حال هیچ زندانی با او این چنین سخن نگفته بود. در حالی که همچنان نگاهش به من بود، دستش به سوی تلفن رفت و شماره‌ای گرفت و خیلی مؤدب گفت: «ببخشید .... یک زندانی اینجاست به اسم ....» بعد رو به من کرد و پرسید: «گفتی اسمت چیه؟» گفتم: «عالی‌پیام». گفت: «می‌گه عالی‌پیامه می‌خواد حاج‌آقا رو ببینه». نمی‌شنیدم ولی معلوم بود چه جوابی شنیده است. گوشی را با تأنی روی تلفن گذاشت و گفت: «بریم».

دومین ملاقات با رییس زندان

بدون رعایت تشریفات نام‌نویسی در دفتر مخصوص ورود و خروج و انگشت زدن و صدور برگه، همراه خودش به سمت دفتر رییس به راه افتادیم. آقای حسینی جلو و من پشت سر. به سرعت گام برمی‌داشت. با این زانوهای علیلم نمی‌توانستم به او برسم و عقب می‌ماندم. چند بار برگشت و با تشر گفت: «پس چرا راه نمیای؟» گفتم: «زانو درد دارم، کمی آهسته‌تر لطفن». بالاخره رسیدیم. تا آمد به منشی چیزی بگوید، منشی کلامش را برید و گفت: «بفرمایید، منتظرتان هستند». وارد اتاق رییس شدیم. سلام کردم. گفت: «بنشین». بعد به حسینی گفت: «شما بفرما بیرون منتظر باش». حسینی تا آمد بگوید: «آخه حاج‌آقا....» رییس گفت: «آخه حاج‌آقا نداره. شاید عالی‌پیام بخواد چیزی بگه که جلوی تو نتونه بگه». حسینی نگاهی از سر تعجب به من کرد و دنده عقب رفت بیرون.

آقای مردانی گفت: «در را هم ببند». بست. بعد رو به من کرد و گفت: «چی شده؟» گفتم: «حاجی قرارمون مالیده». گفت: «یعنی چی؟» گفتم: «شما گفتی کلیپ نده بیرون، گفتم باشه، گفتی شب شعر نذار، گفتم باشه، گفتی شلوغ نکن، گفتم باشه، در عوض قول دادی حرمت من تو این زندان حفظ بشه». با کنجکاوی پرسید: «چی شده؟» گفتم: «چی شده؟ اگه قرار بود کف‌خواب باشم، روز اول منو برا چی فرستادین دارالقرآن؟ از اول پرتم می‌کردین کف حسینیه. من که بلد نبودم چی به چیه کجا به کجاس. می‌گفتین برو تو حیاط بخواب، برو رو پشت بون بخواب ....»

نگذاشت حرفم تمام شود. حسینی را صدا زد تو اتاق و گفت: «آقای عالی‌پیام هر سالنی، هر اتاقی، هرجایی که خودش دلش می‌خواد، بخوابه». تا حسینی آمد بگه: «آخه حاج‌آقا محقق ....» حرفش را قطع کرد و گفت: «نشنیدی چی گفتم؟ دوباره تکرار کنم؟».

در حالی که حسینی مرتب زیر لب غرغر می‌کرد، به بند برگشتیم. با دلخوری گفت: «برو وسایلت رو بردار بیا تو اتاقت». گفتم: «دِ نشد. هر کی وسایلمو برده بالا باید خودش بیاره بذاره سر جاش».

از اینکه روز اول میخ خود را خوب کوبیدم، از خودم راضی بودم. هم برای رییس زندان، هم رییس‌بند، هم وکیل‌بند. این را می‌دانستم ولی حالا بیشتر فهمیدم که از شعرها و کلیپ‌های من چقدر حساب می‌برند.

دوباره در اتاق قبلی مستقر شدم. هم‌اتاقی من روز اول سنگ‌هایش را با من واکند. گفت: «ببین، الان من و تو هم اتاقیم. دوست داری هم‌خرج بشیم؟» گفتم: «من مشکلی ندارم». گفت: «آشپزی با من، شستن ظرف و جارو و سایر خدمات با تو». گفتم: «قبول». گفت: «خب تو الان تو این اتاق داری از وسایل من مثه تلوزیون و یخچال و فرش استفاده می‌کنی». گفتم: «باید دونگ بدم؟» گفت: «دونگ نده، ولی خرید مایحتاج اتاق برای آشپزی با تو». گفتم: «قبول». گفت: «الان برای موجودی مثه رب و سیب زمینی پیاز و زردچوبه و نمک و چیزای دیگه

که داریم صد تومن بده». شماره کارتش را گرفتم و گفتم پسرم برایش بریزد.

البته بعد از مدتی نمی‌دانم چه شد که تغییر رویه داد. ظرف‌ها را هم خودش می‌شست و به من اجازه شستن نمی‌داد. جارو را هم خودش می‌زد. جارو زدن مرا قبول نداشت. هزینه‌ها را هم نصف کردیم. من ماهانه مبلغی به حسابش می‌ریختم و او خودش حساب و کتاب را نگه می‌داشت.

در زندان قاشق و چنگال و لیوانی که به زندانی‌ها می‌دهند، پلاستیکی است. امروز از یکی از زندانی‌ها یک قاشق و یک چنگال خریدم نود هزار تومان. یک لیوان بلور هم خریدم پنجاه هزار تومان. یک بشقاب و کاسه بلور هم از کس دیگری خریدم صد و بیست هزار تومان. پولش را پسرم از بیرون برایشان حواله کرد.

امروز با شعبه‌ی بانک پاسارگاد در رجایی‌شهر تماس گرفتم. ناگفته پیداست برای زندانی امکان حضور در شعبه وجود ندارد و ارتباط ما تنها تلفنی بود. گفتم: «کارتی که من تو اوین گرفته‌ام اینجا غیرقابل استفاده است». گفت: «همین‌طوره». گفتم: «خب اگه ممکنه یه کارت جدید برام صادر کنین و اون پولو بریزین تو این». گفت: «نمی‌شه، اون کارت پیشت باشه هر وقت ایشالا باز گذارت افتاد اوین مصرف کن. برا اینجا باید بگی خانواده‌ات پول بریزن تا کارت جدید صادر بشه». ما هم همین کار را کردیم، ولی کارت اوین را با موجودی داخلش یکجا سوزاندند. خدا بسوزاندشان.

از پسرم خواستم مقداری لباس خصوصن لباس زیر برایم بیاورد. به زندان که مراجعه کرده بود، مسئول مربوطه که از قضا یک آخوند بود، وقتی فهمید لباس‌ها برای من است، از گرفتن آن‌ها خودداری کرده و گفته بود: «عالی‌پیام سیاسی است. من نمی‌گیرم». پسرم هم گفته بود: «چیه؟ از شورت و عرق‌گیرش هم می‌ترسین؟» باز به مردانی موضوع را گفتم. با دستور او دو سه قطعه لباس زیر را گرفتند و بعد از بیست و چهار ساعت بازرسی تحویلم دادند.

باسمه تعالی

فرم ویژه مکاتبات مددجویان

قوه قضائیه
سازمان زندان ها و اقدامات تأمینی و تربیتی کشور
اداره کل زندان های استان تهران
ندامتگاه
اندرزگاه ۳ سالن ۵ تاریخ ۹۴/۴/۸

نام ... نام خانوادگی ... نام پدر ... ش.ش ...
ش.عکس ... نوع جرم ... سابقه کیفری ...
مدت حبس ... دادسرای ... شعبه ... اجرای احکام ...
قرار شماره/تاریخ ... محکومیت شماره/تاریخ ... میزان محکومیت ...

موضوع درخواست: وسایل شخصی

به: جناب سرهنگ ... ریاست محترم زندان رجایی شهر

باسلام، به استحضار می‌رساند اینجانب بنا به دلایل زیر نیاز به وسایل ذکر شده دارم:

۱- به دلیل حساسیت پوستی به پتوهای ... و سربازی حتماً باید از لحاف نخی استفاده کنم

۲- به دلیل ناراحتی گردن حتماً باید از بالش طبی فوم استفاده کنم

۳- ملافه و روبالشی جهت نظافت با توجه به اینکه در اندرزگاه صدها متر مربع ملافه شخصی دیگر زندانیان وجود دارد

۴- به دلیل حساسیت به ظروف ملامین و پلاستیک، باید از ظروف چینی، بلور یا سفال استفاده کنم

۵- کاغذ و خودکار و سررسید

وسایل فوق را خانواده‌ام تحویل خواهند داد. دستور فرمایید تحویل گرفته و به من تحویل دهند.

سالن ملاقات - هنگام ملاقات با خانواده درجه یک ... اقدام ...

اقلام ذیل اخذ و پس از بازرسی ... به زندانی تحویل شود:

۱- ... یک تخته

۲- لحاف نخی یک تخته ... (نو باشد)

۳- ...

محل درج مهر ارسال بلامانع می باشد
۴- دو تکه ملحفه

نظریه ریاست اندرزگاه
۹۴/۴/۸

مهر و امضاء افسر نگهبان

اثر انگشت مددجو

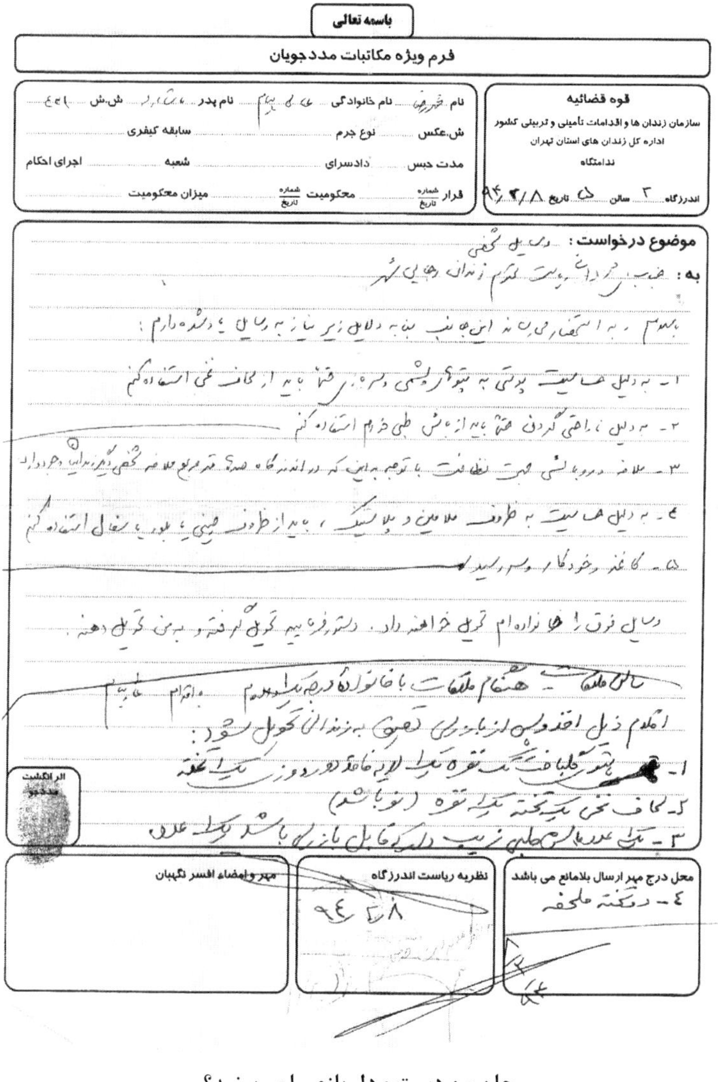

جان من دست و دل بازی را می‌بینید؟

امروز یک چاقوی دسته قاشقی خریدم سی هزار تومان. چاقوی دسته قاشقی یعنی وقتی قاشقی شکست، دسته‌اش را آن قدر روی پله سیمانی می‌کشند

تا تیز شود. بعد هم یک دسته‌ی چوبی یا پلاستیکی برایش تعبیه می‌کنند، می‌شود چاقو.

برای درست کردن این چاقو، هیچ وقت قاشق را نمی‌شکنند، بلکه اگر اتفاقی قاشقی شکست، از دسته‌ی آن چاقو می‌سازند. قسمت سر قاشق را هم دسته‌ی چوبی کار می‌گذارند و می‌شود قاشق دسته چوبی. قاشق تمام فلزی اینجا چهل پنجاه هزار تومان ارزش دارد. چنگال هم همین‌طور. ولی قاشق چنگال دسته چوبی ده هزار تومان ارزان‌تر است. فنجان دانه‌ای چهل و پنج هزار تومان. سه راهی محافظ برق صد و بیست هزار تومان.

فرق این چاقوها با تیزی این است که در تیزی نوک دسته قاشق را تیز می‌کنند و برای فرو کردن در شکم آدم به کار می‌رود. ولی این چاقوی دسته قاشقی را از پهلو می‌سایند و فقط به درد پیاز پوست کردن و خیار خوردن می‌خورد. خیار و پیازی که فروشگاه هر شش ماه یک بار می‌آورد و اگر زرنگ باشی می‌توانی بخری.

مشکل دارو

چند روز از درخواست انتقال داروهایم از اوین می‌گذرد و هنوز خبری نیست. امروز به درمانگاه رفتم و با رییس درمانگاه طرح مسئله کردم. گفت: «اتفاقن آقای مردانی هم پیگیر بودند و مکاتبه هم کردیم». همان موقع زنگ زد به درمانگاه اوین و با خانمی که فکر کنم مسئول آنجا بود صحبت کرد. بعد به من گفت: «می‌گه اینجا دارویی به نام عالی‌پیام نیست». گوشی را گرفتم و گفتم: «خانوم دکتر از در بهداری که وارد می‌شی دست راست یه اتاقه. توی اتاق قفسه‌بندیه. دست چپ تو طبقه‌ی سوم یک کیسه داروئه که روش نوشته عالی‌پیام». گفت: «اینجا همچین چیزی نیست».

فااااتحه ... خوردند و یک آب هم روش.

باسمه تعالی

فرم ویژه مکاتبات مددجویان

قوه قضائیه
سازمان زندان ها و اقدامات تأمینی و تربیتی کشور
اداره کل زندان های استان تهران
ندامتگاه
اندرزگاه ...... سالن ...... تاریخ ......

نام محمدرضا نام خانوادگی عالی پیام نام پدر ...... ش.ش ......
ش.عکس ...... نوع جرم ...... سابقه کیفری ......
مدت حبس ...... دادسرای ...... شعبه ...... اجرای احکام ......
قرار شماره/تاریخ ...... محکومیت شماره/تاریخ ...... میزان محکومیت ......

موضوع درخواست :

به : مدیریت محترم [illegible]

با سلام معروض می‌دارد

زمانی که در اوین بودم داروهای مرا تحویل بهداری دادند و هر روزانه به من می‌دادند.
بعد از انتقال به رجایی‌شهر داروها را ندادند [illegible]. با توجه به اینکه بعد از
چهل روز هنوز داروها را نفرستاده‌اند [illegible]
[illegible] داروها تحویل ایشان گردد.

با سلام با احترام عالی‌پیام

اثر انگشت مددجو

فقط اثر انگشت ...... میشود

مهر و امضاء افسر نگهبان
رئیس اندرزگاه

نظریه ریاست اندرزگاه

محل درج مهر ارسال به مراجع می باشد

دادسرای عمومی و انقلاب تهران

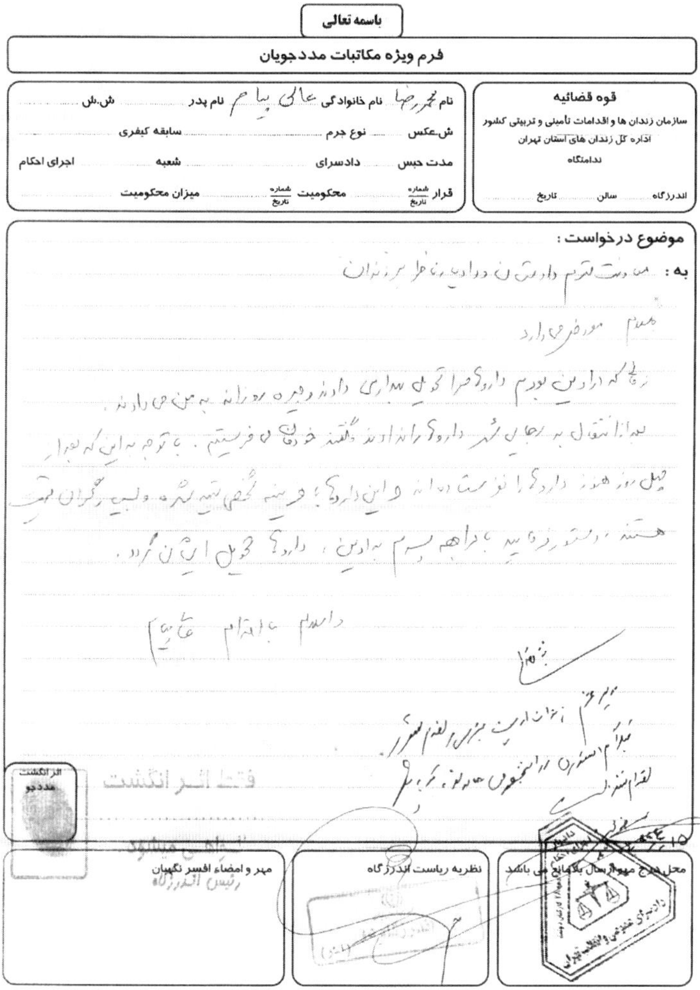

امروز برای طرح بعضی مشکلاتم نزد رییس‌بند رفتم، در اتاق انتظار پشت درش که منتظر شرفیابی!! بودم، نوشته‌ی روی بنری بزرگ توجهم را

جلب کرد:

متن اصلاحیه ۱۷ و ۱۰ تبصره در تاریخ ۸۹/۲/۲۱ به تصویب ریاست محترم قوه قضاییه رسیده است به شرح ذیل است:

فصل سوم : مرخصی زندانیان

تبصره ماده ۱۳= اعطای مرخصی به زندانیان یک حق تلقی نمی‌گردد و برخورداری از آن موکول به رعایت مقررات زندان و کسب امتیازات لازم می‌باشد.

کسب حداقل ۲۰۰ امتیاز برای هر نوبت مرخصی با توجه به معیارهای زیر:

- رعایت مقررات و امور انظباطی در هر ماه ۱۰ امتیاز
- اهتمام به شرکت در نماز جماعت و سایر مراسم مذهبی در هر ماه ۳۰ امتیاز
- شرکت در برنامه‌های مربوط به تلاوت، آموزش روخوانی، ترجمه، درک مفاهیم، حفظ قرآن یا نهج‌البلاغه و عقاید در هر ماه ۳۰ امتیاز
- قبولی در آزمون دوره‌های مربوط به روخوانی، ترجمه، درک مفاهیم و حفظ قرآن یا نهج‌البلاغه، اخلاق و عقاید در هر ماه ۳۰ امتیاز
- شرکت در دوره احکام سطح ۱ و ۲ هر کدام در هر ماه ۱۰ امتیاز
- قبولی در آزمون احکام سطح ۱ و ۲ هر یک ۳۰ امتیاز
- حفظ قرآن به ازاء هر جزء ۲۰۰ امتیاز
- انتخاب در جشنواره قرآنی شهرستان، استان یا کشور و یا کسب رتبه در آن، هر کدام ۱۰۰ امتیاز
- پرداخت جزاء نقدی به ازاء یک درصد از مبلغ جریمه ۵ امتیاز
- و ... و .... و ....

داخل سالن هم این بنر نصب شده است:

قوانین و مقررات اندرزگاه به شرح زیر بوده، رعایت کلیه مفاد آن توسط تمامی مددجویان الزامی بوده و در صورت تخطی طبق آیین‌نامه سازمان برخورد و متخلفین و افراد متمرد به اندرزگاه دیگر منتقل خواهند شد:

۱ـ حضور در نماز جماعت یومیه (صبح، ظهر، عصر، مغرب، عشا) الزامی است.

۲- حضور مستمر و منظم در کلاس‌های فراگیر قرآن الزامی و اجباری می‌باشد.

۳- حضور در ادعیه (زیارت عاشورا، کمیل، توسل، ندبه ...) و مراسم مذهبی که در دارالقرآن مرکزی یا حسینیه سالن شش برگزار می‌گردد، الزامی است.

۴- و ... و .... و ....

سازمان زندانها و اقدامات تامینی وتربیتی کشور

اداره کل زندانهای استان تهران زندان رجایی شهر — تاریخ

اندرزگاه : ۲

سالن : ۶

شماره پرونده :

سرنسخه

نام و نام خانوادگی: — نام پدر — علت مراجعه :

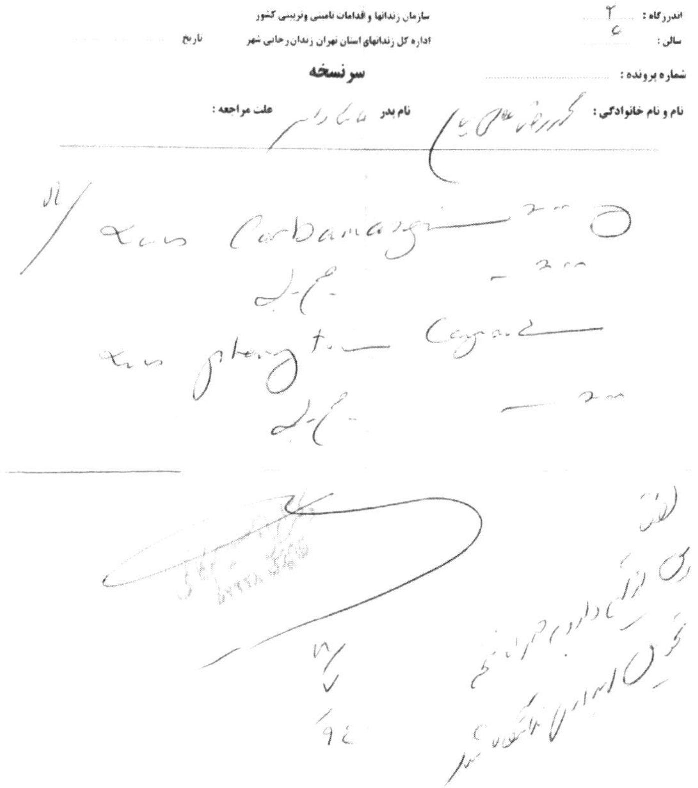

هنوز از داروهای من خبری نیست. از پسرم خواستم مجددن تهیه کند و برایم بفرستد. دم در از او نگرفته بودند. گفتند باید از بهداری زندان نسخه داشته باشد. از بهداری نسخه گرفتم و به او رساندم. همین سه خط بالا یعنی دوازده روز معطلی.

یک زندانی که تازه دو سه روز به بند ما آمده بود به من گفت: «یه موبایل دارم با سیم‌کارت فعال. همه برنامه‌ها رو هم روش داره. پنج میلیون». قیافه‌اش داد می‌زد اطلاعاتی است. گفتم: «لازم ندارم». هر بار مرا می‌دید می‌گفت: «چی شد پس؟ نمی‌خوایش؟» من هم می‌گفتم: «نه». او هر بار قیمت را پایین می‌آورد. تا یک میلیون هم رسید. یک بار گفت: «لااقل ببینش شاید پسندیدی. به دردت می‌خوره ها». آب پاکی را روی دستش ریختم و گفتم: «ببین اخوی، ما خودمون این‌کاره‌ایم. به اون کسی که بهت مأموریت داده برو این موبایلو به عالی‌پیام بفروش بگو عالی‌پیام خودش ختم این شامورتی بازیاس». دو روز بعد از بند ما رفت و دیگر ندیدمش. خداییش خیلی ناشی بود.

الان بعد از چند سال که دارم خاطرات آن روزها را می‌نویسم، می‌بینم من از او ناشی‌تر بودم. چون باید موبایل را از او می‌گرفتم و می‌گفتم: «باید تستش کنم». بعد چند تا عکس از زندان و اتاقم و خودم و خودش می‌گرفتم و سِند می‌کردم بیرون و بعد می‌گفتم: «نچ، خوب نیست، به دردم نمی‌خوره».

فروشگاه

امروز فروشگاه کاهو آورده بود. به ده تا اتاق بیشتر نرسید. طبق معمول سر ما هم بی‌کلاه. در اتاق یکی از دوستان به خوردن کاهو دعوت شدیم. جالب اینکه اکثر کاهوهایی که فروشگاه فروخته بود، مغز نداشت، یعنی مغز کاهوها را

بریده بودند. معلوم بود مغز آن‌ها را برای از ما بهتران برده‌اند.

جریان فروشگاه برای خودش حکایتی است. با وجود این همه جمعیت، فقط دو ساعت صبح کار می‌کند و دو ساعت بعد از ظهر. همیشه یک صف چهل پنجاه نفری جلوی فروشگاه است. ما که اهل صف نیستیم. نورچشمی‌ها هم از در پشت خرید می‌کنند و در صف نمی‌ایستند. دو سوم آنچه فروشگاه می‌آورد، توسط نورچشمی‌ها از در پشت غارت می‌شود: سیب، کاهو، سیر، شیر ....

مشکل فروشگاه یکی دو تا نیست. اولن این‌طور نیست که همیشه همه چیز داشته باشد. مثلن ماست می‌آورد. همه جعبه جعبه ماست می‌خرند، چون معلوم نیست دفعه‌ی بعد که ماست می‌آورد کی باشد، دو ماه بعد؟ سه ماه بعد؟ شش ماه بعد؟ بعضی از این ماست‌ها گوشه‌ی اتاق‌ها آن قدر می‌ماند که کپک می‌زند. عده‌ای هم که وضع مالی‌شان خوب است، دست به احتکار می‌زنند. مثلن بیست عدد دستمال کاغذی می‌خرند. بعد از مدتی که دستمال کاغذی نایاب شد، آن‌ها را دو سه برابر آنچه خریده‌اند به دیگران می‌فروشند.

دوم اینکه مارک اغلب اقلامی که در فروشگاه به فروش می‌رسد در هیچ سوپر مارکتی دیده نمی‌شود. آشغال‌ترین جنس‌ها را می‌آورند. من حدس زدم خودشان یک کارخانه زده‌اند و رب و کنسرو و آبلیمو و غیره را تولید می‌کنند. همه‌ی مارک‌ها ناشناخته است. بعد که تحقیق کردم متوجه شدم حق با من است. یعنی بچه‌های سپاه خودشان یک تعاونی دارند و اقلام مصرفی زندان را خودشان تولید می‌کنند. سومش هم این‌که خیلی از آن‌ها تاریخ مصرف گذشته است.

امروز نزد رییس‌بند رفتم و مشکلات فروشگاه را گفتم. گفت: «اصلن چنین چیزی نیست». من هم گفتم: «بله نیست».

شعرهایی که بیرون زندان هنرجوهای خودم (هالوچه‌ها) یا شاعران دیگر در مورد من می‌گویند و در فضای مجازی می‌پیچید، در زندان به دستم می‌رسد. اما امروز شعری از هادی خرسندی دریافت کردم با عنوان «همینی که هست».

بسیار انرژی‌بخش بود. خصوصن بیت آخر آن:

گر بیاید برون صدای همه
جا ندارد اوین برای همه

فروشگاه زندان سیگار نمی‌فروشد و این موضوع مورد اعتراض زندانی‌های سیگاری است. این در حالی‌ست که سیگارِ پاکتی دو، سه، چهار و دست بالا پنج تومان، به صورت قاچاق، پاکتی سی، چهل، گاهی پنجاه هزار تومان دست به دست می‌شود. زندانی‌ها معتقد بودند رییس‌بند فروش سیگار را در فروشگاه ممنوع کرده و توسط عواملش بازار سیاه راه انداخته است. قول دادم موضوع را حل کنم.

فردا باز به دیدن حسینی، رییس‌بند رفتم. گفتم: «فروشگاه چرا سیگار نمی‌فروشه؟» گفت: «من دستور دادم». گفتم: «چرا؟» گفت: «چون سیگار چیز بدی است». گفتم: «تو تموم بندای دیگه می‌فروشن و ممنوع نیست». گفت: «اینجا بند منه و من تصمیم می‌گیرم». گفتم: «ولی سیگار قاچاق توی زندان با ده برابر قیمت فراوونه». گفت: «اونش دیگه به من مربوط نیست». گفتم: «اتفاقن مربوطه. چون اولن همین گرون‌بودن باعث می‌شه اونایی که سیگاری هستن و قدرت خرید سیگار قاچاق رو ندارن به اونایی که قدرت خرید سیگار رو دارن یا باج بدن یا کولی بدن یا بیگاری بکشن یا هزار و یه اتفاق غیراخلاقی دیگه که خودتون می‌دونین». گفت: «خب مواد مخدرم گرونه و نایاب، پس من آزادش کنم که قیمتش بیاد پایین؟» گفتم: «مواد مخدر ممنوعه ولی سیگار ممنوع نیست و شما یه بازار قاچاق مصنوعی ایجاد کردین».

احساس کردم نمی‌خواهد زیر بار برود. گفتم: «اینم بگم همه‌ی زندونیا می‌گن سر بازار سیگار قاچاق تو جیب شماست. به هر جهت برای من سوژه‌ی خوبیه. می‌تونم یه گزارش ملس از توش درآرم». تهدیدم کارساز شد. فکری کرد و گفت: «می‌گم از فردا سیگار کنت بیاره، خوبه؟» گفتم: «نه، باید تنوع

سیگار باشه که هرکی با هر قدرت خریدی هر سیگاری دلش خواست بخره، مثه فروشگاه‌های دیگه».

مشکل سیگار حل شد. شما نمی‌دانید زندانی‌ها چطور مثل یک ناجی با من برخورد می‌کردند. همین‌طور پاکت سیگار بود که به من کادو می‌دادند. من هم می‌دادم به چند نفری که می‌شناختم و واقعن لنگ یک نخ سیگار بودند. از نداری یک نخ سیگار را سه قسمت می‌کردند و سه وعده می‌کشیدند. هیچ کس را نداشتند که از بیرون برایشان پول بفرستد. حتا پاسارکارت هم نداشتند.

آخ آخ خدایا ببخش! ریا شد.

در ادامه‌ی تحقیقات، شنیدم که فروشگاه تحویل دو تا از برادرهای حسینی است.

اعلام عفو عمومی

دوازده رجب اعلامیه‌ی عفو عمومی را به دیوار زدند. زندانی‌های تا درجه شش مشمول عفو بودند. نامه‌ای به معاون دادستان نوشتم با مضمون زیر:

معاونت محترم دادستان
جناب آقای خدابخشی
در اعلامیه صادره در مورد عفو که به دیوار زندان نصب شده به نظر می‌رسد من نیز مشمول آن می‌شوم. مراتب فقط جهت یادآوری به اطلاع رسید. والسلام، عالی پیام

پسرم می‌گفت: نامه را به ایشان دادم. نامه را پرت کرد و گفت: «اسم پدرت

تو لیست عفو بود، اما دادستان از کلیپ "اوین دربست"ش خیلی عصبانیه. موافقت نمی‌کنه». یاد جمله‌ی مشهور بهشتی افتادم: «به آمریکا بگو از دست ما عصبانی باش و از این عصبانیت بمیر».

به پسرم گفتم: «پی‌گیری نکن. تا روز آخر حبس را تحمل می‌کنم». گفت: «می‌گوید پیغمبر ابوسفیان رو بخشید، ولی ما پدر تو رو نمی‌بخشیم». به او گفتم: «برو بهش بگو بابام می‌گه قبول، من ابوسفیان، اصلن قیافه‌ی منم مثه ابوسفیانه. ولی من باور کنم که شما و کاراتون به پیغمبر می‌مونه؟».

بیچاره تاریخ نخوانده و نمی‌داند ابوسفیان چه با محمد کرد. یاد مطلبی از باستانی پاریزی افتادم. در جواب کسی که گفته بود اسلامِ صدر اسلام را پیاده خواهیم کرد، پاسخ داده بود:

سال دهم پیامبر درگذشت. سقیفه ابوبکر و سپس عمر را انتخاب می‌کند. سال بیست و دو عثمان را روی کار می‌آورند و سال سی و پنج معاویه‌ی آن اسلام، خلیفه‌ی شام می‌شود و علی را در محراب عبادت می‌کشد. ابوسفیان دست بر گور حمزه سیدالشهدا می‌گذارد و می‌گوید:

- آن چیزی که تو برای آن کشته شدی، اکنون در دست فرزندان ماست. [۱]

البته استاد پاریزی دیگر نگفت که فرزندان همان ابوسفیان، سال شصت و یک یعنی پنجاه سال بعد از فوت پیامبر، سر نوه‌اش را روی نیزه کردند و خانواده‌اش را به اسیری بردند.

به پسرم گفتم: «برو بهش بگو بابام می‌گه حالا که من ابوسفیانم و شما پیغمبر، دوست دارین باهاتون همون کاری رو بکنم که ابوسفیان با پیغمبر کرد؟». گفت: «بابا بی‌خیال، من نمی‌گم، ولش کن».

ما هم به حرف پسر گوش دادیم و ولش کردیم. حالا که فکر می‌کنم می‌بینم چه خوب شد با عفو من موافقت نکردند. اگر آزاد می‌شدم به قول داش‌مشدی‌های اینجا کسر لاتی بود. اگر قرار بود من با عفو رهبری آزاد شوم، قبل از زندان نامه به رهبری را می‌نوشتم و اصلن زندان نمی‌آمدم.

---

۱. خود مشت و مالی، باستانی پاریزی ص ۲۴۷

قضیه برمی‌گردد به حدود یک سال قبل. وقتی حکم من در دادگاه تجدید نظر (یا بهتر بگوییم تأیید نظر) قطعی شد، من تقاضای اعمال ماده صد و هجده کردم. چون حکم صادره غیرقانونی بود و روی پرونده‌ی مختومه مرا دوباره محاکمه و محکوم کرده بودند و می‌خواستم پرونده برای رسیدگی مجدد به دیوان برود. لایحه را به دادگستری بردم و رفتم دفتر طبری، معاون رییس قوه. خواند و پرت کرد جلوم و گفت: «نمی‌گیریم». گفتم: «بگیرید و رد کنید». گفت: «اصلن تحویل نمی‌گیریم. خوش آمدی».

از دادگاه خارج نشده بودم که کسی از پشت زد روی شانه‌ام و گفت: «صد میلیون خرج داره امضای شخص لاریجانی رو روی لایحه‌ات بگیرم. نتیجه هر چی شد، به من مربوط نیست». گفتم: «مرد حسابی تو از کجای قیافه‌ی من فهمیدی من صد میلیون تومن پول دارم». [1]

به دیدن آقای دعایی رییس انتشارات اطلاعات رفتم تا از رفاقت با او حسن استفاده کنم. وارد اتاقش که شدم بعد از سلام و علیک گفت: «ناهار خوردی؟» گفتم: «نه». گفت: «خب اول بریم ناهار بخوریم و بعد بشینیم به صحبت». رفتیم سلف سرویس روزنامه ناهار را خوردیم و برگشتیم و بعد از چایی و کلی گپ و گفت، پرسید: «کاری داری؟». موضوع را شرح دادم و گفتم که: «لایحه‌ی مرا نمی‌گیرند. می‌خواستم اگه ممکنه یه سفارشی چیزی بکنی که من بتونم از حق قانونیم استفاده کنم». کمی فکر کرد و گفت: «یه نامه بنویس». گفتم: «با عنوان کی؟» گفت: «مقام رهبری». گفتم: «مرد حسابی مثه اینکه اصلن تو باغ نیستی ها! پول ناهار من چقد می‌شه بدم برم».

گفت: «تو در بین مقامات کم دوست و آشنا نداری. چرا سراغ اونا نمیری؟».

---

۱. در ملاقاتم با معاون دادستان که در اول این بخش صحبتش رفت، این موضوع را گفتم که برای قبول کردن لایحه‌ام صد میلیون رشوه خواسته‌اند. گفت: «او را معرفی کن». گفتم: «تو چی فکر کردی؟ فکر می‌کنی اون خودش تنهاس؟ نه عزیز من، یه شبکه‌اس که این تهشه. سرش خود آقای لاریجانی و رییس دفترش و معاونش. وگرنه اون از کجا می‌دونس من لایحه‌ای دارم که شخص رییس قوه باید روش دستور بده؟ غیر از اینه که همون آقای معاون که لایحه‌ی منو نگرفت، فرستادتش دنبال من؟».

راست هم می‌گفت. ولایتی، بشارتی، ناطق (آن زمان رییس دفتر بازرسی بیت رهبری بود)، شمخانی (فرمانده‌ی من در سپاه بود)، خاتمی، ری‌شهری، بروجردی، شیخ‌الاسلام، ... با همه‌ی این‌ها زمانی که وزارت خارجه بودم جلسات هفتگی داشتیم و من دبیر جلسه بودم. نگاهی به دعایی کردم و گفتم: «ما از سر بامی که پریدیم، پریدیم. الانم که اومدم پیش شما پشیمونم. از روزی که شما راهتونو از مردم جدا کردین، راه منم از شما جدا شد. خدا منو ببخشه که فکر می‌کردم خدمت‌گزار مردمید. خیلی دیر فهمیدم یه شاه رفته و صد تا جاش اومده. خداحافظ».

بعضی‌ها به من می‌گویند: «این همه بی‌خودی واق‌واق نکن. هرچی باشه تو خودتم یه زمانی با اینا بودی». می‌گویم: «بله بودم تا زمانی که فکر می‌کردم دارم به مردم و مملکتم خدمت می‌کنم. ولی از وقتی که فهمیدم درونشون چه خبره، یکسره پشت پا زدم به همه‌ی اون مقام و موقعیت و جایگاه و پول و ثروت و امکانات. اصلن هم پشیمون نیستم و معتقدم این خیلی ارزشمندتره از کسی که از اول چیزی نداشت و الان هم نداره تا من که همه چیز داشتم و همه را به پای وطنم ریختم».

با اینکه پریروز سالن‌ها را سم‌پاشی کردند، امروز یک هزارپا در اتاقم یافتم و کشتم. فردا باید بروم پیش رییس‌بند و بگویم اقلن سم‌ها را بگویید مثل جنس فروشگاه، آشغال تهیه نکنند و سم خوب بزنند. از همه چیز می‌دزدند.

یک زندانی اینجا هست که به او پیتر می‌گویند. او در آمریکا یک ایرانی را کشته و به چند سال حبس محکوم شده و حبسش را هم در آمریکا کشیده و آزاد شده. بعد از چند سال که به ایران آمده دستگیر و به اعدام محکوم شده است. می‌گویند سیتی‌زن آمریکاست، ولی حتی اسم خودش را هم نمی‌تواند بنویسد. به او گفتم: «تو چطور سیتی‌زن آمریکا هستی که اسم خودتم نمی‌توونی بنویسی؟» گفت: «من از کارتن‌خوابای آمریکا هستم».

امروز زندانی‌هایی که مشمول عفو سیزده رجب بودند آزاد شدند. از بند ما فقط یک نفر بود. از بندهای دیگر خبر ندارم. با خودم فکر می‌کردم لطف خدا بود که مرا ابوسفیان پنداشتند و با آبروی من بازی نشد. ولی من نباید به سادگی از قضیه بگذرم. آن‌ها فکر می‌کنند دل مرا سوزانده‌اند. ولی کور خوانده‌اند. این منم که باید یک جای‌شان را بسوزانم. این بود که دست به قلم شدم و نامه‌ی زیر را به معاون دادستان نوشتم:

به نام آن که اگر حکم کند شما محکومید نه من
جناب آقای خدابخشی
معاون محترم دادستان و دادیار ناظر بر زندان‌ها
سلام
اولین ملاقاتم با شما را خوب به یاد دارم. یادآوری می‌کنم که شما هم به خاطر بیاورید. بهمن سال نود و سه بود که ابلاغ معرفی خودم به اوین را دریافت کرده بودم. از شما دو ماه تأخیر در اجرای حکمم را خواستم. (حکمی که غیرقانونی علیه من صادر شده بود) از من خواستید شعری درباره‌ی دهه‌ی فجر بگویم. شعر دهه‌ی فجر را گفتم و خدمت شما آوردم (اگر آن را به خاطر ندارید در صفحه‌ی فیس‌بوک من موجود است)، به من گفتید تصویری که از زمان شاه ساخته‌اید همین اوضاع امروز ماست. گفتید همه‌ی این‌ها مثل زیر پا گذاشتن حقوق بشر، زندان، تک‌صدایی و تک‌حزبی، اعتیاد، اختلاس، رانت‌خواری منتسبین به حکومت و ... الان هم وجود دارد. حتی خوب به یاد دارم که گفتید: من شنیده‌ام که قوه‌ی قضاییه در زمان شاه مستقل‌تر از الان بود.
صحبت‌های بسیاری بین ما رد و بدل شد که آن نیز در اواخر فروردین امسال (نود چهار) به زبان شعر با مطلع:

شیخ این شعر خواند و با من گفت:
خوب گفتی ولی نیرزد مفت
در صفحه‌ی فیس‌بوکم منتشر شد. دوم اردیبهشت امسال خود را به اجرای احکام اوین معرفی کردم. در روز سومی که در قرنطینه زندانیان تقسیم می‌شدند، آقای جواد مؤمنی جای مرا بند هشت اوین اعلام کرد. ولی با کمال تعجب یک ون جلوی قرنطینه ایستاد و مرا به رجایی‌شهر آورد.

در اینجا به من گفته شد: عالی‌پیام، تو را برای تنبیه و حال‌گیری به این زندان فرستاده‌اند. ابدن اشکالی ندارد. در بند دوی رجایی‌شهر که محکومین به قتل و شرورها زندانی هستند، دوران محکومیت خود را آغاز کردم. فکر کردید در اینجا زجر مضاعف خواهم کشید؟ نه عزیز من، زندانیان اینجا هم مرا می‌شناختند. با خوشرویی و گرمی از من استقبال شد. می‌بینید؟ حتی همین لات‌ها، همین چاقوکش‌ها، همین شرورها هم برای هالو احترام قائل هستند. حتی وقتی شایع شد که عالی‌پیام به خاطر چند مقاله در وبلاگش علیه اعدام زندانی شده است، شدم ناجی این دربندهای قصاصی زیر حکم اعدام.

برای اطلاعتان باید بگویم که نه تنها زندان رجایی‌شهر شکنجه خانه‌ی روحی و جسمی من نشد، بلکه همین هم‌بندی‌ها تا به حال نگذاشته‌اند دست به سیاه و سفید بزنم. برایم غذا می‌پزند. ظرف‌هایم را می‌شویند. هر کس در هر اتاقی غذای خوبی می‌پزد، یک بشقاب نیز به اتاق من می‌فرستد. روزها دور من جمع می‌شوند و درخواست می‌کنند برایشان شعر بخوانم. در صف فروشگاه اجازه نمی‌دهند ته صف در نوبتم بایستم. مرا به زور به جلوی صف می‌کشند. حتی با اصرار می‌خواهند ببینند چه لازم دارم تا برایم بخرند.

جناب آقای خدابخشی

شما خوب می‌دانید که من مشمول عفو عمومی سیزده رجب بودم، اما گفتید دادستان از عالی‌پیام به خاطر کلیپ «اوین دربست» عصبانی است و با عفو وی مخالفت کرده است.

بالای آن بخش‌نامه که روی دیوار زده بودند، نوشته بود: عفو عمومی مقام معظم رهبری. شما که مرا ضد انقلاب می‌دانید، شما که مرا به جرم توهین به رهبری پای میز محاکمه کشاندید، شما که مرا متهم به عدم التزام عملی به ولایت فقیه می‌کنید، شما خودتان چرا التزام عملی به فرمان ایشان ندارید. اگر عفو عمومی است، چرا مرا که شامل آن دستور العمل می‌شدم خط زدید؟

جناب آقای خدا بخشی

گفته‌اید به عالی‌پیام نه عفو مناسبتی می‌دهیم، نه مرخصی، نه اجازه‌ی استفاده از عفو مشروط ... هیچ اشکالی ندارد. من به امید عفو به این زندان نیامده‌ام. آمده‌ام که تا آخرین روز محکومیتم را در حبس باشم، اما اگر عصبانیت شما و همکارانتان از شعرهای من است، بدانید پانزده ماه که هیچ، اگر به حبس ابد هم محکوم شوم، باز شعر خواهم گفت. چون نمی‌توانم نگویم. دهانم بسته نمی‌شود. من شعر می‌گویم. شما هم حکم حبس بدهید. هر کس کار خودش را بکند.

فقط اگر زحمتی نیست، دستور بدهید داروهای مرا که در اوین از من گرفتند و بیش از پانصد هزارتومان پول آن‌ها را از جیب مبارکم پرداختم به من برسانند. علی‌الظاهر پس از پیگیری‌های مداوم و کلی نامه نگاری، گفته‌اند عالی‌پیام اینجا دارو ندارد. دستور بفرمایید ببینید اگر داروهای من در بهداری اوین هست که به من برسانند و اگر نیست، تحقیق بفرمایید چه کسی آن‌ها را

برده و فروخته و پولش در جیب کیست. چون آن داروها خارجی و گران‌قیمت بودند و مورد نیاز من است.

جناب آقای خدابخشی

اگر چه در زندانی به سر می‌برم که به سگدانی بیشتر شبیه است تا زندان، ولی در کنار مردمی هستم که عین مردمند. قربانیان نظامی که شما ساخته‌اید.

در جامعه‌ای که عدالت نیست، دزدی هست، قتل هست، تجاوز هست، زورگیری هست، قاچاق و قاچاقچی هست، فساد هست، فحشا هست، فقر هست و من بخشی از این جامعه هستم.

جناب آقای خدابخشی

کلیپ‌های من در این زندان فراوان است. فلش‌های حاوی کلیپ‌های من دست به دست می‌چرخد. شب‌ها مرا به اتاق‌هایشان دعوت می‌کنند و کلیپ‌های مرا می‌گذارند و می‌گویند: شمایید؟ می‌گویم: بله. می‌گویند: فدایی داری، ایول داری، کرتیم به مولا، ناز نفست، اوچیکتیم.

جناب آقای خدابخشی

می‌دانید چرا این‌ها را نوشتم؟ نوشتم تا بدانید و بدانند کسانی که مرا برای حال‌گیری به این زندان فرستادند، به نتیجه نرسیدند. حال من خیلی خوب است.

عالی‌پیام همیشه هالو

دیشب ساعت سه‌ی نیمه شب بلند شدم که به دستشویی بروم. وارد محوطه‌ی دستشویی شدم. یکی از حفاظ قرآن جلوی آینه ایستاده بود و شلپ شلپ داشت وضو می‌گرفت. وقتی از توالت بیرون آمدم که بروم اتاق، گفت: «آقای محترم، تو که راس راس می‌شاشی، اقلن آب بریز کاسه مسترابو بشور». خواب از کله‌ام پرید. برگشتم نگاهش کردم. گفتم: «اولن تو از کجا فهمیدی من راس

راس شاشیدم؟ دومن از کجا فهمیدی نشستم؟» گفت: «از زیر در پیداس». (درهای توالت و حمام بیست سانت از پایین کوتاه‌تر از چهارچوب است). گفتم: «اول اینکه تو غلط کردی از زیر در نیگا کردی. چه خوب شد من واستاده بودم. اگه نشسته بودم که تو همه اِله اوضاع منو دیده بودی، دوم اینکه اگه من یه کار مکروه کردم، تو یه کار حروم کردی و اونم تجسسه. تو قرآنی که می‌خونی ننوشته «ولاتجسسوا»؟ گفت: «من فردا گزارش می‌کنم که تو واستادنکی می‌شاشی». گفتم: «منم گزارش می‌کنم که تو شیخ پشمک شبا میای اینجا وامیستی از زیر در مردمو دید می‌زنی».

امروز یکی به پیتر سیگار تعارف کرد. او گفت: من از دوازده آگوست ۲۰۱۳ تا امروز ترک کردام. خیلی اصرار داشت با این‌جور کلمات آمریکا بودنش را به رخ همه بکشد. باید در زندان رجایی‌شهر باشید تا بفهمید دوازده آگوست یعنی چه.

امروز با هیاهوی شدید و صدای ضربه‌ی باتوم به در و دیوار سالن از خواب پریدم. همه را از اتاق‌ها خارج کرده و سر پا روی زمین کف راهرو نشانده بودند. پس از بازرسی بدنی، همه را به حیاط فرستادند و درها قفل شد. پس از دو ساعت که گارد سالن‌ها را تخلیه کرد، درها باز شد و همه به داخل آمدیم. تمام اتاق‌ها را به هم ریخته بودند. فرش‌ها و موکت‌ها به صورت در هم، لباس‌ها، رختخواب‌ها و تمام وسایل کف اتاق. سبد سیب زمینی و پیازها روی لباس‌ها و پتوها دمر شده بود، حتی داروهای مرا از قوطی خارج کرده و روی زمین ریخته بودند. وسایل زیادی هم مثل ساعت و کارت تلفن دزدیده شده بود. حالا خوراکی‌هایی که خورده بودند تو سرشان بخورد. تا دو روز نظافت می‌کردیم و اتاق را می‌چیدیم.

شروع فصل گرما

کولرها را از انبار درآوردند که نصب کنند. متوجه شدند هیچ کدام از دوازده کولر پمپ و دینام ندارد. معلوم نشد چه کسی با حمایت چه کسی موتورها را دزدیده است. به جای پیگیری، قرار شد از زندانیان پول جمع کنند و بخرند. قدیمی‌ها می‌گفتند این مشکل هر سال است. آخر فصل کولرها را جمع می‌کنند و در انبار می‌گذارند و قفل می‌کنند، سال بعد که در می‌آورند، نه پمپ دارد نه دینام.

امروز شاهرخ زمانی، زندانی سیاسی و فعال حقوق کارگری به طرز مشکوکی در سالن دوازده زندان رجایی‌شهر فوت کرد. علت فوت او را سکته‌ی مغزی اعلام کردند، در حالی که او بسیار سرحال بود و ورزش می‌کرد و حتا سیگار هم نمی‌کشید.

شاهرخ نقاش ساختمانی، عضو هیئت مدیره‌ی کمیته‌ی پیگیری برای ایجاد تشکل‌های مستقل کارگری، عضو هیئت بازگشایی سندیکای کارگران ساختمان و نقاشان بود و پنجمین سال حبس بدون مرخصی خود را سپری می‌کرد.

این چندمین بار است که زندانی سیاسی در زندان‌های ایران سرش زیر آب می‌شود. از جمله محسن دگمه‌چی، منصور رادپور، علی‌رضا کرمی خیرآبادی، افشین اصانلو در رجایی‌شهر و هدا صابر، ستار بهشتی، زهرا کاظمی و اکبر محمدی در اوین.

یکی از رایج‌ترین دزدی‌ها در اینجا، دزدی دمپایی است. برای همین همه روی دمپایی‌شان اسم می‌نویسند و علامت می‌گذارند. من این را بعد از سه بار که دمپایی‌ام به سرقت رفت، فهمیدم. هر سه بار هم از زندانی‌هایی که دمپایی اضافه داشتند، جفتی سی و پنج هزار تومان خریدم. بله، یک جفت دمپایی

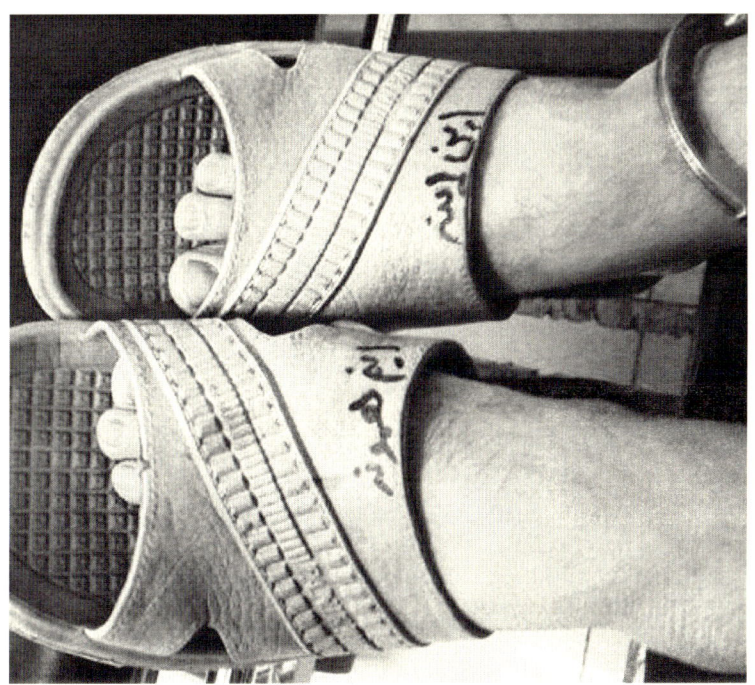

این عکس در بیمارستان توسط پسرم گرفته شد.
آخرین کسی که پرسید: «این یعنی چی؟».

پلاستیکی با نرخ سال نود و چهار، سی و پنج هزار تومان. این هم از جمله‌ی آن اقلامی است که وقتی فروشگاه می‌آورد، عده‌ای زیادی می‌خرند و احتکار می‌کنند برای یک چنین مواردی. بعید نیست کار دمپایی دزدی هم زیر سر همین‌ها باشد. بعد از خرید آخرین دمپایی مثل بقیه دست به کار علامت گذاری شدم. منتها به روش هالویی. روی یک لنگه‌اش نوشتم: «این اینه» روی دیگری هم نوشتم: «اینم همونه». چند روز بعد مرا زیر هشت احضار کردند و مأمور مربوطه پرسید: «این چیه روی دمپاییت نوشتی؟» گفتم: «به فارسی سره نوشته‌ام. فکر کنم معنیش هم واضحه»، گفت: «این خبره؟ علامته؟ رمزه؟ چی بگم وال لا!!!

امروز زندانیان سیاسی امنیتی بند ما برای شاهرخ زمانی مراسم ختم گرفتند. همه‌ی زندانیان عادی هم شرکت کردند و مراسم باشکوهی بر پا شد. این هم از عجایب روزگار است. مجلس ختم! برای یک کمونیست! آن هم در دارالقرآن!!
خبر آن مثل توپ در همه‌ی زندان پیچید. آقای مردانی، رییس‌بند را توبیخ کرد. گفته بود: «ابله، اینا تو رو فریب دادن. تو نمی‌دونی شارخ زمانی کی بود؟ چرا گذاشتی این سیاسیا براش مجلس بگیرن».

یک زندانی که به جرم قتل، قصاص گرفته بود می‌گفت: شاکی من هیچ مدرکی نداشت، قاضی حکم قسامه داد. قسامه یعنی اینکه وقتی شاکی سند و مدرک ندارد، باید پنجاه نفر شاهد بیاورد تا قسم بخورند که متهم قاتل است. او هم رفته بود جلوی دادگستری سراغ دلال‌های شاهد. آنجا کسانی هستند که با سیصد هزار تومان شهادت بدون قسم و با نهصد هزارتومان با قسم به قرآن شهادت می‌دهند. قاضی هم می‌داند که این شاهدها پولی هستند. با این حال حکم قصاص وی را صادر کرده بود. بعضی‌ها هم می‌روند ولایت و دو تا مینی‌بوس هم‌ولایتی می‌آورند برای شهادت.
کسی نیست از این آقای قاضی بپرسد این پنجاه نفر از کجا می‌دانند فلانی قاتل است؟ اگر هنگام وقوع قتل این‌ها شاهد بوده‌اند، پس چرا همین‌طور ایستاده‌اند و او را نگاه کرده‌اند و جلویش را نگرفته‌اند. حتمن داشته‌اند با موبایل‌هایشان فیلم می‌گرفتند بگذارند تو تلگرام و اینستاگرام تا ممبرها و فالوئرهاشان زیاد بشود. اگر این است، کو فیلمش؟ اگر هم شاهد نبوده‌اند، این علم از کجا برایشان حاصل شده است. کسانی که با قسامه حکم اعدام برایشان صادر شده بود می‌گفتند قاضی خیلی از این شاهدها را می‌شناخت. چون بارها و بارها برای پرونده‌های گوناگون در همان دادگاه شهادت داده بودند.
می‌گویند در زمان پیغمبر یک یهودی کشته شد. اولیای دم می‌گفتند ما مطمئنیم فلانی قاتل است. پیامبر گفت: «باید پنجاه نفر از وابستگان خونی مدعی قسم بخورند تا بتوانم او را قصاص کنم». این داستان شده است اساس

یک قانون جزایی در قرن بیست و یکم.

روزی به یکی از دوستانم که قاضی بود گفتم: «مگر نه اینکه برای اجرای حد شراب باید دو نفر شهادت دهند؟ پس چرا امروز با توسل به دستگاه الکل‌سنج حکم حد جاری می‌کنید. یا مگر برای زنا نباید چهار شاهد عادل ورود سرمه‌کش در سرمه‌دان را دیده باشند؟ پس چرا امروزه با دیدن یک فیلم دوربین مخفی حکم زنا صادر می‌کنید؟ نتیجه اینکه با توسل به علم روز خیلی از احکام فقهی تعطیل می‌شود. پس چرا برای قتل که جان آدم‌ها در میان است، خود را به روز نمی‌کنید؟».

آب حمام معمولن سرد است. شب‌ها که همه خوابند، دوازده شب به بعد، کافی است دم ناظر شب را ببینی، کلید حمام را بگیری و یک حمام دبش کنی و لباس‌ها را بشویی و واجبی بکشی و ریش را بزنی با آب داغ داغ، البته به شرط اینکه در حمام را از داخل قفل کنی. کار از محکم کاری عیب نمی‌کند!

روزی نیست که از اندرزگاه ما یکی دو نفر اعدام نشوند. پس از اعدام یک زندانی، رسم است که اهالی سایر سالن‌ها دسته جمعی راه می‌افتند و یک نفر جلو جلو می‌گوید: «برای آزادی سیاسی‌ها، قصاصی‌ها، قدیمی‌ها، جدیدی‌ها، بلند صلوات» و بقیه صلوات می‌فرستند. اهالی سالن عزادار به صف می‌ایستند و اهالی سالن‌های دیگر به ترتیب با آن‌ها دست داده و سرسلامتی می‌گویند و به سالن خود برمی‌گردند.

امروز فروشگاه میوه آورده بود. موز و زردآلو و کرفس و خیار و گوجه. تا قبل از ساعت دو که در فروشگاه باز شود، از در پشت، نورچشمی‌ها و وکیل‌بندها و خدمات و بچه‌های مرتبط با زیر هشت، جعبه جعبه و کیسه کیسه بردند. ساعت دو که فروشگاه باز شد، دویست و پنجاه نفر توی صف اسم نوشته بودند. من نفر هفتاد و چهارم بودم. سیزده نفر که خرید کردند، تمام شد.

فاااااتحه.

امروز یکی از زندانی‌ها از من خواست برایش لایحه بنویسم. گفتم باید مدارک و احکامت را ببینم. به اتاقش رفتیم، دیدم هم‌اتاقیش شیخ پشمک است. همان کسی که به من ایراد گرفته بود چرا راس راس می‌شاشی. یک مموری توی تلوزیون گذاشته بود و داشت فیلم سوپر می‌دید. دو تا بالش پشتش، تکیه به دیوار، زانوها جمع در شکم، یک پتو روی پاها که تا خرخره کشیده بود بالا و دست‌ها زیر پتو. فکر کنم داشت راس راس ... با تسبیح ذکر می‌گفت.

ورزش اینجا عبارت است از:

۱- ورزش سنگین: شامل دمبل و هالتر که خود بچه‌ها با لوله‌ی آب و بلوک سیمانی ساخته‌اند.

۲- یک دستگاه فوتبال دستی: که تعدادی از زندانی‌ها روی هم پول گذاشته‌اند و خریده‌اند و فقط همان‌ها هم حق بازی دارند. بعد از چند ماه خراب شد و شکست و گوشه‌ای افتاد.

۳- گل کوچیک: شامل یک توپ پلاستیکی و دو دروازه‌ی کوچک که با دو پتو سربازی ساخته‌اند.

۴- والیبال: که آن هم هزینه‌ی توپ و تور را خود بچه‌ها داده‌اند و متعلق به عده‌ای خاص است.

کفش کتانی اینجا ممنوع است. بازی یا با دمپایی است یا پابرهنه روی آسفالت. زمین فوتبال و والیبال به هم چسبیده است و مدام یا توپ این‌ها توی زمین آن‌هاست، یا توپ آن‌ها توی زمین این‌ها.

کسانی هم که می‌خواهند قدم بزنند و پیاده‌روی کنند، باید دور این دو زمین راه بروند و راه به راه توپ این‌ها یا آن‌ها را روی سر و کله‌شان نوش جان کنند.

امروز چند بازرس برای بازدید از زندان آمده بودند. آقای محقق رییس دارالقرآن

برای آن‌ها توضیح می‌داد با اینکه شرکت در مراسم اجباری نیست، ولی همه‌ی زندانی‌ها با جان و دل در مراسم شرکت می‌کنند.

خواستم بگویم: دقیقن مثل صدر اسلام که همه‌ی ایرانی‌ها با جان و دل ایمان آوردند. بله، اجباری نیست. ولی موقع مراسم، تلفن‌خانه و فروشگاه را تعطیل می‌کنند. باز به خودم گفتم: «لعنت بر شیطون حرومزاده. عالی‌پیام، اون گاله رو ببند».

سالن ما به عنوان دارالقرآن ویترین زندان است. هر گاه از بیرون کسی برای بازدید می‌آید، او را به این بند می‌آورند. او هم چرخی زده به‌به چَه‌چَه کرده می‌رود.

امروز هفت خرداد، کولرهای حسینیه راه افتاد، ولی از کولرهای سایر سالن‌ها هنوز خبری نیست.

کلاس عروض و قافیه

یکی از بچه‌های سالن شش از من خواست با او عروض و قافیه کار کنم. ما هم شب به شب یک ساعت برنامه گذاشتیم. این خبر به سرعت در اندرزگاه پیچید. متقاضی دوم و سوم و چهارم ظرف دو روز پیدا شد. ساعت دو تا سه برای اولی وقت گذاشتم. پنج تا شش برای دومی، بعد از آمار ساعت شش یکی دیگر، بعد از شام هم آخری. دیدم نه خدا برکتش بدهد متقاضی زیاد است و کلاس عمومی هم که قدغن. تنها راه خلاص شدن از متقاضی‌های جدید این بود که شرط بگذارم. گفتم باید حتمن دیپلم داشته باشید. باز دیدم متقاضی زیاد است. گفتم حداقل باید بیست غزل حافظ از بر باشید تا من با شما کار کنم. از فردا حافظان قرآن عزیز، دیوان حافظ در دست توی حیاط قدم می‌زدند و

زمزمه می‌کردند: الا یا ایها الساقی ... کار و کاسبی آقای محقق کساد شد، خدا به خیر کند. بنده خدا یک چیزی می‌دانست که همان اول کار به من گفت: جای تو توی این سالن نیست.

یکی از زندانی‌ها که بسیار مشتاق بود، علاوه بر حفظ بیست غزل از حافظ، چند شعر از شهریار و پروین اعتصامی هم حفظ کرد. با اینکه نُه کلاس بیشتر نخوانده بود، پذیرفته شد. یکی دیگر از زندانی‌ها اعتراض کرد و گفت: اون که نه سال درس خونده قبول کردی، من که یازده سال خوندم رد کردی؟ گفتم: یعنی زیر دیپلمی؟ گفت: «نه، پنج سال کلاس اول رو خوندم و شیش سال کلاس دوم. بابام دیگه نذاش برم مدرسه. گفت: تو درس بخون نیستی. درس و مشق به دردت نمی‌خوره». گفتم: «حالا منم همینو می‌گم، شاعری به دردت نمی‌خوره».

امروز پاسارکارت نیمی از زندانی‌ها سوخت. علت: نامعلوم. بعد برایم معلوم شد این برنامه هر چند وقت یک بار اتفاق می‌افتد و چیز تازه‌ای نیست. دو سه روز طول می‌کشد تا کارت جدید بدهند و هر بار هم پانصد تومان از حساب زندانی برای هزینه‌ی صدور کارت جدید کسر می‌شود. خدا برکت بدهد. کاسبی بدی نیست. دویست و پنجاه هزار زندانی ضربدر پانصد تومان به عبارت صد و بیست و پنج میلیون تومان پول مفت. یک دزدی آشکار توسط بانک پاسارگاد، آن هم از زندانی بدبخت.

کاپوها

هرچند شنیده‌ام به کارگیری زندانیان برای امور خدماتی طبق آیین‌نامه‌ی زندان‌ها ممنوع است، ولی اینجا همه‌ی امور خدماتی توسط زندانیان انجام

می‌شود. از جارو و نظافت سالن و دستشویی گرفته تا آشپزی و بنایی و جوشکاری و پخش غذا و غیره ... البته برای این خدمات از هر زندانی هفته‌ای دو هزار و پانصد تومان دریافت می‌کنند و چون پول در زندان نیست، این پرداخت با سیگار، کارت تلفن، تن ماهی و غیره انجام می‌شود.

این مقوله سر دراز دارد و مسئله به همین‌جا ختم نمی‌شود. تعدادی از زندانیان گردن کلفت خالکوبی شده‌ی گوش شکسته برای نظم و انضباط داخلی زندان به کار گرفته می‌شوند. آن‌ها بازجویی‌های بدنی و بازرسی‌های اتاق را به مراتب بسیار جدی‌تر و خشن‌تر از خود زندانبان‌ها انجام می‌دهند. این مسئله در بند شش و هشت اوین بسیار مشهود بود. وای به وقتی که یک زندانی برای کتک خوردن زیر دست آن‌ها بیفتد. همه‌ی این‌ها به خاطر امتیازاتی مثل غذای خوب و جای خواب بهتر در خارج از بند است. به این آدم‌ها گولاخ یا شیَن‌لو می‌گویند. همان‌طور که در اردوگاه‌های کار اجباری آلمان نازی «کاپو» گفته می‌شد.

دکتر ویکتور فرانکل در کتاب انسان در جستجوی معنی (صفحه‌ی چهارده) از مشاهدات خود در دوران اسارت چنین می‌گوید:

«این داستان به رنج و مرگ قهرمانان بزرگ و زندانیان شناخته شده و یا کاپوهای برجسته نمی‌پردازد».

سپس در تعریف کاپو می‌گوید: «زندانیانی که به عنوان افراد امین مورد استفاده قرار می‌گرفتند و در نتیجه از امتیازهایی برخوردار بودند».

و در ادامه می‌آورد:

«سخن از فداکاری‌های مصلوب‌شدگان و مرگ توده‌های ناشناخته و مجرمینی است که گزارشی از آنان در دست نداریم. این‌ها همان زندانیان عادی بودند که نشان ویژه‌ای روی آستین خود نداشتند و کسانی بودند که به شدت مورد تحقیر کاپوها واقع می‌شدند. کاپوهایی که هرگز مزه‌ی گرسنگی را نمی‌چشیدند، در حالی که زندانیان عادی یا چیزی برای خوردن نداشتند یا با اندک غذایی فریاد شکم را می‌خواباندند، اما گذران زندگی بسیاری از

کاپوها در اردوگاه‌ها، بهتر از زندگی پیشین‌شان بود، اغلب کاپوها سخت‌گیرتر از زندانبان‌ها با زندانیان رفتار می‌کردند و آنان را بی‌رحمانه‌تر از اس‌اس‌ها به باد کتک می‌گرفتند. ناگفته نماند که کاپوها را از میان زندانیانی برمی‌گزیدند که شخصیت‌شان نشان دهنده‌ی آن‌چنان رفتاری بود که اس‌اس‌ها انتظار داشتند و چنانچه در عمل خلاف خواسته و انتظار اس‌اس‌ها تشخیص داده می‌شد، بی‌درنگ از کارشان برکنار می‌شدند».

تنها تفاوت کاپوها و گولاخ‌های زندان‌های ایران این است که آن‌ها علامت خود را به بازو می‌بستند و این‌ها بر سینه خال می‌کوبند.

امروز از بلندگو آزادی یکی از زندانیان سالن پنج را اعلام کردند. همه‌ی زندانیان آن سالن برایش تونل ساختند و او را هنگام عبور از میان دو صف انگولک می‌کردند. او هم درحد توان تلافی می‌کرد. صحنه‌ای بود، باید بودید و می‌دیدید. انگشت بود که رد و بدل می‌شد و غش‌غش خنده.

از یکی از زندانیان امنیتی پرسیدم: «آقا اگه من بخوام تقاضای حبس ابد بدم به کی باید مراجعه کنم؟». گفت: «نگران نباش، زندانیای سیاسی از این مراسم معافن».

دیشب ساعت دو بعد از نیمه شب، یک جسد در دستشویی سالن پنج پیدا شد. رگ گردنش را زده بودند و تمام خونش خارج شده بود. سریعن او را لای پتو پیچیده و به بهداری بردند. بعد پاسداربندها اظهار کردند خودکشی کرده. دو سه ماه بیشتر نبود که به این زندان آورده شده بود.

پانزده خرداد است و هوا فوق‌العاده گرم. دو عدد کولری که در سالن قرار داده‌اند، اتاق‌ها را خنک نمی‌کند. زندانی‌هایی که وضعشان خوب است در اتاق خود کولر دستی دارند. امروز رفتم نزد مدیریت و درخواست خرید یک کولر دستی و یک یخچال با هزینه‌ی خودم را دادم. گفتند: باید فرم اهدا پر

کنی. گفتم: «یعنی چی؟» گفتند: تو با هزینه‌ی خودت می‌خری، ولی وقتی خواستی بری، نمی‌تونی ببری. به زندان تعلق داره. دیدم هزینه‌اش خیلی بالاست. یعنی کولر و یخچال دست دوم، چند برابر قیمت نوی آن در بیرون است. نزد رییس زندان رفتم و با یادآوری قول و قرار روز اول، درخواست یک یخچال، یک تلوزیون و یک کولر به صورت امانی کردم. فقط با یخچال موافقت کرد. یک مو هم غنیمت است. البته دو ماه مراحل اداری آن طول کشید تا تحویل گرفتم.

کسانی که یخچال ندارند، چیزهای خراب شدنی خود را با دادن یک سیگار یا کارت تلفن (پول رایج در زندان) در یخچال دیگران قرار می‌دهند. بگذریم که این اموال گاهی از دستبرد صاحب یخچال در امان نبوده و دست صاحب مال هم به جایی بند نیست. چه دعواهایی که سر دو قاشق رب یا یک قاچ هندوانه ندیدم. یخچال من برای دو سه زندانی بی‌بضاعت رایگان اعلام شد. اما برعکس اتاق‌های دیگر که صاحب یخچال به اموال امانتی دست درازی می‌کرد، در یخچال من، وسایل من بود که تک می‌خورد.

موقع آمار درهای هر سه سالن بسته و بعد شمارش شروع می‌شود. زندانی‌های سالن ما که حدود شصت نفر هستند، در بیست دسته‌ی سه نفره روی زمین می‌نشینند و پاسداربند همراه وکیل‌بند شروع به شمارش می‌کند. من که معمولن موقع آمار یا در راه پله باعجله مشغول رسیدن به سالن خودمان هستم یا اتاق دیگران، دقیقه‌ی نود خود را به صف آمار رسانده هر جا شد می‌نشینم. یک بار سر صف، یک بار ته صف، بارها وسط صف. پاسداربند بنده‌خدا همیشه باید دنبال من بگردد، چون من معمولن سر جای خودم نیستم و جای دیگری نشسته‌ام. یک روز با عتاب به من گفت: عالی‌پیام این چه وضعیه؟ تو هیچ‌وقت سر جات نیستی. یا سر صفی یا ته صفی یا اصلن تو سالن تشریف نداری! گفتم: «عزیز دلم، همه جای زندان سرای من است».

حساب کردیم تقریبن روزی سه کیلو مصرف شیشه در این زندان است. چگونه وارد می‌شود بماند. این را داشته باشید، آن‌وقت امروز یک نفر را به خاطر انتقال مقداری زعفران از بندی به بند دیگر گرفتند و از امتیازاتی که داشت محروم کردند.

حالا ده بار پشت سر هم بگویید: شیشه ـ زعفران، شیشه ـ زعفران ...

در زندان مواد مخدر به وفور یافت می‌شود. با همه‌ی بازرسی‌هایی که قدم به قدم وجود دارد، مواد فراوان و البته خیلی گران‌تر از نرخ بیرون است. هیچ شکی نیست که این همه مواد توسط مقامات بالای زندان وارد می‌شود، و الا با این همه کنترل و بازرسی امکان ندارد زندانی بتواند با خودش از بیرون مواد بیاورد یا در ملاقات حضوری تحویل بگیرد.

گاهی پای صحبت قدیمی‌ترها می‌نشستم و از دیده‌هایشان در این زندان تعریف می‌کردند. می‌گفتند: «مورد داشتیم در این زندان که کسی به اتهام قتل سال‌ها در زندان بوده. بعد قاتل اصلی پیدا شده، با این‌حال شش ماه طول کشید تا او را آزاد کنند.»

مورد داشتیم که قاتل پای دار به خانواده مقتول گفته: «شما که می‌دونین من قاتل پسر شما نیستم». گفتند: «می‌دونیم، ولی اگه تو دعوا راه نمی‌نداختی، بچه‌ی ما کشته نمی‌شد.» هم قاضی، هم دادستان، هم رییس زندان می‌دانستند او قاتل نیست، با این‌حال اعدام شد.

امروز هجده خرداد سیب‌زمینی و پیاز آوردند. بچه‌ها می‌گفتند آخرین باری که سیب زمینی پیاز در این بند آمد، قبل از عید بود. طبق معمول به ما چیزی نرسید. در مورد کاهوی دو هفته قبل هم می‌گفتند هشت ماه بود کاهو در این بند ندیده بودیم.

بازداشت رییس‌بند

امشب شنیدم آقای حسینی، رییس‌بند را به خاطر حمل یک کیلو مواد مخدر دستگیر کردند[1]. ایشان خواهرزاده‌ی آقای ا ... معاون زندان است که با حفظ سمت داماد او هم هست. برادرش هم مسئول آشپزخانه‌ی کل زندان است. پدر این آقای حسینی هم قبلن پاسداربند بوده و می‌گفتند در زمان تصدی‌اش، با یک سیلی موجب قتل یک زندانی شده و قصاص گرفته بود، ولی با پارتی بازی، قصاصش تبدیل به دیه شد.

فروشگاه امروز گیلاس آورده بود. به جز شهرام و بهرام‌ها به عده‌ی محدودی رسید. می‌گفتند چهار سال است گیلاس در این بند نیامده است. عده‌ای وسط حیاط نایلون را پاره کرده نشُسته نشُسته خوردند.

امروز با رژه‌ی یک سوسک بزرگ روی صورتم از خواب پریدم. با بلند شدن من پرواز کرد و رفت به سقف چسبید. خداییش درازی یک انگشت طولش بود و کلفتی دو انگشت قطرش. فکر کنم گنده‌لات سوسک‌های زندان بود.

سرما خوردم. امروز رفتم بهداری. شربت سینه نداشت. قرص سرماخوردگی هم

---

۱. آخرین روزهایی که مشغول ویراستاری این کتاب بودم (تیر ۹۸) در خبرها آمد که خود آقای مردانی به همراه پسرش و مدیر دفترش دستگیر شد.
قبلن هم چندین پرونده به خاطر دست داشتن در ورود مواد مخدر و گوشی همراه به زندان، در دادگاه داشته که به دلیل مصونیت قضایی پرونده‌ها راکد مانده بود. این بار به دلیل ورود مواد مخدر در زمان ریاستش بر این زندان از جمله مشارکت در ورود مواد مخدر توسط دفتردارش امید عزیزی و همچنین به دلیل اینکه پسرش علیرضا مردانی به واسطه‌ی نفوذ پدرش، دوران سربازی را در زندان رجایی‌شهر گذرانده و بدون طی مراحل قانونی پیمانکاری تعاون زندان را در دست گرفته بود و به بهانه‌ی اخذ رضایت برای زندانیان اقدام به گرفتن رشوه و کلاهبرداری از زندانیان کرده بودند، بازداشت شد.
خبر بعدی: مردانی مُرد. فاتحه مع الصلوات.

نداشت. شاید بیمارانی بودند که جزئی‌ترین داروها را می‌خواستند و نداشت: ژلوفن - مفنامیک اسید - قرص حساسیت ...

امروز با یک نفر که تازه از بند شش به اینجا منتقل شده بود، صحبت می‌کردم. می‌گفت: «دو میلیون شیتیل دادم تا منتقلم کنن اینجا. این بند چون دارالقرآنه، گل سرسبد بندای رجایی‌شهره». بعد از شرایط بند شش پرسیدم. گفت: «مثلن داری تلفن می‌زنی، یه غول بیابانی از پشت یقه‌ات رو گرفته و پرتت می‌کنه بیرون. کارت تلفنت رو هم درآورده و میندازه جلوت و خودش شروع می‌کنه به زنگ زدن، یا تو حموم هستی، یکی می‌گه: ده ثانیه وقت داری بیای بیرون. تا ببینه هنوز صدای دوش آب میاد، درو باز می‌کنه گردنتو می‌گیره لخت مادرزاد پرتت می‌کنه بیرون و خودش میره زیر دوش. اون‌جا آدم‌کشتن برا کسی که حکم اعدام داره مثه آب خوردنه». بعد تعریف می‌کرد که: «یه روز از خواب بلند شدیم دیدیم یکی سر هم‌اتاقیش رو گوش تا گوش بریده گذاشته رو سینه‌اش. گفتیم چرا کشتیش؟ گفت: خُرخُر می‌کرد. هرچی گفتم خرخر نکن. گوش نداد. منم راحتش کردم».

البته این موضوع بعدن در بند ما هم اتفاق افتاد که به موقع خودش تعریف خواهم کرد. بعضی از قاتل‌های حرفه‌ای که نتوانند رضایت شاکی را بگیرند، با نزدیک شدن زمان اعدامشان، یک قتل دیگر در زندان مرتکب می‌شوند. با این کار پرونده‌ای جدید برایشان باز می‌شود و به خاطر رسیدگی به آن، اعدامشان چند سال عقب می‌افتد. من از زمانی که خودم دیدم چطور به خاطر کوچک‌ترین چیزی دست به قمه می‌برند، شب‌ها نمی‌خوابیدم. تا صبح بیدار بودم و روزها می‌خوابیدم.

زمان شاه، سوپر خلاف‌های زندان همه تیزی داشتند. یعنی یک قاشق یا چنگال را آن قدر روی سیمان می‌کشیدند تا تیز می‌شد. اینجا، همه قمه دارند. یک عدد پنکه سقفی در هیچ اتاقی نیست. همه را زندانی‌ها کنده‌اند و با پره‌های آن شمشیر ساخته‌اند.

شب‌ها معمولن افسر ناظر شب سرزده وارد راهرو می‌شود و پرده‌ها را کنار زده و داخل اتاق‌ها را چک می‌کند. یک شب چند زندانی دور هم مواد می‌کشیدند. ناظر شب پرده را کنار زده می‌گوید: «اینجا چه خبره؟» یکی از زندانی‌ها می‌گوید: «مرتیکه حمال، مگه اینجا طویله‌اس که همین‌جور توش سرک می‌کشی؟» بعد تیزی را برداشته دنبال او می‌کند. او هم الفرار. خارج از بند زنگ می‌زند و گارد را خبر می‌کند. گارد می‌رسد، در آن اتاق نه مواد پیدا می‌کند نه تیزی. همان چند لحظه برای جاساز کافی بود.

چند روز از دستگیری حسینی رییس‌بند می‌گذرد. هر روز خبرهای جدیدی می‌رسد. علی‌الظاهر غیر از مواد مخدر، سه گوشی موبایل و شانزده فلش مموری حاوی فیلم‌ها و عکس‌های سوپر هم در محموله بوده است. یکی از بچه‌هایی که مسئول کتابخانه بود و مرتب خارج از بند تردد داشت، موضوع را چنین تعریف کرد: «آقای حسینی چون رییس‌بند بوده و قاعدتن ماشینش بازرسی نمی‌شده، مواد رو به راحتی وارد زندان می‌کرده. بسته را سر یه ساعت معینی زیر در بند یک یا سه یا شش یا هفت می‌ذاشته و از اون طرف در، رابط او سر همون ساعت بسته رو برداشته و به داخل می‌برده. اون روز از شانس بدش، رابط به هر دلیلی به موقع نمیاد و بسته همون‌جور می‌مونه. سربازی که رد می‌شده، اونو می‌بینه و برمی‌داره به حراست تحویل می‌ده. حراست اول خود سربازه رو زندون کرده و زیر فشار می‌ذارن که اینو کی به تو داده. اون بدبخت هر چی می‌گفته اینارو تو فلان نقطه پیدا کردم، به خرج کسی نمی‌رفت. آخرش می‌گه: بابا، اونجا دوربین مداربسته داره. خب برین دروبینا رو نیگا کنین ببینین کی اونجا گذاشته. اونا تازه یادشون می‌فته که اوا راست می‌گه. چرا به عقل خودشون نرسید. دوربین چک می‌شه و آقای حسینی لو می‌ره».

یک روز در بهداری ایستاده بودم و منتظر نوبت، یک زندانی پرسید: «خلافت چیه؟» گفتم: «زندانی سیاسی هستم». گفت: «ینی چی؟» داشتم به او توضیح

می‌دادم که یکی دیگر از آن طرف آمد و گفت: «داش تو واس چی اینجایی؟».

اولی به دومی گفت: «لاشی، مثه اینکه ما داشتیم با آقا صحبت می‌کردیم مثه خیار نشُسته می‌پری وسط حرف». او گفت: «خب منم دارم سؤال می‌کنم». این دو نفر دست به یقه شدند. حالا نزن کی بزن. مأمورها ریختند و جدایشان کردند. همین‌طور که آن‌ها را می‌بردند، یکی به دیگری گفت: «تخم بابام نیستم امشب یه تیزی تو گردنت فرو نکنم».

شنیدم بعضی‌ها را که قرار است از شرشان خلاص شوند، در این زندان به یک اعدامی وعده‌ی پنج سال، ده سال تاخیر در اعدامش را می‌دهند که فلانی را خلاص کن. او هم با یک تیزی به وعده عمل می‌کند. به همین خاطر دوستان سیاسی ما به همه اعلام کردند: این آقای عالی‌پیام به خاطر مخالفت با حکم اعدام دستگیر شده و زندان آمده. آقا ما شدیم عزیز همه، عزت و احترام را بیا و ببین.

نمی‌دانم چرا اینجا همه به من دکتر می‌گویند.

در این دو ماهی که اینجا هستم، از آب‌سردکن داخل سالن همین‌جور شرشر آب می‌رود. امشب به وکیل‌بند گفتم: «تو رو خدا یکی رو بیارین اینو درست کنه. می‌دونی تا حالا چند هزار لیتر آب هدر رفته؟». گفت: «فکر کردی این آب لوله کشیه؟ آب چاهه. پر از آهکم هست. از چاه در میاد، دوباره می‌ره تو چاه. نگران نباش».

آهک ... آهک ... آهک ... تازه فهمیدم چرا پوستم مثل پوست سوسمار شده.

خبر رسید که آقای حسینی به زندان فشافویه منتقل شده‌اند. فقط همین. البته نه به عنوان زندانی، بلکه با حکم مسئول‌بند.

چهل سال است که زندگی ما ایرانی‌ها با صف عجین شده، به همین جهت

صف‌هایی که روزمره با آن درگیریم خیلی اذیت‌کننده نیست. نوعی سرگرمی و وقت پر کردن است. مثل صف دستشویی - صف حمام - صف آبجوش - صف تلفن - صف فروشگاه - صف گرفتن غذای دولی. (غذای دولی به غذای زندان گفته می‌شود. مخفف غذای دولتی).

کسانی که بیماری فشار خون یا چربی بالا دارند و غذای دولی برای آن‌ها مضر است، با تایید درمانگاه و ریاست بهداری، جیره خشک می‌گرفتند. من این را بعد از دو ماه متوجه شدم. راستش را بخواهید هم‌اتاقیم به من گفت. با گرفتن نامه از بهداری در لیست جیره خشک بگیرها قرار گرفتم. بیستم به بیستم جیره خشک را تحویل می‌دادند. بیستم خرداد شد و دیدیم خبری نیست. پرسیدم پس این جیره خشک چی شد. گفتند: «قطعش کردند. جیره بی‌جیره».

نوبت به اولیا که رسید آسمان تپید. من بد شانس اگر کنار دریا هم بروم باید یک آفتابه آب با خودم ببرم.

راستی تولدم مبارک. این هم کادوی تولدم.

فردا ماه رمضان شروع می‌شود. معلوم نیست تکلیف امثال من که در این دنیا مسافریم چیست. قصد ده روز هم که نمی‌شود کرد، چون می‌گویند دنیا دو روز است.

امروز دوباره توی بند دعوا شده بود. دعواهای اینجا دعوای یک نفر با دو نفر نیست. دعوای سی نفر با چهل نفر است. دعوا از توی حیاط شروع شد و به داخل سالن پنج و شش کشید. این‌جور موقع‌ها اصلن نباید بایستی و تماشا کنی. باید بروی توی اتاقت و پرده را هم بیندازی و لحافت را بکشی روی سرت. چون معمولن تسویه حساب‌ها و ترورهای فرمایشی در این‌جور موقع‌ها صورت می‌گیرد. در آن شلوغی یک تیزی توی پهلوی یکی و بعد نخود نخود هر کی رود به جای خود. معلوم نیست کی زده و برای چی زده. عین فیلم‌های آمریکایی.

ماه رمضان

ماه رمضان شروع شد. هیچ تغییری در نوع غذای زندان ایجاد نشد. فقط ساعت توزیع غذا عوض شد. یک کاسه عدسی کله سحر، یک کاسه لوبیا بعد از افطار. هیچ کس هم روزه نیست. حتا قرآن‌خوان‌های دو آتشه و نماز شب‌خوان‌ها و مداح‌ها. گفتم: «شما چرا روزه نمی‌گیرید؟». گفتند: «با این یه چس غذا می‌شه تو این زِلّ تابستون و روزای به این بلندی روزه گرفت؟» گفتم: «خداییش نمی‌شه. نوش جون. بخورین».

سیگاری‌ها دور از دید دوربین‌های مداربسته پانزده بیست نفری در دستشویی جمع می‌شدند به سیگار کشیدن. برای شکستن تابو، سیگاری برداشتم و در حیاط روی پله‌ی ورودی سالن نشستم به کشیدن. نمی‌دانم امتحان کرده‌اید یا نه، سیگار در ماه رمضان همراه صدای ملکوتی اذان بسیار می‌چسبد، علی‌الخصوص که کمی هم چاشنی لجبازی داشته باشد. عمدن در دید دوربین نشسته بودم تا حاج‌آقا مرا ببیند، از قضا خودش رسید. از کنار من رد شد تا برای نماز جماعت به حسینیه برود که چشمش به من افتاد. ایستاد و مدتی مرا چپ چپ نگاه کرد. منتظر بود با دیدن او سیگارم را خاموش کرده و زیر دمپایی مخفی کنم. وقتی دید انگار نه انگار و من کماکان به کارم ادامه می‌دهم، با تشر پرسید: «مگه تو روزه نیستی؟». سرم را بالا آوردم و نگاهش کردم و خیلی خونسرد گفتم: «شما هستی؟». مقداری پا به پا شد. بنده خدا باز حرف توی گلویش ماند. او نگاه، من نگاه، من نگاه، او نگاه، بقیه هم به من نگاه، هم به او نگاه، او به بقیه نگاه، دوربین به همه‌ی ما نگاه، منتظر بودم بگوید: «چرا تظاهر به روزه‌خواری می‌کنی؟» من هم جواب دهم: «اینکه تظاهر نیست حاج‌آقا، خود روزه‌خواریه». او نگفت و من هم نگفتم. حیف شد. برگشت و رفت

و من ماندم و پک آخر سیگار و یک جواب مشدی در گلو مانده. ۱
زندانی‌هایی که دور و بر ما بودند هرهر زدند زیر خنده. اینجا همه فهمیده‌اند با من نباید کل‌کل کنند، این یکی هنوز نفهمیده. از آن پس به تدریج سیگار در حیاط علنی شد.

فکر کنم دعای دو دسته شامل حالم شد. اول سیگاری‌هایی که مجبور به تدخین در مستراح بودند، دوم غیرسیگاری‌های مجبور به استفاده از مستراح.

امروز یکی از پاسداربندها مرا به بهداری می‌برد. در راهرو نگاهی به این طرف و آن طرف و پشت سر کرد. وقتی مطمئن شد کسی نیست، گفت: آقای عالی‌پیام، شما کتابم دارین؟
گفتم: فعلن هشت جلد.
گفت: از کجا باید خرید؟
راهنمایی‌اش کردم. به این می‌گویند اوج اقتدار.

امروز چشممان به جمال موش هم روشن شد. بالاخره این همه خاله سوسکه یک آقا موشه هم می‌خواهد.

احساس می‌کردم وقتی من در اتاق نیستم، هم‌اتاقی من یواشکی یادداشت‌های مرا می‌خواند. البته مطمئن نبودم. این بود که محض احتیاط در ادامه‌ی آخرین خط یادداشت نوشتم: دوست عزیز، خواندن یادداشت‌های دیگران کار درستی نیست. دفتر را بستم و گذاشتم سر جایش.
اینجا کلن آدم فضول زیاد است. خب زندانی بیکار سرگرمی‌یی جز فضولی

---

۱. اصلن من نمی‌دانم این واژه‌ی من‌درآوردی غلط «تظاهر به روزه‌خواری» را چه کسی ساخته است؟ تظاهر به روزه‌داری ممکن است، یعنی کسی که روزه نیست می‌تواند تظاهر کند که روزه است، ولی کسی که روزه نیست، نه تنها نمی‌تواند تظاهر کند که روزه نیست، (چون واقعن روزه نیست) حتا نمی‌تواند روزه‌اش را هم بخورد، چون وقتی روزه نیست، چی را بخورد؟ کلن معامله باطل است!! جا افتاد؟ یا باز هم توضیح بدهم؟

ندارد. مثلن پیرمردی از دستشویی خارج شد، همه داشتند به هم می‌گفتند: دیدی؟ دستاشو نشست.

شب احیا

امشب احیا بود. با بر و بچه‌های سیاسی تو اتاق نشسته بودیم، دیدیم صدای بلندگو نمی‌گذارد صدا به صدا برسد. گفتیم برویم در حیاط ببینیم چه خبر است. مراسم احیا در حیاط زندان برگزار می‌شد. همه‌ی فرش‌های سالن‌ها و حسینیه را جمع کرده بودند گوشه‌ای از حیاط و آقای محقق هم داشت صحبت می‌کرد.

می‌گفت: «حجاج بن یوسف ثقفی آدم بسیار سنگدلی بود. به‌طوری که وقتی می‌خواست غذا بخورد، دستور می‌داد یک شیعه آل علی را جلوی او سر ببرند تا او با تماشای جان کندنش لذت غذا را بیشتر درک کند. وقتی به دست دشمن افتاد و خواستند او را بکشند، گفتند: تو چرا این قدر سنگدل بودی؟ گمان می‌کنیم دل تو از سنگ باشد. پس شکمش را شکافتند تا دلش را درآورند. هرچه گشتند در بدن او دل نبود. یعنی اصلن قلب نداشت».

جلّ‌الخالق!!!

جمعیت زیادی هم در گوشه‌ی دیگر حیاط ایستاده بودند و گُله به گله مشغول حرف زدن و سیگار کشیدن بودند. همه می‌گفتند برای دیدن آسمان و ماه و ستاره و استنشاق هوای شبانه آمدیم بیرون. چون یک سال است آسمان شب را ندیده‌ایم. راست هم می‌گفتند. چند ساعت به غروب مانده آمار بعد از ظهر را می‌گرفتند و همه را داخل سالن‌ها می‌راندند و درها بسته می‌شد.

اینجا زندان رجایی‌شهر است. ماه رمضان ساعت یازده شب خاموشی می‌زنند و باید بخوابی، ساعت یک بعد از نصف شب بیدار باش می‌زنند و باید بلند شوی

سحری بخوری و عبادت کنی تا ساعت چهار که نماز صبح است. بعد بخوابی تا ساعت هفت که بیدار باش آمار است. چند شب تمرین کنید یاد می‌گیرید. دیشب شب بیست و سوم ماه رمضان و آخرین شب احیا بود. اعلام کردند همه داخل حیاط بیایند برای صرف شام. طبق معمول نیمی بیشتر نرفتند. کولرها را خاموش کردند و همه را به حیاط راندند. نصف حیاط را فرش انداخته و سفره چیده بودند. درها را هم قفل کردند تا کسی داخل نرود. بعد از مراسم، صرف شام شروع شد. چلوکباب کوبیده، ما چند نفر سیاسی گوشه‌ای ایستاده و ناظر قضایا بودیم. یکی از خدمه پرسید: «شما شام نمی‌خورین؟» گفتیم: «نع».

داشتم فکر می‌کردم رییس زندان برای به حیاط کشیدن زندانی‌ها و اجرای مراسم پر شکوه احیا چه هزینه‌ای کرده که یک نفر از پشت بلندگو گفت: «برای بانی این شام حاج‌آقا فلان بلند صلوات». معلوم شد این هم از جیب خود زندانی‌هاست. عده‌ای شام را خوردند، بلند شدند که بروند داخل. درها بسته بود و جلوی در تجمع کردند. کم‌کم داشت سر و صداها در می‌آمد که ناچار درها را باز کردند و ملت مثل اسب‌های گله‌ی آپاچی چپیدند تو.

امشب باز زندانی‌ها را به حیاط دعوت کردند و گفتند: یک قاری قرآن از مصر آمده. عده‌ای رفتند. یکی از بچه‌ها که رفته بود وقتی برگشت، گفت: «این یارو عربه و خودش از زندونیای همین زندونه. من قبلن تو بند هشت دیدمش. داعشی هم هست».

یک زندانی که هنوز یک ماه نشده وارد بند ما شده بود، دوازده تخته فرش ماشینی به مبلغ دوازده میلیون و دویست هزار تومان برای راهروی بند هدیه کرد. در حسینیه برای او مراسم تقدیر برپا شد. چند روز بعد هم زندانش به زندان باز تبدیل شد و رفت. جرم او جعل بود. در حالی که به همین جرم کسانی در این بند سال‌ها زندانی بودند. با وکیل‌بند صحبت می‌کردم. گفتم: «بهتر نبود این آقا به جای فرش، دینام برای کولرها اهدا می‌کرد تا زندانی‌ها

در این گرما کمی بیاسایند؟». گفت: «این‌جور چیزا باید چیزی باشه که به چشم بیاد. والا تو همین زندون کسایی هستن که به خاطر پنج میلیون بدهی سال‌هاس اسیرن».

گفتم: «واقعن پول دینام کولرا رو باید زندانیا بدن؟». گفت: «نه تنها دینام، بلکه پوشال و پول اون یه کولری که کمپلت دزدیده شده». بعد ادامه داد: «آقای دکتر، شما تازه اینجا اومدین، این آشپزخونه رو با پول زندونیا درست کردن. این حموم و دستشویی، این پرده‌ها، حتی پول این جاکفشیا رو از بچه‌ها گرفتن». گفتم: «کسایی که وضع مالی مناسبی ندارن؟». گفت: «مجبورن تو زندون کار کنن و دنگشون رو بدن». بعدها فهمیدم چرا آن آقا باید فرش اهدا می‌کرد. چون فرش‌های قبلی را جمع کنند و به انبار ببرند.

و اما ماجرای انبار

زندانی‌هایی که حبس‌های طولانی مدت دارند، با هزینه‌ی خودشان، یخچال و تلوزیون و فرش و آبمیوه‌گیری و .... می‌خرند. این خرید از بیرون زندان صورت نمی‌گیرد. بلکه باید جنس دست دوم از انبار بخرند. موقع خرید هم یک کاغذ باید امضا کنند مبنی بر اینکه موقع آزادی حق بردن آن را ندارند و باید آن را به زندان اهدا کنند. فکر کنم کاملن معلوم شد اجناس انبار از کجا تأمین می‌شود:

یک: زندانی‌هایی که آزاد می‌شوند و موقع خرید باید فرم اهدا به زندان پر کنند و حق بردن آن را ندارند.

دو: زندانی‌های اعدامی که اموالشان بلاصاحب است و وارث آن‌ها رییس زندان.

سه: زندانی‌هایی مثل آن آقای جاعل که فرش و اقلام دیگر اهدا می‌کنند.

حالا که من کشف کردم موجودی انبار از کجا می‌آید، شما هم کشف کنید که

پول حاصل از فروش آن‌ها کجا می‌رود؟ بیخود دنبال پرتقال‌فروش هم نگردید.

شنیدم در زندان رجایی‌شهر یک کتابخانه‌ی بزرگ وجود دارد و یک باشگاه که زندانیان بندهای مختلف از آن استفاده می‌کنند. مرا به کتابخانه راه ندادند. بچه‌هایی که آنجا رفت‌وآمد دارند از کتاب‌هایی تعریف می‌کردند که ظاهرن صحیح و سالم توی قفسه است، ولی وقتی برمیداری و ورق می‌زنی، لای آن خالی‌ست. یعنی برای نقل و انتقال مواد استفاده می‌شود.

امروز نزد رییس اندرزگاه رفتم و گفتم: «من می‌خوام از کتابخونه‌ی مرکزی استفاده کنم». گفت: «برای زندانیای امنیتی ممنوعه». گفتم: «چرا؟» گفت: «چون شما رو به خاطر امنیتی بودنتون باید با مأمور بفرستیم و مأمور هم نداریم». گفتم: «چرا من باید در معیت مأمور برم؟» گفت: «چون ممکنه زندانیای بندای دیگه به شما آسیب وارد کنن و مسئولیتش با ماست». گفتم: «تموم لات و لوتای این زندان حرمت منو بیش‌تر از شما دارن. نگران نباشین». گفت: «به هر جهت قانونه». احترامش را حفظ کردم و نگفتم می‌خواهم این قانون را ببینم. گفتم: «می‌خوام رییس زندان رو ملاقات کنم». گفت: «درخواست بده برات وقت می‌گیرم».

سومین ملاقات با رییس زندان

من بیست و دوم مرداد از ایشان درخواست ملاقات کردم. در بیست و یک شهریور یعنی یک ماه بعد اجازه‌ی ملاقات داده شد. رییس زندان خیلی کوتاه و مختصر گفت: «اصلن صحبت کتابخونه رو نکن. اینجا زندونه، دانشگاه که نیست.[1] برو سر مطلب بعدی». گفتم: «آمار ساعت شیش بعدازظهره. تا قبل از

---

۱. بعدها وقتی با عمق فساد آنجا آشنا شدم، فهمیدم هر دو اشتباه می‌کردیم. آنجا نه زندان است نه دانشگاه، بلکه بیش از هرچیز به یک حوزه علمیه‌ی بزرگ شباهت دارد.

ساعت شیش که آفتاب سوزان اجازه‌ی هواخوری نمی‌ده. ساعت شیش هم که هوا خنک می‌شه، وقت آماره و پایان هواخوری. اگه می‌شه یکی دو ساعت آمار دیرتر انجام بشه». گفت: «ما طبق آیین‌نامه‌ی زندان‌ها عمل می‌کنیم. با این حال ببینم چه می‌شه کرد». گفتم: «فروشگاه هر ساعت دلش بخواد باز می‌کنه و هر ساعت بخواد می‌بنده. برای زندانیانی که ساعت‌ها توی آفتاب سوزان تو صف می‌ایستن، نظم کار فروشگاه مهمه. گاهی بعضیا مثلن ساعت دوازده - یکِ ظهر می‌رن تو صف فروشگاه زیر این آفتاب سوزان وامیستن تا وقتی باز کرد نفرات اول باشن و جنس به اونا برسه. بعد اون روز اصلن فروشگاه باز نمی‌کنه. به‌علاوه صاحب فروشگاه با یه عده زد و بند داره و عمده فروشی می‌کنه. اونا هم بعد بازار سیاه راه می‌ندازن». گفت: «فروشگاه تحت نظر سازمان تعاونی زندان‌ها ست و به ما مربوط نیست». گفتم: «خداحافظ. زت زیاد». در تمام مدتی که با من حرف می‌زد، چشم به مچ‌بند سبز من دوخته بود.

از وقتی وارد زندان شده‌ام، هرچه شعر می‌گویم به شدت جدی و تلخ است. دیگر از آن شیطنت‌های طنز در اشعارم خبری نیست. خیلی نگران بودم و فکر کردم که چشمه‌ی طنز در اشعارم خشکیده است. تا امروز که در حیاط مشغول قدم زدن بودم، اولین شعر طنزم جوشید:

مردمان نجیب ایرانی
هر زمانی شدید زندانی
در اوین یا اگر رجایی‌شهر
توی تهران و یا هر استانی
با دو تا چشم خویش می‌بینید
برق مجانی آب مجانی

خوشحال شدم از اینکه دوباره طنز به سراغم آمد.

یکی از زندانیان سیاسی به نام بهنام ابراهیم‌زاده پس از اعدام پنج زندانی، متنی نوشت تا به دیوار بزند. از من خواست قبل از نصب، آن را بخوانم تا مغایرتی با شرع نداشته باشد. خواندم و گفتم خوب است، بزن. در سه نسخه نوشت و در طبقه‌ی اول و دوم و سوم نصب کرد. متن در محکومیت اعدام و قصاص بود. یک روز هم به دیوار بود. روز دوم آن را کندند. شنیدم به دستور آقای محقق، رییس دارالقرآن کنده شده است. گفتم: «بهنام بیا بریم با ایشون صحبت کنیم ببینیم برا چی کنده». گفت: «بزن بریم».

رفتیم دارالقرآن، مراسم جشن تولد امام سجاد بود. دو ساعتی نشستیم تا مراسم تمام شد. بعد از مراسم رفتیم سراغ آقای محقق. گفتم: «حاج‌آقا قبل از اینکه وارد بحث اصلی بشیم اجازه هست نظرم رو راجع به مراسم امروزتون بگم؟» گفت: «بگو». گفتم: «مراسم امروز به چه مناسبتی بود؟» گفت: «تولد امام سجاد». گفتم: «تو این دو ساعت برنامه حقش نبود دو تا حدیث از امام سجاد خونده شه؟ یا یه نفر پونزده دقیقه راجع به زندگی امام سجاد صحبت کنه؟ فکر نمی‌کنین این‌جوری برنامه‌تون مفیدتر می‌شد؟ مطلب بعد این مداحتون که چند بار ازش شنیدم گفت ما سگ حسینیم، به نظر شما امام حسین مأموریت داشت سگ تربیت کنه یا آدم؟ خود امام می‌گه آزاد مرد باشید. اون وقت مداح شما می‌گه ما سگ حسینیم!؟ امام حسین سگ لازم داره؟ مطلب آخرم اینکه من شنیده‌ام پیغمبر خدا وقتی تو مسجد با اصحاب می‌شستن به صورت دایره می‌شستن تا بالا و پایینی تو کار نباشه. حتا وقتی مسافری از راه دور وارد مسجد شد هر چی نگاه کرد نفهمید پیغمبر کیه تا سؤال کرد پیغمبر کدوم شماس؟ اون وقت شما و قاری قرآنتون اون جلو روی پتو می‌شینین و بقیه روی زمین! چرا با این کارتون می‌خواین ثابت کنین محترم‌تر از بقیه هستین؟ مسلمن بدونین این به ذهن خیلیای دیگه هم می‌رسه ولی جرأت گفتنشو ندارن». پر واضح بود از حرف‌های من اصلن خوشش نمی‌آمد. گفت: «برو سر مطلب اصلی».

گفتم: «این اعلامیه‌ای که ما به دیوار نوشتیم، خدای نکرده مخالفت با حکم

صریح قصاص که تو قرآن اومده نیست. بلکه می‌گیم همون‌طور که قطع ید یعنی بریدن دست دزد رو که به حکم «السارق والسارقه واقطعوا ایدیهما» واجبه و شما هم این همه دزد تو این زندان و تو این مملکت دارین، ولی به خاطر وجهه‌ی جهانی ایران و اینکه وهن اسلامه تعطیلش کردین، یا سنگسار رو، یا مساوی‌کردن دیه مسلمون و غیر مسلمون رو، این یکی رو هم به خاطر مصلحت اسلام و مسلمین و متهم نشدن ایران به نقض حقوق بشر و مقایسه با داعش تعطیل کنین. بله ما با اعدام مخالفیم. چه اشکالی داره نظر خودمونو بیان کنیم؟ ما که هیچ تریبونی تو این زندان نداریم. چرا دستور دادین از دیوار بکنن؟».

آقا به‌کلی منکر شد. گفت: «من نه اون اعلامیه رو خواندم، نه دستور کندنش رو دادم». ما هم انکار ایشان را پذیرفتیم. ولی خدایی گنجشک در آسمان این زندان بدون اطلاع و نظر ایشان حق پرواز ندارد. دیدم که می‌گم.

هر شعر جدیدی را که می‌گویم، اول با تلفن به بیرون می‌فرستم، بعد برای زندانی‌ها می‌خوانم. آن‌ها هم یک رونوشت از آن را می‌خواهند. مدتی برایشان می‌نوشتم. بعد دیدم متقاضی زیاد است. از فروشگاه یک دفتر صد برگ خریدم و اشعارم را در آن پاکنویس کردم. هر کس از من شعر می‌خواست، دفتر را می‌دادم تا خودش برود رونویسی کند. بعد از مدتی این دفتر اتاق به اتاق می‌گشت و رونویسی می‌شد. تقریبن اکثر زندانی‌ها یک نسخه از اشعار هالو را داشتند.

اینجا هیچ چیز برنامه و حساب و کتاب منظمی ندارد. مثلن صبح‌ها تلفن باید از ساعت نه وصل شود. ولی معمولن نه و نیم یا ده، وصل می‌شود. گاهی شده تا یازده صبح هنوز تلفن‌ها قطع بوده است. بعد از ظهر هم باید تا پنج وصل باشد، ولی گاهی یک ربع به پنج، گاهی پنج و ربع، مورد داشتیم تا ده و نیم شب یادشان رفته ببندند.

گاز آشپزخانه (که به آن چراغ‌خانه می‌گویند) روی برنامه باید تا ساعت نه

شب وصل باشد. ولی گاهی هفت، گاهی هشت یا یک ربع به نه می‌بندند و غذایت نپخته روی اجاق می‌ماند.

جریان جهنم و قیر و قیف را که شنیدید؟ اینجا هم همان وضع است. یک روز هواخوری ساعت پنج تمام می‌شود، یک روز شش، یک روز هفت، آمار یک روز هشت و نیم، یک روز پنج، یک روز شش، یک روز هشت ... درِ سالن‌ها یک روز هفت بسته می‌شود، یک روز هشت، یک روز نه. مورد داشتیم تا ده و نیم شب هم باز بود.

آدم تکلیفش با خودش معلوم نیست که بالاخره چند چنده؟

ساعت کار فروشگاه و سلمانی و خیاطی و آمار صبح و عصر هم هکذا، وقت معین ندارد.

یک شب ساعت هفت اعلام کردند هر کس به سالن خود برود. پاسدار بند وارد شد تا درها را قفل کند. گفتم: «اخوی ساعت هفته!» گفت: «می‌دونم». گفتم: «معمولن هشت و نه می‌بستن». گفت: «قانونن ما باید بعد اذون مغرب یعنی ساعت پنج و نیم ببندیم». گفتم: «قانونن؟!!!؟! گفتی قانون؟؟؟».

از پله‌ها بالا رفت. دنبالش رفتم و گفتم: «من درست شنیدم؟ گفتی قانونن؟ من قانون شنیدم؟» گفت: «بابا من حالا یه چیزی همین‌جوری گفتم». گفتم: «د مشکل همینه. هر کی تو این مملکت همین‌جوری یه چیزی می‌گه و بعد اسمشو می‌ذاره قانون». ملتمسانه برگشت و گفت: «عالی‌پیام تورو خدا برو پی کارت، برا من شر درست نکن».

بیست مرداد ماه شهادت امام جعفر صادق بود. تلفن‌خانه‌ها را بستند و همه را جهت مراسم راهی دارالقرآن کردند. یک آخوند را هم نمی‌دانم از توی کدام لپ لپ پیدا کرده آورده بودند برای سخنرانی.

گاف‌های زیادی داد که باعث خنده‌ی همه شد. از جمله اینکه گفت: «حضرت امام جعفر صادق به روایتی هزار و دویست سال عمر کردند». پچ‌پچ‌ها شروع شد. یکی گفت: «آقا اون حضرت نوح بود نه امام صادق».

گاف دومش اینکه گفت: «امام جعفر صادق در اثر خوردن آب انگور مسموم و شهید شدند». مجلس به هم ریخت. یکی از زندانی‌ها داد زد: «به سلامتی آب انگور». همه زدند زیر خنده. آخوند که مجلس از دستش در رفته بود و می‌خواست ملت را ساکت کند، گفت: «برای شادی روح رهبر معظم صلوات».

با حمزه پسر بزرگم ملاقات حضوری داشتم. موقع خداحافظی رییس‌بند اتفاقی وارد شد و پس از سلام علیک گفت: «پسرته؟» گفتم: «بله». گفت: «این بزرگتره یا اون یکی؟» گفتم: «ایشون بزرگس». پرسید: «اینم مثه اون یکی بچه مثبته؟» گفتم: «نه بابا، اون باز قبلن بچه مسجدی و بسیجی و هیئتی بود. ولی این از اولش ضدانقلاب بود، مثه خودم».

حمزه یک هو جا خورد و گفت: «اااا ... دِ ... نه بابا این حرفا چیه؟ شوخی می‌کنه». گفتم: «حالا فکر کردی می‌گیرن می‌کننت این تو؟ ... ولی نترس، بالاخره دیر یا زود گذار تو هم اینجا میفته».

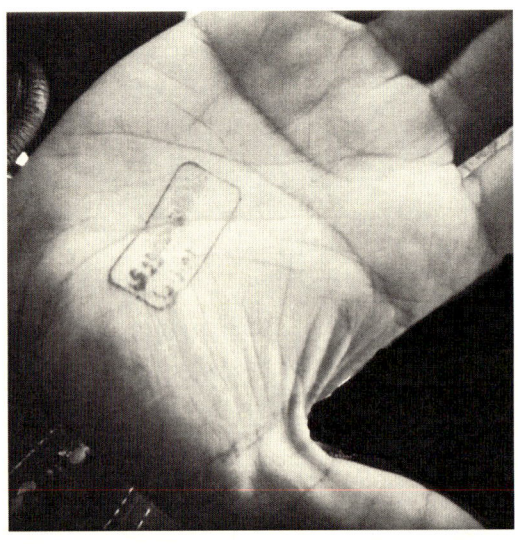

کف دست ملاقات کننده مهر می‌زنند تا زندانی همراه او خارج نشود.

البته حمزه قبلن صابون بازداشت به تنش خورده بود. اولین بار سال هشتاد و پنج بود. شش صبح به من زنگ زد که اداره اماکن مرا بازداشت کرده و دارد می‌برد. قضیه را پرسیدم و آن را جدی نگرفتم و گفتم: «چیزی نیست، ولت می‌کنن».

حمزه آن سال‌ها دانشجوی هنر دانشگاه نبی‌اکرم تبریز بود. دانشجوها که اواخر هفته به تهران می‌آمدند، جمعه همگی با قطار برمی‌گشتند تا شنبه سر کلاس باشند. در قطار مثل الان واگن خواهران و برادران جدا بود، ولی می‌توانستند در رستوران دور هم باشند. آن شب یکی از دانشجوهای دختر سر میز رستوران از بقیه جدا می‌شود که به دستشویی برود. وقتی برمی‌گردد، برافروخته بود. بچه‌ها می‌پرسند: «چی شده؟». می‌گوید: «کسی مزاحمم شده». گویا گفته بوده خانم خوشگله ما کوپه خالی داریم ها. شب در خدمت باشیم. حمزه مراتب را به پلیس قطار گزارش می‌کند و می‌گوید این آقا مزاحم این خانم شده. صبح که قطار به تبریز می‌رسد، حمزه و آن مزاحم و دختر هر سه بازداشت می‌شوند.

یک روز گذشت و از او خبری نشد. به یکی از دوستانم در تبریز زنگ زدم و خواستم از حمزه خبری بگیرد و ببیند چرا هنوز بازداشت است. ضمنن برایش خوراکی هم بخرد و ببرد تا گرسنه نماند. روز دوم و سوم هم گذشت و خبری نشد. ناچار خودم بلند شدم و رفتم تبریز. صبح اول وقت جلوی بازداشتگاه اداره‌ی اماکن بودم. ایستادم تا بازداشتی‌ها را بیرون آوردند. حمزه با سر و روی آشفته و دستبند به دست، تا مرا دید خود را در آغوشم افکند و شروع به گریه کرد. گفتم: «قوی باش پسرم. چرا گریه می‌کنی؟ اینم بخشی از زندگی کسیه که مبارزه می‌کنه. تو این دانشگاه زندگی پاس کردن چند واحد زندان هم واجبه که تو داری پاس می‌کنی. باید این چیزا رو به چشم ببینی و با تمام وجود حس کنی. شنیدنی نیست».

آن‌ها را به دادگاه بردند. از حمزه پرسیدم: «اون مزاحمه کدوم یکیه؟». گفت: «اونو همون روز اول ازش تعهد گرفتن و رفت». قاضی برای حمزه تحقیق سوء

پیشینه نوشت و برای دختر پزشک قانونی که ببیند باکره است یا نه. نزد قاضی رفتم و پرسیدم: «گناه پسر من چیه؟». گفت: «فضولی». گفتم: «مگه نه اینکه پسرم در دفاع از ناموس اجتماع بی‌تفاوت نبوده؟ درگیری هم که ایجاد نکرده. به پلیس مراجعه کرده. این کجاش جرمه؟». گفت: «به پسر تو چه ربطی داره که خودشو عدس آش کرده؟ مگه خود اون خانوم زبون نداشته که بره به پلیس بگه. پس حتمن یه رابطه‌ی عاشقانه این وسط هست که غیرتی شده و دخالت کرده».

بار دوم خرداد سال هشتاد و هشت بود. حمزه صبح آماده شد که برود برای تظاهرات. گفتم: «پسرم، خواهش می‌کنم نرو. اوضاع امن نیست». گفت: «سال پنجاه و هفت که شما می‌رفتی تظاهرات، مادرتون بهتون نمی‌گفت نرو؟». گفتم: «چرا می‌گفت». گفت: «شما گوش می‌کردی؟». گفتم: «ما اون موقع جوون بودیم و احساساتی. دنبال دموکراسی بودیم و فضای باز سیاسی. تو فکر ساختن یه جامعه‌ی ایده‌آل بودیم. نمی‌دونستیم از چاله در میایم و میفتیم تو چاه. دنبال چیزایی بودیم که نداشتیم. نمی‌دونستیم اونایی رو هم که داریم از دست می‌دیم». گفت: «حالا ما هم می‌ریم تا هرچی رو که شما خراب کردید درست کنیم» و رفت.

آن روز برنگشت. شب شد. ساعت دوازده شب دیگر طاقت نیاوردم. دلم مثل سیر و سرکه می‌جوشید. مستاصل بودم چه کنم و به چه کسی متوصل بشوم. یادم افتاد در گروه مکتب‌خونه هالو، یکی از هالوچه‌ها که بچه مشهد بود، ولایی بود و جانم فدای رهبر. یک بار نوشته بود: «اینقد هی نگین بسیجیا مردمو می‌زنن، جنبش سبزیا رفیق منو تو تهران با چاقو زدن و موتورشم آتیش زدن و الان تو بیمارستانه». فوری به او زنگ زدم و گفتم: «مرتضا، یه رفیق بسیجی تو تهران داشتی که می‌گفتی چند وقت پیش کتک خورده، یه زنگ بهش بزن و ببین می‌تونه از حمزه یه خبر بگیره ببینه زنده‌س؟ مرده؟ بازداشته؟». گفت: «استاد، اون رفیقم بعد اون جریان که کتک خورد، خونه زندگیشو فروخت و با زن و بچه‌اش رفت مالزی».

فردا حمزه را آزاد کرده بودند. در حالیکه از فاصله‌ی ده سانتی تو صورتش گاز فلفل زده بودند و غیر از اینکه همه‌ی صورتش سوخته بود، چشم‌هایش جایی را نمی‌دید. نمی‌دانستم چه کنم. آب بزنم؟ نزنم؟ پماد بمالم؟ چه پمادی بمالم؟ دوستی داشتم که در پزشکی قانونی کار می‌کرد و پزشک اداره‌ی آگاهی هم بود. به او زنگ زدم و چاره خواستم. گفت: «ببین عالی‌پیام، این گازها رو سپاه از چین خریده و خوشونم نمی‌دونن دواش چیه. الان خیلی از سپاهی‌ها که از این گاز تو صورت مردم استفاده کردن، باد زده پاشیده تو صورت خودشون و ما نمی‌دونیم چیکار کنیم. خود چینی‌ها هم نمی‌دونن».

حمزه گفت: «بابا احساس می‌کنم توی تخم چشمم هیچی نیست و چشمم آب شده». پلک چشمش را باز کردم و گفتم: «نه بابا، چشمت سر جاشه». بعد از یک هفته درد کشیدن بالاخره خوب شد.

آیین‌نامه اجرایی سازمان زندان‌ها

امروز در اتاق یکی از زندانی‌ها که وکیل است، آیین‌نامه‌ی اجرایی سازمان زندان‌ها را دیدم. امانت گرفتم و بعضی مطالب آن را یادداشت کردم:

ماده ۹۷ ا.س.ز (مخفف آیین‌نامه سازمان زندان‌ها)/ اجیر کردن زندانی توسط زندانی دیگر به هر نحو ممنوع است.

بند ۲ مصوبه سازمان ملل/ حمل و نقل زندانیان به هر طریقی که فاقد تهویه و نور کافی باشد یا به هر طریقی که آن‌ها را در معرض فشار جسمی بی‌جهت قرار دهد ممنوع است.

ماده ۱۶۵ ا.س.ز/ زندانیان حسب سابقه – سن – جنسیت - نوع جرم – تابعیت – مدت مجازات – وضع جسمانی، روانی و چگونگی شخصیت و استعداد به

یکی از قسمت‌های زندان یا موسسات تامینی و تربیتی معرفی گردد.

ماده ۱۰۸ ا.س.ز/ هر زندانی تازه وارد نسخه یا دارویی همراه داشته باشد اخذ و در اختیار بهداری زندان قرار می‌گیرد تا به تجویز پزشک به او داده شود و هر گاه دارو جنبه‌ی حیاتی برای زندگی دارد، بایستی فورن پس از معاینه و تجویز پزشک در اختیار وی قرار گیرد.

ماده ۹۱ ا.س.ز/ حداقل برنامه غذایی عبارت است از: نان و پنیر و چای برای صبحانه، ناهار و شام، سبزیجات تازه یا خشک، برنج، سیب زمینی، پیاز، حبوبات، انواع لبنیات، تخم مرغ و میوه‌های فصل و در هر هفته حداقل سه بار به زندانیان ناهار یا شام با گوشت داده شود.

ماده ۱۳۹ ا.س.ز/ در هر زندان با جلب کمک و همکاری وزارت‌خانه‌ها و سازمان‌ها و موسسات، کتابخانه‌ی مجهزی با توجه به تعداد زندانیان تأسیس و کتب علمی، مذهبی، اخلاقی و فنی در حد نیاز برای مطالعه‌ی زندانیان تهیه می‌شود. زندانیان می‌توانند در ساعات مقرر در کتابخانه به مطالعه پرداخته و با اجازه‌ی مسئولین کتابخانه، به طور امانت از کتابخانه کتاب اخذ و سپس مسترد کنند.

ماده ۱۴۶ ا.س.ز/ در هر زندان در صورت امکان وسایل و امکانات ورزشی و تربیت بدنی از قبیل تأمین کادر مربیان ورزش و تدارکات سالن سرپوشیده و زمین و وسایل لازم برای ورزش‌های فردی و گروهی فراهم می‌گردد.

ماده ۱۸ ا.س.ز/ ادارات مراقبت بعد از خروج مراکزی هستند که حمایت از زندانیان آزاد شده و واجد شرایط را به عهده می‌گیرد.

ماده ۲۲۳ ا.س.ز/ برای تسهیل بازگشت زندانیان به زندگی عادی باید در حفظ روابط و علایق خانوادگی آنان اهتمام لازم به عمل آید. به همین منظور مدد کاران اجتماعی در زندان موظفند به طور منظم با زندانی در تماس باشند و با جلب اعتماد زندانی در رفع مشکلات و تأمین احتیاجات مادی و معنوی او و خانواده‌اش .... مفید واقع شوند.

ماده ۲۲۴ ا.س.ز/ از جمله وظایف زندان آماده نمودن زندانیان برای بازگشت

به محیط خارج از زندان می‌باشد. انجام این وظیفه به عهده‌ی دایره‌ی مددکاری است.

ماده ۶۶ ا.س.ز/ هر گاه زندانیان به طور دسته جمعی نگهداری شوند، باید منتهای کوشش و دقت در انتخاب افراد یک گروه از حیث تناسب سن و جهات دیگر به عمل آید.

ماده ۱۶۳ ا.س.ز/ تندخویی، دشنام، ادای الفاظ رکیک یا تنبیه بدنی زندانیان و اعمال تنبیهات خشن و مشقت بار و موهن در زندان‌ها به‌کلی ممنوع است.

ماده ۱۶۱ ا.س.ز/ هر زندانی می‌تواند شفاهن یا کتبن تقاضای ملاقات با رییس زندان را بنماید.

ماده ۲۰۰ ا.س.ز/ واحدهای بازرسی ادارات کل موظفند برای هر زندان صندوق شکایات تهیه و در دسترس زندانیان قرار دهند ... این صندوق هر هفته یک بار توسط بازرسی اداره کل باز و شکایات آن به وسیله واحد بازرسی تعیین می‌شود.

ماده ۲۰۱ ا.س.ز/ هر نامه بایستی حداکثر ظرف دو روز از تاریخ وصول به دست زندانی یا مرجع مربوطه برسد.

ماده ۱۸۰ ا.س.ز/ وکلای دادگستری در صورت داشتن وکالتنامه‌ی رسمی برای حفظ حقوق موکل زندانی خود هر موقع ضرورت ایجاب نماید با اخذ مجوز کتبی از مقامات قضایی ... به زندان مراجعه و در اتاق مخصوص و جدا از اتاق ملاقات عمومی با موکلان خود ملاقات نمایند.

ماده ۶۷ ا.س.ز/ لوازم آسایشگاه برای هر زندانی عبارت است از – تختخواب - تشک – بالش- روتختی- روبالشی- دو تخته پتو – ملحفه برای پتو و تشک و بالش.

ماده ۸۷ ا.س.ز/ به تشخیص دایره مددکاری از سوی زندان سالیانه به زندانیان نیازمند به میزان مناسب لباس داده شده و مایحتاج بهداشتی ضروری زندانیان نسوان نیز تأمین می‌گردد.

تبصره ماده ۹۹ ا.س.ز/ مراجع قضایی و مسئولین زندان‌ها موظفند وضع

زندانیان بیمار صعب‌العلاج یا غیر قابل علاج را رسیدگی و حسب مورد مقررات به آنان مرخصی اعطا یا با رعایت سایر مقررات مربوطه از طریق عفو یا آزادی مشروط موجبات آزادی آنان را فراهم آورد.

ماده ۱۰۰ ا.س.ز/ وضع اماکن موسسه یا زندان عمومی و آسایشگاه محکومان به ویژه باید بر اساس اصول بهداشتی باشد.

ماده۱۰۲ ا.س.ز/ بهداری مؤسسه یا زندان موظف است دست کم ماهی یک بار نسبت به تست پزشکی کلیه محکومان اقدام نماید.

ماده ۱۰۳ ا.س.ز/ تا جایی که امکان‌پذیر است باید ترتیبی اتخاذ شود که احتیاج‌های درمانی و بهداشتی محکومان در داخل مؤسسه یا زندان تأمین شود تا به انتقال محکوم به خارج از مؤسسه نیازی نباشد. با این همه در موارد ضروری خروج محکوم از زندان برای معالجه بایستی با تایید بهداری زندان و اجازه رئیس مؤسسه یا زندان و موافقت قاضی ناظر باشد.

ماده ۱۰۵ ا.س.ز/ کلیه اماکن زندان‌ها و اماکن وابسته باید دست کم ماهی یک بار ضد عفونی شود، مگر اینکه به علت ظهور حشره‌ها یا بروز اپیدمی و اشاعه ویروس، بیماری‌های موسمی و محلی ایجاب نماید زودتر از موعد مقرر نسبت به گندزدایی لوازم مربوطه و سمپاشی اتاق‌ها در محوطه زندان اقدام شود.

ماده ۱۰۸ ا.س.ز/ گرمابه و مستراح و دستشویی زندان باید همیشه تمیز و نظیف باشد و به اندازه کافی دوش سرد و گرم در دسترس محکومان گذاشته شود.

ماده ۱۱۸ ا.س.ز/ معاینه و در صورت نیاز معالجه محکومان بیمار به عهده اداره زندان یا مراکز حرفه آموزی و اشتغال است.

آیین نامه اجرایی بازداشتگاه‌های موقت :

تبصره ماده ۱۱ - متهمان می‌توانند از وسایل شخصی خود مانند تلفن همراه و رایانه استفاده نمایند.

با خواندن این کتابچه یاد ترانه‌ی زیبای آن مرحوم افتادم که می گوید: حرفای

قشنگ می‌زنی / به دلم داری چنگ می‌زنی. این آخری از همه خنده‌دارتر بود. متهم حق دارد تلفن همراه و رایانه خود را همراه داشته باشد. تا زندان را ندیده باشید نمی‌توانید به عمق طنز و فکاهه این قوانین که فقط روی کاغذ وجود دارد پی ببرید. حالا بماند که همان روی کاغذش هم اکثر قریب به اتفاق قانون‌ها با کلماتی مثل: اگر - مگر - بجز - به‌استثنا - در صورت امکان - در صورت وجود - حسب مورد - بنا به ضرورت - در صورت موافقت رییس - در صورت تشخیص و غیره به راحتی با یک لیوان آب زرشک قابل تعویض است.

امروز بیست و هشت شهریور آقای علی‌اکبر باغانی را از سالن دوازده بند چهار به اندرزگاه ما منتقل کردند. ایشان که معلم تاریخ و فلسفه در مقطع دبیرستان با تحصیلات فوق لیسانس می‌باشد به خاطر تجمع در جلوی مجلس در تاریخ هفده اردیبهشت نود و چهار برای مطالبه‌ی حقوق معوقه معلمین دستگیر شد و از آن زمان تا کنون در زندان می‌باشد. او علاوه بر حبس، دو سال تبعید نیز دارد.
همراه با او محمود بهشتی لنگرودی، اسماعیل عبدی، مهدی بهلولی، محمدرضا نیک‌نژاد، علی‌رضا هاشمی، عبدالرضا قنبری و رسول بداغی نیز دستگیر و به یک تا پانزده سال زندان محکوم شدند. ایشان می‌گفت ما یک روز تعداد روزهای زندانی را که به معلمان کل کشور داده‌اند حساب کردیم، پانصد سال شد.

هر روز یک مریضیِ جدید - امروز روی پوستم جوش‌های بدی زده. به شدت می‌خارند، وقتی می‌خارانی خونی می‌شوند. یک زخم بزرگ هم لای انگشتهای پای چپم در آمده، نمی‌دانم چه کنم. درد مفاصل، آرتروز، کمردرد، سرگیجه‌های مداوم ...

رفتم بهداری و یک سری آزمایش خون و ادرار از من گرفتند. دکتر گفت: «عالی‌پیام، آزمایشا نشون می‌ده که تو سالم سالمی». گفتم: «آقای دکتر، این

آزمایشای شما هم مثه احکام ادیان و ایدئولوژی‌ها می‌مونه که تا روی کاغذه خیلی خوب و عالیه، اما پای عمل که می‌رسه هزار جور مشکل توش در میاد».

آزمایشگاه ز ان رجائی شهر

قوه قضائیه

سازمان زندانها و اقدامات تامینی و تربیتی کشور

نام و نام خانوادگی بیمار: [illegible]	اندرزگاه:	شماره پذیرش آزمایشگاه: ۹۲
نام پدر: [illegible]	سالن: [illegible]	تاریخ انجام آزمایش: ۹۴/۱/۲۹
س: ۹۱۴/۲۰۶/۶۶۳	پزشک معالج: [illegible]	شماره پرونده بیمار:

HEMATOLOGY	NORMAL
W.B.C	4-10,000
R.B.C	4-5.5
Hemoglobin	14-16 gr %
Hematocrit	Fer 36-45 % Male 40-45 %
Platelete	150,000-400,000
R.D.W	12_14
Neut	53-70
Eos	1_3
Bas	0-1
Lymph	22-33
Mono	4_8
Reticulocytes	0.2-2 %
Other	
Morth of Erythrocytes	
Sed Rate	M : 0-10 F : 0-20
Blood Group	
Rh. Factor	
Bleeding time	(Normal: 2-4 Min)
Clotting time	(Normal: 4-6 Min)
Pt	(Normal: 11-14 Sec)
Prothrombin activity	(Normal: 100 %)
INR	
P.T.T	30-4 Sec
SEROLOGY	
A.SOT.Per cc	(Normal: up to 250 un)
C.R.P	
R.F. (Latex)	
Wright test:	
Coomb's Wright test	
2ME	
V.D.R.L.(R.P.R)	
Indirect Coomb's	
Direct Coomb's	
Widal Test	
Other tests:	
SKIN TEST FOR	
Tuberculin (P.P.D)	
Xylocaine	

BIOCHEMISTRY	RESULTS	NORMAL	
FBS		70-115	mg/dl
BS			mg/dl
2HPP			mg/dl
BS-4PM			mg/dl
BS-5PM			mg/dl
Urea		15-45	mg/dl
Creatinine		0.4-1.5	mg/dl
Uric acid		3_7	mg/dl
Cholestrol		150-220	mg/dl
Triglycerideеs		50-160	mg/dl
S.G.O.T	۱۴	5_40	Un/l
S.G.P.T	۲۰	5_35	Un/l
Phosphatase ALP	۱۵۱	Unit/l	
HDL		>= 35	
LDL		<= 130	mg/dl
Total Protein		6_8	mg/dl
Sodium		135-145	mg/dl
Potassium		3.5-5.0	
Calcium		8_11	mg/dl
Phosphorus		Ad.3-4.5 ch.4-7	
Direct Bilirubin	0.3	0-0.2	mg/dl
Total Bilirubin	[illegible]	0.2-1.2	mg/dl
Albumin		4.5-5.5	
A/G Ratio:		1_2	mg/dl
Iron		µg/dl	
TIBC		µg/dl	
Amylase			U/L
C.P.K			U/L
L.D.H			U/L
Other test			

URINE	
Colour	W.B.C
Appearance	R.B.C
Reaction	Epith . Cells
S.G	Cast
Albumin Pli	Crystals
Suger Pli	Mucus
Ketone	Baceteria
Urobilinogen	Sperm
Bilirubin	Other
Blood	
Urine Culture:	

Stool

Protozoas. Ova & Parasites:

Occult Blood:

رئیس آزمایشگاه: مسئول آزمایش:

امروز یکی از داش‌مشتی‌ها داشت می‌رفت حمام. لوطی خوش مشربی بود و با او حساب شوخی داشتم. راننده تریلی بوده با پیچ‌گوشتی یکی را توی دعوا کشته بود. به شوخی گفتم: «می‌خوای بیام پشتت رو بمالم؟»

گفت: «لرا یه مثل دارن که می‌گه گرز باید خورند پهلوون باشه». گفتم: «عربا هم مثلی دارن که می‌گه: وصف العیش، نصف العیش».

راننده کامیون بود. در جاده مورد حمله‌ی خفت‌گیرها قرار می‌گیرد. با ضربه‌ی آچار پیچ‌گوشتی باعث مرگ یکی از آن‌ها می‌شود. به او حکم قصاص داده بودند. کلن در ایران چیزی به نام دفاع مشروع از خود وجود ندارد. چه ناموسی باشد، چه جانی، چه مالی. اگر منجر به قتل متجاوز شود، قصاص می‌شوی و اگر منجر به صدمه یا نقص عضو شود، دیه باید بدهی.

تصورش را بکنید. دزدی به خانه‌ی شما آمده و قمه‌ای در دست دارد. باید به او بگویید: عجله نکن، چایی تازه دمه، بریزم خستگی تون درآد؟ قمه‌تون به اندازه‌ی کافی تیز هست؟ چاقوتیزکن بدم خدمتتون؟ یا کسی برای تجاوز به زنی وارد حریمش می‌شود. خانم باید بگوید: دستمال کاغذی همون جا روی میز هست. ویاگرا دارید؟ آب بدم خدمتتون قرصتون رو بخورید؟

سبیل

این راننده وقتی وارد بند ما شد، سبیل‌های بسیار زیبایی داشت که به صورت مردانه‌اش می‌آمد. از آنجا که سبیل در دارالقرآن ممنوع است، از طرف روحانی بند به او حکم شد که باید سبیلش را بزند. او هم ناچار سبیلش را زد. ولی بسیار خجالت می‌کشید و افسرده شده بود. برای همین هم با او شوخی می‌کردم تا از این افسردگی که او را در لاک خودش فرو برده بود، تا حدی خارج شود. آخرش هم از غصه سکته کرد. شانزده روز در بیمارستان بستری بود. اول نیمی

از بدنش فلج شد. به بند که آوردندش نمی‌توانست راه برود. زیر بغلش را گرفته راهش می‌بردم. تا به مرور توانست سلامتی نسبی خود را به دست آورد.

بعد از این ماجرا، تصمیم گرفتم برای لجبازی با حاجی و گرفتن انتقام خون سبیل او، سبیل بگذارم. حاجی حریف من نبود. ظرف یک ماه سبیلی شد که بیا و ببین. هرچند موقع غذا خوردن اذیتم می‌کرد، ولی همین که قانون حاج‌آقا را شکسته بودم، لذت‌بخش بود.

یک روز در راهرو مرا دید. خیلی با احتیاط و مودبانه گفت: «آقای عزیز، فکر نمی‌کنید سبیل شما کمی از دایره‌ی شرع خارج شده باشد؟». گفتم: «حاج‌آقا، برای سبیل کسی را جهنم نمی‌برند، ولی برای مال‌مردم‌خوری می‌برند». شلیک خنده‌ی زندانیان که دلشان خنک شده بود دلم را قرص‌تر کرد. خواستم ادامه دهم که طبق معمول فلنگ را بست و دررفت.

زندانی‌ها از اینکه یکی پیدا شده جلوی او می‌ایستد و راه به راه سکه‌ی یک پولش می‌کند، خوشحال بودند. یکی از دلایل محبوبیت من پیش این لات‌های کت و کول بسته همین بود.

امروز زنگ زدم به مدیر فروشگاه‌های زندان و سر مواد غذایی کرمو که توسط فروشگاه این بند فروخته می‌شود، بگو مگو کردم. گفت: «کرموست؟ نخرید».

با زیاد شدن تعداد متقاضیان کلاس شعر و شاعری، مجبور شدم به روش حوزه شاگردان را به صورت هرمی تقسیم‌بندی کرده تازه‌واردها را در اختیار قدیمی‌ترها قرار دهم تا آنچه را آموخته‌اند به نوآموزان بیاموزند. این روش به شدت مورد استقبال قرار گرفت و هنرجوهای قدیمی احساس غرور می‌کردند.

امروز در اندرزگاه ده، یک جوان بیست و پنج ساله به نام صابر در یک نزاع کشته شد. وی در سن پانزده سالگی مرتکب قتل و دستگیر می‌شود. یک سال در کانون تربیت نوجوانان نگهداری شد. در سن شانزده سالگی به زندان

رجایی‌شهر منتقل و امروز پس از نُه سال پرونده‌ی زندگی‌اش بسته شد.

امروز گوشه‌ی حیاط نشسته و برای خودم خلوتی داشتم. یکی از زندانیان معتاد آمد پهلوی من و گفت: «جرمت چیه؟». گفتم: «سیاسی هستم». گفت: «چی می‌کشی؟». گفتم: «حبس». گفت: «نه بابا منظورم مواد پواد چی می‌کشی؟». گفتم: «هیچی». گفت: «پهک، پس چه جور سیاسی‌ای هستی؟ آدمای سیاسی باید حشیشی، علفی، گلی، چیزی بکشن، سیاسی مثه تو نوبره والا».

تازه فهمیدم یک زندانی سیاسی قلابی هستم.

ملاقات روزهای دوشنبه است. یک دوشنبه ملاقات زندانی‌ها با ملاقات کننده زن مثل خواهر و مادر و همسر و دختر. یک هفته ملاقات با ملاقات کننده‌ی مرد مثل پدر و پسر و برادر. امروز از طرف دادستانی نامه‌ای آمد مبنی بر اینکه عالی‌پیام تا دو نوبت حق ملاقات حضوری ندارد. دو نوبت یعنی یک ماه. نمی‌دانم چه کار می‌کنم که آقایان این قدر از دست من عصبانی هستند. من که جز شعرگفتن کاری بلد نیستم.

امروز زندانی‌ها را توی حیاط جمع کردند و به افرادی که در نماز جماعت یا مراسم دعا شرکت نمی‌کردند تذکر جدی داده شد. به من هم هم. تذکر جدی‌شان تو حلقم.

تا حالا قورمه سبزی با سویا دیدید؟ انشالا می‌آیید رجایی‌شهر می‌بینید. البته این صحبت مال سال نود و چهار است. الان که قربانش بروم مردم همان سویا را هم ندارند بخورند.

امروز شش جوان را به سالن ما انتقال دادند. همه‌شان مأمور آگاهی‌اند. اتهام آن‌ها زورگیری و خفت‌گیری و تجاوز به عنف و قتل بوده است. گفتم: ای بابا،

گر حکم شود که مست گیرند، در شهر هر آن که هست گیرند.

امروز خبردار شدم حکم مهدی موسوی و هنرجوی او، فاطمه اختصاری را به آنان ابلاغ کرده‌اند. مهدی به نه سال زندان و نود و نه ضربه شلاق و فاطمه به یازده سال و شش ماه زندان و نود و نه ضربه شلاق از سوی شعبه‌ی بیست و هشت دادگاه انقلاب محکوم شدند.

هر دو از پیشتازان غزل پست مدرن ایران هستند، قبلن هم سابقه‌ی زندان داشته‌اند. سابقه‌ی اولین بازداشت آن‌ها به سال نود و دو برمی‌گردد که در اوین زیر بازجویی و شکنجه‌ی بازجویان اطلاعات قرار گرفتند. بازداشت آن‌ها با اعتراض انجمن قلم سوئد و بنیاد شعر آمریکا روبرو شد.

آنچه مهدی از برخورد مأموران با خودش تعریف می‌کرد، برای زندانیان سیاسی بسیار آشنا بود. مشت و لگد و پس‌گردنی، کوبیدن سر به دیوار و صندلی، بشین‌پاشوهای تحقیرآمیز، گرفتن و فشار عصب داخل شانه همراه با فحاشی‌های رکیک و بیان تصورات جنسی با جزییات مشمئزکننده از نزدیکان، تهدید به دستگیری نزدیکان و غیره، کار روتین بازجوهاست. به همه‌ی این‌ها چهل روز انفرادی را هم بیفزایید.

شنیدن صدور حکم سنگین این دو شاعر آزاده بسیار عصبی و کلافه‌ام کرد. به طبقه‌ی بالا رفتم و وارد اتاق بچه‌های سیاسی شدم. بچه‌ها با دیدن من گفتند: «چی شده اینقد آتیشی شدی؟». خبر را دادم. همه جا خوردند. به خاطر شعر بیست سال و نیم حبس!!؟

گفتم: «باید بیانیه بدیم». علی‌رضا گفت: «کی بنویسه؟». داد زدم: «مگه تو مُردی؟». واقعن حال خودم را نمی‌فهمیدم. بیانیه نوشته شد:

> با خبر شدیم که دو شاعر از تبار شاعرانی که نخواستند مدیحه‌سرای سلطان باشند و قدر خود نفروختند و شان خود را تا جایگاه شاعران مردمی چون عارف قزوینی و حضرت حافظ

ارتقا دادند، جور حاکم به جان خریده و همنشینی با دیگر شاعران زندانی را به همنشینی نور چشمی‌های سلطان، ترجیح داده‌اند. مهدی موسوی به نه سال حبس و فاطمه اختصاری به یازده سال و هر یک به نود و نه ضربه تازیانه محکوم شده‌اند. اینکه دو شاعر که فقط شعر سروده‌اند به چنین احکام سنگینی محکوم می‌شوند، قابل باور نیست و اینکه شاعری از درد مردم بگوید و حاکمیت به جای هموار کردن راه خلق، شاعر را به زندان افکند، اسباب تاسف و تاثر ماست. ما جمعی از زندانیان سیاسی و امنیتی زندان رجایی‌شهر، ضمن اعلام حمایت از این شاعران آزاده، خواستار آزادی هر چه سریع‌تر شاعران سرزمینمان هستیم. محمدرضا عالی‌پیام، علی‌اکبر باغانی، فرید آزموده، مسعود عرب چوبدار، علیرضا فرهانی، بهزاد ترحمی، رضا کاهه، علیرضا ناصری، اسعد محمدی، ایرج حاتمی.

لازم به ذکر است همه‌ی این افراد تشویقی گرفتند: یک ماه محرومیت از ملاقات.

این روزها ساس زندان را برداشته است. از بس رفتیم و اعتراض کردیم، آمده‌اند برای سم پاشی. از سالن چهار که طبقه سوم است شروع کرده‌اند. تمام اعضای سالن وسایلشان را از سالن خارج می‌کنند تا سمپاشی شود. عجب!! خب این ساس که لای تشک و پتوها و لباس‌ها باقی می‌ماند. فکر کنم هفته‌ی دیگر نوبت به سالن ما برسد.

مداح بند، چند شعر بلد است که در عزا و مولودی همان‌ها را می‌خواند. همه‌اش هم برای سینه‌زنی است. به او ایراد گرفتم که چرا شعر جدید نمی‌خوانی؟ گفت: «از کجا بیارم. تو برام شعر جدید بگو». گفتم: «من که از این شعرا بلد

نیستم بگم. ولی چن تا غزل از حافظ بهت می‌دم حفظ کن بخون». گفت: «اشکالی نداره؟» گفتم: «نه بابا، چه اشکالی داره».

چند غزل انتخاب کردم و به او دادم. در اولین مراسم خواند. چقدر هم زیبا خواند و چه استقبال خوبی شد. زندانی‌ها که دیگر همه‌ی نوحه‌های او را از بر شده بودند، با شنیدن اشعار جدید حالی کردند.

شما تصور کنید ملت با تمام قوا سینه می‌زنند و مداح می‌خواند:

گل در بر و می در کف و معشوق به کام است ...

امیدوارم خواجه حافظ ما را حلال کند.

مطالعه و نوشتن روی زمین باعث کمر درد شدیدم شده است. تمام ستون فقراتم درد گرفته. یک صندلی که تکیه‌گاه آن شکسته و فقط نشیمن‌گاهش باقی مانده بود در انبار پیدا کردم. با خود گفتم: از این می‌شود به عنوان میز کار استفاده کرد تا مجبور به دولا شدن روی زمین نباشم.

پیش رییس رفتم و گفتم: «این صندلی شکسته رو لازم دارم». گفت: «از اموال بیت‌الماله. نمی‌تونم بدم». آمدم بیرون و دو بیت زیر را نوشتم و برایش فرستادم:

از رییسم جناب مهدی‌فر[1]
هرچه درخواست کرده‌ام بنده
با کمال ادب و خوش‌رویی
گفت: والّا نمی‌شه، شرمنده

---

۱. میان آن همه مدیر و رییس فاسد، این رییس‌بند منحصر به فردترین آدمی بود که من در زندان دیدم. مثلن تلفن روی میزش بود، ولی برای صحبت با خانواده‌اش می‌رفت در اتاق نگهبانان و ایستاده با تلفن کارتی با منزلش تماس می‌گرفت. همه‌ی کادر زندان حتا پاسبان‌ها می‌آمدند در آرایشگاه و مجانی اصلاح می‌کردند، ولی روزی در اتاقش بودم و آرایشگر گوشه‌ای روزنامه پهن کرده و مشغول آرایش موهای او بود. کارش که تمام شد با اصرار تمام دو کارت تلفن که حکم پول را در زندان داشت در جیب او فرو کرد.

اتاق اختصاصی

بعد از دو ماه دوندگی و اصرار زیاد برای داشتن اتاق تکی (بدون هم‌اتاقی)، بالاخره رییس‌بند را راضی کردم که یک انباری چسبیده به توالت را تخلیه کرده و در اختیار من قرار دهند. این انباری بوگندوی نمور کثیف به خاطر اختصاصی بودنش، به اتاق تر و تمیز قبلی‌ام ترجیح دارد. چون غرغر نمی‌شنیدم. صدای تلوزیون و برنامه‌هایش روی مخم نبود. به علاوه می‌توانستم تا هر وقت می‌خواهم چراغ را روشن نگه دارم و مطالعه کنم و مطمئن باشم کسی به یادداشت‌هایم سرک نمی‌کشد.

اتاق را که تحویل گرفتم، بلافاصله اسباب‌کشی کردم. یکی از بچه‌ها یک تکه نئوپان به من هدیه کرد. به عرض تقریبن سی سانت و طول هفتاد سانت. هدیه‌ی بسیار ارزشمندی بود. یک جعبه میوه‌ی خالی هم از مسئول فروشگاه گرفتم و با هم شد میز کارم. دیگر مجبور نبودم برای خواندن و نوشتن روی زمین دولا شوم.

همه‌ی اتاق‌ها سطل آشغال دارد جز اتاق من. یک ظرف خالی وایتکس از مسئول خدمات گرفتم و سرش را بریدم و شد سطل آشغال. کم‌کم دارد جهازم تکمیل می‌شود.

حالا برای اینکه وضعیت اتاق جدیدم را تشریح کنم، اول باید پلان سالن را شرح دهم:

سالن ما مثل همه‌ی سالن‌های دنیا دو سر دارد. اول سالن و آخر سالن. در اول سالن، نرده‌های آهنی و در ورودی که شب‌ها قفل می‌شود. این سوی نرده یعنی به سمت داخل، تلفن‌خانه و روبروی آن چراغ‌خانه قرار دارد. بیرون نرده اتاقی که ورزشکارها برای خود اختصاص داده‌اند و در آن با دمبل و هالترهای دست‌ساز ورزش می‌کنند. در کنار آن آرایشگاه و خیاط‌خانه و در کنارش در ورودی فروشگاه. روبروی آن هم پله‌هایی که به سمت بالا به زیر هشت و

دفتر مدیر بند و خروجی بند راه دارد. در حقیقت سالن ما زیرزمین محسوب می‌شود. به قول امروزی‌ها طبقه‌ی منفی یک.

آخر سالن باز نرده‌های آهنین که شب‌ها قفل می‌شود. این سوی نرده دست چپ توالت و دست راست ظرفشوخانه و حمام است. آن سوی نرده، دست راست وارد حیاط می‌شویم، روبرو حسینیه و نمازخانه و دست چپ پله‌ها که به طبقات بالا یعنی سالن‌های پنج و چهار راه دارد. از اول سالن که وارد شوی، اتاق من آخرین اتاق است، ولی از حیاط که وارد سالن شوی، اتاق من می‌شود اولین اتاق. این اول بودن مزایایی دارد به شرح زیر:

یک: سرما از حیاط که وارد سالن می‌شود، اول می‌پیچد توی اتاق من و بعد مازاد آن وارد اتاق‌های دیگر می‌شود. سوسک و کک و هزارپا و پشه هم هکذا – فکر کنم قبلن گفتم موش دیدم؟ بله گفتم.

دو: اتاق من درست چسبیده به توالت است. سه تا توالت برای شصت و پنج نفر (باز خوب است و خدا را شکر. سالن‌های بالا سه توالت برای صد و هفتاد نفر است). بنابراین هر صدا و بویی که از این توالت‌ها خارج می‌شود، اول مهمان اتاق من است.

سه: بلندگو هم که بالای اتاق من نصب شده. از بوی گل و سوسن و یاسمن گرفته تا اذان و سایر دعاهای روح‌پرور هم اول برای من است. از هفت صبح تا هفت بعدازظهر این بلندگو یک ریز دارد وِروِر می‌کند.

چهار: اتاق من روبروی ظرفشو خانه است. سر و صدای ظرف شستن و دعوا مرافعه سر نوبت و بوی گندی که از چاه ظرفشوخانه بلند می‌شود هم در انحصار من است.

پنج: ضمنن اتاق من که درست روبروی حمام است این حسن را دارد که در هر لحظه می‌توانم بفهمم چه کسی دارد واجبی مصرف می‌کند. البته از بوی دل‌آویز آن.

شش: شب‌ها که در سالن‌ها قفل است و زندانی راه به حیاط ندارد، سیگاری‌ها ته سالن که همان روبروی اتاق من باشد جمع می‌شوند و ضمن کشیدن سیگار

گعده[1] می‌کنند. از بوی انواع و اقسام سیگارهای جورواجور و صحبت‌های آن‌ها با هم که مزاحم مطالعه و یادداشت نویسی من است بگذریم، گاهی که از سر پا ایستادن خسته می‌شوند، بی‌اجازه وارد اتاق من شده و مرا به حرف می‌گیرند. یعنی مزاحمت مضاعف.

وضع دیوارها خیلی اسفناک بود. رنگ که وجود نداشت تا رنگشان کنم. تصمیم گرفتم کاغذدیواری کنم. می‌پرسید با چه؟ خب معلوم است، با روزنامه. شروع کردم به بریدن عکس‌ها و تیترهای جالب. حالا فقط یک مشکل بود، آن هم چسب.

نزد رییس‌بند رفتم و گفتم: مقداری چسب لازم دارم. گفت: «برا چی می‌خوای؟» گفتم: «می‌خوام از زندان فرار کنم». گفت: «نه جدی برا چی می‌خوای؟» گفتم: «خب چسبو برا چی می‌خوان؟ برا چسبوندن دیگه». گفت: «تو زندان چسب ممنوعه». گفتم: «ظل عالی مستدام».

از فروشگاه چند تیوپ خمیردندان خریدم و کارم را شروع کردم. یک کلاژ عالی با شیطنت هالویی. عکس باران کوثری در آغوش رفسنجانی. این آخوند سوار دوش آن آخوند. ماچ و بوسه رجال کشوری با خانم‌ها. خانم نیکی کریمی روی پای ... (نمیتونم بگم). تیترها هم که جای خود. اول از همه روی چارچوب در چسباندم: ورود آقایان ممنوع. لابلای تیترهای مختلف روی دیوار یک تیتر قرمز رنگ هم بود که: «فضولی موقوف». از مهمان‌های ناخوانده‌ای که در بالا توضیح دادم اگر کسی سؤال زیادی می‌کرد، با انگشت آن را نشان می‌دادم و اکثرن خجالت می‌کشیدند و ساکت می‌شدند، بعضی‌ها هم آن قدر پررو بودند که می‌گفتند: «عه چه جالب! منظورت چیه؟».

روزی رییس زندان و رییس‌بند همراه عده‌ای برای بازدید آمده بودند. جلوی اتاق من ایستادند و مدتی به عکس‌ها و تیترهای کلاژ شده خیره شدند. رییس زندان گفت: «اینا چیه چسبوندی رو در و دیوار؟» گفتم: «من چاپ نکردم،

---

۱. اصل واژه قعده می‌باشد که در گویش تهرانی به گعده تبدیل شده است. به معنی جلسه‌ی تفریحی، دور هم نشستن، دوره گرفتن.

روزنامه چاپ کرده». گفت: «بکنش». گفتم: «یه قوطی رنگ و یه قلم مو بدین رنگش کنم، چشم». رییس‌بند پرسید: «با چی چسبوندی؟» گفتم: «چسب». گفت: «از کجا آوردی؟» گفتم: «قربونت برم، تو این زندان از شیر مرغ تا جون آدمیزاد پیدا می‌شه. چیزی لازم داشتی به خودم بگو». ماند در خماری که چسب از کجا آورده‌ام.

این نمایشگاه دیواری من که روز به روز گسترده‌تر هم می‌شد، دائم مورد بازدید علاقه‌مندان هر سه سالن بود.

نامه‌ی هالو به پسرش

شعری از حانیه دری[۱]، نامزد پسرم هانی به دستم رسید:

تو و این بغض‌های پی در پی
نگرانی برای لبخندش
کاش هر روز تو دوشنبه شود
کاش می‌شد که لحظه‌ای بندش
[باز می‌شد به سوی آزادی]

---

۱. حانیه دری از اولین هنرجوهای مکتب‌خونه‌ی هالو بود. مکتب‌خونه‌ی هالو وبلاگی بود که در سال هشتاد و نه برای آموزش عروض و قافیه راه افتاد. در این کلاس مجازی گروهی جمع شدند که بعدها نام هالوچه‌ها را بر خود نهادند. حانیه آن موقع سیزده یا چهارده سال داشت و داستان می‌نوشت. ولی خیلی زود شاعر شد و شاعر خوبی هم شد. به طوری که در سال نود و یک در چهاردهمین دوره‌ی جشنواره‌ی خوارزمی به رتبه‌ی دوم کشوری در رشته‌ی زبان و ادبیات فارسی دست یافت و بدون کنکور و شهریه در رشته‌ی ادبیات نمایشی دانشگاه هنر مشغول تحصیل شد. البته بعدن کارشناسی ارشد را در رشته‌ی پژوهش هنر ادامه داد. هالوچه‌های شهرستانی و آن‌ها که در خوابگاه بودند پاتقشان منزل ما بود. این رفت و آمدها به گره خوردن دل بعضی از آن‌ها به هم انجامید و ازدواج کردند. از جمله حانیه و پسر من هانی. قبل از ورود من به زندان نامزد شدند و به توصیه‌ی خانواده‌ی حانیه که هر دو تحصیلکرده و فرهنگی هستند، قرار شد مدتی دوست بمانند و برای ازدواج عجله نکنند. در تمام زیر و بالاهای زندگی، حانیه نه عروس، که دوست و مددکار خوبی برای من بود و هست.

گریه کن... مرد بودنت به کنار
گریه گاهی پناه آخر ماست
منشأ هرچه بغض پاییزی،
هرچه باران، شروعش از سر ماست
[گریه در جست و جوی آزادی]

از ملاقات خط پیشانیش
عسل چشم‌هات محروم است
هر تلاشت برای حق دلت
پاسخش باز تیر و باتوم است
[خورده باتوم روی آزادی]

طبق قانونِ "اعتراض نکن"
طبق قانون.. به سمت لال شدن
بیست و شش ساله زندگی کردن
غم‌ترین پیرمرد سال شدن
[در دلت های و هوی آزادی]

شب و کابوس... روز و خاطره‌ها
پشت هر لحظه مکث و بعد سکوت
از بلندای آرزوهایت
می‌کنی پشت رد پاش سقوط
[پر خون است جوی آزادی]

پدرت پشت شیشه پیر شده
پدرت پشت شیشه غمگین است

پدرت پشت شیشه می‌خندد
رسم دنیا هنوز هم این است:
[روسپید است موی آزادی]

در تلفن از بی‌تابی او گفت و بغض‌هایی که دست از سرش برنمی‌دارد. شاید روزی صد بار ترانه‌ی حبس ابی را با چشمان خیس زمزمه می‌کند.

شعر زیر را برایش سرودم و دادم بیرون:

پسرم مرد باش، گریه نکن
بغض خود را بگیر در مشتت
کوله بار امانت پدری
چون دماوند مانده بر پشتت

پسرم، مرد باش، گریه نکن
دشمنت شاد می‌شود، فرزند
خشمگینش کن و بپیچانش
با صبوری، غرور، با لبخند...

شعر کامل را در جلد نهم کتاب افاضات آقای هالو بخوانید یا کلیپ آن را در پیج من در یوتیوپ ببینید.

سم‌پاشی‌ها افاقه‌ای نکرد. پیش رییس‌بند رفتم و گفتم: «فکر کنم جای سم دوغ پاشیدند». گفت: «به درمانگاه مربوط است». درمانگاه رفتم که ببینم این چه سمی بود که ساس‌ها را پرروتر هم کرده. مسئول مربوطه کف دستش را کاسه کرد و گفت: «اینقد سم می‌دن می‌گن سه طبقه رو سم بپاش. اونقد سم برا دو تا اتاقه نه شصت تا اتاق».

دانشگاه پیام نور

اینجا یک دانشگاه پیام نور هم هست که در چند رشته از میان زندانیان، دانشجو می‌پذیرد. اما دانشگاه که چه عرض کنم!! یکی از این دانشجوها هم‌اتاقی قبلی من بود. هیچ وقت سر کلاس نمی‌رفت. یک روز پرسیدم: «تو مگه کلاس نداری؟» گفت: «تق و لقه. یا استاد نمیاد یا دانشجوها. هفته‌ی پیش استاد اومد ولی فقط من سر کلاس بودم». پرسیدم: «پس چطور واحدا رو پاس می‌کنین؟» گفت: «روز امتحان استاد سؤالا رو می‌ده و جوابا رو روی وایت بورد می‌نویسه و خلاص. همه هم قبول می‌شن».

روزی یکی از این دانشجوها نامه‌ای به رییس‌بند نوشته و در آن آورده بود: «مرا در اینجا ترول شخصیت کرده‌اند». به او گفتم: «ترول رو غلط نوشتی». گفت: «ها ببخشید» و آن را اصلاح کرد: طرول! یکی دیگر از واژه‌های نامه‌ی او، اوتولیته بود (اوتوریته). یکی دیگر از این لیسانسه‌ها نامه‌ای نوشته بود و در آن درخواست کتلی (کتری) کرده بود. یکی دیگر اذیت را عزیت نوشته بود .... حالا تصور کنید این‌ها بعد از آزادی به عنوان یک لیسانسه می‌خواهند وارد اجتماع شوند. چه شود!

شروع فصل سرما

امروز یازده آبان است. فضای داخل سالن و اتاق‌ها خیلی سرد است. هنوز شوفاژها را راه نینداخته‌اند. از پنجره‌های اتاق سوز بدی وارد می‌شود. شیشه‌ها آب‌بندی نشده‌اند. با کمی گچ می‌شود آن‌ها را بتونه‌کاری کرد. پیش رییس رفتم و گفتم: «مقداری گچ لازم دارم». گفت: «برا چی می‌خوای؟» گفتم:

«شب جمعه‌اس، می‌خوام حلوا درست کنم خیر اموات».

ناچار درز پنجره‌ها را با کیهان، روزنامه تپان کردم. لوله کردم و با یک تیزی لای شکاف‌ها فشردم. تازه فهمیدم روزنامه‌ی کیهان آن قدرها هم که می‌گویند، روزنامه‌ی بدی نیست.

امروز فروشگاه سیب زمینی و پیاز آورده بود. بچه‌هایی که موفق به خرید شده بودند، گُله به گُله در حیاط سیب زمینی پیازها را در آفتاب پهن کرده بودند و خراب‌ها و گندیده‌هایش را جدا می‌کردند. بدون اغراق نیمی از آن‌ها خراب بود.

نورگیر اتاق من رو به حیاط بند پنج که بند زندانیان زیر بیست و پنج سال است قرار دارد. به انواع و اقسام بوهایی که از این پنجره از قبیل سیگار و حشیش و غیره وارد می‌شود عادت کرده‌ام. بگذریم. از کلمات رکیکی که بین این جوانان رد و بدل و صدایش به وضوح شنیده می‌شود هم بگذریم، یکی از زندانیان قدیمی تعریف می‌کرد: این بند رییسی داشت که آدم بسیار راحتی بود و اصلن به زندانیان سخت نمی‌گرفت.

مثلن روزی یک نوجوان نوزده ساله وارد اتاقش شد و گفت: «من شکایت دارم». گفت: «از کی؟» گفت: «از نه نفر که دیشب به زور به من تجاوز کردند». آب پاکی روی دستش ریخت و گفت: «اگر پرونده‌ی تو را با آن نه نفر بفرستم بالا، هم آن نه نفر به خاطر لواط کردن شلاق می‌خورند، هم تو به خاطر لواط دادن. هر کدام از آن‌ها شصت تا شلاق می‌خورند، تو نه تا شصت تا به عبارت پونصد و چهل تا. پس برو پی کارت».

از شاهکارهای دیگر او اینکه به پاسداربندها سپرده بود: اگر از زیر درز درهای حمام (گفته بودم زیر درها بیست سانت کوتاه است؟) چهار تا پا دیدید، بدانید که آن دو تا پاست نه چهار تا. همچنین اگر از زیر در توالتی چهار تا پا دیدید باز هم بدانید اشتباه شمرده‌اید و آن دو تا پاست نه چهار تا. اگر شب موقع گشت زیر پتویی چهار تا پا دیدید، دچار توهم شده‌اید. آن دو تا است نه چهار تا.

فکر کنم مَثل شتر دیدی ندیدی را برای ایشان ساخته باشند.
امشب در حسینیه جشن عید غدیر بود. یک سرک کشیدم. از سیصد و پنجاه زندانی حدود بیست نفر آنجا بودند و برای یک لیوان شربت سن ایچ داشتند هوار می‌زدند و خود را جر می‌دادند.
دم در عده‌ای ایستاده و مراقب بودند مبادا غیر از آن‌هایی که داخل حسینیه‌اند، کسی دست به لیوان‌های سن ایچ بزند. از آن‌ها پرسیدم: «چه خبره؟».
یکی گفت: «وا! دکتر!!! جشنه دیگه».
گفتم: «جشن چی؟».
یکی دیگرشان گفت: «جشن غدیر خم».
گفتم: «خب خم که می‌دونم چیه، توش سرکه و چیزای دیگه می‌ریزن. غدیر چیه؟».
سه تایی مرا به سمت اتاقم راهنمایی کردند و تقریبن هل دادند و گفتند: «خدا پدرتو بیامرزه، بیا برو تا کار دستمون ندادی».
البته از حق نگذرم، بلافاصله یکی‌شان یک پارچ پر شربت داد دم اتاقم. دمش گرم.

امروز رفتم در اتاق بچه‌های سیاسی، دیدم همه دور تلویزیون جمع شده با اشتیاق گوش می‌دهند. گفتم: «چه خبره؟» گفتند: «بیا تو بیا تو به مناسبت عید غدیر و قربان عفو اعلام شده». گفتم: «آدمای ساده، این عفوا مال دزدا و قاچاقچیاس. چیزیش به من و شما نمی‌ماسه. پاشین برین دنبال کار و زندگی‌تون. شما دیگه چرا؟».
واقعن هم همین‌طور است. ظرفیت زندان‌ها که فول می‌شود، عده‌ای خلاف‌کار را بیرون می‌فرستند تا جا برای زندانیان سیاسی باز شود.

اولین نامه به وزیر بهداشت

وضعیت بد بهداشتی زندان، ما را واداشت که نامه‌ای جمعی با امضای همه‌ی زندانیان سیاسی امنیتی به وزیر بهداشت بنویسیم. متن زیر توسط من انشا شد و به امضای همه رسید و ارسال شد:

وزیر محترم بهداشت و درمان
جناب آقای دکتر هاشمی
با سلام و احترام
اگر چه گستره‌ی دامنه‌ی بروکراسی اداری، ما را چندان به رسیدگی و اقدام مناسب و عاجل از سوی شما امیدوار نمی‌دارد، اما رعایت سلسه مراتب اداری و از طرفی پیشگیری از قضاوت زود هنگام و همچنین داشتن حسن ظن به جنابعالی موجب نوشتن این نامه شد.
چندی قبل خبر سرکشی شما از زندان قزل حصار در رسانه‌ها اعلام شد که هم سرکشی وزیر بهداشت از یک زندان در کشور عزیزمان شگرف می‌نمود و هم اظهار نظر غیرمنتظره‌ی شما و اذعان به شرایط بسیار بد بهداشتی آن زندان و فضای مستعد بروز بیماری‌های خطرناک و سرایت آن به جامعه پس از آزادی.
از آنجا که شرایط زندان رجایی‌شهر بهتر از قزل‌حصار نیست، بر آن شدیم تا ضمن شرح اهم مشکلات بهداشتی و درمانی با ارسال این نامه از شما تقاضا کنیم به عنوان پزشکی صالح و وزیری دلسوز شخصن از این زندان نیز بازدید داشته باشید:
۱- حدود چهار هزار و پانصد زندانی در این زندان، میان سوسک و مگس و هزارپا و موش زندگی می کنند. در طول چهار ماه

گذشته فقط یک سمپاشی آن هم نمایشی داشته‌ایم.

۲- برای هر سالن صد و چهل نفره، سه یا چهار سرویس بهداشتی و حمام وجود دارد و مواد شوینده‌ی جیره‌ی زندانیان، تکافوی زندگی در چنین محیطی نیست.

۳- آب زندان آب لوله کشی شهری نیست و از محل آب چاه پر از آهک و املاح دیگر تأمین می‌شود. ما اصلن نمی‌دانیم آب این زندان قابل شرب هست یا نه.

۴- بهداری موجود در این زندان بیشتر نمایشی است و همکاران خوب و زحمت‌کش شما از ارائه‌ی ابتدایی‌ترین داروها مثل سرماخوردگی، شربت سینه، قرص ضد حساسیت، مفنامیک اسید، مسکن ... عاجزند و دندانپزشکی آن پولی است. نوبت بهداری به هر نفر دو یا سه ماه طول می‌کشد.

مشکلات بسیار زیاد است و در این مقال نمی‌گنجد. اگر شما یا نماینده‌ی مورد اعتمادتان را در این زندان ملاقات کردیم، حضوری گفته خواهد شد.

موقع را محترم شمرده ضمن تجدید احترامات فائقه چاره‌ای جز توسل به شخص شما ندیدیم و امیدواریم با رسیدگی عاجل شما این درخواست رسانه‌ای نشود.

امضا

جانم برایتان بگوید هیچ اتفاقی نیفتاد که هیچ، حتا بی‌معرفت جوابمان را هم نداد.

محرم نزدیک است. تمام دیوارها را دارند سیاه‌پوش می‌کنند و کتیبه می‌کوبند.

امروز بلندگو اعلام کرد: آقای .... معاون جدید زندان در دفتر رییس‌بند

هستند. هر کس با ایشان کاری دارد مراجعه کند. لباس مرتب پوشیدم و رفتم زیر هشت و تقاضای ملاقات کردم. می‌خواستم درباره‌ی مشکلاتی که در بند وجود دارد با او صحبت کنم. رفتم تو. قیافه‌اش را که دیدم، حس بدی به من دست داد. ریختش داد می‌زد که کار راه انداز نیست. پشیمان شدم. گفت: «چی کار داری؟» سلام کردم و گفتم: «هیچ». گفت: «پس برا چی اومدی؟» گفتم: «من تا حالا یه معاون زندان ندیده بودم. اومدم ببینم چه شکلیه». گفت: «ولی من شما را خیلی زیارت کرده‌ام». منظورش کلیپ شعرهای من بود. توی دلم گفتم: «زیارت قبول».

شروع ماه محرم

محرم شروع شده است. سیاهی از در و دیوار بالا می‌رود. از بلندگوی حسینیه دائمن نوار نوحه‌ی مداحان گُنده‌گواری مثل حدادیان و حاج ارضی و غیره بلند است. اتاق من هم که اولین اتاق. یعنی اول حسینیه است، بعد دستشویی، بعد اتاق اولی که مال من فلک‌زده است. بعد بقیه‌ی اتاق‌ها. صبح تا شب باید بشنوم: بر مشامم می‌رسد هر لحظه بوی کربلا.

عصرها سینه‌زنی است. دسته‌ی سینه‌زنان سالن چهار به سالن پنج می‌آیند و پس از یک ساعت سینه‌زنی همراه دسته‌ی سینه‌زنان سالن پنج به سالن شش می‌آیند. همه باید از اتاق‌ها بیرون آمده و چراغ را خاموش کنند و سینه بزنند. سردسته‌ی نوحه‌خوان‌ها هم کسی است به نام اسمال بقچه. از این جهت به او بقچه می‌گویند که باسن بزرگی دارد. جرم این اسمال آقا این بوده که با یک زن شهید شوهردار روی هم ریخته و بعد شوهرش را کشته و حالا هم اینجا منتظر اعدام است.

«مکن ای صبح طلوع، مکن ای صبح طلوع».

عکس آرشیوی است.

نمی‌دانید با این اراذل، سینه‌زنی چه مزه‌ای دارد. البته آخر شب چایی دارچین هم می‌دهند. آن هم به هزینه‌ی خود زندانی‌ها.

یکی از زندانی‌ها آهی کشید و گفت: «ای خدا، این چهارمین محرمیه که من توی این زندانم.» یکی دیگر با تشر سرش داد کشید: «بگو خدا رو شکر.» او هم گفت: «خدا رو شکر.»

امروز به طور اتفاقاتی رییس زندان را در بند دیدم. نمی‌دانم برای چه کاری آمده بود. جلو رفتم و گفتم: «آقا من تا حالا پنج نامه درخواست ملاقات حضوری به شما داده‌ام». گفت: «والله یکیش هم به من نرسیده، حالا چیکار داشتی؟». گفتم: «ممنون، دیگه عرضی ندارم».

دکتر ارتپد فقط یکشنبه‌ها می‌آید و باید بیماران در نوبت ثبت نام کنند. پس از هفته‌ها، نوبت به من رسید. نزد وی رفتم و گفتم: «دکتر تمام ستون فقراتم از بالا تا پایین درد می‌کنه. تمام مفاصل انگشتای دست و پام درد می‌کنه. زانوام و

مفصل کشاله رونم درد می‌کنه». گفت: «چیزی نیست. ایشالا خوب می‌شی». گفتم: «ماشالا هزار ماشالا خیلی حاذقی شما. مدرکت مال خارجه‌اس؟». بعد خواست قرص مسکن بدهد که نگرفتم. چون قرص مسکن در بند حکم کیمیا را دارد و اگر زندانی‌ها بفهمند کسی قرص مسکن دارد، امنیتش به خطر می‌افتد.

یکی توی بند ما هست حدودن پنجاه ساله که نه تنها سر تا سر شصت روز محرم و صفر را سیاه پوشید، بلکه ده روز هم جلو جلو استقبال رفت و شد هفتاد روز. در سینه‌زنی‌ها میدان‌دار است و حسین حسینی می‌کند که بیا و ببین. روی سینه‌اش حسین جان خالکوبی کرده و روی کمرش یا ابوالفضل.

پرسیدم: «این بابا جرمش چیه؟ چرا اینجاست؟». گفتند: «این یه دختر هشت ساله رو دزدیده و تو یه پارک برده یه گوشه موشه‌ای لباساشو درآورده و داشته بازی بازی می‌کرده (یا به قول فرانسوی‌ها ملاعبه می‌کرده) که یه زن و شوهر رهگذر اونو می‌بینن و با جیغ و داد و خبر کردن پلیس دستگیر می‌شه. بعد معلوم شده این اولین بارش نبوده و طرف اصلن این کاره است».

آهان راستی ریششو نگفتم. ریش این هوا، آه.

بعد از مدتی ایشان به سالن ما منتقل شد، تازه متوجه شدیم سر تا سر سال هم روزه می‌گیرد. تقبل الله انشاء الله.

هفته‌ی پیش فروشگاه سیر آورده بود. تمام سیرها کرمو بود. این هفته هنر کرده هلو آورده بود. هلوها هم بدون استثنا کرمو. رفتم در محوطه و الم شنگه‌ای به پا کردم که آن سرش ناپیدا. هوار زدم: «مگه زندانی آشغال‌خوره؟ این مأمور خرید کیه که هر چی آشغال تو بازاره برا زندانی می‌خره و دولا پهنا هم حساب می‌کنه. پنیر و تن ماهی و رب که تاریخ مصرفش گذشته‌اس. اینم از میوه و سبزیش». تعداد زیادی از زندانی‌ها به طرفداری از من دورم جمع

شدند. یکی پیدا شده بود که حرف دلشان را بزند. بیچاره‌ها خودشان که جرات نُطق کشیدن ندارند.

مدیر فروشگاه قبل از اینکه رییس‌بند و پاسداربندها سر و کله‌شان پیدا شود، خودش را رساند و با التماس قول داد که تکرار نشود، به شرطی که بیش از این معرکه نگیرم و بروم توی اتاقم.

اینجا برای رضایت از محکوم حدیث‌های جالبی می‌شنوم. با اینکه رقم دیه دولتی صد و شصت میلیون تومان است، برای رضایت رقم‌های چهارصد، پانصد، گاهی تا دو میلیارد تومان هم شنیده‌ام. امروز یکی تعریف می‌کرد یک زندانی اینجا داشتیم که شاکی شرط رضایت را طلاق زن متهم و ازدواج با او تعیین کرده بود.

یک قناد اینجا هست که خداییش آدم بسیار خوب و معقولی است. می‌گفت: «یه شاگرد داشتم که دستش کج بود. خواستم بیرونش کنم، نمی‌رفت و گردن کلفتی می‌کرد. با هم گلاویز شدیم. چاقو کشید. هلش دادم. خورد زمین و چاقوی خودش رفت تو شیکمش و مرد».

به او اعدام داده بودند. می‌گفت: «دو سال پیش اولیای دم رو به گرفتن سیصد میلیون تومن دیه راضی کردیم. مغازه و دار و ندارم رو گذوشتم برا فروش. دو سه ماه طول کشید تا مغازه و ماشین و فرشامو و طلاهای زنمو فروختم و پول جور شد. همچین که پول حاضر شد، طرف دبه کرد و گفت: یه میلیارد کمتر نمی‌گیرم. همه‌ی زندگیم رفت. پوله هم کم‌کم نصفش خرج شد. از وکیل بگیر تا دلالایی که تو زندان هستن و پول می‌گیرن تا خونواده‌ی شاکی رو راضی کنن. دلم خوش بود اگه اعدام می‌شم اقلن یه مغازه دارم که برا بچه‌هام می‌مونه. حالا دیگه اونم ندارم».

یک زندانی داریم که سور زده به مردان آهنین. هیکل ماشالا از در به زور تو می‌آید. یک روز من و او روی پله‌های حیاط نشسته بودیم. گفتم: «جعفرآقا یه

فیلمی ساخته بودن به اسم دو نفر و نصفی که فرامرز قریبیان و خمسه بازی می‌کردن. اون فیلمو دیدی؟» گفت: «نه، چطو مگه؟» گفتم: «حکایت من و توئه روی این پله. دو نفر تویی، نصفه من».

راستی در مورد آن پیرمرد بچه‌باز که گفتم یک دختربچه را در پارک لباس‌هایش را درآورده با او ورمی‌رفته، امروز کاشف به عمل آمد آن بچه خواهرزاده‌اش بوده و ایشان دایی جان.

عمده‌ی زندانیان سیاسی در سالن یازده نگهداری می‌شوند. گاهگاهی آن‌ها را در درمانگاه می‌دیدم. از جمله سید محمد ابراهیمی که در اوین با هم بودیم. در یکی از ملاقات‌ها از رییس زندان خواستم مرا به آن بند منتقل کند. گفت: «نمی‌شه». گفتم: «چرا نمی‌شه؟» گفت: «اونجا اکثرن بهایی و مجاهد خلق هستن». گفتم: «من اونا رو می‌خورم یا اونا منو؟» گفت: «عالی‌پیام، به من دستور اکید دادن تو با اونا تماس نداشته باشی، دستور دادن کتابخونه نری و هزار و یه دستور دیگه که من خیلی‌هاشو رو رعایت نمی‌کنم. رعایت کنم بدبخت می‌شی. حالا برو سرت رو بنداز زیر و این چند ماهی که از حبست باقی مونده رو تموم کن و منو خلاص».

من هم رفتم تا آن چند ماهی را که از حبسم مانده تمام کنم و او را خلاص.

قاشق‌دزدی

شب رفتم ظرف‌هایم را شستم و برگشتم. دیدم قاشق و چنگالم را جا گذاشته‌ام. سریع برگشتم دستشویی دیدم نیست. سه سوت برده بودند. از ناظر شب پرسیدم: «کسی یه قاشق چنگال پیدا نکرده به شما داده باشه؟» گفت: «نه».

فردا از وکیل‌بند پرسیدم، گفت: «نه». خیلی زور داشت. آن قاشق چنگال نود هزار تومان برایم آب خورده بود. اعلامیه‌ی زیر را نوشتم و دم در ظرفشویی نصب کردم:

نانجیبان مال من را خورده‌اند
قاشق و چنگال من را برده‌اند
آنچه برده مال هالو بوده است
دسترنج زور بازو بوده است
هر که آن را برده فورن پس دهد
مثل آدم بر سر جایش نهد
در اتاق شانزده بهر خدا
دست خود داخل کند بی‌سر صدا
مردوار آن قاشق و چنگال من
جاگذارد بر سر یخچال من
گر نکرد این کار آن مرد زبل
بنده نفرینش کنم از عمق دل
که خدا گیرد از آن جانی تقاص
زودتر از وقت خود گردد قصاص
هر که آن را پس نداد و زد به جیب
لقمه در حلقش بماند نانجیب

تا چند روز دم ظرفشویی می‌ایستادم و ظرف شستن بقیه را نظاره می‌کردم شاید مالم را پیدا کنم. یکی گفت: «دنبالش نگرد. اون قاشق چنگال تا حالا تیزی شده و ده دست چرخیده. ولش».

دو هفته بعد از این ماجرا، قاشق و چنگال مداح بند را دزدیدند. همه توی اتاق‌ها بودند که با داد و فریاد او بیرون ریختند. دم ظرفشویی ایستاده بود و

فحش خواهر مادر را هوار می‌کشید و همه را تهدید می‌کرد که اگر قاشق چنگالش پیدا نشود، بند را به آتش خواهد کشید. بعد وارد یک اتاق‌ها شد و شروع کرد به زیر و رو کردن وسایل و گشتن و همین‌جور که به همه فحش می‌داد، به بازرسی اتاق‌ها پرداخت. هر کس هم که اعتراض می‌کرد و مانع می‌شد، مشت و لگدی نوش جان می‌کرد. همین موقع به او خبر دادند که قاشق چنگالش پیدا شده و در ظرفشویی است. معلوم شد دزد آن‌ها را برده و سر جایش گذاشته است.

رفت قاشق چنگالش را برداشت و آمد جلوی صورت من گرفت و گفت: «بفرما ... مال دزدی رو این‌جوری پیدا می‌کنن نه با شعر گفتن. حالا تو برو هی شعر بگو».

دیدم راست می‌گه. چی بگم والا. حرف حساب که جواب نداره.

یک شب در اتاق یکی از زندانی‌ها نشسته بودیم. دیدم یک چیزی به پنجره می‌خورد. نگاه کردم دیدم یک پاکت سیگار است که به نخی بسته شده و یک نفر از بالا آویزان کرده و مدام آن را تاب داده و به پنجره می‌زند. صاحب اتاق بلند شد و آن را گرفت و دو بار نخ را کشید و رها کرد. آن طرف هم بسته را کشید بالا. گفتم: «چی بود؟» گفت: «هیچی، بنده خدا پنجره را اشتباه گرفته بود. من گرا دادم که اشتباه گرفتی». پرسیدم: «موضوع چیه؟» گفت: «نگهبان رو پشت بومه که مواد رو می‌ذاره تو پاکت سیگار و می‌ده پایین و صاحبش هم ورمی‌داره». پرسیدم: «پولشو چطوری پرداخت می‌کنه؟» گفت: «پولشو قبلن به حساب ریختن».

یک داعشی هم اینجا با ما زندانی است. علنن هم تبلیغ می‌کند. به زندانی‌ها می‌گوید: «اگه مایل بودین، بعد از آزادی شما رو به رابطمون وصل می‌کنم، می‌رید عربستان، یه دوره‌ی آموزشی می‌بینین و بعد اعزام می‌شین عراق یا سوریه. از زمان استخدام ماهی هفت هزار دلار حقوق می‌گیرین. اگه هم

یه وخ شهید شدین این حقوق مادام‌العمر به خانواده‌تون پرداخت می‌شه». بعضی شب‌ها می‌نشستیم و با هم بحث می‌کردیم. می‌گفت: «دشمن اصلی ما سنی‌هایی هستن که مثه ما فکر نمی‌کنن. در درجه‌ی بعد شیعه‌ها هستن، در درجه‌ی سوم مسیحیا». گفتم: «پس اسراییل چی؟» گفت: «اسراییل دشمن ما نیست. اون به ما کمک می‌کنه. مریضا و زخمیای ما تو اسراییل درمون می‌شن».

از او پرسیدم: «اینکه شما یه جایی بمب می‌ذارین و زن و مرد و بچه رو می‌فرستین هوا، این چه توجیه شرعی داره؟ اون بچه‌ی نوزاد که تو بغل مادرش داره شیر می‌خوره، چه گناهی کرده که باید بمیره؟». گفت: «مگه وقتی خدا زلزله فرستاد و شهر قوم لوط رو زیر و رو کرد، تو اون شهر زن و بچه نبود؟ زنا که لواط نکرده بودن. بچه‌ها که مطلقن بی‌گناه بودن. چرا خدا همه رو با هم کشت؟ یا وقتی توفان نوح اومد و همه‌ی کره زمین رو آب گرفت، مگه بین کافرا بچه نبود؟».

خداییش دیدم راست می‌گوید. ایمان آوردم که در دین برای هر جنایتی توجیهی هست.

البته در رجایی‌شهر داعشی زیاد بود که بیشترشان کُرد بودند. آن‌ها چون به جرم داعشی بودن دستگیر شده بودند، یک‌جا در بندی جداگانه نگهداری می‌شدند. هم‌بندی داعشی ما جرم قتل داشت. به همین جهت هم اینجا بود و آنجا نبود. می‌گفت: «چند بار درخواست کردم منو هم بفرستن پهلو اونا، قبول نکردن».

این آقای داعشی ذوب در خداوند، با یک زن شوهردار و دخترش رابطه‌ی نامشروع داشته. با همدستی آن دو، شوهر را می‌کشد ولی لو می‌روند. ولیِ دَم مرد مقتول هم که دختر او باشد رضایت می‌دهد. بنابراین از حکم قصاص معاف می‌شود و فقط می‌ماند پنج سال حکم زندان برای ارتباط نامشروع. آن مادر و دختر هم در زندان نسوان بودند. همگی سال دیگر آزاد می‌شدند.

به سلامتی. بروند خوش باشند.

روزی یکی از زندانیان که کم و بیش نشئه هم بود به من گفت: «این شعر از کیه؟

باغ و گل و بلبل همه نعشه
آن یاسمن و سوسن و سمبل همه نعشه
تابوت مکافات پر از نعشه
ای نعش تو برخیز و ببین این همه نعشه».

گفتم: «تا حالا نشنیدم!». گفت: «ای بابا، پس تو چه شاعری هستی؟ حالا من از کی بپرسم؟».

گفتم: «به شاعرش چیکار داری؟ نعشگیشو عشقه»

امروز شش نفر اعدام شدند. دو نفر از آن‌ها زمان ارتکاب قتل، زیر هجده سال بودند.

تلفن‌هایی که در تلفن‌خانه نصب است، کمتر از یک متر با هم فاصله دارند. هفت دستگاه تلفن عمومی در یک اتاق تقریبن دو متر در یک و نیم متر که آخرین سلول سالن بود. بنابراین زندانیان به خوبی حرف‌های هم را می‌شنوند. حتا در بسیاری مواقع صدای طرف مقابل هم شنیده می‌شود.

دیروز در تلفن‌خانه شاهد تلفن مردی به زنش بودم که با داد و خشم بسیار صد و پنجاه هزار تومن پول ظرف یکی دو روز مطالبه می‌کرد. می‌گفت: «بدهکارم و زیر فشارم و باید سریع بپردازم». در مقابل پاسخ زن که می‌گفت: «من از کجا همچین پولی دارم که برات بریزم؟»، مرد می‌گفت: «من چه می‌دونم از کجا میاری. از هر قبرستونی در میاری تا فردا صدو پنجاه هزار تومن به حساب من بریز». آخرین جمله‌ای که مرد گفت و با عصبانیت تلفن را قطع کرد این بود:

– برو بده.

در رجایی‌شهر، زندانی بلاتکلیفِ زیادی وجود دارد. یک مورد (ب. ص) بعد از تحمل دوازده سال حبس، هنوز حکم او صادر نشده و در پرینتش آمده: در دست بررسی ... تصورش را بکنید حالا اگر این زندانی تبرئه شود، چه شود؟

لواط

یکی از مسائلی که در این زندان مثل همه‌ی زندان‌های دیگر رایج است، همجنس‌گرایی است که دلایل گوناگونی دارد:

۱ـ نیاز جنسی خصوصن در افراد جوان.

۲ـ نیاز مالی. بسیاری از زندانیان از بیرون زندان حمایت مالی نمی‌شوند و کسی برای آن‌ها پول حواله نمی‌کند. این دسته به خاطر برآوردن نیاز مالی، خود را در اختیار دیگران قرار می‌دهند.

۳ـ تجاوز، که معمولن با زور فاعل و اکراه مفعول صورت می‌گیرد.

۴ـ لواط حمایتی. به این صورت که زندانی ضعیف تحت حمایت زندانی قوی‌تری قرار می‌گیرد و امنیت جانی خود را با از دست دادن حیثیت خود به دست می‌آورد.

سه مشکل اساسی که در این رابطه وجود دارد عبارت است از:

۱ـ تجاوز شده این مسئله را پنهان می‌کند تا مورد تجاوز افراد بیشتر قرار نگیرد.

۲ـ متجاوز نیز مایل به افشای رابطه‌ی خود با مفعول نیست، چون نمی‌خواهد با معروف شدن مفعول او را از دست بدهد و متجاوز قوی‌تری او را تصاحب کند.

۳ـ مقامات زندان هم از افشای این مسئله اجتناب می‌کنند تا اولن آبروی زندانشان و مدیریت خودشان بر باد نرود، دومن چون می‌دانند کاری نمی‌توانند انجام دهند، چشم خود را روی صورت مسئله می‌بندند. در یکی از ملاقات‌ها این مسئله را با رییس زندان در میان گذاشتم. گفت: «در همه‌ی زندان‌ها قلم رایجه و نمی‌شه باهاش مقابله کرد». گفتم: «قلم؟» گفت: «بله. قلم. یعنی ق قمار، ل لواط، م مواد مخدر».

قضیه‌ی همجنس‌گرایی مخصوص بند آقایان نبوده و در بند زنان هم رایج است.

بسیاری از متجاوزین طعمه‌ی خود را معتاد می‌کنند تا با تأمین مواد مخدرش، همیشه او را در اختیار خود داشته باشند. مواردی را هم داشته‌ایم که به خاطر تنبیه یک زندانی توسط زندانیان باند مخالف به او تجاوز گروهی شده است.
یکی از زندانی‌ها تعریف می‌کرد:
یک قاچاقچی که مردی را به شدت معتاد کرده بود، او را وامی‌داشت تا با زنش ملاقات شرعی بگذارد. بعد به او می‌گفت: «به زنت بگو قبل از آمدن، به فلان آدرس برود تا برایش بارگذاری کنند». زن هم به آنجا می‌رفت و آن‌ها در واژن زن مواد مخدر را جاسازی می‌کردند. بعد روز ملاقات شرعی، خود قاچاقچی به جای شوهر به ملاقات زن می‌رفت. یک شب تا صبح با او می‌خوابید و صبح هم مواد را با خود داخل بند می‌آورد. البته خدا می‌داند هنگام بارگذاری، چند نفر به آن زن تجاوز کرده باشند.

امروز بلندگوی سالن‌ها خبر تعویض وکیل‌بند سالن‌های پنج و شش را داد. معمولن وکیل‌بند باید توسط خود زندانی‌ها انتخاب شود تا رابط زندانی و ریاست بوده، مشکلات و مسائل موجود در بند و همچنین نیازها و کمبودهای زندانی‌ها را به اطلاع مقامات زندان برساند. ولی اینجا که از زمین به آسمان می‌بارد، وکیل‌بند توسط رییسِ بند انتخاب می‌شود. در حقیقت وکیل‌بند نماینده‌ی زندانی‌ها نیست، بلکه نماینده‌ی ریاست زندان است.

اصطلاحات رایج در زندان

وکیل‌بند: قبلن توضیح دادم
شهردار: زندانی‌ای که وظیفه‌اش تحویل و تقسیم جیره‌ی غذایی زندانیان می‌باشد.

خدمات: که در بعضی زندان‌ها نظافت‌چی گفته می‌شود. کسانی هستند که وظیفه‌شان نظافت کلی بند شامل راهرو و دستشویی‌ها می‌باشد.

لازم به ذکر است به شهرداران و خدمات، ماهانه بیست و پنج تا سی هزار تومن پرداخت می‌شود. این پول از بودجه‌ی زندان نیست. بلکه از خود زندانی‌ها هفته‌ای دو هزار و پانصد تومان که ماهانه ده هزار تومان می‌شود، می‌گیرند.

سالن ما به طور متوسط شصت نفر جمعیت دارد (آمار ثابت نیست، چون هر هفته عده‌ای اعدام، عده‌ای آزاد، عده‌ای به بندها و سالن‌های دیگر منتقل می‌شوند و در مقابل عده‌ای تازه وارد جای آن‌ها را می‌گیرند)، در سالنِ تقریبن شصت نفری ما که دو شهردار و سه خدماتی دارد، هر ماه شصت تا «ده هزار تومان» به عبارت ششصد هزار تومان از زندانی‌ها جمع می‌شود که پنج تا «سی هزار تومان» به عبارت صد و پنجاه هزار تومان پرداخت می‌شود و هرگز نفهمیدم بقیه‌اش کجا می‌رود. حساب سالن‌های بالا که هر کدام صد و شصت نفر جمعیت دارد را خودتان ضرب و تقسیم کنید.

ناظر شب، ناظر روز: یکی از زندانیان که کارش نشستن روی یک چهارپایه و زیر نظر داشتن سالن است. به آن‌ها پولی پرداخت نمی‌شود و توسط وکیل‌بند انتخاب و نوبتی عوض می‌شوند.

شبگرد: ناظر شب.

مأمور مخابرات: کسی که روی یک صندلی مقابل تلفن‌خانه نشسته و ضمن حفظ نوبت زندانی‌ها برای تلفن، یادداشت می‌کند که کدام زندانی در چه ساعت و دقیقه‌ای از کدام تلفن (شماره یک تا هفت) به چه مدت استفاده کرده است.

خبرچین، آدم فروش: کسی که اخبار محرمانه‌ی زندانی‌ها را به حفاظت یا رییس‌بند یا رییس زندان گزارش می‌دهد.

چاقال: زندانی نوجوانی که باب لواط باشد.

(یک بار در کل‌کل دو زندانی یکی از آن‌ها در پاسخ کسی که به او گفت: «ک..نی» گفت: «چاقالمونی، تو این گرونی، با دو قرونی، سرش بمونی،

با شورت خونی».

ملیجک: نام دیگر چاقال.

دنبه‌ای: نام دیگر چاقال و ملیجک.

علی گلابی: نام دیگر چاقال و ملیجک و دنبه‌ای.

کلکی کردن کسی: برای او پاپوش دوختن بدون اینکه خطایی کرده باشد.

سگ: مأمورهایی که برای زندانی‌ها ممنوعه‌جات مثل گوشی و مواد و رم و... می‌آورند.

چهارتایی آمدن: پشت سر کسی حرف زدن.

آش و لاش: آدم خیلی معتاد.

بلیط فروختن: لو دادن کسی به خاطر خلافی که دارد.

برگ دُلی: فرم‌های مخصوص که برای پر کردن عریضه و هر نوع درخواست زندانی است. این برگه‌ها را باید از فروشگاه بخرد و پس از نوشتن درخواست خود، در مقابل چشم نگهبان انگشت بزند.

سوار: حمل کننده‌ی مواد.

گارد: اعلام خطر برای مواردی که مأمورین بازرسی، داخل زندان می‌ریزند تا وسایل زندانیان را بازرسی کنند.

کفِ سیگار، کفِ شیره، کفِ حشیش، کفِ مواد: یعنی کسی که به این‌ها نیاز دارد ولی در اختیار ندارد.

ویلا: پاتوقی مناسب برای جمع شدن و ارتکاب عمل خلاف.

انباری (انباری زدن): جاسازی مواد در مقعد.

می تا قی: شب تا صبح. کنایه از سر شب که میگساری آغاز می‌شود تا دم صبح که قی می‌کند.

شاخدار: زندانی قوی و درشت‌هیکل. معمولن این افراد را وکیل‌بند برای انتظامات داخل بند به کار می‌گیرد.

ساقی: توزیع کننده‌ی مواد مخدر در زندان.

انبار طلا: کسی که مواد مخدر زیادی همراه دارد.

تخم طلا کردن: خارج کردن مواد مخدر از مقعد.

تیزی: اشیاء برنده، از دسته‌ی قاشق گرفته تا تکه‌های بزرگ آهن که معمولن از بغل تخت کنده می‌شود و با آن چاقو و انواع قمه در اندازه‌های مختلف ساخته شده باشد. تیزی با ساییدن مداوم آن روی سطح سیمانی ساخته می‌شود.

بپّا: وقتی در اتاقی عمل خلافی انجام می‌شود، همیشه یک نفر بیرون اتاق کشیک می‌دهد تا در صورت ورود پاسداربند، آن‌ها را خبر کند. به این شخص بپا گفته می‌شود.

کفتر: کسی که زیبا و خوش‌اندام بوده و مشکل اخلاقی داشته باشد.

کفترباز: کسی که سر و کارش با کفترها (با تعریف بالا) باشد.

گوریل: آدم هیکل‌دار و بزن بهادرکه سابقه‌دار باشد.

کف‌خواب: آدم تازه‌واردی که به علت کمبود تختخواب مجبور است کف زمین بخوابد.

آنتن: جاسوس.

چترباز: زندانی قلچماقی که بی‌تعارف و اجازه هر جا سفره‌ای پهن باشد، می‌نشیند و می‌خورد.

تاکسیِ کسی را سوار شدن: دمپایی او را بی‌اجازه پوشیدن.

(روزی می‌خواستم از سالن خارج شوم، یکی از زندانی‌ها در حال ورود بود، گفتم: دارم می‌رم تو حیاط، دمپایی تو بذار من برات میارم. گفت بپا ترمز نداره.)

گرخیدن: ترسیدن.

فتوادادن یا کسی را فتوایی‌کردن: حکم‌کردن یا حکم‌دادن. وقتی کسی در قمار یا شرط بندی یا هر دلیل دیگری به کسی بدهکار است و بدهی‌اش را نمی‌دهد، به گنده‌لات بند مراجعه می‌کند. او ضمن تعیین وقتی معین برای تسویه‌ی بدهی، او را فتوایی می‌کند. یعنی حکم می‌کند که اگر نداد چه کارش کنند. فتوا از برداشتن اموال او که کوچکترین حکم است شروع می‌شود تا شلاق و تجاوز جنسی که بزرگترین آن است. البته طلبکار پس از گرفتن طلبش، باید شیتیل گنده‌لات را بدهد.

ساچمه پلو: عدس پلو.
تَل: تریاک.
اشتپ: اشتباه
کار گرفتن: دزدیدن.
درشو بذار یا گاله رو ببند: یعنی خفه شو و دیگه حرف نزن.
دوا: مواد مخدر.
تقس کردن: تقسیم کردن.
کلید کردن: به انجام کاری اصرار ورزیدن.
اون روش رو بذار: حرف را عوض کن.
بشکه‌ای شدن: حبس ابد گرفتن.
بده اون دستت: یعنی لاف بی‌جا نزن.
هم‌خرجی: یعنی دو یا چند نفر که در هزینه‌های خورد و خوراک شریک باشند.
زوار: زندانی جدیدالورودی که حبس کوتاه مدت دارد.
آمار دادن: کار خلاف کسی را به مسئولین زندان لو دادن.
سوسک کردن: تحقیر کردن کسی.
ایشالا آزادیت: دعای خیری که برای زندانی دیگری می‌کنند. نوعی ابراز تشکر نیز هست.
گادُنی: دستشویی
زاغه: تختخوابی که جلوی آن پرده کشیده باشند و داخل آن از دید همگان پوشیده باشد.
اتوبوسی: پرده‌ای که جلوی تخت می‌کشند و آن را تبدیل به زاغه می‌کنند.
پنجره‌ای: پرده‌ای که جلوی تخت می‌کشند و فقط قسمت بالایی تخت را می‌پوشاند و قسمت پایین دید دارد. این پرده صرفن برای زیبایی است و کارایی دیگری ندارد.
بالا کشیدن: اعدام کردن..
تا تهش را لیس زدن: تمام دوران محکومیت را بدون عفو گذراندن.

ک...ن باقالی: کسی که اختیار ماتحت خود را ندارد و از او بوی بد برخیزد.
راسو: همان معنی ک...ن باقالی را می‌دهد.
شِرَ: چند پتو که به هم دوخته می‌شود و کار تشک را انجام می‌دهد.
دکه: فضای زیر تخت طبقه‌ی پایین که برای گذاشتن وسایل زندانیان است. گردن‌کلفت‌ها دکه‌ی اختصاصی دارند و مابقی دکه‌ی مشترک.
آچمز کردن کسی: روی او را کم کردن و پوزه‌اش را به خاک مالیدن.
یُل رفتن: قدم زدن به صورت رفت و برگشت در حیاط یا راهرو. معمولن دونفره انجام می‌گیرد.
غذای دولی: (قبلن توضیح داده‌ام) غذای زندان.
دولی‌خور: کسانی که پول ندارند برای خودشان غذا بپزند و مجبورند غذای زندان را بخورند. این واژه جهت توهین، متلک یا سرکوفت از سوی زندانیان مرفه به زندانیان بی‌کس و کار ادا می‌شود.

تمام کسانی که گذارشان به آگاهی شاهپور افتاده است، چیزهای وحشتناکی از شکنجه برای اعتراف نقل می‌کنند. به گفته‌ی آن‌ها برای افسر پرونده مهم نیست که حقیقت چیست و قاتل کیست. او باید سریعن برای هر پرونده یک قاتل معرفی کند و همین هم باعث شکنجه‌های وحشتناک می‌شود.

تقریبن کسی را در اینجا سراغ ندارم که گذارش به آگاهی شاهپور افتاده و دنده، کتف، پا یا دست سالم برایش باقی مانده باشد. اکثرن از شکستگی کتف رنج می‌برند.

امروز فروشگاه گل‌کلم آورده بود. قدیمی‌ها می‌گفتند هفت سال است گل‌کلم ندیده‌اند. یک عده که وسط حیاط گل‌کلمشان را نشُسته و خام‌خام خوردند. بقیه هم بلد نبودند چطوری باید آن را بپزند و چه غذایی می‌شود با آن درست کرد. امشب بوی گند گل‌کلم پخته سالن را برداشته است. بوی گند گل‌کلم برای همه، بوی گند گل‌کلم آمیخته با بوی توالت برای من.

گفته بودم که معمولن جنس‌های فروشگاه هیچ‌وقت جور نیست. حالا هم بعد از سال‌ها اسفناج آورده بود. ولی ماست نیست که با آن برانی درست کنیم یا گوشت نیست که با آن خورش اسفناج بپزیم. آن را خام خام مثل سبزی خوردن خوردیم. کرفس را هم همین‌طور ...

بـــــــعععع

کسانی که مایل باشند روزنامه آبونمان شوند، می‌توانند با پرداخت ماهی دوازده هزار و پانصد تومان آبونمان شوند. البته فقط چهار روزنامه‌ی کیهان، اطلاعات، ایران و جام‌جم مجاز است، آن هم هفته‌ای پنج روز تحویل می‌شود. پنج شنبه‌ها هیچ، خدا می‌داند پولش در جیب کی می‌رود. این را هم بگویم روزنامه‌ای که صبح باید به دست ما برسد، یا شب می‌رسد یا فردا صبح. معلوم نیست روزنامه است یا شب نامه یا دیروز نامه!

در روزنامه‌ی ایران صفحه‌ای بود به نام شوک که اینجا طرفدار زیادی داشت. خیلی از زندانی‌ها که به دادگاه می‌رفتند، از اینکه عکسشان فردا در روزنامه چاپ می‌شد و در زندان همه می‌دیدند، به خود می‌بالیدند. همچنین در این صفحه خبرهای مربوط به شاکیانی که رقم‌های میلیاردی برای رضایت خودشان اعلام می‌کردند چاپ می‌شد که همین موضوع باعث بالا رفتن قیمت دیه شده بود. مثلن صاحب دمی که حاضر شده بود با رقم دویست سیصد میلیون رضایت بدهد، با چاپ و دیدن این ارقام نجومی می‌گفت: «نه آقا قیمت بیشتر از این حرفاس و بقیه دارن دو میلیارد می‌گیرن. من کمتر از یه میلیارد رضایت نمی‌دم».

روزی به روزنامه زنگ زدم و با سردبیر آن صحبت کردم. ضمن برشمردن تبعات منفی اخبار این‌چنینی، گفتم: «چرا روی کسانی که بدون دریافت پول رضایت می‌دن کار نمی‌کنین. بالاخره شما می‌تونین نقش بزرگی در فرهنگ‌سازی «گذشت» داشته باشید».

حرف مرا تایید کرد ولی تاثیری در کار نداشت. آنچه برای این «روزی نامه» ها مهم است، تیراژ و ذائقه‌ی مخاطب است، نه رسالت روزنامه‌نگاری.

امروز لیوانم را دزدیدند و من خیلی غصه می‌خورم. چون لیوان بلوری در اینجا نیست و اگر هم باشد خیلی گران است.

یک زندانی داشتیم به نام عبدی که کارش خیاطی بود. یک اتاق هم پشت آرایشگاه از زندان اجاره کرده بود و کارهای خیاطی زندانیان را انجام می‌داد. به خاطر درگیری او با وکیل‌بند یا هر دلیل دیگری که نمی‌دانم، او را از این بند منتقل کردند. چند روزی گذشت، اما کسی جایگزین او نشد. دو بیت زیر را نوشتم و زدم به دیوار:

از زمانی که عبدی خیاط
رفت از این بند و گشت آواره
مانده‌اند درزها بی‌خیاط
ما و شلوار و خشتک پاره

یکی از هنرجوهای من در اینجا جوان لر بامزه‌ای ست. شاعر خوبی شد. بچه‌ها را گله به گله دور خودش جمع می‌کرد و شعرهایی را که سروده بود برایشان می‌خواند. یک بار خودم حضور داشتم. گفت: «من تا کلاس ششم دبستان بیشتر سواد ندارم، ولی ببینین فلانی از من چه شاعری ساخته».

جوان بااستعدادی بود و با وجود کم‌سوادی به‌سرعت پیشرفت کرد. هر شب از دیوان شهریار دو سه صفحه می‌خواندیم. اسمش رضا تاجی‌پور بود. روزها خودش دیوان شاعران دیگر را می‌خواند و مشکلاتش را از من می‌پرسید. جرمش آدم‌ربایی بود. چند تا از همشهریانش او را اغوا کرده بودند که بیا فلانی را بدزدیم و از او پول کلانی بگیریم و برویم ولایت. کسی نمی‌تواند ما را پیدا کند. طرف را که یک کارخانه‌دار بود ربوده و در یک خانه کت‌بسته نگه داشته بودند. از او مبلغ زیادی چک گرفته و به این آقا رضای ما گفته بودند: «تو مراقبش باش ما بریم پولا رو نقد کنیم و بیاییم». بعد دِ برو که رفتی. رفته

بودند که رفته بودند. رضا می‌گفت: «من و اونو گذاشتن و رفتن. آخر سر دست و پاش رو باز کردم و گفتم: آقا مثه اینکه رفیقام زدن به چاک و سهم منو هم خوردن. تو هم پاشو برو خونه‌تون. آزادش کردم و رفت».

مورد دیگر آدم‌ربایی سه جوان تحصیل‌کرده‌ی لیسانسه بود که تصمیم می‌گیرند یک شبه راه صد ساله رفته و برای پولدار شدن میان‌بر بزنند. با نقشه‌ای دقیق و حساب شده پیرمرد میلیاردری را ربوده و به خانه‌ای که از قبل تدارک دیده بودند می‌برند. به محض اینکه مستقر می‌شوند و دست و پای او را باز می‌کنند، پیرمرد می‌گوید: «دارم می‌میرم، به من تریاک برسونین». با مکافات بسیار برای او تریاک و منقل و وافور تهیه می‌کنند. پیرمرد بعد از کشیدن یک دل سیر تریاک، می‌گوید گرسنه است. چون دندان‌های مصنوعیش همراهش نبوده برایش آبگوشت می‌خرند تا بتواند بخورد. بعد از سیر شدن سراغ داروهایش را می‌گیرد. داروهایش اقلامی بوده که داروخانه بدون نسخه‌ی پزشک نمی‌داد. با آشنا تراشیدن آن را هم فراهم می‌کنند. پیرمرد بعد از خوردن غذا و دارو و کشیدن تریاکش به خواب عمیقی فرو می‌رود. می‌گفتند دوازده ساعت خوابید. بعد از بیدار شدن باز غذا و دوباره دارو و پشت بندش هم تریاک. تا چند روز برنامه‌شان همین بوده. تا بالاخره به او حالی می‌کنند که باید برای آزادیش پول بدهد. او می‌گوید پولم کجا بود و به آن‌ها می‌خندد. با هر ترفندی بوده سرانجام از او که گوش‌هایش هم بسیار سنگین بوده، شماره تلفن پسرش را می‌گیرند و به او زنگ می‌زنند و می‌گویند: «پدرت گروگان ماست. باید یه میلیارد بدی تا آزادش کنیم». پسره هم می‌گوید: «پدرم همه‌ی اموالشو به نام من کرده و مرده زنده‌اش برام یکیه». هرچه تهدیدش کردند، پول نداد که نداد. می‌گفتند: «بیست روز تموم از پیریه پذیرایی می‌کردیم و کلافه شده بودیم با اون چیکار کنیم. حتا یه بار اونو سوار ویلچر کردیم و درو باز گذاشتیم تا بره. اومدیم دیدیم نه تنها نرفته بلکه بازم خودشو خیس کرده و باید اونو حموم می‌بردیم و می‌شستیم.

یه بار دیگه اونو بیرون بردیم و چند تا خیابان اون طرف‌تر ولش کردیم و

اومدیم. هنوز نیم ساعت نشده بود که دیدیم در می‌زنن. گروگان ما خوشحال برگشت. خلاصه بدجور آویزون ما شده بود. شبا می‌شستیم و باهاش رامی و پوکر بازی می‌کردیم. کلی هزینه رو دست ما گذاشته و کلافه‌مون کرده بود.

آخر سر ناچار شدیم اونو جلوی یه کلانتری ولش کنیم. مأمورا هم اونو تحویل پسرش داده بودن. پسرش که از برگشتنش ناراحت شده بود، از طریق آگاهی و نقطه‌زنی تماس‌هایی که باهاش گرفته بودیم ما رو پیدا کرد و شاکی شد. حالا اون از ما یه میلیارد می‌خواست تا رضایت بده».

در اندرزگاه توسط رییس دارالقرآن یک سری ام‌پی‌فور پخش کرده‌اند که زندانی‌ها به آن مرجع می‌گویند. در این مرجع‌ها قرائت قرآن به سبک‌های مختلف، انواع ادعیه شامل زیارت عاشورا و دعای توسل و دعای کمیل و ... ضبط شده است. زندانی‌ها با گوش دادن به آن‌ها قرآن حفظ می‌کنند.

یک عده بخشی از حافظه‌ی آن را پاک کرده و در آن موسیقی ریخته‌اند. مثلن می‌بینی یکی در حیاط یا سالن یا نمازخانه رو به قبله نشسته و دارد به مرجع خود گوش می‌کند و خود را تکان تکان می‌دهد. همه فکر می‌کنند دارد قرآن گوش می‌دهد، ولی در حقیقت دارد معین و جواد یساری گوش می‌کند:

ـ تو که محراب نگات / قبله‌ی راز منه / اون دو تا چشم سیات / زندگی‌ساز منه...

شب شهادت امام رضا عده‌ای در چراغخانه جمع بودند و داشتند حلوای نذری می‌پختند. یکی داشت با مرجع یکی از بچه‌ها ور می‌رفت تا دعا یا زیارتی در رابطه با امام رضا پیدا کند. هرچه می‌گشت پیدا نمی‌شد. آخر با لهجه‌ی کرمانی شیرینش گفت:

ـ آقا اینکه همه چی داره جز زیارت امام رضا.

هر کس به نوعی راهنمایی‌اش می‌کرد: برو تو اون فایل، بیا تو این فایل. سرم را در گوشش بردم و گفتم: «اگه دعای امام رضا نداره، یه هایده پخش کن خستگی ملت در بره، ثواب داره». گفت: «دِ اونم نداره لامصب».

امروز دو نفر از بچه‌های سیاسی به نام مدنی و رضوی فقیه با ضربه‌ی تیزی به صورتشان به شدت مجروح شده و به بهداری اعزام شدند.

با پایان ماه صفر اعدام‌ها از سر گرفته شد. امروز فقط از سالن ما دو نفر را بردند. در مجموع این هفته یازده اعدام داشتیم که یک نفر آن‌ها زن بود. محل اعدام از یکی از پنجره‌های حسینیه سالن پنج دید دارد. به همین خاطر کل حسینیه را که حدود هشتاد نفر زندانی در خود داشت به اتاق‌های دیگر منتقل کردند و در حسینیه پلمپ شد.

هر دو نفری که از سالن ما برای اعدام برده بودند، برگشتند. از یکی از آن‌ها که مرد متمولی است هشت میلیارد دیه خواسته‌اند. در نتیجه دو ماه به او مهلت داده شد. دومی که دو تا قتل یعنی دو قصاص به گردن داشت، شنگول برگشت و می‌گفت: «ولی دم من که دختر مقتول بود، از دیدن صحنه‌ی اعدام‌ها چنان حالش خراب شد که بالا آورد و اونو از محوطه خارجش کردن. مسئول اعدام هم مرتب می‌گفت: «زودباش خانوم وقت نداریم. یا برگرد و قصاص رو انجام بده یا این رضایت‌نامه رو امضا کن. اونم امضا کرد و رفت».

به این ترتیب و به همین راحتی یک قاتل با دو قصاص خلاص شد. حالا کی دوباره به‌خاطر قتل بعدی به این زندان برگردد، خدا می‌داند.

صحنه‌ی اعدام به این صورت است که مثلن برای یازده اعدام، خانواده‌های شاکی هر یازده قاتل از قبیل پدر، مادر، خواهر، برادر و فرزند را دعوت می‌کنند. ولیِ دم باید خودش طناب را به گردن قاتل بیندازد و زیر چهار پایه لگد بزند. حالا تصورش را بکنید کسی که در عمرش تا حالا یک مرغ را هم نکشته و مردن یک سگ یا گربه را ندیده است و یک سوسک را نمی‌تواند بکشد، نه تنها باید قاتل را بکشد، بلکه باید شاهد قتل دیگران هم باشد.

دیشب باز شوفاژها خاموش شد. اتاق سرد، سالن سرد، آب سرد. ـ هاوا بس

ناجوانمردانه بوز دی ـ خود را لای پتویی پیچیده‌ام و دارم دیوان اخوان ثالث را دوره می‌کنم.

امروز مرا پیج کردند. رفتم زیر هشت. گفتند رییس منتظر توست. وارد اتاق رییس‌بند شدم. دیدم غیر از او چهار نفر کت شلوارپوش ته‌ریش‌دار نشسته‌اند. به من گفت: «بنشین». سلام کردم و نشستم. بعد آقایان را معرفی کرد و گفت: «ایشان رییس‌بند فلان و اوشان رییس‌بند فلان و این آقا معاون بهمان و اون آقا مسئول بهمدان است. شنیده‌اند تو در این بند هستی، آمده‌اند تو را ببینن.» گفتم: «خب ببینن».

خندیدند و بعد از احوالپرسی و سوالات معمول که زندان خوش می‌گذرد یا نه و این حرف‌ها، گفتند: «برامون شعر بخون». گفتم: «از همون شعرا که منو به خاطرش آوردین اینجا؟». یکی‌شان گفت: «این چیزایی که تو می‌گی فقط حرف دل مردم کوچه بازار نیست. حرف دل خیلی از ماها هم هست. منتها ما نمی‌تونیم چیزی بگیم، تو که می‌گی حال می‌کنیم». گفتم: «می‌بخشید که شعرای خودم رو حفظ نیستم. از حافظ و سعدی اگه می‌خواید براتون بخوانم». گفتند: «تو حفظ نیستی ما حفظیم». بعد چند شعر معروف از جمله «ریش دارد و من نه»، «هواشناسی دینی» و «من که دیگه رأی نمی‌دم» را خواندند. از تعجب شاخ در نیاوردم. پدیده‌ی غریبی نبود. این حرف را از بعضی قضات هم شنیده بودم.

یادم می‌آید روزی دادستان یکی از شهرستان‌ها به من گفت: «آقای عالی‌پیام، شما حرف دل ما را می‌زنید. این حرف‌های ما هم هست. منتها ما نمی‌توانیم بگوییم و شما به جای ما می‌گویید».

سال‌ها پیش برای یک طلب مالی از کسی شکایت کرده بودم. در جلسه‌ی دادگاه وکیل طرف که جلد دوم کتاب مرا زیر بغل داشت، گفت: «آقای قاضی، اجازه بدید یه شعر از ایشون بخونم تا ببینین ما با کی طرفیم». من که دیدم یارو می‌خواهد با طرح مسایل سیاسی ذهن قاضی را نسبت من منحرف کند،

گفتم: «آقای قاضی، این چه ربطی به این دادگاه داره؟» قاضی هم حرف مرا تایید کرد و گفت: «راست می‌گه، ایشون اگه با اون شعر و چاپ این کتاب مرتکب تخلف شده، وظیفه‌ی ارشاده که بره پیگیری کنه». ولی وکیل خوانده مرتب اصرار می‌کرد که حالا شما گوش کنین.

بالاخره قاضی که دید طرف ول کن نیست گفت: «خب بخون ببینم چی گفته». او هم شروع کرد به خواندن شعر «او ریش دارد و من نه». دو سه بیت که خواند، قاضی وسط حرف او پرید و گفت: «صبر کن، صبر کن». بعد تلفن داخلی اتاق بغلی را گرفت و به قاضی آن شعبه به زبان ترکی گفت: «زود بیا کارِت دارم» و هرچه آن قاضی می‌گفت فعلن جلسه دادگاه دارم، قاضی این شعبه می‌گفت: «بیدَقَ تز گَل گد، ایشیم وار». آن قاضی آمد و این قاضی باز روی کانال اصلی یعنی به ترکی گفت: «اون شعره که دیشب با هم گوش می‌کردیم، شاعرش اینجاست» و مرا نشان داد. بعد به وکیل گفت: «بخون».

او شعر را خواند و با نگاه منتظر عکس‌العمل قاضی ماند. به خیال خودش کاتیوشا شلیک کرد. قاضی هم نامردی نکرد و به او گفت: «خب راس می‌گه دیگه. هر چی فساده زیر ریش ما ریشوهاس».

دمش گرم.

استفاده‌ی زندانی‌ها از بهداری به این صورت است که زندانی‌هایی که نیاز به دکتر دارند، باید از قبل مراتب را در زیر هشت به پاسداربند اعلام کنند تا ثبت نام شوند. در هر سه‌شنبه فقط ده نفر را به ترتیب نوبت ثبت نام، صدا می‌کنند و به بهداری می‌برند. گاهی از زمانی که بیمار ثبت نام کرده تا زمانی که نوبت او می‌شود بیش از یک ماه طول می‌کشد. گاه شده بود آدمی که سرما خورده یا دندان‌درد داشت، زمانی به پزشک دسترسی پیدا می‌کرد که دیگر حالش خوب شده بود. من چون بیماری صرع داشتم به دستور کتبی رییس درمانگاه مجاز بودم هر زمانی که دلم خواست بدون نوبت به بهداری بروم. در نتیجه هر وقت عازم درمانگاه بودم، زندانی‌های دیگر التماس دارو داشتند. از داروی سرما

خوردگی و شربت سینه و مسکن دندان درد گرفته تا اسهال و یبوست و غیره.

من هم موضوع را راست حسینی به رییس درمانگاه گفته بودم که این داروها را برای خودم نمی‌خواهم و برای بقیه‌ی زندانی‌ها می‌برم. انسان والایی بود، دریغ نمی‌کرد و می‌داد. در نتیجه هر وقت از بهداری برمی‌گشتم، جیبم پر از دارو بود. تنها موردی که رکب خوردم از یک زندانی بود که می‌گفت: «من شبا خوابم نمی‌بره، برام قرص خواب بگیر». بعدها فهمیدم این قرص‌ها را دانه‌ای سی هزار تومان به بقیه می‌فروشد.

امروز از بهداری که برمی‌گشتم، خیلی عصبانی و کلافه بودم. برای زندانی‌های دیگر دارو گرفته بودم، ولی باز قرص‌های خودم را که تخصصی است، نداشتند. در مصرف آن‌ها خصوصن کاربامازفین و فنوتوئین کمپایند نباید وقفه بیفتد، چون عوارض بسیار بدی دارد. وارد زیر هشت شدم و رفتم دفتر ورود و خروج را انگشت بزنم، حاج‌آقا که از سر بیکاری پهلوی نگهبانان زیر هشت نشسته بود، مچ‌بند سبز مرا دید. با تغیّر گفت: «اون چیه بستی به دستت؟» عصبانی که بودم، عصبانی‌تر شدم و از کوره در رفتم. مدتی به چشمانش زل زدم. بعد پرسیدم: «من می‌پرسم اون چیه بستی به کله‌ات؟». نگهبانان که انتظار چنین پاسخ گستاخانه‌ای را از من نداشتند ناخواسته شلیک خنده را سردادند. ولی خیلی زود خود را جمع و جور کرده خنده را خوردند. یکی از آن‌ها که نتوانست خنده‌ی خود را جمع کند، پیچید و رفت توی اتاق خوابگاه نگهبانان.

سرنگهبان برای اینکه قضیه را جمع و جور کند گفت: «حاج‌آقا ایشون سید هستن و این مچ‌بند هم از باب سیدی ایشونه». حاجی گفت: «پس مراقب باش دستشویی که می‌ری از دستت باز کن». گفتم: «نه حاج‌آقا، این به خاطر سیدی نیست، تو اوین هم که بودم داشتم. این باعث می‌شه تاریخ رو فراموش نکنم». اگر از دیوار صدا درآمد از حاجی هم درآمد.

سومین روز است که شوفاژها خاموش و آب سرد است. دیشب هرچه داشتم پوشیدم. باز هم سرد بود. آن‌هایی که اعلیحضرت را دعا می‌کردند که زندان‌های

اوین و رجایی‌شهر را در بهترین نقاط آب و هوایی و در دامنه‌ی کوه ساخته است، حالا بیایند ببینند. فکر نمی‌کردند در زندان مجهزی که او ساخته است، وقتی سه روزِ تعطیل (چهارشنبه تا شنبه) که مسئولین زندان کنار زن و بچه حال می‌کنند، ما از خرابی موتور خانه‌ی شوفاژ چه می‌کشیم.

مادرزنم فوت کرد. تقاضای ده روز مرخصی کردم تا در مراسم شرکت کنم. وقتی پسرم نامه‌ی درخواست مرا به دادستانی برد، معاون دادستان مخالفت کرده بود. پسرم پرسیده بود: «چرا؟». گفته بود: «پدر تو نه مرخصی دارد، نه عفو، نه آزادی مشروط».

تو را به خدا می‌بینید. دلمان را صابون زده بودیم به هوای فوت مادرزن یک چند روزی برویم مرخصی. پس آخر مادرزن به چه درد می‌خورد؟

قانون تجمیع

تلویزیون می‌دیدیم. آقای اژه‌ای گفت: طبق ماده ۱۳۴ اگر محکومی در یک پرونده چند حکم زندان داشته باشد، مقدار اشد محاسبه می‌شود و بقیه می‌رود در دل آن که بزرگتر است.

یعنی من که یک سال محکومیت جهت اقدام علیه امنیت ملی دارم و سه ماه و یک روز به عنوان توهین به مقدسات، با این حساب سه ماه و یک روز می‌رود در دل یک سال و من باید سر سال آزاد شوم.

از وکیلم خواستم درخواست اعمال ماده ۱۳۴ کند. لایحه را نوشت و داد. خبری نشد. یک ماه بعد دوباره، خبری نشد. بار سوم لایحه را تقدیم اجرای احکام کرد. باز بایگانی شد. بنده خدا می‌گفت: «منو نه تو اوین راه می‌دن نه دادگاه انقلاب که با قاضی یا مسئول اجرای احکام حضوری صحبت کنم و پیگیر لایحه باشم».

نزد رییس زندان رفتم. آمپر روی صد. گفتم: «آقای رییس، به من گفتی شلوغ نکن و زندان منو به هم نریز، گفتم چشم. الان چند ماهه درخواست اعمال ماده ۱۳۴ کردم. جواب نمی‌دن، حتی وکیلم رو هم راه نمی‌دن. من چیکار کنم؟ اعتصاب غذا کنم؟ با خبرگزاری‌ای خارجی مصاحبه کنم؟ رسانه‌ای کنم؟ خیلی گزینه‌ها رو میزه».

گفت: «عصبانی نشو من حلش می‌کنم». سریعن به نماینده‌ی دادستان تلفن زد و قول گرفت قضیه را حل کند. فردا مرا زیر هشت خواستند. معاون زندان پشت خط بود. گفت: «آقای عالی‌پیام، حل شد». گفتم: «من از کجا بدونم؟» گفت: «از پاسداربند بخواه روی مونیتور نشونت بده». دیدم. خیالم راحت شد. گفتم: «لطفن یه پرینت به من بدین». گفت: «پرینتر خرابه. فردا بیا بگیر».

مدتی است تمام بدنم می‌خارد. به بهداری رفتم و شدم موش آزمایشگاه. هرچه قرص بود تست کردند. خوب نشد. آزمایش چربی کبد گرفتند. گفتند: «سالمی». گفتم: «پس من چرا مثه تریاکیایی که تریاکشون دیر شده، مرتب خودمو می‌خارونم؟».

دکتر گفت: «آقای عالی‌پیام برعکس گفتی. تریاکیا وقتی کشیدن و نشئه شدن بدنشون می‌خاره».

بالاخره خوب نشد که نشد.

دیشب از سالن پنج سر و صدای زیادی به گوش می‌رسید. نمی‌توانستیم بفهمیم چه شده است. امروز صبح اول وقت رفتم بالا. پرسیدم دیشب چه خبر بود؟ گفتند رگ گردن یکی از زندانی‌ها را در حمام زده بودند. بعد از یک ساعت در حالی که خون زیادی از او رفته بود پیدایش کردند. فوری او را داخل یک پتو انداخته چهار نفر سرش را گرفته و به درمانگاه برده بودند. خوشبختانه نمرده بود. گردنش را بخیه زده و به بند برگردانده بودند. کف‌خواب بود. کف

حسینیه دراز به دراز افتاده بود. توان تکان خوردن نداشت. جوان بیست و چهار پنج ساله‌ای بود با هیکلی درشت. او را بلند کردیم و یک چای شیرین با مکافات به او خوراندیم. هیچ یک از اعضای بدن خود را نمی‌توانست تکان دهد. حتا لب‌هایش را. تا یک هفته همین وضعیت را داشت. مرتب در شلوار خود ادرار و مدفوع می‌کرد. من و بهنام سرپرستی او را به عهده گرفتیم. او را به حمام برده خودش و لباسش را که مرتب آلوده می‌کرد می‌شستیم. هیچ کس به او محل نمی‌گذاشت. به دکتر بهداری گفتم: «اینو چرا برگردوندید به بند؟ اون احتیاج به مراقبت داره». گفت: «ما نیرو نداریم».

یک هفته طول کشید تا به تدریج حس خود را به دست آورد و می‌توانست دست و پای خود را حرکت دهد. ولی قادر به راه رفتن نبود. بعد از یک ماه کاملن خوب شد. هرچه از او می‌پرسیدیم کی تو را زد؟ چیزی نمی‌گفت. می‌ترسید.

امروز در حیاط، یکی از زندانی‌ها خود را به من رساند و گفت: «یه کار خصوصی باهات دارم». رفتیم گوشه‌ای خلوت. دور و بر را خوب نگاه کرد و وقتی مطمئن شد کسی حرفمان را نمی‌شنود، گفت: «من دو هفته دیگه آزاد می‌شم. می‌خوام یه شعر برا دوست دخترم بگی که وقتی رفتم بیرون بهش بدم و بگم تو این چن سال همش تو فکرش بودم». گفتم: «اسمت چیه؟» گفت: «فیض‌الله». گفتم: «اسم دوست دخترت؟» صورتش قرمز شد. لب‌هایش سیاه. با لحن خشنی گفت: «به تو چه؟» گفتم: «خب پس من از کجا بدونم اسمش چیه؟» گفت: «خب ندون». گفتم: «پس چه جوری اسمشو تو شعر بیارم؟» گفت: «خب نیار». گفتم: «خب اون از کجا بفهمه که این شعر برا اونه؟ فکر می‌کنه از رو کتابی جایی این شعرو ورداشتی نوشتی داری خالی می‌بندی که شعر برا اون گفته شده. باید اسم تو و اونو تو شعر بیارم». قدری فکر کرد و سرش را خاراند و گفت: «باس فکر کنم». گفتم: «برو فکر کن».

حدود ده روز گذشت. روزی روی پله‌ی خروجی سالن به حیاط نشسته بودم، از پشت به من نزدیک شد و زیر گوشم آهسته گفت: «اختر» و رفت. خنده‌ام

گرفته بود. پیش خودم فکر می‌کردم حالا گمان می‌کند اگر من اسم دوستش را بدانم لابد می‌خواهم او را تور کنم. مدتی بعد برگشت و گفت: «فهمیدی؟» گفتم: «بله». خیلی جدی گفت: «پیش خودت که می‌مونه؟» گفتم: «معلومه. شاعر مثه دکتر محرمه». از آن روز به بعد روزی چند مرتبه می‌آمد و می‌گفت: «چی شد؟» من هم می‌گفتم: «شروع کرده‌ام. تموم شد خبرت می‌کنم».

چند بار قضیه را پیگیری کرد و من هربار گفتم: «مشغولم. دارم روش کار می‌کنم». گفت: «به کسی که نگفتی؟» گفتم: «نه بابا خیالت تخت تخت. من دهنم قرصه».

روزی آمد و گفت: «چی شد؟ من فردا شب آزاد می‌شم». گفتم: «فردا صبح بیا تو اتاقم بگیر». کار حساس و خطرناکی بود. می‌ترسیدم اگر از چشم و ابرو و لب و خط و خال و قد و قامت اختر بنویسم، شاکی بشه و بگه: «مگه تو اخترو دیدی؟» حالا بیا و درستش کن. این بود که با توجه به واژه‌ی اختر، زدم تو آسمان و ابر و ستاره و ماه و فلک.

فردا صبح آمد و شعر را دادم دستش. خواند. بعد گفت: «اینو به کس دیگه که ندادی؟» گفتم: «خیالت راحت باشه. به درد کس دیگه نمی‌خوره». گفت: «فِک می‌کنی». بعد گفت: «چکنویسشو پاره کن». چرک‌نویسش را هم پاره کردم و ریختم تو سطل آشغال. با نگاه مشکوکی به من خیره شد و دستش را دراز کرد و گفت: «بده من». گفتم: «پاشو خودت وردار». بلند شد و تمام کاغذ پاره‌های داخل سطل را برداشت. حتا کاغذ باطله‌های خودم را. بعد به جای تشکر گفت: «وای به حالت اگه بفهمم این شعرو به کسی دادی». گفتم: «نه داداش برو خیالت راحت. شاعرا صندوق اسرارن».

رفت. ولی هنوز دودل بود نکند من یک نسخه از آن را یواشکی نگه داشته باشم.

امروز یکی از هنرجوهای من توانست رضایت شاکیان خود را بگیرد و از زندان آزاد شود. واقعن روز خوبی بود. عالی عالی. قاتل آمد، شاعر رفت.

مدت مدیدی است تمام مفاصل انگشتان دست‌هایم به شدت درد می‌کند. دو سه تا آزمایش هم گرفتند و قرصی را تجویز کردند. من ساده و هالو هم شروع کردم به خوردن. روزی یکی از زندانی‌ها گفت: «عفونت ادرار داری؟» گفتم: «نه». گفت: «پس چرا این قرصا رو می‌خوری؟» قرص را برداشتم و عصبانی رفتم پیش رییس بهداری و گذاشتم جلوش. گفتم: «دکتر این قرص برای چیه؟» گفت: «عفونت ادرار». گفتم: «من عفونت ادرار دارم؟» گفت: «حتمن اشتباه شده». گفتم: «اون هم اتاقی من هم که سرش درد می‌کرد چرک خشک کن بهش دادن اشتباه شده؟ اون یکی هم که چشم درد داشت قرص اسهال بهش دادن اشتباه شده؟».

از آن پس اعتماد من از همه‌ی دکترهای بهداری سلب شد به جز خود دکتر کریمی که رییس بهداری بود. هم دکتر خوبی بود هم آدم خوبی.

شعرخوانی هالو در زندان

هفته‌ی پیش این اعلامیه را به دیوار زندان زدند: هرکس مایل است در مراسم بزرگداشت حافظ که در سالن اجتماعات کتابخانه‌ی مرکزی بر پا می‌شود شعر بخواند، ثبت نام کند. جل‌الخالق، زندان رجایی‌شهر؟!! بند دارالقرآن؟!! بزرگداشت حافظ؟؟!! به هر جهت ثبت نام کردم. هرچند فکر نمی‌کردم مرا به مجلس دعوت کنند و یا اجازه‌ی شعرخوانی دهند. ولی هم دعوت کردند و هم اجازه‌ی شعرخوانی دادند. تمام هنرجوهای من هم ثبت نام کردند. از تمام بندها زندانی‌ها را آورده بودند. مجلس پر و پیمانی بود.

وقتی وارد سالن شدم، دیدم روی سن به خط درشت نوشته:

«بزرگداشت هفته نیروی انتظامی»

به خودم گفتم نکند کلک زده باشند و ما را به بهانه‌ی حافظ برای مراسم

دیگری اینجا کشیده باشند. پرسیدم، گفتند: «این بنر چند ساله که اینجا نصبه. از آخرین مراسمی که برای بزرگداشت هفته‌ی نیروی انتظامی گرفته شده، اونو نکندن و همین‌جور آویزونه».

بسم الله الرحمن الرحیم

اللهم صل علی محمد و آل محمد

هنرمند گرامی آقای سید محمد رضا عالی پیام

با سلام و احترام

گرچه تقدیر و تشکر در برابر تلاش و همت بلند جنابعالی که با نیت و تقرب ذات کبریایی و قصد انجام وظیفه انسانی و الهی جامه عمل بخود می پوشد، از توان و عهده ما خارج است . در عین حال به مصداق حدیث شریف :

« من لم یشکر المخلوق لم یشکر الخالق »

عنایت جنابعالی را در همکاری با زندان رجائی شهر جهت برگزاری مراسم شعر خوانی در سالروزمیلاد باسعادت خاتم الانبیاءحضرت محمد مصطفی(ص)راپاس میداریم وتوفیق روز افزون شماهنرمند عزیزرادرکلیه مراحل زندگی آرزومندیم.

محمد مردانی

مدیر زندان رجائی شهر

زندان رجائی شهر

خلاصه پس از قرائت قرآن و اجرای تواشی‌خوانی و سخنرانی حاج‌آقا که هیچ دخلی به حافظ نداشت و غیره و غیره، نوبت به شاعران رسید. هنرجوهای من واقعن گل کاشتند. بعد از خود من برای شعرخوانی دعوت کردند. رفتم روی سن و شعری خواندم که خیلی برایش سوت و هورا کشیدند. درخواست شعر مجدد شد. چهار پنج شعر خوانده شد. زندانی‌ها یکصدا می‌گفتند: «دوباره دوباره».

در آخر هم به همه‌ی شاعرها یکی یک لوح تقدیر دادند و یک کارت تلفن. منجمله من. گفتم: «خدایا می‌بینی؟ تو رو به حضرت عباس نیگا کن. منو برا این شعرا آوردن این تو و بعد این تو برا همین شعرا بهم لوح تقدیر می‌دن».

روی تقدیرنامه نوشته شده بود: سالروز میلاد با سعادت خاتم‌الانبیا محمد مصطفا. شنیدید می‌گویند تا سه نشه بازی نشه. شما خودتان میکس کنید: بزرگداشت حافظ + هفته نیروی انتظامی + سالروز میلاد پیامبر. بعد معلوم شد این لوح‌ها را قبلن چاپ کرده‌اند، زیاد آمده، برای صرفه‌جویی در هر مراسمی همین‌ها را مصرف می‌کنند.

در جلسه‌ی درس قرآن، حاج‌آقا از حاضرین پرسیده بود: «به نظر شما علت عمل نکردن مردم به دستورات قرآن و دین چیه؟»

یکی از هنرجوهای من گفته بود: «علتش اینه که خود آخوندا به اونی که می‌گن عمل نمی‌کنن». بچه‌ها می‌گفتند سکوت جلسه را فراگرفت. بعد مدتی حاج‌آقا سری تکان داد و گفت: «شاگرد عالی‌پیام بهتر از این نمی‌شه، پاشو برو گم شو بیرون».

یکی از بچه‌ها از نمازخانه خارج شد. یک مهر دستش بود بزرگ‌تر از اندازه‌ی کف دست. گفتم: «این چیه؟» گفت: «مهر نمازه ...» گفتم: «چرا انقد گنده‌س؟» گفت: «نمی‌دونم». گفتم: «من می‌دونم. هر رکعت نماز با این مهر چهار رکعت حساب می‌شه، بپّا سرت کلاه نره».

اینجا ریا انواع و اقسام دارد. بالاخره این هم یک جورش است. تصورش را بکنید، مثلن یکی از مسئولین زندان او را با این مهر در نمازخانه ببیند و بگوید: «به‌به، این چه آدم خوبیه، حیفه اعدام شه، ولش کنین بره خونشون».

امروز یک زندانی آزاد شد. طبق رسم معمول، زندانی‌ها دو طرف راهرو صف کشیدند و مراسم بدرقه را مثل همیشه به جا آوردند. این زندانی که جوان بسیار سر به زیر و معقولی بود، پس از پنج سال حبس «تبرئه» شد. می‌فهمی چی می‌گم؟ پنج سال حبس – تبرئه، تبرئه – پنج سال زندان، تبرئه ....

اینجا همان جایی است که اول می‌کَنند، بعد می‌شمارند.

شب تا صبح، صبح تا شب مشغول خاراندن خودم هستم. ساس همه‌ی زندان را برداشته. با اینکه هفته‌ی پیش سم‌پاشی کردند، باز خارش‌ها ادامه دارد. خیلی‌ها فرش و رختخوابشان را در حیاط برده و شستند. من که نه حالش را دارم نه توانش را. منتظر یک روز آفتابی هستم تا آن‌ها را در حیاط زیر آفتاب پهن کنم.

حاج‌آقا پیش‌نماز از نمازخانه خارج شد تا برود. معمولن از حیاط می‌رفت. تازگی طول سالن شش را طی می‌کند تا سرمای حیاط وجود مبارکش را نیازارد. سینی‌کش مشغول پخش غذا بین زندانی‌ها بود. یکی از زندانی‌ها گفت: «حاج‌آقا امروز ناهار در خدمت باشیم». حاجی گفت: «ممنون. باید خودمو برای نماز جماعت به بندهای دیگه برسونم». گفتم: «حاج‌آقا، منظور ایشون اینه که ببینیم شما هم می‌تونین اون چیزی رو که ما می‌خوریم، بخورین؟ قورمه سبزی با سویا».

بعد سر این موضوع بحث در گرفت و هر کس چیزی گفت. یکی گفت: «حاج‌آقا مگه روایت نداریم از پیغمبر که حداقل هر ماه یه بار گوشت بخورین؟ ما یه ساله اینجا رنگ گوشت ندیدیم». گفتم: «عزیزم، اون موقع که پیغمبر اینو گفت، سویا نبود. زندان رجایی‌شهر هم نبود».

حاج‌آقا نگاهی به من کرد و گازش را گرفت و دِ برو. یک بار دیگر صابون من به تنش خورد و قهوه‌ای شد.

اولین اعزام به بیمارستان

صبح روز ششم دی دچار تشنج شدم. بچه‌ها مرا به بهداری منتقل کردند. آنجا نوار قلب گرفتند و نارسایی خون به قلب اعلام شد. رییس بهداری دستور اعزام سریع به بیمارستان را داد. با یک آمبولانس قراضه‌ی لکنته که خود رییس بهداری به آن وانت می‌گوید، به سوی بیمارستان امام خمینی تهران روانه شدم. لباس تن من همان شلوار و بلوزی بود که در زمان تشنج به تن داشتم و بچه‌ها مرا با همان لباس به بهداری منتقل کردند. بدون کاپشن. در آن هوای زمستانی به شدت می‌لرزیدم. سه مأمور همراه من بدرقه کرده بودند. با پابند و دستبند. هرچه به آن‌ها التماس کردم یک پتو روی من بیندازید فقط نگاهم می‌کردند. معلوم بود پتویی ندارند که بخواهند روی من بیندازند. ملتمسانه از یکی‌شان خواهش کردم اورکت خود را درآورد و روی من بیندازد، همان‌طور که آدامس می‌جوید فقط نگاهم کرد. یکی از مأمورها پنجره‌ی اتاقک را باز کرده بود تا به سیر آفاق و انفس بپردازد. هرچه التماس کردم «لامصب اقلن پنجره رو ببند، باد داره منو خشک می‌کنه ...» ولی کو گوش شنوا؟! من نمی‌دانم چرا بیماران اورژانسی اعزامی را از کرج به تهران منتقل می‌کنند! مگر در کرج بیمارستان نیست؟!

بعد از دو ساعت به بیمارستان رسیدیم. مرا روی یک برانکارد قرار داده دستم را با دستبند به میله‌ی زیر برانکارد بستند و گوشه‌ی راهرو قرار دادند. مدت هفت هشت ساعت به همان صورت روی تخت بودم. نه صبحانه‌ای، نه ناهاری،

سازمان زندانها و اقدامات تأمینی و تربیتی کشور

اداره کل زندانهای استان تهران

بهداشت و درمان زندان رجائی شهر

تاریخ اعزام: ۱۳۹۴/۱۱/۷

ساعت اعزام: ساعت ۱۱ دقیقه ۱۵

صبح ☑ بعد از ظهر ☐

اعزام: اورژانس ☑ غیر اورژانس ☐

برگه اعزام بیمار

Refering Sheet

شماره پرونده:
Clinic No: ۹۴/۱۲۰۷/۷۷۶

نام خانوادگی: Family Name:	نام: Name:	نام پدر: Father Name:	تاریخ تولد: Date Of Brith:	پزشک اعزام کننده Refering Physician
[illegible]	محمدرضا	[illegible]	۱۳۴۷	

شکایت اصلی بیمار:
Chief Complaint: [illegible]

تاریخچه بیماری فعلی:
History Of Present Illness: [illegible] BP [illegible]

تاریخچه بیماری قبلی:
Past Medical History: [illegible] سال ۱۳۹۲ [illegible]

تاریخچه مصرف دارویی و اعتیاد:
Current Drugthrapy & Other Addiction: [illegible]

علائم حیاتی:
Vital Sings: Temp 36.7 PR 80 RR 16 BP 160/90

معاینات بدنی و بررسیهای بالینی:
Physical & Clinical Examinations: T Inversion V6 V4 V3 V2 [illegible] ECG [illegible]

تشخیص اولیه:
Primary Diagnosis: [illegible]

اقدامات انجام شده:
Medical Procedures: [illegible]

وضعیت بیمار هنگام اعزام:
Conscious هوشیار ☑ Semiconscious نیمه هوشیار ☐ Unconscious بیهوش ☐

نام و امضاء پزشک:
Physicians Name & Signature:

تاریخ:
Date: ۱۳۹۴/۱۱/۷

نسخه دوم ـ پرونده پزشکی

نه دارویی، نه معاینه‌ای، نه هیچ چیز... انگار من یک گونی پیاز یا سیب زمینی گوشه‌ی راهرو بودم.

تنها اتفاق مثبتی که افتاد این بود که همراه یکی از مریض‌ها که در آنجا بستری بود مرا شناخت. در فرصتی دور از چشم مأموران از من پرسید: «شما آقای هالو هستید؟». گفتم: «بله». گفت: «چیکار می‌تونم براتون بکنم؟». گفتم: «به پسرم زنگ بزنید و بگید من اینجام». شماره دادم و زنگ زد. پس از مدتی پسرم به همراه پسرخاله‌اش و حانیه از راه رسیدند. ولی مأموران اجازه‌ی نزدیک شدن ندادند. حتا آب‌میوه و کیکی را هم که پسرم خرید اجازه ندادند به من برساند و همین‌طور گرسنه و تشنه ماندم. صدای کل‌کل پسرم و مأموران را از دور می‌شنیدم. در این میان پسرخاله فرصت کرد یواشکی چند عکس از من بگیرد.

خوردنی به جای خود، حتی به من اجازه‌ی دستشویی نمی‌دادند. دو ساعت تمام به مأمور همراهم التماس کردم که من دستشویی دارم. با بی‌تفاوتی فقط نگاهم می‌کرد.

یکی از پرسنل نگهبان بیمارستان را دیدم که از آن سو داشت رد می‌شد. با فریاد او را صدا زدم. جلو آمد و گفت: «چیه داد می‌زنی؟» گفتم: «من به این مأمورا می‌گم باید برم دستشویی، دو ساعته حتا جوابمو نمی‌دن. من گفته باشم اگه مجبور به ادرار بشم، فکر نکنی خودمو خیس می‌کنما! در میارم و وسط همین راهرو خودمو خلاص می‌کنم». نگهبان دستپاچه شد و به مأمور گفت: «چرا دستشویی نمی‌بریدش؟» او هم خونسرد و بی‌تفاوت گفت: «کلید دستبندو ندارم». نگهبان هراسان به من گفت: «یه دقیقه صبر می‌کنی من کلید دستبند پیدا کنم؟» گفتم: «تا دو دقیقه هم وقت داری». رفت و از حراست بیمارستان کمک خواست. مرا با اسکورت کامل و در میان اقدامات شدید امنیتی!! به دستشویی بردند.

ساعت از هفت گذشته بود که دیدم هیچ اقدامی روی من انجام نمی‌شود، فقط

پیش به سوی دستشویی با اسکورت کامل

یک خانم سفیدپوش که داشت رد می‌شد، تا چشمش به من افتاد آمد جلو و فشار خونم را گرفت و رفت. فکر کنم یا کارآموز بود و مرا موش آزمایشگاه تشخیص داد، یا داشت دستگاه فشار خون را تست می‌کرد که ببیند درست کار می‌کند یا نه، چون نه اسمم را پرسید و نه نتیجه را جایی یادداشت کرد. من دیدم اگر از تشنج و نارسایی خون به قلب نمیرم، از سرما و گرسنگی خواهم مرد. لذا خواستم مرا به زندان برگردانند.

آخرین اتفاقی را که شاهد بودم دعوای مأموران با پسرخاله بود که متوجه عکاسی او شدند. دوربینش را گرفتند و عکس‌ها را پاک کردند، ولی خوشبختانه چون گوشی آیفون بود، امکان بازیابی عکس‌ها از سطل زباله‌ی گوشی ممکن بود و عکس‌ها برگشت.

دومین نامه به وزیر بهداشت

چند روز بعد که حالم کمی بهتر شد نامه‌ی زیر را به وزیر بهداشت نوشتم و از پسرم خواستم در فیس بوکم قرار دهد:

وزیر محترم بهداشت و درمان
جناب آقای دکتر هاشمی
من محمدرضا عالی‌پیام، فیلمساز ممنوع کار و شاعر طنز پرداز متخلص به هالو به عنوان زندانی سیاسی این نامه را از زندان رجایی‌شهر، بند دو، سالن شش، برای شما می‌نویسم.
هرچند قبلن هم طی نامه‌هایی از شما دعوت کرده بودیم سری به این زندان بزنید و از نزدیک شاهد وضعیت بهداشتی و درمانی و تغذیه‌ی ما باشید که چه والذاریاتی است. نمی‌دانم وقت شما ایجاب نکرد یا زندانیان جزء جمعیت کشور به حساب نمی‌آیند یا سلامتی آن‌ها مهم نیست یا شما وزیر زندانی‌ها نیستید یا شاید اصلن نامه‌های ما به دست شما نرسیده است، اما این نامه را نه برای توصیف وضعیت بهداشتی زندان، که به عنوان شکایت از مسئولین و کارکنان بیمارستان امام خمینی می‌نویسم. هرچند امید رسیدگی نمی‌رود.
در تاریخ ششم دی ماه، من با پنجاه و هشت سال سن که علاوه بر فشار خون و آرتروز، مبتلا به بیماری صرع هم هستم، ساعت نه صبح دچار حمله‌ی عصبی و تشنج شدم. هم‌بندان، مرا به سرعت به درمانگاه زندان رساندند. آنجا ضمن معاینه، از من نوار قلب گرفتند و اعلام نارسایی کامل خون به قلب کردند که پس از وصل یک سرم با آمبولانس به بیمارستان امام خمینی اعزام شدم.

هنوز ساعت دوازده ظهر نشده بود که وارد بیمارستان شدم. روی یک برانکارد چرخدار، دستبند به دست و پابند به پا در گوشه‌ی راهرویی قرارم دادند. جایی که تابلوی (اورژانس شماره یک) را در رو به رو می‌دیدم. تا ساعت هفت و سی دقیقه‌ی بعد از ظهر یعنی حدود هشت ساعت، نه تنها ویزیت نشدم، حتی یک نفر نیامد اسمم را بپرسد. بگوید زنده‌ای یا مرده‌ای. یک گوشی به قلبم بگذارد. نبضم را بگیرد. فقط هر چند وقت یک بار یکی از کادر بیمارستان رد می‌شد و می‌گفت: این را چرا اینجا گذاشتید، راه را بند آورده است. بعد من را از این طرف به آن طرف می‌بردند. حتی یک بار به قسمتی که پشت پرده‌ای قرار داشت بردند که خانمی سفید پوش وارد شد و فریاد زد: «اینو

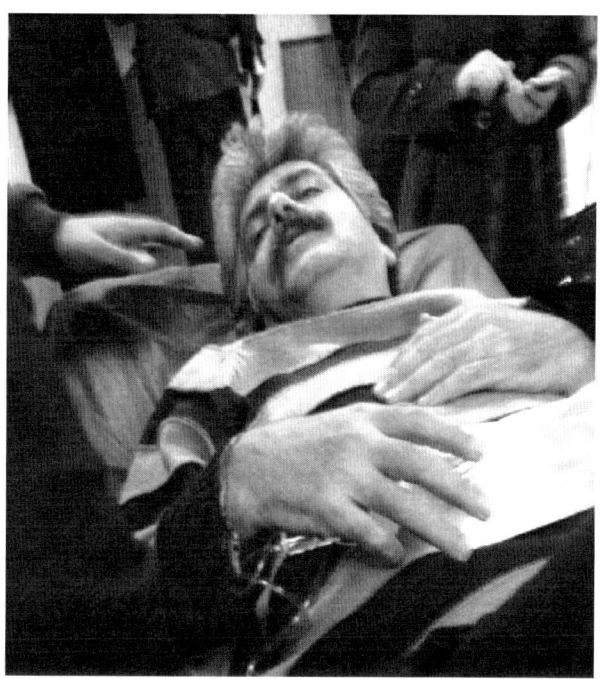

کی آورده اینجا؟ زود ببرینش بیرون».
جناب آقای دکتر هاشمی
در تمام مدت هشت ساعتی که در بیمارستان بودم از سرما به خود می‌لرزیدم و یک نفر پیدا نشد یک پتو روی من بیندازد. این علاوه بر دو ساعتی بود که در آمبولانس لرزیدم تا به بیمارستان شما برسم، چون موقع حمله‌ی عصبی دوستان مرا با همان لباس داخل بند به بهداری بردند و لباس مناسب فضای زمستانی بیرون به تن نداشتم.
لازم است بگویم آمبولانسی که مرا انتقال داد، فاقد هرگونه امکانات اولیه‌ی پزشکی، حتی اکسیژن بود، هیچ کادر درمانی همراه ما نبود. به جز مأمورین بدرقه که موظفند بیمار را با دستبند و پابند ببرند و بیاورند.
در بیمارستان هیچ کس نگفت تو معده هم داری؟ گرسنه‌ات نیست؟ از ساعت نه صبح که مرا به بهداری زندان بردند تا ده و نیم شب که به زندان برگشتم، مأمورین حتی اجازه‌ی خوردن

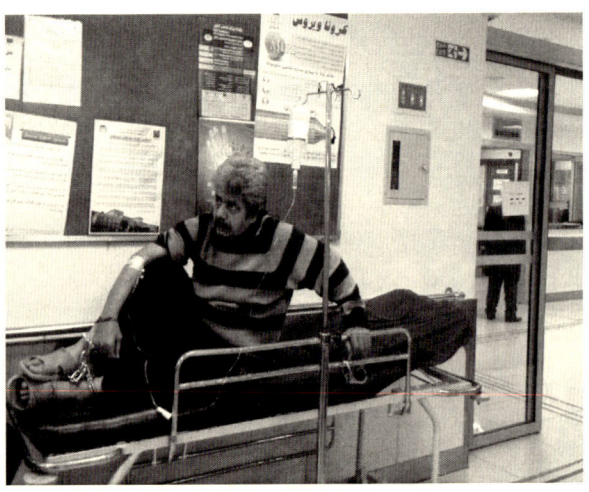

کیک و آب‌میوه‌ای را که فرزندم خرید ندادند و گفتند: ممنوع است. با احتساب شامی که شب قبل ساعت شش بعدازظهر خورده بودم تا ده و نیم شب که بازگشتم، منِ بیمار بیست و هشت ساعت و نیم گرسنه بودم.

جناب آقای دکتر هاشمی

سرمی را که ساعت ده صبح در بهداری زندان به دست من وصل کردند، ساعت دوازده تمام شد و هیچ کس نبود آن را از دستم جدا کند. از هر کسی که رد می‌شد می‌پرسیدم: «آقا این سرم هفت ساعته تموم شده. کی از دست من باز می‌کنه؟» یکی می‌گفت: پرستار و رد می‌شد. پرستار می‌گفت: دکتر باید دستور بده و رد می‌شد.

وقتی پسرم در قسمت پذیرش در مقام اعتراض به خانم شیما حیدری گفت: چون پدرم سیاسیه بهش رسیدگی نمی‌کنید؟ آن خانوم هم جواب داد: من اصلن نمی‌دونم سیاست چی هس.

جناب آقای دکتر هاشمی

طبیعی است که کادر بیمارستان امام خمینی ندانند سیاست چیست. اما آیا نمی‌دانند معنی بیمار اورژانسی چیست؟ نمی‌دانند نارسایی خون به قلب چیست؟ نمی‌دانند تشنج یک بیمار مبتلا به صرع چیست؟ اصلن می‌دانند بیمار چیست؟ قلب چیست؟ مغز چیست؟ خون چیست؟ فشار خون چیست؟

پس از هشت ساعت معطلی و توهین و تحقیر در گوشه‌ی راهرو، چون فشار دستبند و پابند و سرما و گرسنگی امانم را بریده بود، از مأمورین خواستم مرا به زندان برگردانند تا لااقل داروهایم را بخورم. چون آنجا اگر از ناراحتی قلب و مغز نمی‌مردم، حتمن از سرما و گرسنگی تلف می‌شدم. در نتیجه ساعت هفت و نیم بیمارستان را بدون هیچ گونه اقدامی از سوی پرسنل و

پزشکان، ترک کردم.
جناب آقای دکتر هاشمی
اگر وضعیت اعزام یک بیمار اورژانسی و رسیدگی در بیمارستان‌های شما این است، بدین وسیله رسمن درخواست می‌کنم در صورت بروز هرگونه مشکلی برای من، مرا به بیمارستان اعزام نکنند و مسئولیت مرگ من یا هر اتفاق ناگوار دیگری، برگردن مسئولین پزشکی کشور و در رأس همه خود شما خواهد بود.
این نامه را چون نمی‌دانستم به چه طریق باید به شما رساند، در صفحه‌ی فیس بوکم قرار دادم تا شاید یک آشنا آن را به شما برساند.
فایده‌ای هم دارد؟

والسلام، بااحترام، عالی‌پیام.

بعد از نوشتن این نامه فکر می‌کنید چه اتفاقی افتاد؟ هیچی؟ نه، یک اتاق مهم افتاد. نامه را عصر روز جمعه پسرم در فیس‌بوک پست می‌کند. همان شب به او زنگ زدند و خواستند فردا هشت صبح به وزارت بهداشت اتاق فلان طبقه‌ی بهمان آقای دکتر (فکر کنم زارعی؟!!! مطمئن نیستم) خود را معرفی کند. او ابتدا گمان می‌کند از سوی حراست احضارش کرده‌اند. ولی وقتی مراجعه می‌کند با استقبال معاون وزیر روبرو می‌شود.

پس از پذیرایی با چای و شیرینی می‌پرسد: «قضیه چیه؟ آقای وزیر از من خواستن شخصن موضوع رو پیگیری کنم». پسرم می‌گوید: «موضوع همونه که پدرم نوشته و شما هم خوندید». او به یک گزارش چند صفحه‌ای که در مقابلش بود اشاره می‌کند و می‌گوید: «ولی تو گزارشی که بیمارستان به من دادن، خلاف این موضوع نوشته شده، مدعی شدن از پدر شما آزمایش گرفتن و نتیجه‌ی آزمایشا رو هم ضمیمه کردن». پسرم می‌گوید: «جعلیه.

چه جور آزمایشی که از پدرم نه خون گرفتن نه نمونه ادرار. شما دوربین‌های مداربسته‌ی بیمارستان رو چک کنید. بهتون دروغ گفتن».

بعد از این استدلال که مو لای درزش نمی‌رفت، طرف شروع می‌کند از وزارت مطبوعش دفاع کردن که: «شما می‌دونین آقای روحانی بنیان‌گذار بیمه‌ی زندانیان بودند و آقای وزیر شخصن از زندان قزل‌حصار بازدید کردن و پدر شما در بهترین بند بهترین زندان‌ها هستند و ال و بل». پسرم هم گفته بود: «به آقای روحانی و آقای وزیر سلام برسانید و بگویید پدرم از بس به خاطر ساس بدنش را خارانده سر تا پا زخم است. بعد هم این زندان نمونه که شما می‌فرمایید ما هر وقت به ملاقات پدرم می‌رویم غیر از داروهای تخصصی خودش، کلی داروهای متفرقه‌ی دیگر مثل آسپیرین و استامینوفین و آنتی بیوتیک و مسکن و سرماخوردگی و شربت سینه و دیفنوکسیلات و آلومنیوم ام جی و غیره با هزینه‌ی شخصی می‌خریم و به بهداری زندان هدیه می‌کنیم تا زندانی‌ها استفاده کنند. تو زندانی که شما می‌فرمایید بهترین زندان، این داروهای پیش پا افتاده پیدا نمی‌شه».

این‌ها را که پسرم برای من تعریف کرد، من به خودم گفتم: «عالی‌پیام، نامه‌ی تو عصر روز جمعه تو فضای مجازی قرار می‌گیره و همون شب به رؤیت وزیر می‌رسه و شبانه دستور رسیدگی می‌ده و شبانه گزارش چند صفحه‌ای توسط مسئولین بیمارستان نوشته می‌شه و شبانه تایپ می‌شه و شبانه کلی آزمایش جعل می‌شه و ضمیمه‌اش می‌شه و می‌رسه دستش و فردا هشت صبح روی میز معاون وزیره. این هیچی نیست مگر سمبه‌ی پر زور فضای مجازی. بی‌خود نیست این همه ازش واهمه دارن».

بعد از آن نامه‌ی دیگری به شرح زیر به حفاظت فیزیکی زندان نوشتم:

ریاست محترم حفاظت زندان رجایی‌شهر
احتراما معروض می‌دارد:
این‌جانب محمّدرضا عالی‌پیام زندانی سیاسی بند دو سالن شش

که با پنجاه و هشت سال سن به بیماری صرع و فشار خون و آرتروز مبتلا هستم، روز یکشنبه مورخ شش دی ماه دچار حمله‌ی عصبی و تشنج شدم و هم‌بندیانم مرا به درمانگاه منتقل کردند. آنجا ضمن وصل سرم، پس از گرفتن نوار قلب، اعلام کردند دچار عدم خون‌رسانی به قلب هستم و سریعا به طور اورژانسی دستور اعزامم را به بیمارستان امام خمینی دادند.

شکایت من از مأمورینی که مرا بدرقه کردند به شرح زیر است:

۱- من با یک بلوز و شلوار و بدون پوشش مناسب برای فضای بیرون، به درمانگاه برده شده بودم. در تمام طول راه می‌لرزیدم. هرچه درخواست کردم اگر پتو ندارید، یکی‌تان کاپشنش را روی من بیندازد. فقط مرا نگاه می‌کردند. حتی التماس من برای بستن شیشه به مأموری که آن را باز کرده بود تا بیرون را تماشا کند بی‌نتیجه ماند.

۲- بستن پابند که هرچه التماس کردم خیلی محکم بسته‌اید کمی شل کنید دارد پایم را زخم می‌کند و اهمیّت ندادن آن به جای خود، بستن یک سر دستبند به زیر تخت که باعث پیچش ستون فقرات من شده بود شکنجه‌ای بود که مطمئنم خود شما تحمل نیم ساعت آن را ندارید.

۳- عدم تلاش برای پذیرش من و گوشزد به مسئولین بیمارستان مبنی بر اورژانسی بودن وضعیت من، (در مورد کوتاهی مسئولین بیمارستان شکایت جداگانه‌ای به مسئولین مربوطه داده‌ام که مسیر قانونی خود را طی خواهد کرد).

۴- خودشان ناهار میل فرمودند و از من مریض که نه صبحانه خورده بودم، نه ناهار، یک کلام نپرسیدند چیزی می‌خوری؟ خود شما به عنوان یک آدم سالم (انشاءالله) وقتی روزه می‌گیرید، چند ساعت گرسنگی می‌کشید؟ چهارده ساعت؟ شانزده

ساعت؟ من از ساعت شش روز قبل که شام خوردم تا ساعت ده و نیم شب که مرا به زندان برگرداندند بیست و هشت ساعت و نیم گرسنگی کشیدم. آن هم به عنوان یک بیمار اورژانسی. بیست و هشت ساعت و نیم!!

۵- مدت دو ساعت تمام از فشار ادرار به خودم می‌پیچیدم و هرچه به مأمور مربوطه می‌گفتم من باید به دستشویی بروم فقط نگاهم می‌کرد و گاهی هم لطف کرده می‌گفت: کلید دستبند پیش من نیست.

آخر سر با فریاد من یکی از نگهبانان بیمارستان به دادم رسید.

ریاست محترم

لازم است به مأمورین خود آموزش کافی دهید که زندانی هم آدم است. مثل همه‌ی آدم‌های دیگر معده دارد که باید پر شود، مثانه دارد که باید خالی شود. پابند محکم و دستبند آن هم به کسی با آن وضع نامساعد یک شکنجه است.

مراتب جهت رسیدگی به شکایتم به عرض رسید.

در صورت عدم رسیدگی، مجبورم شکایت خود را رسانه‌ای کنم.

رونوشت: مدیریت محترم حفاظت اطلاعات سازمان زندان‌ها.

محمدرضا عالی‌پیام

فکر می‌کنید چه اتفاقی افتاد؟ این بار هیچ اتفاقی نیفتاد. عالی پیام دیگه روتو زیاد نکن.

سه تا از زندانیان امنیتی اعتصاب غذا کردند. خواسته‌ی آنان این است که دو سال انفرادی که در ایام بازداشت داشته‌اند، طبق قانون از ایام محکومیتشان کم شود. ایرج حاتمی، فرید آزموده، بهزاد تهامی. ایرج را به بند شش و فرید را

به بند یک تبعید کردند و در آنجا به زندانی‌ها سفارش کرده بودند حساب این دو نفر را برسند. بند شش بدترین بند زندان رجایی‌شهر است، به طوری که به تبعیدگاه سوپر شرورها و معتادها معروف است. بند یک نیز محل نگهداری سابقه‌دارها و خلاف‌سنگین‌هاست. ایرج به محض ورود به بند شش، با تیزی و قمه مورد هجوم ده دوازده نفر از اشرار قرار می‌گیرد. به او می‌گویند: «ما اینجا اعتصاب معتصاب و ازین سوسول بازیا نداریم». یکی سیگار خود را روی سرِ تاس او خاموش کرده بود که تا دو ماه جایش مانده و زخمش عفونی شده بود. بعد تهدید می‌کنند که بعد از خاموشی (ساعت دوازده شب) هم حساب تو را می‌رسیم، هم حساب رفیقت توی بند یک. از اطلاعاتی که زندانی‌ها در مورد اعتصاب غذا و رفیق دیگرش در بند یک داشتند، کاملن مشخص بود مدیریت زندان آن‌ها را اجیر کرده است. ایرج که آدم ورزشکار و قوی‌هیکلی است، خود را به زیر هشت رسانده بنای داد و بیداد را می‌گذارد و می‌گوید تأمین جانی ندارد. او مصرانه درخواست ملاقات با یکی از مدیران زندان را می‌کند.

آن موقع درهای سالن‌ها بسته بود و من در سالن شش از تلاش بچه‌های سیاسی امنیتی در سالن پنج بی‌خبر بودم. به هر صورتی بود، ایرج را با هیکل آش و لاش به سالن پنج برمی‌گردانند. به بقیه گفت: جان فرید هم در خطر است، او را تهدید به تجاوز بعد از خاموشی ساعت دوازده کرده‌اند. زندانیان سیاسی امنیتی از اتاق‌هایشان درآمده، زیر هشت جمع شدند و گفتند تا فرید برنگردد، ما از جایمان تکان نمی‌خوریم. صبح بعد از آمار بلافاصله رفتم بالا و دیدم فرید هم برگشته. ساعت یازده شب او را برگردانده بودند.

اعتصاب غذا بین همه‌ی بچه‌های سیاسی امنیتی فراگیر شده و کماکان ادامه دارد.

در اینجا زندانی‌های عجیب و غریبی هستند. مثلن کسی هست که سفیر چین در ایران را گروگان گرفته بود تا با برادران اعدامی‌اش معاوضه کند. لو رفته و دستگیر شده بود. برادرهایش هم بلافاصله اعدام شدند.

امروز در راهرو من و حاج‌آقا محقق رییس دارالقرآن با هم روبرو شدیم. من از این ور می‌آمدم، او از آن ور (یا بالعکس) که دیدم دارد می‌گوید: «حیف حیف». گفتم: «حاج‌آقا با منید؟» گفت: «بله، حیف از تو که به خاطر چن تا شعر و دری وری خودتو اینجا گرفتار کردی».

گفتم: «حاجی اشتباه می‌کنی. این زندان برای من از الطاف خفیه‌ی الهی بود. آیه‌ی "وعسی ان تکرهوا شیئاً و هو خیر لکم" دقیقن مصداق حال منه».

گفت: «زندان چه خیری داره که تو مشتاقشی؟» گفتم: «وقت داری؟» گفت: «نه، هرچه می‌خوای بگی ولش کن. این چه سبیلیه گذاشتی؟ چن دفه بگم برو بزن؟» گفتم: «حاج‌آقا، شما هم ولش کن. این سبیل و این مچ بند سبز دو تا یادگاریه که من با خودم از این زندان می‌برم بیرون تا همیشه به یاد شما باشم».

جیکش در نیامد. رفت.

امروز یکی از بچه‌های سالن پنج آمد و گفت: «دکتر مشکل دارم». گفتم: «مشکلت چیه؟» گفت: «یکی از دوستام تو خونه‌اش به قتل رسید. منو به عنوان مظنون به قتل دستگیر کردن و نزدیک دو ساله تو این زندونم. در حالی که اولن زمان قتل من تو محل کارم بودم و همه شاهد هستن. ثانین خون قاتل که زخمی شده تو محل قتل موجوده. با دی‌ان‌ای من مطابقت نداره. آزمایش پزشکی قانونی هم به نفع منه. با این حال بازپرس منو آزاد نمی‌کنه و می‌گه به هر جهت قتلی اتفاق افتاده و ما باید یه قاتل یا مظنون روی پرونده داشته باشیم. تا قاتل پیدا نشه نمی‌تونیم تو رو آزاد کنیم. خودمونم می‌دونیم تو قاتل نیستی. به بازپرس گفتم شاید ده سال دیگه هم قاتل پیدا نشد. تکلیف من چیه؟» گفت: «فعلن باش تا ببینیم چکار باید بکنیم».

گفتم: «ببین شبیه تو توی این زندان زیاده. من پیشنهاد می‌کنم وضو بگیر و رو به قبله دوازده بار امن یجیب بخون. اگه مشکلت حل نشد صد و بیست

بار بخون. اگه نشد هزار و دویست بار بخون. اگه نشد دوازده هزار بار بخوان. همین‌جوری برو بالا تا بالاخره قاتل پیدا شه».

روزی نیست که آدم‌هایی شبیه این آدم به من مراجعه نکنند. به آن‌ها می‌گویم می‌توان موضوع شما را رسانه‌ای کرد، اما کار بیشتر پیچ می‌خورد و قاضی لج می‌کند و قلمش را کج می‌کند و یک وقت دیدی کار دستتان داد.

دیروز باز هم گارد زدند. مأمورهای حراست با هیاهوی زیاد توی بند ریختند و با سر و صدا و تولید وحشت به زیر و رو کردن وسایل زندانی‌ها پرداختند. دم در هر اتاق یک مأمور ایستاد که زندانی از سلول خارج نشود. غیر از به هم ریختن و پاره کردن یقه لباس و روبالشی و ملافه‌ی پتوها، بزرگترین عزای زندانی‌ها بعد از هر گارد زدن، بیرون بردن همه‌ی فرش‌ها و لباس‌های لگدمال شده و شستن آن‌هاست. چون سربازان با پوتین وارد بند و سلول‌ها می‌شوند.

نیروهای گارد قبل از ورود به بند (عکس آرشیوی)

در گارد دیروز سربازان هرچه دبه‌ی شوری بود را با خود بردند. زندانی‌هایی که شوری آن‌ها به غارت رفته بود، واقعن دمق بودند. چون شما نمی‌دانید شوری در زندان با چه خون دلی به دست می‌آید. عصبانی رفتم بالا و بی‌اجازه وارد اتاق رییس‌بند شدم. گفتم: «آقا شوری بچه‌ها رو برا چی بردن؟ این شوری سر کدوم سفره قراره خورده شه؟ شما می‌دونین اینو زندانی با چه مشقتی و چه شوقی و چه هزینه‌ای درست می‌کنه؟» گفت: «باهاش عرق درست می‌کنن». گفتم: «می‌شه بگید با شوری چجوری عرق درست می‌کنین ما هم یاد بگیریم؟».

با هر مکافاتی بود شوری‌ها را پس گرفتم. صاحبان شوری برای تشکر مقداری در ظرف ریخته برایم کادو آوردند. گفتم: «عزیزانم، من فشار خون دارم و شوری برام بده. ببرین و بخورین و حالشو ببرین». بعد پشیمان شدم که چرا نگرفتم و بدهم به بی‌بضاعت‌هایی که دلشان برای یک تکه‌اش لک زده.

دیروز حجت‌الله حاتمی از زندانی‌های سیاسی امنیتی آزاد شد. او یک عمل باز قلب انجام داده و در سرش نیز لکه‌ی مشکوک وجود دارد و پزشک اعلام کرده قلب تو فقط سی درصد دارد کار می‌کند. او در زندان یک بار دچار سکته‌ی مغزی و یک بار سکته‌ی قلبی شد. سمت چپ بدنش از کار افتاده، لکه‌ی خون در مغز دارد، رگ گردن سمت راستش چهل درصد و سمت چپ بیست درصد تنگ است. او بیست و چهار ماه انفرادی و سه ماه حبس در اوین داشته که در حکمش محاسبه نشده و پس از ده روز اعتصاب غذا، توانست از پزشکی قانونی گواهی عدم تحمل کیفر بگیرد و آزاد شد.

سیاست کم‌کاری و بی‌اعتنایی مقامات زندان برای مداوا و یا آزادی زندانیان سیاسی بیمار این است که شاید به دلیل بیماری بمیرند و از شرشان راحت شوند. به همین دلیل گاهی شرایط تشدید بیماری او را هم فراهم می‌کنند.

موقع رفتنش همان مراسم همیشگی صف‌کشیدن دو طرف راهرو و صلوات برای زندانیان قصاصی و سیاسی و حبس سنگین و حبس سبک و ابد و ... در این بین افشین، که او هم زندانی سیاسی است گفت: «برای سلامتی خودتون

کف مرتب بزنین». صلوات قطع شد و همه شروع کردند به کف‌زدن. یکی هم گفت: «حجت باید برقصه». رقص این پیرمرد مریض در وسط سالن هیچ وقت از ذهنم پاک نخواهد شد.

یکی از زندانیان قدیمی می‌گفت: سال‌ها بود چنین بدرقه‌ای ندیده و صدای کف نشنیده بودم.

امروز خبر خوبی دریافت کردم. اولین کتاب عروسم حانیه به نام «سال‌ها بعد» چاپ شد. به قول قدیمی‌ها به زیور طبع آراسته گردید. شک ندارم که آینده‌ی درخشانی دارد. خیلی خوشحالم.

اواخر دی است و صحبت از اجرایی شدن برجام. از زمانی که بحث مذاکرات ۵+۱ داشت به نتیجه می‌رسید، همه‌ی اعدامی‌ها احساس خوبی داشتند و از من می‌پرسیدند: «آقای دکتر، به نظر شما با این مذاکرات اعداما مالیده نمی‌شه؟». دلم نمی‌آمد بگویم: «دلتونو بی‌خود صابون نزنین، ربطی نداره». هر اتفاقی در بیرون می‌افتاد، این زندانیان فلک‌زده‌ی ته خط دنیا رسیده به فال نیک می‌گرفتند و منتظر فرجی بودند تا بلکه مجازات اعدام لغو شود. مدام پای تلوزیون اخبار را دنبال می‌کردند.

دیروز شانزده نفر را برای اعدام بردند. یک روز بعد هر شانزده نفر را برگرداندند. از قرارِ معلوم دادستان دستور داده فعلن اعدام‌ها متوقف شود. زندانی‌ها ذوق زده می‌گفتند: «دکتر دیدی ما گفتیم مذاکرات برجام روی اعدام بی‌نتیجه نیست».

کیفیت غذای اینجا واقعن اسفناک است. جیره‌ی خشک هم که نمی‌دهند. یعنی می‌دادند. با ورود من به زندان قطع شد. با رییس زندان صحبت کردم و گفتم: «اخوی، خیلیا مثه من بیماریای مختلف مثه فشارخون، قند و کوفت و زهرمارای دیگه دارن. چرا جیره خشک بیمارا رو قطع کردین؟». گفت: «با

رییس بهداری هماهنگ کردیم. قراره کنار این غذاها، غذاهای رژیمی هم بپزیم به بیمارا بدیم». با رییس بهداری صحبت کردم، با کمال تعجب گفت: «عجب! من کتبن به رییس زندان نوشتم چنین چیزی ممکن نیست. زیرا شما باید بیست جور غذای رژیمی بپزید که امکانش رو ندارین».

فقط ده درصد زندانی‌ها، یعنی فقط کسانی که از بیرون حمایت مالی نمی‌شوند، غذای زندان را می‌خورند. مابقی دور ریخته می‌شود. از کافور که بگذریم، در غذای اینجا از ناخن و ته‌سیگار و موی آشپز که به کرات دیده شده و بند کفش و سوسک و موش هم که بگذریم. یک مورد دیگر که خودم با چشم خودم دیدم و به جدم شوخی نیست، می‌خواهید باور کنید، می‌خواهید باور نکنید، از توی خورش کاندوم درآمد. حالا مو و ناخن و ته‌سیگار توجیه دارد. می‌گوییم آشپز سر دیگ ایستاده و ناخن گرفته یا مو شانه کرده یا در دیگ باز بوده سوسک و موش در آن افتاده، ولی هرچه فکر کردیم این کاندوم چه جوری وارد دیگ غذا شده، چیزی به عقلمان نرسید.

کاندوم را برداشته نزد وکیل‌بند رفتم و هیجان زده گفتم: «ببین چی تو غذا پیدا کردم. اینو ببر بالا گزارش کن». بی‌تفاوت رد شد و گفت: «برو تازه وارد. اینکه چیزی نیس. ما اینجا از این بدتراشو دیدیم». هرچه فکر کردم از این بدتر چی ممکنه دیده باشد، باز هم چیزی به عقلم نرسید. گفتم: «از این بدتر چی دیگه ممکنه تو دیگ غذا باشه؟» گفت: «انگشت بریده‌ی آدمیزاد. حالا برو پیدا کن پرتقال فروش را».

مابقی زندانی‌ها که غذای زندان را نمی‌خورند و مثل ما مایه‌دار هستند!! خودشان غذا می‌پزند. چند نفر با هم، هم‌خرج شده نوبتی یک نفر آشپزی می‌کند. برنامه غذایی شام ما به شرح زیر بود:

سیب‌زمینی پخته - تخم مرغ آب‌پز – سیب‌زمینی پخته با تخم مرغ آب‌پز - سیب‌زمینی پخته بی‌تخم مرغ آب‌پز – سیب‌زمینی سرخ کرده با تخم مرغ آب‌پز - سیب‌زمینی سرخ کرده بی‌تخم مرغ آب‌پز – نیمرو با سیب‌زمینی

پخته - نیمرو بی‌سیب‌زمینی پخته - نیمرو با سیب‌زمینی سرخ شده - نیمرو بی‌سیب‌زمینی سرخ شده - املت با سیب‌زمینی سرخ شده - املت بی‌سیب‌زمینی سرخ شده - املت با سیب‌زمینی پخته - املت بی‌سیب‌زمینی پخته - پوره سیب‌زمینی - سیب‌زمینی و پنیر سرخ کرده .... البته در این وعده‌های شام یک در میان نان و پنیر و چای - نان بی‌پنیر و چای - نان و کره و چای - نان بی‌کره و چای هم قرار دارد.

برنامه‌ی ناهار کمی مفصل‌تر است. برنج دولی (دولتی) را گرفته در سبد می‌شوییم و دوباره دم می‌کنیم. برنامه‌های ناهار به این شرح است:

برنج با سویا - برنچ بدون سویا - برنج با سیب‌زمینی پخته - برنج با سیب‌زمینی پخته و سویا - برنج با سیب‌زمینی سرخ شده با سویا - برنج با سیب‌زمینی سرخ شده بی‌سویا - برنج با رب گوجه - برنج با رب گوجه و سویا - برنج با ته دیگ سیب‌زمینی- برنج با رب با ته دیگ سیب زمینی - برنج با نیمرو - برنج با رب با نیمرو - برنج با املت - برنج با املت با سویا - برنج با نیمرو با سویا

البته از حق نگذریم برنجمان هفته‌ای یک بار هم عدس دارد (ساچمه‌پلو) که کاش نداشت، چون عدس‌هایش نپخته است و جدا کردن عدس از برنج کار مشکلی است.

مطمئنم هوس کردید و دهانتان آب افتاد. جایتان خالی.

دیشب آرایشگر بند با ژل دست‌ساز (معجونی از آب لیمو و قند - این ژل ابتکار زندانی‌های خوش‌تیپ است) سبیلم را تاب داد و دو سر آن را رو به بالا کشید. مثل خوانین دوره‌ی قاجار شدم. شب خوابیدم و روی بالش یک طرف سبیل پایین آمد. صبح بدون اینکه خود را در آیینه نگاه کنم به بهداری رفتم. در حالی که یک سمت سبیلم بالا بود و سمت دیگر پایین. دکتر گفت: آقای عالی‌پیام، از یه ور سبیلت خون می‌چکه از یه ورش معرفت. گفتم: «جیم جمالتو عشقه دکتر، بزن قدش، خیلی بلایی، دکتر ناقلایی، سبیل چه

سرپایینی چه سربالایی، گرو رفاقت چون تو هم خود مایی».

بالاخره زندان است دیگر. دکترش هم باید با بقیه‌ی چیزهایش شبیه باشد. من فرهنگی که چند ماه است در این زندانم لاتی حرف می‌زنم، دکتری که چند سال است اینجاست نزند؟ به قول مظفرالدین‌شاه: همه چیزمان به همه چیزمان می‌آید.

امشب موقع نوشتن یک سوسک پررو آمد روی دفترم و زل زد توی چشم‌هام. همین‌جور برّوبر مرا نگاه می‌کرد. من هم بی‌رحمانه ترتیبش را دادم. خیلی بچه پررو بود.

روزی دو بار آمار می‌گیرند. یاد حرف مادربزرگم افتادم که وقتی بچه بودم و هسته تمبر هندی یا پول‌های قلکم را می‌شمردم، می‌گفت: «ننه نشمر کم می‌شه». ولی اینجا هرچه می‌شمارند، کم نمی‌شود که هیچ، زیاد هم می‌شود.

یک زندانی میانسال حدود پنجاه ساله در سالن پنج هست که بسیار موقر، باادب، متین و کم‌حرف است. خودش که اهل گپ و گفت نبود. ماجرای او را از دیگران شنیدم:

او که مهندس راه و ساختمان و ساکن آمریکا بود، مدت‌ها پس از فوت پدر ثروتمندش، برای وصول سهم خود از ارثیه‌ی کلان پدری به ایران می‌آید. در ایران متوجه می‌شود خواهرانش با همدستی مادرش حدود چهل میلیارد از املاک پدری را به نام خود کرده‌اند. او هم با سلاح کمری، اول مادر، سپس داماد، خواهرزاده، وکیل خانوادگی و رییس شورای حل اختلاف محل را که برای میانجیگری آمده بود با شلیک هفده گلوله از پا درمی‌آورد.

همه مردند غیر از دو خواهری که املاک را بالا کشیده بودند. آن‌ها نه تنها زنده ماندند، بلکه سهم‌الارث بقیه را هم صاحب شدند.

در اینجا مرتب فیلم‌های من از تلوزیون پخش می‌شود. چه فیلم‌هایی که بازی کرده‌ام مثل توهّم یا سربداران، چه فیلم‌هایی که اسمم در تیتراژ است،

مثل پرواز از اردوگاه. هرکدام بارها از شبکه‌های مختلف. من که خودم تلوزیون ندارم. اما زندانی‌ها هر بار با ذوق و شوق فراوان خودشان را به من می‌رسانند که دکتر دارن فیلم شما رو نشون می‌دن. با خودم می‌گویم: «آخه لامصبا، مثه بچه آدم داشتم زندگیمو می‌کردم و فیلممو می‌ساختم. چون تحمل افکارم و زبون درازمو نداشتین ممنوع کارم کردین و انداختینم این تو، حالا فیلمامو پخش می‌کنین. من که راضی نیستم».

امروز ملاقات حضوری داشتم. غیر از برادر و پسرم، برای اولین بار پدرم هم به ملاقات آمده بود. از پسرم خواستم پدر را به خانه برده و یکی دو روز پذیرایی کند.

بعدها پسرم تعریف کرد که پدربزرگ را به خانه آوردیم. خسته بود، خوابید. برای شام، کابینت‌ها را کاویدیم، ماکارونی بود و پختیم. پدر بزرگ را برای صرف غذا صدا کردیم. آمد و گفت: «ماکارونی؟ من ماکارونی دوست ندارم». وا رفتیم. گفتیم: «چی دوست داری پدربزرگ؟» گفت: «آش».

به پسرم گفتم: «خب می‌رفتی از سر کوچه آش می‌خریدی». گفت: «چهار هزار تومان پول که بخواهیم آش بخریم در جیب نبود. در فکر بودم حالا چه کنم که همسایه بالایی در زد و یک کاسه آش رشته در کاسه چینی گل‌سرخی داد دستم».

همسایه بالایی ما از آن تبریزی‌های اصیل و خونگرمی بودند که طبق رسوم قدیمی‌ها، گه‌گاه از آنچه می‌پختند، سهم همسایه را منظور می‌داشتند. یکی از شانس‌های بزرگ زندگی من همسایه‌ی خوب است، همیشه.

امروز اولین روز پسابرجام است. تحریم‌ها لغو و پول‌های ایران آزاد شد. روابط تجاری با جهان برقرار گردید و اعدام‌ها نیز از سر گرفته شد. امروز دوازده نفر را برای اعدام بردند که دو نفرش از سالن ما بود.

روز از نو روزی از نو

فال حافظ

یکی از مشغولیات من در اینجا سر هم کردن شعرهای سفارشی است. این برای تولد دوست دخترش، آن برای تولد خواهرش، این برای روز اول مدرسه‌ی پسرش، دیگری برای به رحم آوردن دل شاکیانش و ....

یکی دیگر از مراجعات مکرر به من درخواست فال حافظ است. هرچه می‌گویم: «دوستان، من به فال مطلقن عقیده ندارم. وقتی خودم باور ندارم چطوری برای شما فال بگیرم؟». باز ولم نمی‌کنند.

پیرمردی در سالن ما است با موی سر و ریش بلند و سفید که به او آقاجون می‌گوییم. دوازده سال بدون حکم در زندان بلاتکلیف است و انیس شب و روزش حافظ. متقاضیان فال را به او حواله می‌دادم. البته خودش هم کم مراجعه کننده نداشت.

موارد جالبی از فال‌هایش را خودم شاهد بودم. برای کسی فال گرفت، این بیت آمد:

حافظ اندیشه کن از نازکی خاطر یار
برو از درگهش این ناله و فریاد ببر

آن بنده خدا آزاد شد. صاحب فال زیر هم آزاد شد:

فاش می‌گویم و از گفته‌ی خود دلشادم
بنده‌ی عشقم و از هر دو جهان آزادم

ولی صاحب دو فال زیر هر دو اعدام شدند. اولی:

حدیث توبه در این بزمگه مگو حافظ
که ساقیان کمان ابرویت زنند به تیغ

و دیگری:

قتیل عشق تو شد حافظ غریب ولی
به خاک ما گذری کن که خون ماست حلال

یکی قبل از رفتن به دادگاه با عجله آمد و فال خواست و این بیت آمد:

به آن کمر نرسد دست هر گدا حافظ
خزانه‌ای به کف آور ز گنج قارون بیش

رفت و برگشت. پرسیدیم: «چی شد؟». گفت: «شاکی هشت میلیارد خواسته تا رضایت بده».

پیرمردی اینجاست که پانزده سال زندانی است. زنش را به خاطر خیانت کشته و حکم قصاص گرفته است. ولی بچه‌هایش او را بلاتکلیف رها کرده‌اند. نه اعدامش می‌کنند و نه رضایت می‌دهند. در واقع زنده به گورش کرده‌اند. یک شب نشسته بودیم، آمد و گفت : «آقاجون یه فال برا من بگیر». برایش گرفت:

پدر تجربه‌ی دل تویی آخر ز چه رو
طمع مهر و وفا زین پسران می‌داری

تا این بیت را شنید، بنده خدا زد زیر گریه. حالا گریه نکن کی بکن.
تا اینکه خیاط خودش در کوزه افتاد. ماجرا از این قرار بود که پس از دوندگی زیاد وکیل آقاجون و واسطه تراشیدن و صحبت با قاضی که مرد حسابی این پیرمرد دوازده سال است بلاتکلیف در زندان است، تکلیفش را روشن کن، قاضی قول داد او را سندی کند. یعنی تا تعیین تکلیف حکمش، با سند آزاد شود. چون زنش را به دلیل خیانت کشته بود، شاکی‌اش بچه‌هایش بودند و

بعضی رضایت داده و بعضی نداده بودند، طبق قانون اگر بچه‌هایی که رضایت نداده‌اند، درخواست اعدام داشته باشند، باید سهم دیه‌ی آن‌هایی که رضایت داده‌اند را بدهند که نداشتند بدهند. در نتیجه پرونده بلاتکلیف مانده بود، بگذریم که حکم اعدام هم هنوز صادر نشده بود. قاضی دست‌دست می‌کرد شاید بقیه‌ی بچه‌ها هم رضایت بدهند.

خلاصه قاضی او را سندی کرد. گشتند و یک ضامن پیدا شد. روزی که رفتند دادگاه تا سند را تودیع کنند، دمق برگشت. قاضی عوض شده بود و یک قاضی جدید آمده بود و گفته بود پرونده‌ها را من باید خودم مطالعه کنم و یک وقت شش ماهه به او داد و دوباره به زندانش فرستاد.

خیلی ناراحت و پکر بود و ما هم دلداریش می‌دادیم. برای اینکه او را از این حال درآورم، دیوان حافظ را دادم دستش و گفتم: «این همه برا مردم فال می‌گیری، حالا یه فالم برا خودت بگیر». این بیت آمد:

باز مستان دل از آن آهوی مشکین حافظ
زان که دیوانه همان به که بماند در بند

توصیف حال او در آن لحظه که شوکه شده بود امکان‌پذیر نیست.
همان موقع این غزل را فی‌البداهه برایش سرودم:

حافظ و قاضی تبانی کرده‌اند
آنچه می‌دانیم و دانی کرده‌اند
تا نباشیم از وجودش بی‌نصیب
جملگی پادرمیانی کرده‌اند
اهل زندان هم از این مطلب خوشند
تف بر این دنیای فانی کرده‌اند
تا که گفتی ماندنی هستی، همه

پایکوبی، شادمانی کرده‌اند
سور دادند و ولیمه داده‌اند
شاخ در جیب فلانی کرده‌اند
غصه را کشتند و چالش کرده و
بر مزارش روضه‌خوانی کرده‌اند

دفتر دوم اشعار من تحت عنوان «افاضات دست‌نویس آقای هالو چاپ زندان» امروز کامل شد. البته تیراژ آن به تعداد رونویس‌هایی است که اتاق به اتاق توسط زندانی‌ها از این دفتر می‌شود.

شش برادر عرزشی

امروز شش پاسدار را به بند ما آوردند. البته نه به عنوان محافظ، بلکه زندانی. شایع بود کلاهبرداری بزرگی کرده‌اند. بعضی‌ها می‌گفتند مأمور آگاهی هستند و اتهامشان هم زورگیری و خفت‌گیری و تجاوز به عنف بوده است. هرچه بودند و هر که بودند، یکی از آن‌ها مرا شناخت. گفت: «تو اینجا چه غلطی می‌کنی؟». گفتم: «غلط اصلی رو اون کسی کرده که منو فرستاده این تو». در حالی که انگشت شست و نشانه‌اش را به هم می‌مالید (به علامت پول) گفت: «از آمریکا پول می‌گیری؟» گفتم: «نه». گفت: «از انگلیس؟». گفتم: «نه». گفت: «مجانی براشون کار می‌کنی؟ پس از کجا میاری می‌خوری؟». گفتم: «خدا روزی رسونه». گفت: «نذر کرده بودم اگه یه وخ تو رو دیدم یه کشیده بخوابونم تو گوشت». گفتم: «عمرن اگه جیگرشو داشته باشی، لاتای اینجا دل و قلوه‌تو در میارن و خام‌خام می‌خورن».

فرداش دوباره در هواخوری سر بحث را باز کرد. گفت: «بالاخره نگفتی چی

کار کردی که گرفتنت آوردنت این تو». گفتم: «به وجود تو و امثال تو اعتراض کردم». خنده‌ی بلندی سر داد و گفت: «ما رو گرفتی؟ اگه جرمت سیاسی بود که اینجا نبودی، اوین بودی». گفتم: «اولش اوین بودم. بعد دیدن قراره تو رو بیارن اینجا، گفتن بی‌خیال قانون تفکیک جرایم، منو فرستادن اینجا که حالتو بگیرم». گفت: «همه‌تون جیره‌خور آمریکا و انگلیسین». گفتم: «اشکال شماها اینه که فکر می‌کنین هر کی به شماها گیر بده، جیره‌خوره». گفت: «سروش هم از انگلیس پول می‌گیره». گفتم: «تو از کجا می‌دونی؟» گفت: «کیهان نوشته». گفتم: «هر چی کیهان بنویسه وحی منزله؟» گفت: «خودش تکذیب نکرد». گفتم: «حالا اگه تکذیب کنه کیهان تکذیبیه‌شو چاپ می‌کنه؟ شماها که غیر کیهان چیز دیگه‌ای نمی‌خونین اخوی».

خیلی کل‌کل کرد. آخرش گفت: «حقته، هرچی سرت بیاد حقته. کسی که به رهبر معظم توهین کنه بیشتر از اینا باید بکشه». گفتم: «خوش به حال رهبر معظم که سربازایی مثه تو داره».

این جمله‌ی «توهین به رهبری» مرا یاد دادگاه انداخت و لحظه‌ای که قاضی اتهام توهین به رهبری را به من تفهیم کرد. گفتم: «میشه بگین کدوم شعر یا کدوم بیت یا کدوم مصرع شعرای من مصداق توهین به رهبریه؟». گفت: «من چه می‌دونم؟ حتمن بوده که بازجو اعلام کرده و بازپرس هم تو کیفرخواست نوشته». داستانی برایش تعریف کردم و گفتم:

ـ یادم میاد قبل انقلاب تو میدون منیریه یه وُلوُ از عقب زد به یه پیکان. راننده پیکان اومد پایین و شروع کرد به داد و بیداد که آقا حواست کجاست؟ اونم محکم خوابوند زیر گوشش و بلند بلند گفت: «مرتیکه به اعلی‌حضرت توهین می‌کنی؟ حالا بهت می‌فهمونم». مردم جمع شدند و پاسبانی که تو میدون بود خودشو به محل رسوند و گفت: «چی شده؟». راننده ولو گفت: «این خائن به اعلی‌حضرت توهین کرد. این جماعت هم شاهدن». هرچی اون می‌گفت: «بابا من کی اسم اعلی‌حضرت رو بردم؟». راننده ولو می‌خوابوند تو گوشش و می‌گفت: «همه شاهدن». از هیچ کی هم صدا در نمیومد. بالاخره

هم دستبند زدن دستش و بردنش.
قاضی مدتی برّوبر نگاهم کرد و چیزی نوشت. بعدن دیدم در حکم صادره نه تنها توهین به مقام رهبری به عنوان یکی از جرایم من آمده، بلکه توهین به امام خمینی هم به آن اضافه شده است.

امروز پنج نفر را برای اعدام بردند. یکی از آن‌ها پیش من عروض و قافیه کار می‌کرد و یکی دیگر حافظ‌خوانی و سعدی‌خوانی. روحشان شاد.

ناهار مهمان اتاقی در سالن چهار بودم. هر چهار پنج نفری که در اتاق بودند گفتند: «دکتر ما نه تنها همه‌ی شعرای شما رو رونویسی کردیم، بلکه خیلی از اونا رو هم حفظ شدیم از بس خوندیم». گفتم: «بخونین ببینم». هر کس شعری را خواند. پیش خودم گفتم: «به‌به، چشم آقای محقق روشن. بی‌خود نمی‌گفت جای تو توی این بند نیست. بدبخت یه چیزی می‌دونس».

آن پاسدارهای زندانی دو شب بیشتر در بند ما نماندند. نمی‌دانم به بند دیگری منتقل شدند یا آزاد؟ حیف شد. خوراک کل‌کل من بودند. من هنوز نتوانسته‌ام کشف کنم که مغز این‌ها را با چه وایتکسی شستشو می‌هند که این‌طور دگم و خشک‌ذهن بار می‌آیند.

دوستی در یکی از شهرستان‌ها داشتم که آقا پسر شانزده ساله‌شان دستی در شعر داشت. یک سال زنگ زد و گفت: «رضا من عباس رو تو این چند ماه تابستون بفرستم تهرون مثه بچه‌ی خودت زیر پر و بالت بگیر. تو انجمن‌ها ببرش تا سری تو سرا درآره. اینجا تو شهرستان این بچه استعدادش می‌سوزه». گفتم: «بفرست بیاد». چشمتان روز بد نبیند. یک بچه بسیجی جانم فدای رهبر با ته ریش تازه درآمده از راه رسید. خلاصه کنم. نماز که نمی‌خواند. روزه هم که نمی‌گرفت. خیلی زود عرق هم به مزاجش سازگار شد. شب‌ها هم که همه خواب بودیم تلویزیون را روشن می‌کرد و می‌رفت سراغ کانال‌های پورن.

حتا یک شب از بالای پله‌ها شاهد خودارضاییش بودم. آن وقت این موجود فقط کافی بود به جای مقام معظم رهبری بگویی آقای خامنه‌ای. چنان رگ گردنش متورم می‌شد و خون در صورتش می‌دوید که انگار به ناموسش تعرض شده است. جدن معتقد بود رهبر را شخص امام زمان انتخاب کرده و شب‌ها با هم آبدوغ خیار می‌خورند. یک روز پسر بزرگم گفت: «بابا عباس مشکل اخلاقی جدی داره، ردش کن بره. گفتم: «چطو مگه؟». گفت: «مفعوله، این آخر یه گندی بالا میاره». این برادران عرزشی تازه وارد تازه خارج، مرا بدجور یاد عباس انداختند.

امروز یکی از داش‌مشدی‌ها نزد من آمد و گفت: «یه شعر ملس بگو می‌خوام رو بازوم خالکوبی کنم». گفتم: «بنویس: همه چیز از نازکی پاره می‌شود، ظلم از کلفتی». گفت: «ایول، طلا گفتی، طلا».

می‌گویند: حاکمی دستور داد هر کس یک عیب در وجودش هست، یک درهم جریمه شود. روزی محتسبی به مردی رسید که یک چشم نداشت. گفت: «زودباش یک درهم بده». مرد گفت: «چ چ چرا؟» محتسب گفت: «عه! الکن هم که هستی، دو درهم بده». مرد خواست محتسب را پس بزند و به راهش ادامه دهد، محتسب دید چلاق است. گفت: «شد سه درهم، چون چلاقی». با هم گلاویز شدند. مرد کلاهش افتاد. داروغه دید کچل هم هست. گفت: «به به جانمی شد چهار درهم». مرد از دست او فرار کرد. محتسب دید می‌لنگد. داد زد: «از جات تکون نخور که گنجی».

حالا حکایت من است. با بیماری فشارخون و صرع و آرتروز که وارد زندان شدم. اینجا مبتلا به درد مفاصل انگشتان دست و پا و زانو و کتف هم شده‌ام. ناراحتی پوستی هم قوز بالا قوز. اگر ایرج میرزا زنده بود به جای مصرع: «مجنب از جای خود عارف که گنجی»، می‌گفت: «مجنب از جای خود هالو که گنجی».

تمام بدنم زخم است. نمی‌دانم این خارش به خاطر این زخم‌هاست، یا از

بس خاراندم زخم شده است. مَثَل «کس نخارد پشت من جز ناخن انگشت من» هم اینجا کارساز نیست. چون با درد کتف نمی‌توانم دستم را برگردانم و پشتم را بخارانم. به هر جهت دیگران خاریدند و ما خاراندیم. ما بخاریم و دیگران بخارانند.

امروز از سالن پنج، یک زندانی پس از ده سال اسارت آزاد شد. بقیه زندانی‌ها در دو طرف راهرو صف کشیده و او با یکی یکی روبوسی و خداحافظی می‌کرد. یک نفر شکلات روی سر بقیه می‌پاشید یکی هم هی دستور صلوات می‌داد و بقیه صلوات می‌فرستادند.

پرسپولیسی‌ها بلند صلوات
استقلالی‌ها بلند صلوات
بچه‌های شابدولزیم بلند صلوات
بچه‌های شمرون بلند صلوات ...

امروز با یک زندانی آشنا شدم که سه بار فرار از زندان در کارنامه دارد. یک بار از زندان قصر، یک بار از اوین و بار سوم از همین رجایی‌شهر. جالب‌ترین قسمت قضیه نام اوست: علی‌اشرف پروانه (پروانه اسمش نیست، نام خانوادگی اوست) می‌دانید که پروانه به زبان فرانسوی می‌شود پاپیون، فیلمش را دیده‌اید؟

ماجرای فرارش را پرسیدم، به دقت برایم توضیح داد. کروکی کامل زندان و راه‌روهای زیرزمینی را کشید. می‌گفت بعد از فرار من، تمام راه‌روهای زیرزمینی را کور کردند. بعد از آخرین فرارش سه سال طول کشید تا دوباره دستگیر شد. شانزده سال است که در زندان است. می‌گفت با ذکر اسم و مشخصات آمار دارم که ظرف یک سال گذشته سیصد و شصت نفر در زندان رجایی‌شهر بدون اعدام مرده‌اند. یا خودکشی کرده‌اند یا کشته شده‌اند یا مرگ مشکوک داشته‌اند. مثل اصانلو و شاهرخ زمانی که هر دو سیاسی بودند.

قرار شد بعد از ظهرها وقت بگذاریم و از خاطراتش برایم بگوید. می‌گفت: «من اینجا آدم دیده‌ام که برای ده هزارتومن بدهی، با قمه تیکه تیکه‌اش کردن».

تخته نرد در زندان رسمن ممنوع است. ولی بعضی‌ها روی یک تکه چلوار عکس تخته را کشیده و با سی عدد در نوشابه (پانزده تا قرمز و پانزده تا آبی) یک تخته درست کرده‌اند. ساختن تاس هم که کاری ندارد. سالن پنج داخل اتاق یکی از زندانی‌ها تخته بازی می‌کردیم. عده‌ای هم دور ما جمع بودند و نظاره‌گر. در آن هیر و ویر یکی از زندانی‌های امنیتی که افکار چپ داشت، از من پرسید: «تو دلیلت برای وجود خدا چیه؟». بدون اینکه سرم را بلند کنم، همان‌طور که تاس می‌ریختم گفتم: «یک کلام بهت می‌گم "برهان نظم" و دیگه هم هیچی نمی‌گم». شروع کرد با سفسطه برهان نظم را زیر سؤال بردن و نیم ساعت حرف زد. بدون اینکه جوابش را بدهم به بازیم ادامه دادم. وقتی تمام شد، سرم را بلند کردم و گفتم: «منو گول می‌زنی؟ خودتو گول می‌زنی؟ خدا رو گول می‌زنی؟ دور و بریاتو گول می‌زنی؟ کی رو گول می‌زنی؟».

چند روز بعد از این ماجرا یک روز بعد از ظهر که از نوشتن خسته شده بودم، از اتاقم بیرون آمدم تا کمی قدم بزنم و احیانن کسی را پیدا کنم شطرنجی تخته‌ای چیزی بزنم. در سالن ما همه یا در حیاط بودند و یا خواب. رفتم بالا و یکی یکی اتاق‌ها را سرک کشیدم تا رسیدم به اتاق همان جوان ماتریالیست. پرده‌ی اتاقش همیشه کشیده بود. پرده را پس زدم، دیدم در حال نماز است. البته قبله طوری بود که او پشتش به من بود و مرا ندید. پرده را انداختم و رد شدم. با خودم گفتم: یعنی درست دیدم؟ فلانی داشت نماز می‌خواند؟ امکان ندارد. دوباره برگشتم و خوب نگاه کردم. خودش بود. داشت نماز می‌خواند. متحیر رفتم و موضوع را مسکوت گذاشتم تا به وقتش.

همه‌ی زندانی‌ها از حاج کاظم رییس سابق زندان به نیکی یاد می‌کردند. حتا زندانی‌های سیاسی. یکی از آن‌ها تعریف می‌کرد:

زمانی که یک زندانی سیاسی یا امنیتی وارد زندان می‌شد، او را به دفتر خود دعوت می‌کرد. بعد می‌گفت: «آقا، ما شما رو دستگیر نکردیم، ما شما رو محکوم نکردیم. ما فقط اینجا یه گاوصندقیم که شما با یه سرباز و یه نامه می‌آیید و با یه نامه هم می‌رید. ما فقط امانت داریم. من شما رو به بهترین بند می‌فرستم. شما با ما کار نداشته باشین، منم با شما کار ندارم. هر درخواستی هم که داشتین شخصن به نام خودم بنویسین من موافقت می‌کنم».

حتا می‌گفتند حاج کاظم برای توصیه‌نوشتن و گزارش حسن‌رفتار و تخفیف‌گرفتن برای محکومیتشان و عفو مشروط، خیلی همکاری می‌کرد. زندانی‌هایی که نیمی از حبسشان را کشیده بودند شخصن می‌آمد و می‌گفت تقاضای عفو مشروط بنویسید و از طریق اجرای احکام خود زندان اقدام می‌کرد.

امروز بدترین روز زندانی من بود. زنگ زدم خانه تا احوال بچه‌ها را بپرسم. پسرم گفت: «بابا صاب‌خونه گفته هرچه زودتر خونه رو تخلیه کنین». ماتم برد. سرم گیج رفت. هنوز تا پایان قرارداد ما پنج ماه مانده بود. گفتم: نگران نباشین، درستش می‌کنم.

بعد از ممنوع کار شدن و توقیف فیلم و لغو مجوز موسسه‌ی فیلم‌سازیم، مجبور به فروختن خانه‌ی چهارصد متری‌ام در تهرانپارس و اجاره‌نشینی شدم. روزی که برای خواندن پرونده‌ام جهت نوشتن لایحه‌ی دفاعیه به شعبه‌ی بیست و شش رفتم، اولین برگی که در صفحات اولیه نظرم را جلب کرد، گزارش مسئول پرونده برای مجاب کردن قاضی به صدور حکم دستگیری و ریختن به خانه‌ام بود. نوشته بود: «آقای قاضی، از آنجا که عالی‌پیام متواری است و مرتب جا عوض می‌کند، الان که خانه‌ی او را یافته‌ایم دستور فرمایید تا فرار نکرده با ورود به خانه‌اش دستگیرش کنیم». دروغ به این بزرگی؟ به قاضی گفتم: «آقای پیرعباسی، از وقتی ورشکسته‌ام کردی و خونه به دوش شدم، ده

ساله که تو شهران و سه ساله که تو عباس‌آباد ساکنم. من متواری هستم و هر روز خونه عوض می‌کنم؟».

ولی حالا به لطف سربازان خوشنام! امام زمان مجبورم سر سال نشده آواره شوم.

شماره‌ی صاحب‌خانه را از پسرم گرفتم و به او زنگ زدم:

- مشتی، من نگفتم هر سال نمی‌تونم اثاث‌کشی کنم. نگفتم باهام قرارداد پنج ساله ببند. نگفتی نگران نباش، تو اجاره‌ت رو به موقع بده بیست سال بشین؟ ما که هر ماه اولین روز برج اجاره‌تو دادیم. بدحسابی هم نکردیم. تازه هنوز چند ماه از قرارداد یکساله‌مون مونده.

معلوم بود او را برای بیرون انداختن من زیر فشار گذاشته‌اند. این از جمله حرکت‌های ایذایی برادران عرزشی!! برای زیر فشار قرار دادن زندانیان سیاسی است. گفتم: «اقلن صبر کن تا من بیام بیرون یه جایی پیدا کنم». گفت: «شرمندم». گفتم: «برو حکم تخلیه بگیر و اثاث منو بریز بیرون تا ببینن کسایی که این خطو به تو دادن تو فضای مجازی چه به سرشون میارم». فردا پسرم گفت: «صاب‌خونه گفته تا باباتون از زندان بیاد بیرون بشینین، ولی آزاد که شد باید تخلیه کنین».

در سالن چهار، سه تا رفیق بودند که به آن‌ها سه تفنگدار می‌گفتند. همیشه با هم بودند. یکی‌شان اصغر بود و دوتای دیگر مهدی که هر دو هم مداح‌های قابلی بودند. مهدی کوچیکه و مهدی بزرگه. مهدی بزرگه عضو تیم حفاظت از احمدی‌نژاد بود.

یک سناتور زمان شاه که معلوم نیست چطوری از دست خلخالی قسر در رفته بود، با شخصی به نام داوود که در کار عتیقه بود و بسیار خرپول، اختلاف داشت. این سه نفر را اجیر می‌کند تا او را گوشمالی دهند و حسابی از خجالتش درآیند. این‌ها هم به جای آوردن کلاه، سر می‌آورند و طرف را می‌فرستند سینه‌ی قبرستان.

مهدی کوچیکه می‌گفت: «بنا نبود دخلشو بیاریم. ولی چون بعدش مداحی داشتیم و باید زود خودمونو می‌رسوندیم هیئت، عجله‌ای شد و این‌جوری شد دیگه».

لازم به ذکر است که هر سه آزاد شدند. چون اولیای دم اگر می‌خواستند هر سه اعدام شوند، باید دیه‌ی دو نفر دیگر را می‌پرداختند که نداشتند. قربون این قوانین جمهوری اسلامی برم من.

حالا که ماجرای این سه نفر را تعریف کردم، بد نیست ماجرای «رحمت سه‌کلّه» را هم بشنوید:

رحمت سه‌کلّه همه چیزش سه بود. غیر از کله‌ی خربوزه‌ایش، پشتش عدد ۳ خالکوبی کرده بود. برعکس سه تفنگدار که سه نفری یک نفر را کشته بودند، این یک نفری سه تا را کشته بود و سه اعدام در پرونده داشت. روزی سه بار می‌رفت کلاس قرآن و روزی سه بار مسواک می‌زد. دست آخر هم اعدام شد.

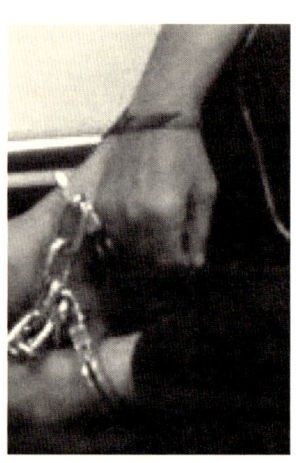

امروز پاسداربند جدید آمده بود. به مچ‌بند من گیر داد. گفت: «کربلا رفتی؟» گفتم: «نه». گفت: «پس این سبز چیه دستت؟» گفتم: «سیدم». گفت: «شنیدم با این مچ‌بند می‌ری مستراح». گفتم: «اون‌موقع جنبش سبزی‌ام». منتظر بودم ادامه دهد چون جوابش را توی آستین داشتم. چیزی نگفت و بربر نگاهم کرد. قدیمی‌ها از پشت سرش به من اشاره می‌کردند: «برو، وانستا، چیزی نگو».

من هم رفتم. وانستادم. چیزی هم نگفتم

مچ‌بند سبزی که هم در اوین دستم بود، هم رجایی‌شهر.

یاد روزی افتادم که در اوین توسط دو بازجوی اطلاعات سپاه بازجویی می‌شدم، درست چند ماه بعد از انتخابات سال هشتاد و هشت. سر شعر «در پسین روزهای فصل بهار ـ برگ‌ها در هجوم پاییزند ـ زردها روی شاخه می‌مانند ـ سبزها روی خاک می‌ریزند»، گیر سه‌پیچ داده بودند و من هم داشتم می‌پیچاندم. آخر یکی از آن‌ها پرسید: «تو انتخابات به کی رأی دادی؟» گفتم: «باید بگم؟» گفت: «نه، می‌تونی نگی». گفتم: «پس سوالی که می‌شه جواب نداد، لطفن نپرس».

در این بازجویی تلویحن از من خواسته شد دست از این شعرها و کارهام بردارم، در عوض نه تنها مجوز دفترم را مجددن می‌دهند و فیلم‌هایم از توقیف درمی‌آید، بلکه سفارش ساخت سریال‌های نان و آبدار هم در پی خواهد داشت. پیشنهاد خیلی صریح نبود ولی به‌راحتی می‌شد منظورشان را فهمید. خصوصن از جمله‌ی: «چرا مثه بقیه آدما زندگی نمی‌کنی؟ تو چیت از فلانی و فلانی کمتره که اون این همه سریالای نود قسمتی می‌سازه و تو با این شعرای صد من یه غاز خودتو خونه‌نشین کردی؟ دس وردار. این همه آدم وامای قرض‌الپس ندهی چند صد میلیونی از فارابی می‌گیرن، تو چرا نگیری؟».

گفتم: «پسرجون، من اگه این کاره بودم تو همون وزارت خارجه مونده بودم و الان هموزن جفتتون دلار داشتم».

بازجویی تمام شد. موقع خروج یکی از آن دو گفت:

ـ عالی‌پیام، باز امشب نبینم بیفتی به خبرپراکنی و با بی‌بی‌سی مصاحبه کنی.

ـ ای بابا، بی‌بی‌سی که از خودمونه!

ـ از خودتونه؟

ـ نخیر، از خودتونه.

ـ از خودمونه؟

ـ بعله که از خودتونه. غریبه که نیست. نشنیدی می‌گن فرق بی‌بی‌سی و

بیست‌وسی تو گوینده‌ی خبرشه. اونا بی‌حجابن و اینا باحجاب.

خواستم از در خارج شوم که سریع برگشتم و گفتم: «راستی راجع به اون سوالتون، من پشیمونم که به احمدی نژاد رأی ندادم». داشت شاخ درمی‌آورد. با تعجب گفت: «جدی می‌گی؟» گفتم: «آره جون تو، اگه یه دفه دیگه کاندیدا بشه حتمن بهش رأی می‌دم». پرسید: «چرا؟». گفتم: «واسه اینکه با انتخاب ایشون ایشالا کار تمومه». رفتم ولی مطمئنم هرگز نفهمید من چه گفتم.

در راه خانه با خود فکر می‌کردم من که خانه‌ای چهارصد متری در تهران‌پارس داشتم، دو دفتر بر میدان ونک داشتم، بیش از بیست نفر حقوق بگیر داشتم، برای خودم تهیه‌کننده‌ی معتبری بودم، الان به خاطر مواضع فکری و سیاسیم یک مستاجر آس و پاسم که با فروش کتاب‌هایم در انجمن‌ها روزگار می‌گذرانم، گناه خانواده‌ی من چیست که باید به پای من بسوزند؟ بچه‌هایم شاید دوست داشته باشند مثل خیلی از هم‌سن و سالان خود از امکانات بهتری برخوردار باشند. من که هرگز نظر آن‌ها را نپرسیده‌ام.

به خانه که رسیدم، بچه‌ها را صدا کردم و پیشنهاد بازجو را با آن‌ها در میان گذاشتم. گفتم از من خواسته‌اند سازش کنم تا مثل گذشته زندگی لردی داشته باشیم. پسرانم گفتند: «بابا، اگه اینکارو بکنی دیگه پدر ما نیستی. ما از این خونه می‌ریم». گفتم: «شاید روزی بیاد که حتا نون خالی برا خوردن نداشته باشیم». گفتند: «ما پا به پات هستیم تا ته خط». خیالم راحت شد. گفتم: «بزنین قدش». با هم دست دادیم و من خدا را شکر کردم که در این راه تنها نیستم.

پاسداربند قدیمی رابطه‌اش با من خیلی خوب بود. می‌گفت: «آقای عالی‌پیام، پسر من عاشق شماست. از وقتی فهمیده من پاسداربند شمام، هر شب که می‌رم خونه احوالتو می‌پرسه. مرتب هم به من سفارش می‌کنه که بابا مبادا به استاد سخت بگیریا. مبادا اذیتش کنیا. من اگه بفهمم استاد هالو از دست تو اذیت شده دیگه پسرت نیستم». بعد می‌گفت: «کلیپای شما رو روی گوشیم

ریخته و می‌گه برو برا بقیه همکارات بذار ببینن ایشون کیه». گفتم: «حالا این کارو کردی یا نه؟» گفت: «اووووَه خدا پدرتو بیامرزه. همه خودشون دارن».

باز یاد روزی افتادم که برای گرفتن نامه از قاضی به دادگاه انقلاب رفته بودم. پسرم ترم آخر دانشگاه بود و پایان‌نامه‌اش در کامپیوتری بود که برادارن پلیس امنیت برده بودند و نمی‌دادند. در دفتر نشسته و منتظر قاضی بودم که یک نفر از راهرو رد شد. ارباب رجوع بود. به محض دیدن من درون اتاق آمد و مرا در آغوش گرفت و به قول علما معانقه کردیم. مدتی روی صندلی پهلوی من نشست و از حالم پرسید. مدیر دفتر در حالی که نشان می‌داد مشغول کار خودش است، زیرچشمی ما را زیر نظر داشت. وقتی او رفت، از من پرسید: «این کی بود؟» گفتم: «نمی‌دونم». گفت: «خیلی صمیمی‌تر از یه غریبه سلام علیک کردین». گفتم: «اون منو شناخت، من اونو نمی‌شناختم». با تمسخر گفت: «فکر کردی خیلی معروفی؟». گفتم: «اخوی، تو خونه بچه‌ی بزرگ داری؟ بزرگ‌تر از سیزده چارده سال؟» گفت: «دارم». گفتم: «امروز عصر که رفتی خونه بهش بگو پرونده‌ی هالو تو شعبه‌ی ماست. بعد ازش بپرس هالو کیه و بخواه کلیپای منو از تو گوشیش یا لب تاپش بهت نشون بده. اگه نداشت بیا به قاضی بگو منو اعدام کنه. نامردم اگه اعتراض کنم».

امروز روزنامه‌ها، تصویب «طرح جرم سیاسی» در مجلس را چاپیده بودند. به عبارت دیگر، به زیور طبع آراسته شده بود. با بچه‌های سیاسی امنیتی آن را می‌خواندیم و از زور عصبانیت غش‌غش می‌خندیدیم:

باید به جرم سیاسی حبس کشیده باشید تا بفهمید چقدر مضحک است:

۱ ـ ممنوعیت حبس انفرادی بیش از پانزده روز.

۲ ـ مجزا بودن محل نگهداری مجرم سیاسی از مجرمان عادی.

۳ ـ رسیدگی به جرایم سیاسی و مطبوعاتی علنی است و با حضور هیأت منصفه و در محاکم دادگستری صورت می‌گیرد.

۴ ـ حق دسترسی به کتب، نشریات و رادیو.

از همه خنده‌دارتر اینکه در این قانون جرم سیاسی تعریف نشده و آمده است: با تصویب این قانون راه برای تعریف جرم سیاسی و تفکیک آن از سایر جرایم هموار شد.

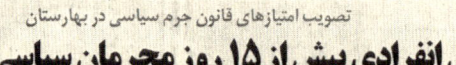

تصویب امتیازهای قانون جرم سیاسی در بهارستان

حبس انفرادی بیش از ۱۵ روز مجرمان سیاسی ممنوع شد

مجلس در بررسی «طرح جرم سیاسی» امتیازهای مشمولان این قانون را تصویب کرد که شامل مواردی مانند ممنوعیت حبس انفرادی بیش از ۱۵ روز، مجزا بودن محل نگهداری در مدت بازداشت و حبس از مجرمان عادی و نیز حق ملاقات و مکاتبه با بستگان ردیف اول در طول مدت حبس است.

به گزارش «ایران»، تصویب «جزئیات» طرح جرم سیاسی دیروز در «بهارستان» تلاشی است برای شفاف‌سازی اصل ۱۶۸ قانون اساسی که از ابتدای انقلاب تاکنون به دلیل نبود قانون اجرایی بلاتکلیف و مغفول مانده است. براساس این اصل قانون اساسی، «رسیدگی به جرایم سیاسی و مطبوعاتی علنی است و با حضور هیأت منصفه در محاکم دادگستری صورت می‌گیرد. نحوه انتخاب، شرایط، اختیارات هیأت منصفه و تعریف جرم سیاسی را قانون براساس موازین اسلامی معین می‌کند.» اگر چه بر اساس این اصل دادگاه مطبوعات با حضور هیأت منصفه برگزار می‌شود اما به دلیل نبود تعریف جرم سیاسی در سال‌های گذشته، جرایم سیاسی از سایر جرم‌ها تفکیک نشده و لذا دادگاه متهمان سیاسی هم بدون حضور هیأت منصفه برگزار می‌شود. محکومان هم از امتیازات قانونی خاص مجرمان سیاسی محروم هستند. نمایندگان در جلسه سه‌شنبه هفته گذشته به کلیات این طرح رأی مثبت داده بودند و روز گذشته هم با تصویب جزئیات آن راه را برای تعریف جرم سیاسی و تفکیک آن از سایر جرایم هموار کردند. حالا همه چشم به جلسه شورای نگهبان دوخته‌اند که آیا این بار طرح جرم سیاسی تبدیل به قانون می‌شود یا نه. این در حالی است که ابوالفضل ابوترابی، عضو کمیسیون حقوقی و از طراحان این طرح، پیش‌تر در یادداشت خود در روزنامه «ایران» پیش‌بینی کرده بود که شورای نگهبان هم این طرح را تأیید خواهد کرد.

بر اساس ماده یک این طرح، هر یک از جرایم مصرح در ماده ۲ این قانون مانند توهین و افترا به رؤسای سه قوه، رئیس مجمع تشخیص، وزرا، رئیس‌جمهوری، معاونان رئیس‌جمهوری، نمایندگان مجلس شورای اسلامی، نمایندگان مجلس خبرگان رهبری و اعضای شورای نگهبان چنانچه با انگیزه اصلاح امور کشور علیه مدیریت و نهادهای سیاسی یا سیاست‌های داخلی یا خارجی کشور ارتکاب یابد بدون آنکه مرتکب قصد ضربه زدن به اصل نظام را داشته باشد جرم سیاسی محسوب می‌شود. نمایندگان مصوب کردند که جرایم زیر در صورت انطباق با شرایط مقرر در ماده یک این قانون جرم سیاسی محسوب می‌شوند:

الف- توهین یا افترا به رؤسای سه قوه، رئیس مجمع تشخیص مصلحت نظام، معاونان رئیس‌جمهوری، وزرا، نمایندگان مجلس شورای اسلامی، نمایندگان مجلس خبرگان و اعضای شورای نگهبان به واسطه مسئولیت آنان.

ب- توهین به رئیس یا نماینده سیاسی کشور خارجی که در قلمرو ایران وارد شده است با رعایت مفاد ماده ۵۱۷ قانون مجازات اسلامی بخش تعزیرات.

ج- جرایم مندرج در بندهای «د» و «هـ» ماده ۱۶ قانون فعالیت احزاب، جمعیت‌ها، انجمن‌های سیاسی و صنفی و انجمن‌های اسلامی یا اقلیت‌های دینی شناخته شده مصوب ۱۳۶۰/۶/۷.

د- جرایم مقرر در قوانین انتخابات خبرگان رهبری، ریاست جمهوری، مجلس شورای اسلامی و شورای اسلامی شهر و روستا به استثنای مجریان و ناظران انتخابات.

هـ- نشر اکاذیب.

مجلسی‌ها در ادامه مصادیق جرایم غیرسیاسی را نیز تعیین کردند. طبق ماده ۳ مباشرت، مشارکت، معاونت و شروع به جرایم زیر جرم سیاسی محسوب نمی‌شود:

الف- جرایم مستوجب حدود، قصاص و دیات.

ب- سوء قصد به مقامات داخلی و خارجی.

ج- آدم‌ربایی، گروگانگیری و سلب غیرقانونی آزادی افراد.

د- بمبگذاری و تهدید به آن، هواپیماربایی و راهزنی دریایی.

هـ- سرقت و غارت اموال، ایجاد حریق و تخریب عمدی.

و- حمل و نگهداری غیرقانونی، قاچاق و خرید و فروش سلاح، مواد مخدر و روانگردان.

ز- رشا و ارتشا، اختلاط، تصرف غیرقانونی در وجوه دولتی، پولشویی و اختلاف انواع ناشی از جرم مزبور.

ح- جاسوسی و افشای اسرار.

ط- تحریک مردم به تجزیه‌طلبی، جنگ و کشتار و درگیری.

ی- اخلال در داده‌ها یا سامانه‌های رایانه‌ای و مخابراتی به کارگرفته شده برای ارائه خدمات ضروری عمومی یا حاکمیتی.

ک- تمامی جرایم علیه عفت و اخلاق عمومی اعم از جرایم ارتکابی به وسیله سامانه‌های رایانه‌ای یا مخابراتی یا حامل‌های داده یا غیر آن.

براساس ماده ۴، نحوه رسیدگی به جرایم سیاسی و مقررات مربوط به هیأت منصفه، مطابق آیین دادرسی دادگاه‌های عمومی و انقلاب در امور کیفری است. به موجب ماده ۵ مصوبه مجلس، تشخیص سیاسی بودن اتهام، با دادسرا یا دادگاهی است که پرونده در آن مطرح است. متهم می‌تواند در هر مرحله از رسیدگی در دادسرا و تا پایان جلسه اول دادرسی در دادگاه نسبت به سیاسی بودن اتهام خود ایراد کند. مرجع رسیدگی کننده طی قراری در این مورد اظهار نظر می‌نماید. شیوه صدور و اعتراض به این قرار تابع مقررات آیین دادرسی دادگاه‌های عمومی و انقلاب در امور کیفری است.

مجلسی‌ها در ماده ۶ هم مصوب کردند که مجرمان سیاسی از چه امتیازاتی می‌توانند بهره‌مند شوند. بر این اساس، موارد زیر نسبت به متهمان و محکومان جرایم سیاسی اعمال می‌شود:

الف- مجزا بودن محل نگهداری در مدت بازداشت و حبس از مجرمان عادی

ب- ممنوعیت از پوشاندن لباس زندان در طول دوران بازداشت و حبس

ج- ممنوعیت اجرای مقررات ناظر به تکرار جرم

د- غیرقابل استرداد بودن مجرمان سیاسی

هـ- ممنوعیت بازداشت و حبس به صورت انفرادی بجز در مواردی که مقام قضایی بیم تبانی بدهد یا آن را برای تکمیل تحقیقات ضروری بداند لکن در هر حال مدت آن نباید بیش از ۱۵ روز باشد.

و- حق ملاقات و مکاتبه با بستگان طبقه اول در طول مدت حبس

ز- حق دسترسی به کتب، نشریات، رادیو و تلویزیون در طول مدت حبس.

شمع تولد در گورستان مرگ

سی‌ام دی، روز تولد پسرم هانی است. از یک ماه قبل تدارک دیدم تا روز تولدش به قول عرب‌ها سورپریزش کنم. اول از همه به ملاقات رییس زندان رفتم و کتبن اجازه‌ی ملاقات حضوری برای او و نامزدش را گرفتم. بعد به سراغ

کسانی که در زندان کار صنایع دستی می‌کردند رفتم و یکی دو مورد کادو سفارش دادم. فکر کردم اگر بتوانم یک کیک داشته باشم کار تکمیل است. در سالن ما یک زندانی منتظر اعدام داشتیم که حرفه‌اش قنادی بود. راجع به او قبلن نوشته‌ام. از او پرسیدم: «می‌تونی یه کیک تو زندان برایم بپزی؟». گفت: «اگه وسایلشو آماده کنی بله». لیست مورد نیاز را از او گرفتم. یک کیلو آرد از نانوایی زندان تهیه شد که پنج عدد کارت تلفن هزینه برداشت. در انبار هم چند گونی شکر بود مخصوص تهیه‌ی شربت برای ایام مولودی و جشن‌های مذهبی. کلیددارش مداح بند بود. از او خواستم مقداری شکر به من بدهد. گفت:

ـ اینا مال امام حسینه. استفاده‌ی شخصیش حرومه.

گفتم: «مگه مال امام حسین نیس؟». گفت: «چرا». گفتم: «منم سیدم و نوه‌ی امام حسین. سهم‌الارث پدر بزرگمو رد کن بیاد تا ازت شکایت نکردم». خلاصه قانع شد و با فرو رفتن دو کارت تلفن در جیبش به عنوان هزینه‌ی دادرسی، شکر مورد نیاز تهیه شد. تهیه‌ی میوه برای تزیین روی کیک و شکلات هم از فروشگاه کار مشکلی نبود. نایاب‌ترین قسمت قضیه وانیل بود. در زندانی که شیشه و شیره و تریاک و قرص روان‌گردان و فلاش مموری سکسی و موبایل و سیم‌کارت و ... به راحتی قابل تهیه است، وانیل که اصلن جای نگرانی نیست. تهیه شد و تحویل قناد گردید. گردو را خودش داشت.

باید فکری برای شمع می‌کردم. به بهداری رفتم و از دکتر خواستم یک شیشه آمپول مصرف شده با کمی پنبه به من بدهد. گفت: «می‌خوای پایپ درست کنی؟» گفتم: «من و پایپ؟». بعد توضیح دادم آن‌ها را برای چه می‌خواهم. گفت: «ممنوعه». هرچه کردم نداد. حتی قول دادم که بعد از تولد به او برگردانم. موافقت نکرد و گفت: «مسئولیت داره». ناامید برگشتم. کیک بدون شمع لطفی نداشت. هم‌اتاقی سابقم گفت: «نگران نباش. شمعش با من». تمام بچه‌های سالن با شور و شوق مرا در این کار کمک می‌کردند. هر کس هر کار از دستش برمی‌آمد می‌کرد. شمع ساخته شد. با فویل، مقداری پنبه

و کمی روغن خوراکی.

سی‌امِ دی دوش گرفتم و لباس عوض کردم و گوش به بلندگو نشستم. حدود ساعت یازده اسمم اعلام شد. بلند شدم و کیک را روی دست گرفتم و از پله‌ها بالا رفتم. زیر هشت به اولین مشکل برخوردم. بازرسی داخلِ کیک برای خروج از بند. نگهبان اجازه‌ی خروج نمی‌داد و می‌گفت باید بازرسی شود. زندانی‌ها دور ما را حلقه کردند و هر کس به نحوی توضیح می‌داد و می‌گفتند: «بابا این بنده خدا یه ماهه داره خودشو برا درست‌کردن این کیک جر می‌ده». حتا نامه‌ی اجازه‌ی رییس زندان برای ملاقات حضوری و توضیح من در آن نامه که ملاقات را برای تولد پسرم در روز سی دی می‌خواهم کارساز نشد. تا اینکه فرو کردن سه پاکت سیگار در جیب مأمور وظیفه‌شناس مشکل را حل کرد. خوان بعدی ورود به سالن ملاقات بود که آنجا هم بازرسی کامل بدنی داشت. آخر به توافق رسیدیم که کیک تحویل آن‌ها شده و موقع بریدن با حضور خودشان بریده شود تا محتویات داخل آن قابل بررسی باشد.

موقعی که وارد سالن ملاقات شدم، خواستم به سالن دست چپ که محل ملاقات حضوری است بپیچم، مأمور مربوطه گفت: «مستقیم لطفن». گفتم: «ملاقات من حضوریه». گفت: «ملاقات غیر حضوری دادن». عصبانیت من در آن لحظه قابل نوشتن نیست. نامه‌ی رییس زندان را نشان دادم. گفتند: «دست ما نیست. از دم در ملاقات غیر حضوری اعلام کردن».

به سراغ پسرم رفتم. از پشت شیشه و با گوشی مخصوص مکالمه گفتم: «مگه دم در نگفتی ملاقات حضوریه؟» گفت: «من هر چی گفتم قبول نکرد. یکی از معاونین زندان اونجا بود، گفت غیرحضوری». برگشتم و از مسئول سالن پرسیدم: «کی الان دم در ورودیه؟» گفتند: «آقای میرزایی معاون فرهنگی». گفتم: «لطفن داخلی ایشون رو بگیرید من صحبت کنم». معمولن چنین درخواستی از جانب زندانی قابل توجه و عملی نیست، ولی عصبانیت و جلز و ولز بیش از حد من غیرعملی را عملی کرد. به میرزایی که معاون فرهنگی زندان است گفتم: «من از آقای مردانی مجوز کتبی ملاقات حضوری

دارم». خیلی خونسرد گفت: «فعلن که آقای مردانی نیست و من اینجام». دفتر مردانی را گرفتم. رییس مرخصی بود. به بند برگشتم و از رییس‌بند درخواست کردم با موبایل مردانی تماس بگیرد و مشکل مرا حل کند. اول که زیر بار نمی‌رفت. وقتی هم مجاب شد و تماس گرفت، گوشی خاموش بود.

و بدین وسیله گند زده شد به یک ماه زحمت و شور و شوق من برای گرفتن یک جشن تولد در زندان. کاری که تا به حال نشده بود و این بار هم نشد. مطمئنم بعدن نیز نخواهد شد. بخشی از کیک را بین مأمورین تقسیم کردم و بقیه را هم دادم بچه‌ها ببرند.

کیک را بچه‌ها بردند و از آن روی داشبرد با بک گراند زندان رجایی‌شهر عکس گرفتند.

فردای آن روز نامه‌ی زیر را با کمال عصبانیت برای رییس زندان نوشتم و فرستادم.

ریاست محترم زندان رجایی‌شهر
جناب آقای مردانی
با سلام باید بگویم:
همان‌طور که می‌دانید دیروز روز تولد پسر من بود. قبلن از شما کتبن اجازه‌ی ملاقات حضوری گرفته بودم. یک ماه تمام در تدارک امروز به سر بردم. با همه‌ی نبود امکانات کیک پختم. شما حتمن می‌دانید پختن کیک در زندان یعنی چه. از دوستانی که در زندان صنایع دستی درست می‌کنند، کادو تهیه کردم. با فویل و روغن مایع و پنبه شمع درست کردم تا دقایقی را کنار هم باشیم. ولی روز ملاقات شما در مرخصی بودید و علی‌رغم دستور کتبی حضرت‌عالی، معاون شما یعنی آقای میرزایی اجازه‌ی ملاقات حضوری ندادند و خواستند بگویند یوزباشی هم زنده است. طبیعی است. ایشان یک عمر فقط ملاقات مرگ و اعدام داده‌اند و نمی‌دانند ملاقات زندگی چیست.
ابتدا می‌خواستم این نامه را به خودش بنویسم، ولی دیدم اولن مجبورم سطح ادبیاتم را تا حد سواد ایشان پایین بیاورم تا متوجه شود چه می‌گویم، در ثانی برای من کسر شأن خواهد بود که با آدم حقیری مثل ایشان طرف شوم و این افتخار برای او بماند که بگوید عالی‌پیام مرا مخاطب خودش قرار داده است. مارادونا می‌گوید: «هر که می‌خواهد معروف شود روی من فول می‌کند».
جناب آقای مردانی
اگر روزی که از شما درخواست ملاقات حضوری با پسرم را

کردم، موافقت نمی‌کردید، نه جای گله بود، نه ناراحتی، نه اعتراض. شما رییس این زندان هستید و اختیار تام دارید. ولی وقتی زیر درخواست من با خط خود می‌نویسید: بلامانع است، من روی آن حساب باز می‌کنم. ولی متاسفانه معاون شما برای شما تره هم خرد نمی‌کند. من شنیده بودم معاونینتان خط شما را نمی‌خوانند، ولی ندیده بودم.

روز اولی که وارد این زندان شدم، از من قول گرفتید حاشیه ایجاد نکنم و حبسم را به آرامی بگذرانم. ده ماه نیز سر قولم بودم. این نامه را به حساب بدعهدی من نگذارید. ولی شما بگویید وقتی کلانتر در شهر نیست و قورباغه هفت تیر می‌کشد، چه باید کرد؟

جناب آقای مردانی

من می‌دانم این نامه به عنوان توهین به معاون زندان برایم گران تمام خواهد شد و باز پرونده‌ای جدید و حکمی جدید و حبسی جدید ... می‌دانم ایشان شکایت خواهد کرد. باکی نیست. ولی دستور فرمایید یک نسخه از دادنامه‌ی مرا از اجرای احکام برای ایشان بفرستند تا ببینند من برای چه در زندان هستم. در آنجا اتهام مرا توهین به مقدسات، توهین به امام خمینی، توهین به رهبری و توهین به مراجع مسلم تقلید نوشته‌اند. پس بداند ایشان خیلی ریزتر از آن است که بخواهد وارد بازی بزرگان شود.

تمنا می‌کنم داستان ضرب المثل «آفتابه‌دار مسجد شاه»[1] و «شاه

---

۱. گویند در خلاخانه‌ی مسجد شاه تهران مردی آفتابه‌دار بود که خودش روی تخت چوبیش می‌نشست و آفتابه‌ها را آب کرده کنار حوض می‌چید. هر آفتابه یک قران. منتها هر کس وقتی آفتابه‌ای را برمی‌داشت تا به مستراح برود، سرش داد می‌زد: «اوهوی، اونو بذار سر جاش، اون یکی رو وردار». روزی کسی از او پرسید: «مگه چه فرقی می‌کنه این آفتابه با اون آفتابه؟». مردک جواب می‌دهد: «زکی، اگه هر کی هر آفتابه‌ای دلش خواست ورداره بره، پس من اینجا چیکاره‌ام؟».

می‌بخشد، شاه‌قلی نمی‌بخشد»[1] را برای ایشان تعریف کنید.
نوشتن این نامه با همه‌ی عواقب و دردسرها و گرفتاری‌هایش لااقل این فایده را دارد تا خشم مرا تخلیه کند که دوباره دچار تشنج مغزی و حمله‌ی قلبی نشوم.
به پسرم هم بگویید از او شرمنده‌ام که با تمام ذوق و شوقی که داشتیم، نتوانستم روز تولدش در کنارش باشم. شاید سال‌های زیادی درآینده کنار هم نباشیم، اما امیدوارم این‌ها درس بزرگی برایش باشد که بداند هر که خربزه می‌خورد، باید جرأت لرزش را هم داشته باشد.
ضمنن از آنجایی که علی‌الظاهر همکاران شما برای امضایتان حرمت قائل نیستند و دستورات جنابعالی ضمانت اجرایی ندارد، از این روز تا آخر حبسم هیچ درخواستی از شما نخواهم داشت.
به جز این‌که دستور فرمایید بعد از آزادیم اتاق مرا به کسی ندهند، به زودی برمی‌گردم. چون پس از آزادی، صحبت‌های زیادی با مردم دارم که آن دیگر خارج از تعهد من و شماست.
والسلام با احترام عالی‌پیام

این نامه را نگذاشتند به دست مردانی برسد. از کجا فهمیدم؟ بعدن خواهم گفت.

بین زندانیان سیاسی امنیتی این بند، دوستی هست به نام علی‌رضا فرهانی.

---

۱. گویند شاعری شعری در مدح پادشاهی خواند و شاه به خزانه‌دار خود که شاه‌قلی نام داشت دستور داد صد سکه به او صله بدهد. شاعر برای دریافت پول هر روز به شاه‌قلی مراجعه می‌کرد و او هر بار به بهانه‌ای او را دست خالی برمی‌گرداند. آخرسر هم آب پاکی را روی دستش ریخت و گفت: «ما اینجا از این پولا نداریم به کسی بدیم». شاعر گفت: «شاه دستور داده». شاه‌قلی هم گفت: «برو از هر کی دستور داده بگیر». شاعر گفت: «عجب درباریه. شاه می‌بخشه، شاه‌قلی نمی‌بخشه».

مدرک مهندسی مکانیک از دانشگاه پلی‌تکنیک دارد و صاحب‌امتیاز انتشارات مهر فرهاد که با دستگیری‌اش مجوز آن باطل شد. قلمش بسیار شیوا ست، نوشته‌هایش واقعن به دل می‌نشیند و داستان‌هایش خواندنی است. ولی نمی‌دانم چرا دلش نمی‌خواهد منتشر شود. حیف از آن همه متن زیبا که لای دفترچه‌اش خاک می‌خورد.

بعد از ماجرایی که پیش آمد، علی‌رضا این دل‌نوشته را به من داد که واقعن پس از آن همه به هم‌ریختگی ذهنی، جمع و جورم کرد:

در دل تاریکی گورستان، یک نفر شمع تولد روشن کرد.

در زندان رجایی‌شهر اگر کمی خوب گوش کنی، مدام صدای فریاد و ناله‌های زندانیان را از ترس مرگ می‌شنوی، در و دیوار این زندان، حیاط، مخصوصن هواخوری‌اش، حتی معدود گل‌های درون باغچه، بوی غسالخانه می‌دهند. این‌ها اغراق و استعاره نیست، دقیقن همان چیزی است که من از این زندان حس می‌کنم. زندانی که زندانیان جملگی محکومان به مرگ هستند و هر هفته ۱۰ - ۱۵ نفر حکم اعدام و قصاصشان اجرا می‌شود.

شبح مرگ در کنار تک و توک کلاغ‌های سیاه که از فراز دیوارها می‌گذرند، کاری می‌کنند که آسمان آبی هم بوی مرگ بدهد، سخت است در چنین گورستانی چیزی را دوست بداری ...

در یک چنین سرزمینی، شاعری هم در بند است، چون شعر گفته است و مدیحه سرایی نکرده.

محمدرضا عالی‌پیام، امّا روحیه‌اش چندان جوان است که وقتی نفسم از این فضای وحشتناک به شماره می‌افتد، دمی کنارش می‌نشینم و از حالش سرحال می‌آیم.

دو پسر جوان دارد که معلوم است نفسش به نفسشان بند است (هرچند که عشق به دخترش هم در چشمانش موج می‌زند) - {نوشتم تا همگان بدانند من و او حواسمان به همه جا هست}[۱]

این پدر محبوس در چنین زندانی، چند روز قبل با ذوق و شوق کودکانه تلاش کرد تا برای جشن تولد پسرش کیک تولد تهیه کند، و تو چه می‌دانی که در زندان رجایی‌شهر که شکم سیر پیدا نمی‌شود، تلاش برای تهیه کیک تولد - هرچند ساده - چقدر سخت است.

این مرد با این کسوت و هیبت صد جا سر زد و ده نفر را مأمور کرد تا کیک تولد پسرش به موقع آماده شود، کیک پرماجرا درست شد.

وقتی می‌گویم کیک، خودم هم خنده‌ام می‌گیرد که به مخلوطی از خاک قند و آردی که از نانوایی زندان به هزار ترفند به دست آورد بگوییم کیک.

اما تمام مزه‌اش در اسمش بود. حال می‌کردیم از این اسم خاطره‌انگیز.

علی‌رغم اجازه‌ی کتبی، امکان ملاقات حضوری میسر نشد و شیرینی روز تولد و آن همه ذوق و شوق پدر را تلخ و مکدر کردند.

وقتی به اتاق من آمد، پکر بود و عصبانی. حالش را گرفته و دلش را شکسته و اوقاتش را تلخ کرده بودند.

هرچند حسابی از خجالت زندان و زندانبان درآمده بود.

دوست داشتم پسرش را می‌دیدم تا بگویم:

این پدر همه کاری برای شادمانیت کرد. قدر مردی را بدان که در یک فضای پر از مرگ و نیستی به رمز میلاد فکر می‌کرد.

---

۱. اینکه می‌گوید: دختر هالو، فکر کنم از مکالمات تلفنی من، لفظ «دخترم» را شنیده باشد. ولی نمی‌دانم منظورش از دختر، عروسم است یا هالوچه‌ها یا یانه‌سری که بعدن او را معرفی خواهم کرد. چون من دختر شناسنامه‌ای ندارم، ولی به همه‌ی آن‌ها می‌گویم: «دخترم»، و همه‌ی آن‌ها هم به من می‌گویند: «بابا».

غصه می‌خورَد. روزگار تلخی را تحمل می‌کند. زهر چنین زندانی را به جان خریده است، اما همیشه به حلاوت و شیرینی رویش و میلاد ایمان دارد.
تولدت مبارک.
علی‌رضا / زندان رجایی‌شهر

امروز بهنام ابراهیم‌زاده را بعد از چند روز انفرادی به بند یک که بند سابقه‌دارها و خلاف سنگین‌ها ست منتقل کردند. این یک تنبیه برای او بود. وسایلش را به همراه مسعود عرب چوبدار به بند یک بردیم. بهنام دولا دولا راه می‌رفت. پرسیدم: «چرا این‌طوری شدی؟». گفت: «اون‌قد کتک خوردم که دیسک کمرم زده بیرون». بعد، از دوران انفرادیش گفت: «نه چای به من می‌دادند نه آب».

بهنام از سیاسی‌هایی بود که برای زندانبان‌ها خیلی دردسر آفرینی می‌کرد. او که از فعالین کودکان کار بود، یک بچه سرطانی داشت و چند ماهی بیشتر تا آزادی‌اش نمانده بود.

در طبقه‌ی بالا دو نفر بودند که موبایل داشتند. بچه‌های سیاسی امنیتی بعضی شب‌ها می‌رفتند در اتاقشان و آمار اعدامی‌ها و سایر خبرهای زندان را می‌فرستادند بیرون. با حضور من در این بند، آنتن هر دو پریده بود. آن‌ها فکر کرده بودند گوشیشان خراب شده. از سگِ بند (مأمورینی که از بیرون برای زندانی موارد ممنوعه وارد می‌کنند) درخواست گوشی نو می‌کنند. سگه هم بعد دو روز خبر می‌آورد که گوشیتان خراب نیست. بلکه به خاطر این شاعره که تو دارالقرآنه، بچه‌های حراست پارازیت رو این بند گذاشته‌اند و تا مرخص نشود، آنتن بی‌آنتن.

این موضوع را بعدها یکی از بچه‌های سیاسی برایم تعریف کرد. گفتم: «اخوی، من معذرت می‌خوام. مثه اینکه حضور من اینجا برای خیلیا حال‌گیری شد. شما از یه طرف، آقای محقق از اون طرف، آقای حسینی از همه طرف. فروشگاه

رو بگو که حسابی ریده شده تو کاسه کوزش. حالام تا چن وخ دیگه ما مرخص می‌شیم و همه چی روز از نو روزی از نو. نه خانی اومده نه خانی رفته»[1].

ملاقات با نماینده‌ی دادستان

امروز نماینده‌ی دادستان برای دیدار با زندانیان سیاسی به زندان آمده بود. بعد از رفتن خدابخشی، جوان دیگری به نام حاجیلو به جایش آمده و این اولین ملاقاتش با سیاسی‌های رجایی‌شهر بود. چند بار پیج کردند: هر کسی تقاضای ملاقات با ایشان دارد، به زیر هشت مراجعه کند. همه‌ی زندانیان سیاسی از بند ما و سایر بندها رفتند، من نرفتم. کسی را فرستادند که به عالی‌پیام بگو آقای حاجی‌لو اومده. گفتم: «خوش اومده. من کاری با ایشان ندارم».

داشتم صبحانه می‌خوردم که بلندگو چند بار نام مرا پیج کرد. اهمیت ندادم. آخر سر وکیل‌بند آمد و گفت: «بابا پاشو برو کارت دارن. چند بار فرستادن دنبالت». ناچار رفتم. گفت: «بنشین». نشستم. اتاق شلوغ بود. رییس زندان هم با دو تا از معاونینش نشسته بود. بچه‌های سیاسی همه نامه به دست در صف ایستاده بودند. حاجی‌لو با یکی از آن‌ها که از بند پنج بود و نامش را نمی‌دانم صحبت می‌کرد. به او گفت: «این شماره‌ی دفتر منه. یکشنبه‌ها و

---

۱. گویند یک روستایی به شهر آمد. موقع بازگشت یک خربوزه برای زن حامله‌اش سوغاتی خرید. نیم راه را آمده بود که تشنه‌اش شد. وسوسه شد که خربوزه را بخورد. با خود گفت نصف آن را می‌خورم و بقیه‌اش را می‌برم. نصف خربوزه را خورد. بعد با خود گفت خیلی بد است که خربوزه‌ی نصفه ببرم. این نیمه را کنار جاده می‌گذارم تا هر کس از اینجا رد شود، فکر کند یک خان از اینجا گذشته. خواست حرکت کند، دید نصفه خربوزه خیلی وسوسه‌کننده است. گفت آن را هم می‌خورم هر کس رد شد بگوید خان نوکری همراه داشته و بقیه‌ی خربوزه را خورده است. خورد و خواست حرکت کند، دید تخمه خربوزه‌ها چشمک می‌زند. آن را هم خورد و گفت بگذار هر کس رد شد بگوید خان سوار اسب بوده و اسبش تخمه‌ها را خورده است. باز خواست حرکت کند چشمش به پوست خربوزه‌ها افتاد. آن را هم خورد و گفت: اصلن نه خانی آمده نه خانی رفته.

سه‌شنبه‌ها می‌تونین تلفن بزنین و مشکلاتتون رو مطرح کنین». وسط حرفش دویدم و رو به زندانی گفتم: «اخوی بی‌خود زحمت نکش. این تلفن هیچ‌وقت جوابگو نیست». حاجی‌لو گفت: «یعنی چی جوابگو نیست». گفتم: «یعنی کسی گوشی رو ورنمی‌داره». گفت: «مگه می‌شه؟». گفتم: «کردیم، شده. امروز چند شنبه است؟». گفت: «سه‌شنبه». گفتم: «زنگ بزن». موبایلش را درآورد زنگ بزند، گفتم: «نشد، با تلفن ثابت زندان زنگ بزن».

با تلفن زنگ زدیم. تلفن روی آیفون بود. هرچه زنگ خورد کسی برنداشت. همه خندیدند. بنده خدا بدجوری گیر کرده بود. آن هم جلوی رییس و دو تا از معاونین زندان. گفت: «باید حتمن به این موضوع رسیدگی کنم».

بعد به من گفت: «عالی‌پیام کاری نداری؟». گفتم: «مومن، من دو ماه دیگه آزاد می‌شم، چه درخواستی می‌تونم از شما داشته باشم؟ اون موقع که من کوه مشکلات بودم شما کجا بودی؟ مرخصی خواستم، گفتن نع. مادر زنم مرد مرخصی خواستم، گفتن نع. مریض شدم مرخصی خواستم، گفتن نع. عفو اومد شامل منم می‌شد، گفتن نع. گفتم طبق قانون تفکیک جرایم منو از پیش قاتلا و متجاوزا ببرین با سیاسیا هم بند کنین، گفتن نع. گفتم می‌خوام کتابخونه برم، گفتن نع. گفتم باشگاه، گفتن نع. حالا که دارم آزاد می‌شم و رسیده به دمبش اومدی می‌گی کاری نداری؟». گفت: «می‌خوای این دو ماه باقی‌مونده رو برات مرخصی متصل به آزادی بزنم و همین الان بری خونه؟». گفتم: «نع». بعد اضافه کردم: «مبادا سر خود برای من مرخصی رد کنین. من دلم می‌خواد سر تاریخ پرینتم آزاد بشم. حتی یه روز مرخصی هم نمی‌خوام. به قول زندانیای اینجا می‌خوام تا تهش رو لیس بزنم».

گفت: «تو زندان مشکلی نداری من بگم برات حل کنن؟». گفتم: «مشکلی هم داشته باشم این آقای مردانی که اینجا نشسته برام حل می‌کنه». لبخند رضایتی بر صورت رییس زندان نشست. ادامه دادم: «البته اگه معاونینش بذارن». لبخند از صورتش پرید و گفت: «یعنی چی؟ من چه دستوری دادم که اجرا نشده». گفتم: «شما کتبن روز تولد پسرم ننوشتی ملاقات حضوری؟

همین آقای گنده گواری که اینجا نشستن (به معاون فرهنگی اشاره کردم) اجازه ندادن و گفتن آقای مردانی گفته که گفته، برا خودش گفته، من اجازه نمی‌دم و نداد».

جاتون خالی نمی‌دونین چه آشی پختم. میرزایی به طرف من خم شد و در حالی که لب‌هاش کبود شده بود گفت: «من اینو گفتم؟». گفتم: «بله تو اینو گفتی. مرد باش بگو که گفتم. حاشا نکن. مأمورای سالن ملاقات شاهدن. آقای مهدوی‌فر هم شاهده».

اینجا بود که فهمیدم نامه‌ی من به رییس زندان در مورد این ماجرا به دستش نرسیده است. چون به‌کلی خالی‌الذهن بود. آش را شورتر کردم و گفتم: «من نامه‌ی مفصلی در این رابطه به شما نوشتم که فکر کنم همین بزرگوار نذاشته به دستتون برسه». نگاه چپ‌چپ و خشم‌آلود مردانی به معاونش آب خنکی بود که بر دلم ریخته شد و انتقام روز تولد را گرفتم. زنده‌باد خودم. زدی ضربتی ضربتی نوش کن. یک یک مساوی. هیچش به هیچش.

نماینده‌ی دادستان پرید وسط و بحث را عوض کرد و گفت: «خب ... پس درخواستی نداری؟». گفتم: «چرا، اجازه بدین یه داستان تعریف کنم»، بعد ادامه دادم:

- مردی داشت قاچاقی از مرز رد می‌شد. گرفتنش و وسایل و جیباش رو خوب گشتن تا ببینن چه مقدار ارز همراه داره. دیدن هیچ ارزی همراه نداره. گفتن: تو با چه ارزی می‌خواستی از مملکت خارج شی؟ گفت: با عرض معذرت. گفتن: یعنی واقعن هیچ ارزی نداری؟ گفت: من عرضی ندارم، شما فرمایشی ندارین؟ حالا من هم عرضی ندارم، شما فرمایشی ندارین؟

بعد عذر خواستم و گفتم: «آقای حاجی‌لو، اینجا جمعیت زیاده و همه هم مشکل دارن. هر چی من اینجا بمونم وقت بقیه رو می‌گیرم». بلند شدم و گفتم: «با اجازه، می‌تونم برم؟». با تحکم گفت: «نه، بشین».

بعد ادامه داد: «حتمن باید یه درخواستی داشته باشی». فکر کردم بنده خدا

بدجوری پیش روسای زندان و سایر زندانی‌ها کم آورده بود. شاید زیاده‌روی کرده بودم. شاید هم می‌خواست تفاوت عملکردش با خدابخشی را به نمایش بگذارد.

به فکر فرو رفتم که چه بخواهم. بگویید کتانی‌هایم را به من بدهند؟ نه، استفاده از کتابخانه؟ نه، این چه کاری‌ست. من که دسترسی قاچاقی به کتابخانه دارم. تلوزیون؟ نه ...

خودش به کمکم آمد: «ملاقات شرعی نمی‌خوای؟». گفتم: «زنم کجا بود؟». یکی از زندانی‌ها مزه‌پرونی کرد و گفت: «زنش بدین». قیافه‌ی درهم حاجی‌لو بهش فهماند که حرف زشتی زده است. باز ذهن من چرخید که تو این یکی دو ماه باقی مانده چه بخواهم. معلوم بود با یک باج‌دهی می‌خواهند از دلم درآورند.

یک ملاقات غیرقانونی

ناگهان جرقه‌ای در ذهنم زد. گفتم: «یه ملاقات حضوری می‌خوام». خودکار را روی کاغذ گذاشت و گفت: «اسمش؟»، گفتم: «هیچ نسبتی با من نداره ها»، دوباره گفت: «اسمش؟»، گفتم: «خانومه ها!». خودکار را تق‌تق روی کاغذ کوبید و این بار محکم‌تر پرسید: «اسمش؟». گفتم: «خانم یانه‌سری». دستورش را به مردانی داد و به من گفت: «حالا بفرمایید». ما هم فرمودیم، یعنی از در خارج شدیم و برگشتیم بند و یک راست تلفن‌خانه. این دفعه این من بودم که کم آوردم. به حساب خودم گفتم یک درخواست نشدنی بکنم که نتواند اجابت کند ولی شد. خب چه بهتر. قانون زندان را جلوی مردانی و همه‌ی اعوان و انصارش شکسته بودم.

ملاقات چه حضوری و چه غیر حضوری به جز وکلا، فقط برای خانواده‌ی درجه اول زندانی ممکن است. همسر، فرزندان، پدر مادر، خواهر و برادر.

- ببین چی می‌گم. بلیط می‌گیری و با بابا میای تهران. دوشنبه باید کرج باشی. هشت صبح جلو زندان باش. اسمت داده شده .... شوخی ندارم که .... به خدا جدی می‌گم ... حالا میای می‌بینی .... آره معجزه است ... اگه قطار گیرتون نیومد با ماشین بیاین ...

یانه‌سری قبل از تشکیل و رسمیت گروه هالوچه‌ها، اولین بود و اولین کسی که به من گفت: «بابا». من به او دختر بزرگه می‌گویم. او بیش و پیش از سایر دوستان و آشنایان هالو به خاطر ارتباط و آشنایی و همکاری با من از لطف سربازان بی‌نام امام زمان بهره‌مند شده بود. هنوز که هنوز است، وقتی یاد نحوه‌ی بازداشت او - که پدرش برایم تعریف کرد - می‌افتم، لبریز از خشم می‌شوم. حتا حساب بانکی‌اش را بستند و چندرغاز پس‌اندازش مصادره شد.

این هفته در برنامه نوبت ملاقات کابینی مردانه است. با آن سابقه مطمئن نبودم بشود اما واقعن شد، دختربزرگه با مُهر ملاقات حضوری کف دستش آمد. نمی‌دانم دم حاجی‌لو گرم یا دم خودم؟

نشستیم، اما مبهوت حضورش در آن فضا و چهره‌ی خسته و شکسته و سبیل از بناگوش دررفته‌ی هالو بود. گفتم: «بهم میاد؟». اشک در چشمانش حلقه زده و بغض راه گلویش را بسته بود. این را از کله‌ای که تکان داد و لبخندی که زد فهمیدم. برای اینکه فضا را بشکنم، هدیه‌ای که از صنایع دستی زندانی‌ها تهیه کرده بودم، به او دادم و ضمن توضیح اینکه این‌ها را از هسته‌ی خرما می‌سازند و رویش حکاکی می‌کنند و ال و بل، کیک و ساندیسی را که از فروشگاه خریده بودم آماده‌ی خوردن کردم و گفتم: «بخور گلوت تازه شه، ولی حضرت عباسی بعد خوردن این کیک و ساندیس، رفتی بیرون شعار مرگ بر آمریکا ندیا!».

خندید و جو عوض شد. مأمورها هم که بعد از درگیری دفعه‌ی پیش و ملاقات غیرعادی امروز (ملاقات خارج از عرف با یک خانم غیر هم‌خانواده آن

هم روز ملاقات مردانه) فهمیده بودند سمبه پر زور است، حال‌بخشی کردند و راه به براه چای در لیوان یک‌بار مصرف می‌آوردند.

پیک هر ملاقات یک ساعت است که قبل از اتمام وقت، اخطار می‌دهند و شمارش معکوس آغاز می‌شود.

موقع بیرون کردن اولین گروه ملاقات کننده، ما هم جمع کردیم که محترمانه تا عذرمان را نخواسته‌اند، برویم، گفتند: «شما اگر بخواین می‌تونین باشین». به همین ترتیب مرتب سالن پر و خالی می‌شد، گروه دوم و سوم و ... هم آمدند و رفتند، حتی در سالن بسته شد و نیم ساعت بعد از وقت رسمی ملاقات نشسته بودیم و متوجه گذر زمان نبودیم، چون گفتنی و شنیدنی کم نبود، هرچند تماس تلفنی از زندان برقرار بود، اما حضوری چیز دیگری است. از اینکه کاری به کارمان ندارند راضی بودم، غافل از اینکه بیرون زندان انتظار چه بلایی دارد سر پدر یانه‌سری می‌آورد.

بعدها خودش برایم تعریف کرد: «دل تو دلم نبود. نگران جلوی در ورودی هر چی قدم می‌زدم زمان نمی‌گذشت. اولین گروه که بیرون اومدن و دخترم نیومد نمی‌دونی چقد حالم بد شد. گروه دوم هم رفتن و برگشتن و باز نیومد. ظهر شد و خبری نشد. به خودم گفتم: دیدی دستی دستی دخترمو آوردم و تحویلش دادم! خدا می‌دونه الان داره چه به سرش میاد. در زندون رو هم بستن و اون نیومد. دنیا جلوم تیره و تار شد. نمی‌دونستم باید چیکار کنم. آقای

عالی‌پیام نمی‌دونی تا زمانی که بالاخره در باز شد و شاد و شنگول اومد بیرون چند بار مُردم و زنده شدم».

یکی از کارهای مفیدی که در این زندان دارم، نشستن پای خاطرات زندانی‌های قدیمی است. یکی از آن‌ها از خاطراتش در سال‌های دهه‌ی شصت می‌گفت: «این زندان اسمش زندان سی و پنج سپاه بود. اینجا هفتصد تا زندانی مجاهد خلق داشتیم. یه روز اونا رو برای نمایش فیلم بردن سالن نمایش. اون‌جا بهشون ساندویچ و دوغ دادن. ولی دوغا مسموم بود و هر هفتصد نفر درجا مردن. جنازه‌های اونا رو از سالن نمایش خارج کردن و تو محوطه به صورت دسته جمعی چال کردن. بعد از اون، زندان رو از سپاه گرفتن و دادن به نیروی انتظامی و اسمشو گذاشتن رجایی‌شهر».[1]

یکی دیگر، از ماجرای فروش کلیه‌ی اعدامی‌ها می‌گفت.

جریان خانه‌ی سبز را همه‌ی قدیمی‌ها یادشان هست. خانه‌ی سبز تشکیلاتی بود که توسط دادستان وقت کرج، رییس نیروی انتظامی و رییس زندان اداره می‌شد. دخترهای زندانی بی‌کس و کار را از زندان خارج و در باغی در کرج نگهداری می‌کردند. زیباترین آن‌ها را دستچین کرده به عرب‌های امارات می‌فروختند و بقیه نیز به از ما بهتران داخلی سرویس اجباری می‌دادند.

خلخالی در رجایی‌شهر

یکی از قدیمی‌ها از دوران خلخالی چیزهای عجیبی می‌گفت، تعریف می‌کرد: وقتی خلخالی وارد زندان می‌شد، خوف و وحشت همه را فرا می‌گرفت. یک بار یک

---

۱. دوستان سیاسی که در آن سال‌ها در این زندان بودند اظهار داشتند این مطلب واقعیت ندارد. نام این زندان هم قبل از رجایی‌شهر، گوهردشت بود.

پیرمرد به مجرد این‌که شنید خلخالی وارد زندان شده، سکته کرد و درجا مرد.

خلخالی بصورت رندوم انتخاب می‌کرد و برای اعدام می‌بردند. روزی یک زندانی که دوره‌ی محکومیتش تمام شده بود و روز آزادیش بود، دوش گرفت و لباس پوشید و آماده‌ی رفتن شد. خلخالی از راه رسید و او را جزء اعدامی‌ها انتخاب کرد.

روزی دستور داد یک زندانی را در حیاط به میله‌ی پرچم ببندند، زمستان سختی بود و برف می‌بارید. موقع رفتن یادش رفت بگوید او را باز کنند. هیچ کس هم جرات نداشت بدون دستور و اجازه‌ی خلخالی او را باز کند. شب در حیاط ماند و صبح جنازه‌ی منجمد شده‌اش را از میله باز کردند.

این موضوع انتخاب رندوم برای اعدام را من یکی دو سال پیش از یکی از محافظین او هم شنیده بودم. می‌گفت بعد از سال‌ها به دیدن خلخالی رفتم. بدنش کرم گذاشته بود و بوی تعفن شدیدی می‌داد. به نقل از خانواده‌اش می‌گفت هر پرستاری حتی با حقوق بالا برای او می‌آوریم، دو روز دوام نمی‌آورد و می‌رود.

می‌گفت آخر عمری انگشت اشاره‌اش را مرتب بالا و پایین می‌آورد. خانواده‌اش می‌گفتند نمی‌دانیم منظورش چیست و به چه چیزی اشاره می‌کند. حرف هم که نمی‌تواند بزند. به خانواده‌اش گفتم: من می‌دانم موضوع چیست. او هر وقت وارد زندان می‌شد، زندانی‌ها را به صف می‌کردند و او با انگشت سبابه اشاره می‌کرد و می‌گفت: اعدام، آزاد، اعدام، آزاد ... و یکی درمیان با دست نشان می‌داد و حکم اعدام یا آزاد صادر می‌کرد. این کاری که الان می‌کند دقیقن همان حالتی است که سال‌ها در زندان از او دیده‌ام.

باز همان پاسدار تعریف می‌کرد یک بار که زندانی‌ها را به صف کرده بودند، خلخالی از جلوی آن‌ها رد شد و یکی یکی اعدام – آزاد گفت. نفر آخری قرعه‌ی آزاد به نامش افتاد. از خوشحالی قهقهه زد و خندید و بالا پرید و گفت: «جانمی جان». خلخالی گفت: «هه هه هه؟ جانمی جان؟ اصلن از این طرف صف تعیین می‌کنیم. اعدام، آزاد، اعدام، آزاد ...». در نتیجه نه تنها او اعدام شد،

بلکه حکم همه برعکس شد. آزادها اعدام و اعدامی‌ها آزاد شدند.[۱]

باز تعریف می‌کرد: روزی همسر یکی از زندانی‌های محکوم به اعدام به ملاقات خلخالی آمد و با چه سوز و گدازی وضعیت بد زندگیشان را تعریف کرد و گریه و شیون که شوهرش بی‌گناه است و زارزار می‌گریست. خلخالی هم دستمالی درآورده بود و همراه زن، های‌های بنای گریه را گذاشته بود. زن که امیدوار به آزادی شوهرش شده بود سخنش را قطع کرد، ولی خلخالی تا ده دقیقه بعد هنوز گریه می‌کرد. بعد دستور داد تا دلش به رحم نیامده شوهرش را سریع اعدام کنند.

یک زندانی که کرمانی بود گفت: «اولای انقلاب تو زندان کرمان زندانی بودم. گاهگاهی خلخالی اونجا میومد و اعدامیا با نظارت اون اعدام می‌شدن و می‌رفت. یه بار که خبر رسید خلخالی اومده، یه زندانی که جوونکی بیست و دو سه ساله بود و جرمش سرقت بود و چیزی به آزادیش نمونده بود، اول بند وایساد و داد زد: مسافرای خلخالی بیان بیرون. خلخالی که صداشو شنید، گفت: این کیه؟ اینم بیارین بیرون. آوردنش و با بقیه‌ی اعدامیا اونم اعدام کرد».

---

۱. فضلی‌نژاد در مصاحبه‌ای که سال ۸۱ با خلخالی داشته به او اصرار می‌کند که برای ثبت در تاریخ هم که شده برخی از خطاهایش را بگوید.

خلخالی پاسخ می‌دهد: «تاریخ باید نماد دلاوری‌های انقلابیون باشد. حالا خطاهایشان را که نباید بزرگ کرد. مثلن اینکه پاسداران یک برادر دوقلو را به جای دیگری آورده‌اند و من اعدامش کرده‌ام، اینکه نکته‌ی مهمی نیست. یا مثلن یک گروه بودند که آخر سال ۵۹ فکر می‌کنم دستگیر کردند که اساسن اسلامی بودند، اما خب به ما گفتند که این‌ها مارکسیست هستند و من بدون فوت وقت از دم تیغ گذراندمشان. بعد هم اعلام کردیم اینان در صف شهدای انقلاب هستند و حقیقتن هم دروغ نگفتیم».

فضلی‌نژاد به خلخالی می‌گوید: «یکی برای من تعریف می‌کرد که شما روزی بنا داشتید بیست نفر را با هم محاکمه کنید. جلوی صف آن‌ها رفتید و گفتید یکی در میان از سمت راست، اولی اعدام شود و دومی حبس ابد برود. نفر آخر که حبس ابد گرفته بود، به امید این‌که شاید روزی آزاد شود، گویا خنده‌ای بر لبانش نقش بست و شما تا خنده‌ی او را دیدید گفتید: حال که این‌طور شد از آخر صف، یکی در میان، اولی اعدام شود و بعدی به حبس ابد رود ...».

خلخالی می‌گوید: «آن خنده شیطانی بود. دقیقن آن صحنه را به یاد دارم ... الان شما می‌آیید از دلیل و اثبات دلیل حرف می‌زنید. آن موقع این چیزها نبود اصلن. می‌گفتند فلانی ضد انقلاب است ما هم اعدامش می‌کردیم. آن دسته هم که گفتی همه‌شان محارب بودند. حبس ابد هم با اعدام که زیاد فرقی نمی‌کرد».
(هفته‌نامه پروین، شماره صفر، ۱۳۸۱: حاکم شرعی که رد صلاحیت شد/ خلخالی در مسیر انزوا)

چهارشنبه‌ی خاکستری

در چهارشنبه بیست و هشت بهمن نود و چهار، هجوم گارد به شیوه‌ی جدیدی بود. وحشیانه‌تر از همیشه داخل سالن‌ها ریختند و همه را به حیاط راندند و درها را قفل کردند. روز بعد نامه‌ای به رییس حفاظت اطلاعات زندان نوشتم و او را به چالش کشیدم. فکر می‌کنم لازم نباشد ماجرای آن روز را که من چهارشنبه‌ی خاکستری نامیدم شرح دهم. چون با خواندن این نامه همه چیز دستگیرتان خواهد شد.

جناب آقای مردی
ریاست محترم حفاظت اطلاعات زندان رجایی‌شهر
ماجرای دیروز چهارشنبه (بیست وهشت بهمن نود وچهار) را امروز پنج‌شنبه درحالی می‌نویسم که خشم و ناراحتی و گرسنگی و تشنگی من برطرف شده و کاملن سیر از خواب و خوراک هستم. چون اگر دیروز می‌نوشتم ممکن بود از دایره‌ی ادب خارج شوم.
جناب آقای مردی
آنچه دیروز در اندرزگاه دو اتفاق افتاد، بی‌شباهت به حمله‌ی صدامیان به خرمشهر یا اشرف افغان به اصفهان یا حمله‌ی آقا محمدخان قاجار به کرمان یا حمله‌ی چنگیز به نیشابور نبود. مأمورین شما و گارد، ریختند و شکستند و بردند. با این تفاوت که کسی را نکشتند. لطفن کسی را معرفی بفرمایید تا به سوالات من جواب بدهد:
سؤال اول: چرا قفسه بندی‌هایی که زندانی‌ها در اتاق با سرامیک و گچ برای قرار دادن وسایلشان روی آن ساخته بودند را

شکستید؟ وقتی در یک سلول یک نفره دو یا سه نفر آدم زندگی می‌کنند که حتا تخت خواب وجود ندارد، وسایلشان را کجا باید قرار دهند؟

سؤال دوم: چرا مأمورین شما با پوتین وارد سالن‌ها و اتاق‌هایی شدند که بسیاری از زندانی‌ها در آن نماز می‌خوانند. اصلن بر فرض نماز هم نمی‌خوانند، زندگی که می‌کنند. چرا رختخواب‌ها و لباس‌های ما لگدکوب پوتین سربازان شما شده است؟ چه قانونی اجازه می‌دهد حریم شخصی یک زندانی را این گونه لگدمال کنید.

سؤال سوم: شما زندانی‌ها را پنج شش ساعت گرسنه و تشنه در حیاطی نگه داشتید که نه صندلی دارد نه جای نشستن. حتی اجازه‌ی دستشویی ندادید و فکر نکردید بین این همه زندانی، افراد مسن بالای شصت سال، افراد بیمار، افراد سکته‌ای، مصروع و ... هستند و در پایان آن‌ها را به خط کرده و بازرسی بدنی کردید. بازرسی بی‌شرمانه‌ای که بیشتر از ماتحت و مابعد افراد صورت گرفت، آن هم جلوی چشم همه. انگار که قصد اصلی تحقیر و توهین به آن‌هاست. چون هیچ مأموری نه تنها کیسه‌هایی را که در دست آن‌ها قرار داشت را نگشت، که حتا نگاه هم نکرد. کیسه‌هایی که از ترس سرقت مأموران شما، عده‌ای موفق شدند اشیاء گران‌بهایشان را در آن گذاشته با خود به حیاط ببرند.

سؤال چهارم: در مقابل اعتراض من، یکی از مأمورین شما گفت: «مثه اینکه یادتون رفته اینجا زندونه». آقای مردی، در این زندان کسانی هستند که هنوز حکمشان صادر نشده، یعنی متهم هستند نه مجرم. در این زندان استاد دانشگاه هست، پزشک هست، مهندس هست، نویسنده هست. اصلن هیچ چیز نیست، آدم که هست. بسیاری از زندانیان این بند قاتل بالفطره نیستند،

بلکه در اثر یک شوخی، یک تصادف، یک حادثه‌ی ناخواسته مرتکب قتل شده‌اند. چرا توهین؟ چرا تحقیر؟ سلب آسایش و آرامش چرا؟

سؤال پنجم: مأمورین شما دنبال چه چیزی می‌گشتند؟ مواد مخدر؟ موبایل؟ فلش؟ هیچ‌کدام از این‌ها که پیدا نشد. آیا هزینه‌ی عدم موفقیت مأمورین شما در کنترل مبدأ ورودی زندان را زندانی در داخل زندان باید بدهد؟ آقای مردی، با یک حساب سرانگشتی روزی سه کیلو مواد در این زندان مصرف می‌شود. آیا این حجم مواد در جاساز انباری بدن زندانی وارد می‌شود یا توسط مأمورین زندان وارد و توزیع می‌گردد؟

سوال ششم: آقای مردی، مطمئنم ندیدید قیافه‌ی آن زندانی مفلوکی را که با عروسک‌بافی خرج خودش و زن و بچه‌اش را درمی‌آورد وقتی لیوانش را شکستند. لیوان دو هزار تومانی که در زندان چهل پنجاه هزار تومان خرید و فروش می‌شود، یا کسی که قاشقش را بردند، قاشق هزار تومانی که در زندان چهل و پنج هزار تومان قیمت دارد. یا آن خدماتی بدبخت که با شستن توالت خرجش را درمی‌آورد و کارت تلفنش را بردند. یا آن که در یخچالش را شکستند، یا آنکه پورت تلویزیونش را خرد کردند. حتی به میوه و داروی زندانی‌ها رحم نکردند. می‌پرسم چرا ترشی‌هایی را که فروشگاه زندان خودتان به ما می‌فروشد بردند. چرا دبه‌های شوری‌هایی که زندانی‌ها خودشان درست کرده‌اند با خود بردند؟ این‌ها قرار است سفره‌ی چه کسی را رنگین کند؟ در جواب اعتراض من به مأمور شما که چرا شوری را می‌برید، گفت: با آن عرق درست می‌کنید. واقعن که تخصص مأمورین شما در این زمینه قابل تقدیر است.

سؤال هفتم: چرا پرده‌ها را پاره کردید؟ مگر پرده جرم است؟ اگر

جرم است چرا می‌فروشند و خیاط زندان می‌دوزد؟ چه کسی گفته و کجا نوشته زندانی نباید اتاقش پرده داشته باشد، آن هم پرده‌ای که بین دویست تا سیصد هزار تومان در زندان هزینه برمی‌دارد.
سؤال هشتم: آقای مردی، اسم این بند را دارالقرآن گذاشته‌اید. زندانیان مجبور به حفظ و قرائت قرآن هستند. این کار شما جز فحش و ناسزای علنی زندانیان به شما و ناموستان و فرمانده‌تان و بالاترین مقامات مملکتی، حتی خدا و پیغمبر و ائمه، خروجی دیگری نداشت. در چهارشنبه‌ی خاکستری هیچ کس نماز نخواند، حتی اذان هم پخش نشد. زندانی‌ای را دیدم که قرآن را پاره کرد. بسیاری از پوسترهای مزین به نام ائمه از جمله فاطمه زهرا و امام حسین و زیارت عاشورا را از دیوارها کندند و در سطل زباله انداختند که من چندتایش را محض نمونه و مدرک برداشتم و نگاه داشته‌ام تا اگر خواستید نشانتان دهم. حالا حضرت عباسی به من بگویید من ضد انقلاب هستم یا شما؟
روزی که چهارشنبه‌ی خاکستری را رقم زدید، نُه روز تا انتخابات فاصله داشت. فکر می‌کنید این زندانی‌ها رأی خواهند داد؟ خانواده‌ی آن‌ها پای صندوق‌های رأی خواهند رفت؟ اصلن تا آخر عمر این روز را فراموش خواهند کرد؟ همه که اعدامی نیستند.
جناب آقای مردی
از اردیبهشت امسال که من در این زندان هستم، این دومین بار است این اتفاق می‌افتد. نمی‌دانم آنچه کردید و بعدن هم خواهید کرد را مافوق شما می‌داند یا نمی‌داند. این‌ها را نوشتم تا اگر با من هم‌عقیده است شما را توبیخ کند و اگر با شما، تشویق.
ضمنن به اطلاعتان برسانم مثل دیش‌های ماهواره که مأمورین انتظامی در کوچه‌ها و محله‌ها تخریب می‌کنند و دو ساعت بعد نصاب‌ها دوباره نصب می‌کنند، قفسه‌هایی را که شما

خراب کردید، بچه‌ها دوباره با سرامیک و گچ از نو ساختند. اگر می‌خواهید باز خراب کنید تشریف بیاورید. اضافه کنم که زحمت شستن صد و سی و سه قطعه فرش را هم روی دست زندانی‌ها گذاشتید، خدا خیرتان بدهد.

و اما یک پاراگراف برای آقای مردانی ریاست محترم زندان که خیلی نگران بودند آرامش زندانشان به هم نریزد:

برادر محترم

کاری که فرمانده حفاظت زندان شما با ما کرد، بعید می‌دانم جمهوری اسلامی با اسرای عراقی کرده باشد. اگر چنین کاری را اسراییل با زندانیان فلسطینی کرده بود، فریاد وا اسلامای ملت کفن پوش در نمازجمعه به فلک می‌رسید. از شما توقع می‌رود نه به دفاع از ما زندانیان، بلکه به دفاع از خودتان و آبروی زندانی که مدیر آن هستید، عکس العمل مناسب ببینیم. شما که روز اول به من توصیه کردید عالی‌پیام، آرامش زندان مرا به هم نریز، خوب است مراقب همکاران خودتان باشید. مارادونا را ول کن، غضنفر را بچسب.

محمدرضا عالی‌پیام

بند دو - سالن شش - اتاق شانزده

سوء قصد به هالو و دومین اعزام به بیمارستان

سه روز بعد از نوشتن این نامه، یکشنبه ساعت ده شب بود که مسواک را برداشتم برای شستن دندان به دستشویی بروم. راهرو را طی کردم. دم در دستشویی دمپایی را عوض کردم. به مجردی که خواستم وارد دستشویی

شوم، با اصابت جسم آهنی محکمی به گیجگاهم، به عقب پرت شدم و روی زمین افتادم. تنها چیزی که قبل از بیهوشی یادم می‌آید، فوران خون بود که به ارتفاع ده سانت بالا می‌رفت و بعد داخل چشمم می‌شد. به هوش که آمدم، در آمبولانس بودم و راهی بیمارستان امام خمینی تهران. یک چشمم بیشتر باز نشد. جوی خونی را از پیشانی به روی صورت حس کردم که گاه در چشمم می‌رفت و گاه دهان. گاهی هم از کنار صورت به سمت گردنم سرازیر بود. یک حوله‌ی کاملن خونی روی سرم در محل زخم قرار داشت. از مأمور پرسیدم: «از سرم داره خون میاد؟» گفت: «آره»، گفتم: «اون حوله رو فشار بده خون نیاد». گفت: «خودت فشار بده». گفتم: «من که نا ندارم، دستامم تو دستبنده...» چیزی نگفت و فقط نگاهم کرد. طبق معمول همیشه.

با هر والذاریاتی بود به بیمارستان رسیدیم. موقع انتقال به برانکارد دیدم کف آمبولانس کاملن خونی است. خدا می‌داند چقدر خون از من رفته بود. خانمی آمد و شروع کرد به بخیه زدن. خون فراوانی که از محل بریدگی می‌آمد به او اجازه‌ی کار نمی‌داد. از پرستاری کمک خواست و گفت این محل را فشار بده خون نیاد. حدس زدم محل رگ را گفت، ولی سه تا دست در یک نقطه اجازه کار به آن‌ها نمی‌داد. با هر بدبختی بود بخیه زده شد.

عرق‌گیر سفیدم مثل تی‌شرت تیم تراختور کاملن قرمز شده بود. پاره کردند و درآوردند و به همراه شلوارم دور انداختند. لباس بیمارستان و سِرُم در دست و پابند قفل شده به تخت و مرفین درون سِرُم و خواب تا صبح.

فردا صبح مرا به سی تی اسکن بردند. وقتی برگشتم به شدت گرسنه بودم. به مأمور همراه گفتم: «گرسنه‌ام». گفت: «برای غذای شما پولی در اختیار نداریم». به پرستار گفتم. گفت: «بیمارای اورژانسی سهمیه غذا ندارن. فقط بیمارای داخل بخش غذا دارن». گفتم: «به خونوادم خبر بدین بیان». مأمور گفت: «نمی‌شه، ممنوعه». صدای داد و بیداد من بلند شد. پرستار صبحانه‌ی خودش را جلوی من گذاشت. لطف هم کرد در فرصتی که از چشم مأمور دور بود، تلفن پسرم را گرفت و او را خبر کرد.

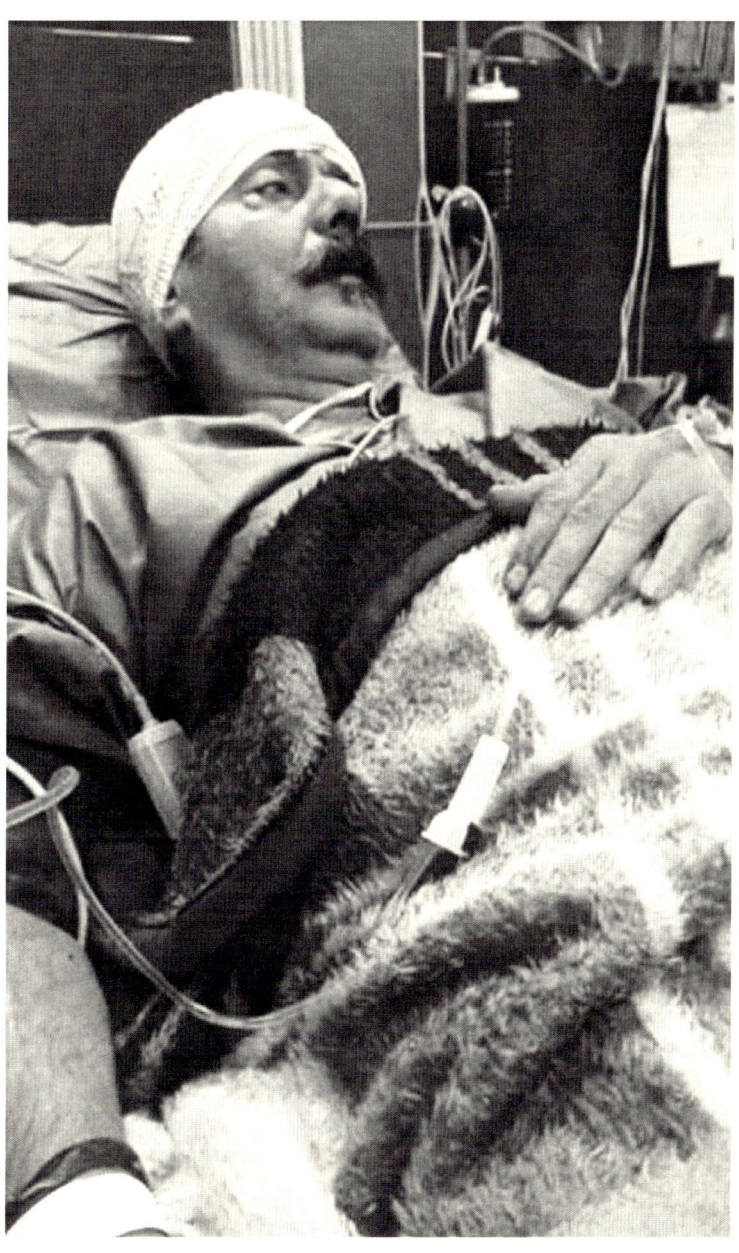

ظهر دوباره سر ناهار همان الم‌شنگه‌ی صبح را داشتیم. پرستار سهم غذای خود را جلوی من گذاشت. به مأمور گفتم: «یه دستم رو که با دستبند محکم به تخت بستین. یه دستمم که به سرم وصله. به پسرمم که اجازه‌ی نزدیک‌شدن نمی‌دین. پس من چجوری این غذا رو کوفت کنم؟؟؟». پسرم منع قانونی را با یک اسکناس ده هزار تومانی در جیب مأمور حل کرد.

مشکل ادرار با سوند حل شده بود. برای مدفوع، بهیار خواست از لگن استفاده کند. خواهش کردم اگر توالت فرنگی دارند کمک کند مرا به دستشویی ببرند. رفت و گشت و گفت اورژانس شماره یک توالت فرنگی دارد. هماهنگی‌های اداری لازم برای انتقال موقت من به اورژانس شماره یک و بازگشت صورت گرفت. مأمور هم با من داخل دستشویی شد و ایستاد. گفتم: «برو بیرون». گفت: «مسئولیت داره». گفتم: «نه اینجا پنجره داره، نه من توان فرار دارم، برو بیرون». خواست دستم را به شیر دستبند کند. گفتم: «پس من چجوری خودمو بشورم؟». بالاخره توافق کردیم که رویش را به دیوار کند و بایستد و ده تومان دیگر بگیرد.

بعد از ظهر یک بار دیگر سی تی اسکن کردند. دکتر گفت: به نظر من باید سه روز در بخش بستری شوی. گفتم: «با این دست‌بند و این پابند و این مأمور گُه توان موندن ندارم. می‌خوام برگردم زندان». هرچه دکتر گفت ضربه‌ای که به سرت وارد شده نزدیک گیجگاهه، ممکنه کار دستت بده، گفتم مهم نیست.

مأمور اصرار داشت که بستری شو. گفتم: «برای تو چه فایده داره؟»، گفت: «فایده‌ش اینه که امشب شیفت من تموم می‌شه و اگه تو بستری بشی، من امشب از همین جا می‌رم خونه. ولی اگه برگردی، من شب از کرج تا تهران باید بیام». گفتم: «به همین یه دلیلم که شده، من باید برگردم».

مرا در آن زمستان سرد، بدون پوشش و لباس مناسب و پای برهنه به زندان برگرداندند. چهار ساعت طول کشید تا به زندان رسیدیم. دو مأمور خدمات از بهداری تا سالن شش کمک کردند و مرا رساندند. هم‌بندی‌ها دورم جمع شدند و خوشحال از اینکه زنده هستم. هیچ کدام باور نمی‌کردند زنده بمانم. از آن‌ها

پرسیدم چه بر سر من آمد؟ چون هیچ چیز به خاطر نمی‌آوردم. یکی گفت: «از اتاقت که می‌خواستی بری بیرون، پات به چهارچوب در گرفت و خوردی زمین». گفتم: «سرم به کجا خورد و شکافت؟». گفت: «به همین پاشنه‌ی در دیگه!!». گفتم: «اخوی، اگه پای من به چارچوب گیر کنه و زمین بخورم که سرم باید یکی دو متر اون طرف‌تر بخوره زمین. تو الان بلند شو صحنه رو برا من بازسازی کن ببینم چجوری می‌شه هم پای تو به چهار چوب بخوره هم سرت همون جا». دیگری گفت: «نه آقا شما داشتی از دستشویی به سمت اتاقت میومدی، پات لیز خورد و خوردی زمین و سرت خورد به چهار چوب در». گفتم: «خب اون وخ باید سمت راست پیشونیم صدمه ببینه نه سمت چپ». دیگری گفت: «داشتی از ته سالن میومدی سمت اتاقت ...». حرفش را بریدم و گفتم: «راهرو که فرشه و روی فرش کسی لیز نمی‌خوره. درثانی یادم هست که دم در دستشویی یه چیزی خورد تو صورتم و پرت شدم عقب».

هر داستانی سر هم کردند، هیچ کدام با واقعیت جور در نمی‌آمد، همه ضد و نقیض و غیر ممکن. پرسیدم: «کی زمین خوردن منو دیده؟». هیچ کس ندیده بود! ولی به همه سفارش شده بود باید بگویند عالی‌پیام خودش زمین خورده است و تقصیر کسی نیست.

امروز معاون زندان در حضور رییس‌بند در حالی که پانسمان سرم را برانداز می‌کرد، پرسید: «عالی‌پیام ... آخ آخ، بدجوری خوردی زمین؟». گفتم: «من زمین نخوردم، زمینم زدن». گفت: «از کسی شکایت داری؟». گفتم: «وقتی کسی رو ندیدم از کی باید شکایتی داشته باشم». معاون آمرانه به رییس‌بند گفت: «ازش امضا بگیر که شکایتی نداره». گفتم: «شکایت داشتن را می‌نویسن، شکایت نداشتن را که نمی‌نویسن. کی می‌دونه؟ شاید بلایی رو که سر ایرج حاتمی و فرید آزموده و نقی رضوی و مدنی و بقیه آوردن، می‌خواستن سر منم بیارن، ولی نشد! هر کی نامه به رییس حفاظت می‌نویسه، پای این چیزاشم باید واسته».

چند روز پیش، یک پیرمرد زهوار در رفته را به بند ما آوردند. می‌گفتند که

از محکومین کودتای نوژه است. امروز به دیدنش رفتم. لباس‌هایش را شسته بود و می‌خواست روی بند پهن کند. نا نداشت آن‌ها را بچلاند. کمکش کردم و لباس‌ها را چلاندم و برایش پهن کردم. می‌گفت پرونده‌اش هنوز باز است.

امروز آقای محقق در سالن با چند زندانی در سنگر امر به معروف ایستاده بود و شلیک می‌کرد. پهلوی آن‌ها ایستادم تا از فرمایشاتشان فیض ببرم. همیشه در سخنانش سوتی‌هایی برای گیردادن و سوژه‌کردن من هست. مابین صحبت در حالی که طرف سخنش آن چند نفر بودند، گفت: «مثلن می‌آیند به من می‌گویند فلانی سر پا ادرار می‌کند. من می‌گویم چرا عیبش را می‌بینید. این آدم حتمن باید ده تا حسن هم داشته باشد. چرا آن‌ها را نمی‌بینید؟».

فهمیدم شیخ پشمک کار خودش را کرده و او الان دارد به من کنایه می‌زند. گفتم: «ببخشید حاج‌آقا، اصلن پاسخ خوبی ندادید». با تعجب آمیخته به عصبانیت نگاهم کرد و گفت: «چی باید می‌گفتم؟». پاسخ دادم: «اگه من بودم می‌گفتم اگه اون یه کار مکروه کرده، تو سه تا کار حروم کردی. اول اینکه تجسس کردی. دوم اینکه غیبت کردی. سوم اینکه غمّازی کردی». یکی از زندانیان پرسید: «دکتر غمازی[1] یعنی چی؟». گفتم: «اینو دیگه از حاج‌آقا بپرسین». حاجی که یا بلد نبود یا حالش گرفته شده بود و نمی‌خواست بحث را ادامه دهد، عبایش را روی دوشش کشید و در حالی که می‌گفت: «الان کار دارم، بعدن توضیح می‌دم»، رفت. نمی‌دانم چرا تا من لب به سخن باز می‌کنم، ایشان یاد کارهایش می‌افتد و سنگر را ترک می‌کند!؟

امروز باز پاسارکارت نیمی از زندانی‌ها سوخت. از جمله من.

نمی‌دانم گفته‌ام یا نه. من به سه علت روزها می‌خوابم و شب‌ها بیدارم و می‌نویسم و می‌خوانم. یکی اینکه سکوت شب برای کار من مناسب‌تر است، دوم اینکه شب‌ها امنیت ندارد و هر اتفاق ناجوری افتاده شبانه بوده است، سوم

---

۱. سخن‌چینی

اینکه به این کار عادت دارم و اصلن شب‌ها خوابم نمی‌برد. فکر می‌کنم برنامه‌ی خواب من با افق آمریکا تنظیم شده باشد، چون با باراک اوباما می‌خوابم و با باراک اوباما بلند می‌شوم.

امروز برای کشیدن بخیه‌ی صورتم مرا به بیمارستان امام خمینی بردند. خانمی که بخیه را می‌کشید یواشکی پرسید: «شما بودین که نامه به وزیر نوشتین و از وضع اینجا شکایت کرده بودین؟» گفتم: «بله». گفت: «آفرین به شما. غیر از مقامات بیمارستان و رییس رؤسا، همه‌ی پرستارا و خدمه کیف کردن».

در بازگشت سه نوشابه گرفتم تا به مأمورهای همراهم حالی داده باشم. نی نوشابه‌ها را هم در جیبم گذاشتم تا موقع خوردن چای از آن‌ها استفاده کنم. از شما چه پنهان، سبیل پرپشتم موقع خوردن چای و مایعات اذیت می‌کرد. یکی از سربازها هم یک مجله جدول خرید و داد به من و گفت: «اگه تونستی

اینو برام بیار تو و بعد بازرسی بهم بده». گفتم: «مگه ممنوعه؟» گفت: «آره». گفتم: «زکی، زندانی باید چیزی بده مأمور براش رد کنه، تو به من می‌دی برات رد کنم؟». گفت: «آخه مثه اینکه از شما حساب می‌برن». پیش خودم گفتم: خودم تو چادر، هیبتم لب چشمه. [1]

دم در موقع بازرسی هم نی را از من گرفتند و هم مجله را. گفتم: «مشکلش چیه؟» گفتند: «دستوره».

فردا رفتم دفتر رییس‌بند و گفتم: «من اینجا چیزایی می‌بینم که با هیچ عقل سلیمی جور در نمیاد». گفت: «مثلن؟». گفتم: «مثلن این‌که چرا تخته نرد ممنوعه؟». گفت: «قمار می‌کنن». گفتم: «اگه بخوان قمار کنن مگه با شطرنج نمی‌شه قمار کرد؟ مگه با گل یا پوچ نمی‌شه قمار کرد؟ حالا تخته ممنوعه، مجله جدول چرا دیگه تو زندان ممنوعه؟ غیر از اینه که زندانی ساعت‌ها وقتش به طور سالم پر می‌شه؟ اصلن من جای شما بودم دستور می‌دادم فروشگاه مجله خصوصن مجله جدول بیاره برای پر کردن وقت زندانیا. فکر نمی‌کنین این چیزا باعث می‌شه کمتر با خودشون ور برن یا رو همدیگه سوار شن؟ یا دعوا و بزن بزن راه بندازن؟».

یکی از زندانی‌ها (همان دایی جان که با بچه‌ی خواهرش بعله) شب‌ها نماز شب می‌خواند و با سوز و گداز از خدا می‌خواست اعدام نشود. بلند بلند نماز می‌خواند و بلند بلند دعا می‌کرد و بلند بلند گریه. گاهی هوار می‌کشید. منتها چون شب‌ها در نمازخانه بسته بود و هم اتاقیش هم به او اجازه‌ی این کار را نمی‌داد، جانمازش را پشت در اتاق من پهن می‌کرد و مزاحم من بود. چند بار

---

۱. گویند خان با مهمانانش در چادر نشسته بود. دخترش برای آوردن آب لب چشمه می‌رود. رهگذری او را تنها می‌یابد و به او نزدیک شده ماچی از گونه‌اش می‌رباید. دختر تهدید کنان می‌گوید: «منو ماچ می‌کنی؟ بدبخت می‌دونی من کیم؟ من دختر خان هستم. الان می‌رم به بابام می‌گم و بابام گوش تا گوش سرتو می‌بُره». رهگذر می‌گوید حالا که قرار است کشته شوم چرا برای یک ماچ؟ بگذار کارم را تمام کنم. پس دختر را خوابانده و به او تجاوز می‌کند. دختر دوان دوان با لباس پاره و خونی و مالین خود را به چادر پدر رسانده و ماجرا را سیر تا پیاز تعریف می‌کند. خان بادی به غبغب انداخته و به مهمانانش می‌گوید: «می‌بینین؟ خودم تو چادر، هیبتم لب چشمه.»

به او تذکر داده بودم که اینجا بساط نکند، به خرجش نمی‌رفت.

امشب دیگر داغ کردم. آمدم بیرون و هلش دادم و گفتم: «مرد حسابی، بیرون هزار غلط پخته و نپخته می‌کنین و اینجا که می‌رسین یاد خدا میفتین؟» گفت: «مگه راهرو رو خریدی؟». گفتم: «صب تا غروب در نمازخونه بازه برو اونجا ناله کن». ناظر شب از راه رسید و گفت: «چی شده؟» گفتم: «از این آقای عابد زاهد بپرس که هر شب پشت در اتاق من چس‌ناله می‌کنه». وکیل‌بند هم بیدار شد و آن آقا را به اتاقش برد. قرار شد از فرداشب در چراغ‌خانه را باز کنند و او برود آنجا نماز بخواند و دعا کند و گریه راه بیندازد.

نشان به آن نشان که از فردا نماز خواندنش تعطیل شد و حتا یک شب هم به چراغ‌خانه نرفت.

قاعدتن وقتی یک متهم یا مجرم در دادگاه بی‌گناهیش ثابت می‌شود یا شاکی اعلام رضایت می‌کند، قاضی باید همان موقع دستور دهد دستبندش را باز کنند و او را آزاد سازد. ولی در دستگاه قضایی ما چنین نیست. متهم یا مجرم را برای طی مراحل اداری به زندان برمی‌گردانند. این مراحل اداری گاهی ماه‌ها طول می‌کشد و در طول همین مدت مواردی داشتیم که برای او اتفاقات ناگوار رخ داده است. مثلن شخصی به نام منافی، متاهل، در اثر پرونده‌سازی رفقایش! به خاطر دشمنی و روکم‌کنی به اتهام تجاوز به زندان می‌افتد. یعنی به فاحشه‌ای پولی دادند که از او شکایت کند. بعد از چهار سال شاکی یعنی همان زن فاحشه به قاضی مراجعه کرده می‌گوید زیر فشار وجدان قرار دارد و کتبن عدم شکایت خود را از او اعلام می‌کند. او تبرئه ولی به زندان باز گردانده می‌شود تا پرونده مراحل اداری را طی کند. پس از انتقال به اندرزگاه ده، طولی نمی‌کشد که طی یک نزاع دسته جمعی دست راستش قطع می‌شود.

ناصر شربتی که به اتهام قتل در زندان بود، رضایت شاکی خود را با پرداخت دیه می‌گیرد. ولی کاغذبازی‌های اداری آن قدر طول می‌کشد که در زندان طی یک نزاع دسته جمعی بین کردها و لرها، به اتهام قتل دوباره برایش پرونده

می‌شود و بالای دار می‌رود.

مجتبا محمدی به اتهام پنج قتل هفت سال بود که در زندان به سر می‌برد. تا بالاخره قاتل اصلی پیدا شد. او تبرئه شد، ولی باز هم از زمان صدور حکم تبرئه تا آزادیش هفت ماه طول کشید.

غلامرضا فروکش اهل انزلی که در آژانس خطی کار می‌کرده به جرم سرقت دستگیر و در آگاهی حین بازجویی دنده و کتف و دستش می‌شکنند. بعد از چهار سال حبس تبرئه و بعد از چند ماه آزاد شد.

نوشاد هداوند، در ورامین متهم به قتل شد. بعد از پنج سال زندان، قاتل اصلی پیدا شده و او آزاد شد.

یک زندانی به نام سید فرخ میرزایی بدون اینکه اعتراف کرده باشد و بدون این‌که جنازه‌ی مقتول پیدا شده باشد، محکوم به اعدام شد.

یکی از زندانی‌ها که نیمچه طبع شعری هم دارد، شعر زیر را سروده و به من تقدیم کرد. ولی خواست اسمش محفوظ بماند:

آن که هالو را به زندان می‌کند
پتک خود خسته به سندان می‌کند
هرچه حکم و حبس او سنگین کنند
سوزش ماتحت خود چندین کنند
قاضی آخر رأی خود را شل بده
هالوجان، بابا تو هم کم هل بده
هرچه او در کنج زندان گفته است
چون ذَکر در حبس تنبان خفته است
گر برآرد سر چو شیر نر شود
بهر آن جاشان چو ...ر خر شود
آتش شعرش دمادم تیزتر
قامت فعلش دمادم چیزتر

نامه به حسن خمینی

به روز رأی‌گیری نزدیک می‌شویم. در همه‌ی شبکه‌ها داردار تبلیغات انتخابات است. انتخابات مجلس و شورای نگهبان که همزمان انجام می‌گیرد. موتور شعر من باز راه افتاده است. دو چیز برای من خیلی جالب است. یکی اعضای شورای نگهبان که خودشان صلاحیت خودشان را تصویب کرده‌اند. دیگری جلز و ولز حسن خمینی از رد صلاحیت شدنش و اینکه از نوه‌ی خمینی بودن دارد مایه می‌گذارد تا شاید حرفش را به کرسی بنشاند.

نامه‌ای به حسن خمینی نوشتم و دادم بیرون. متن نامه این بود:

آسدحسن سلام
خوبی داداش؟ خیلی وقت بود دلم می‌خواست چارتا کلوم حرف حساب باهات بزنم، ولی فرصت دست نمی‌داد. فک کنم حالا وقتشه.
آسدحسن
شنیدم رد صلاحیت شدی یا به قولی صلاحیتت احراز نشده (چه فرقی می‌کنه؟ چه دو لنگه بار یه خروار چه یه خروار دو لنگه بار) اصن ناراحت نشی‌آ. تعجب نکن. این چیزا معمولیه. وقتی صلاحیت رییس مجمع تشخیص مصلحت برای مقام ریاست جمهوری احراز نمی‌شه، تو دیگه جای خود داری. نوه‌ی امامی؟ باش. قرار نیست زیر آبی بری. داداش مملکت «قانون!!» داره. شنیدم اعتراض کردی. آخه قربون اون قد رعنات برم، به چی اعتراض کردی؟ داداش اون موقع که باید اعتراض می‌کردی نکردی. سال هشتاد و هشت یادته؟ صدات در نیومد. نه واسه این وریا، نه واسه اون وریا. من نمی‌گم باید به کیا اعتراض

می‌کردی، ولی سید جون بالاخره دعوا شده و یه طرف داره زور می‌گه. ولی حضورت حس نشد. نه شال سبز جدت رو بستی نه تو راهپیمایی نُه دی دیدنت. نمی‌دونم فتنه‌گر بودی؟ بی‌بصیرت بودی؟ هر چی بود چراغ خاموش رد شدی رفتی و یه بوق هم نزدی. به نظر من اون وقت موقعش بود اعتراض کنی که نکردی.

آقا سید

وقتی آقای احمدی نژاد نذاشت تو صحن پدر بزرگوارت سخنرانی کنی، باید اعتراض می‌کردی که نکردی. وقتی تو حسینیه جمارون ریختن و مراسم عزاداریت رو بهم زدن باید اعتراض می‌کردی که نکردی. حالا به چی داری اعتراض می‌کنی؟

آسد حسن

یادت میاد مجلس ششمی‌ها اولش با چه هارت و پورتی اومدن که قانون مطبوعات رو درست کنن و بهشون گفتن: ساکت، حرف نباشه. اونا هم: ساکت، حرف نبود. ولی وقتی آخر دوره صلاحیتشون رد شد، اعتراض کردن. تو هم شدی مث اونا؟ آخه حالا وقت اعتراضه؟

سیدجون

قربون جدت برم. اصن همون بهتر که رد صلاحیت شدی (یا اون یکی، عدم احراز) تو نمی‌دونی چه شانسی آوردی. می‌گی چرا؟ حالا می‌گم:

اگه قبول می‌شدی از دو حالت خارج نبود. یا رأی می‌آوردی یا نمی‌آوردی. اگه می‌آوردی که چی؟ مثلن اون تو می‌خواستی چیکار کنی که بقیه نمی‌کنن؟ چی رو می‌خواستی عوض کنی که بقیه نمی‌کردن؟ اون تو چه اتفاقی میفته که اگه تو باشی نمی‌افته؟ یا چه اتفاقی نمیفته که اگه تو باشی می‌افته؟ خیلی اگه پررویی می‌کردی بهت می‌گفتن: ساکت، حرف نباشه.

اگه هم رأی نمی‌آوردی که می‌دونی چه آبروریزی‌یی می‌شد؟ می‌گفتن مردم نوه‌ی خمینی رو قبول ندارن. پس از من قبول کن که شانس آوردی رد صلاحیت شدی. حالا معروف می‌شی، معروف که بودی، معروف‌تر می‌شی. قول می‌دم چن سال دیگه یه اتوبان هم به نامت می‌کنن (یادگار امام دو).

حسن جون

به قول ظریفی: «حسن»ها تو تاریخ این مملکت همیشه سرنوشت ساز بودن. از حسن صباح و حسنک وزیر و شیخ حسن جوری بگیر و بیا تا الان کسی مثه شیخ حسن نصراله. اصن چرا همین حسن کلیددار خودمونو نمی‌گی؟ می‌بینی چه جوری داره با کلیدش تند و تند قفلا رو وا می‌کنه؟ حالا من حسن کچل رو نمی‌گم که تو ادبیات فولکلور ما واسه خودش برو بیایی داره. پس بیا و بالا غیرتن تو هم یه حسنی باش که اسمت تو تاریخ بمونه. نوه‌ی امام نباش، سید حسن خمینی باش. انتخابات منتخابات رو هم بذار کنار. اصن در شان تو نیست که کل‌کل کنی. گفتن نه، بگو چشم. دفه دیگه هم خواستی اعتراض کنی، با چاکرت یه مشورت کن تا بگم چجوری و چه وقت و به چی باید اعتراض کنی. بالاخره هر چی باشه تو این کارا دو تا پیرن بیشتر از تو پاره کردم.

فدات شم ـ هالو

پس از نامه‌ای که به سید حسن خمینی نوشتم، امروز صبح تازه خوابیده بودم که مرا از خواب ناز بیدار کردند و به حفاظت اطلاعات زندان بردند. بیش از یک ساعت بازجویی پس می‌دادم. اول مرا در یک اتاق قرار دادند و نیم‌ساعت هیچ‌کس سراغم نیامد. با این روش پیش‌بازجویی آشنایی کامل داشتم. متهم را در اتاقی تنها می‌گذارند تا استرس کافی به او دست دهد. بعد که دیدم خبری نیست بلند

شدم و در زدم و گفتم: «برادرا من کار دارما. باید برم. کمی زود باشید.»

بالاخره دو نفر آمدند و بازجویی شروع شد. اولی پرسید: «تو بیانیه دادی؟». گفتم: «کدوم بیانیه؟». گفت: «همین نامه‌ای که به آقای سید حسن خمینی نوشتی؟». گفتم: «اینکه اسمش بیانیه نیست». گفت: «پس چیه؟» گفتم: «نامه. درست‌ترش اینه که دل‌نوشته‌اس. معنی بیانیه چیز دیگه‌اس».

گفت: «حالا هر چی، تو نوشتی؟»

گفتم: «بله.»

گفت: «چرا نوشتی؟»

گفتم: «عجب سوال عجیبی می‌کنینا. خب نوشتم دیگه. احساس کردم باید بنویسم و نوشتم. مثه اینه که من بپرسم تو چرا این پیراهنو پوشیدی؟».

یک کاغذ آ چهار و قلم جلویم گذاشت و گفت: «متنش رو بنویس». گفتم: «متنش همونه که دیدین و خوندین و الانم تو گوشی‌تون دارین. من که حفظ نیستم».

بعد یک برگه بازجویی جلوم گذاشت و بعد از پر کردن سربرگ شامل اسم و مشخصات و تحصیلات و آدرس و غیره نوشت:

س: در رابطه با جرم خود چه می‌گویید؟

گفتم: «این اولن جرم نیست و اتهامه. ثانین شما هنوز به من تفهیم اتهام نکردین. ثالثن اینجا دادگاهه و من دارم رسمن بازجویی می‌شم؟»

گفت: «نه، منظور اینه بنویس به چه جرمی تو زندان هستی.»

گفتم: «شما نمی‌دونین من به چه جرمی اینجا هستم؟ خب برین پروندم رو بخونین.»

گفت: «حالا تو بنویس.»

دیدم بنده خداها شوت شوت هستند. صفرکیلومتر به مفهوم مطلق کلمه.
گفتم: «ببین اخوی من نمی‌دونم منظور از این جنگولک بازیا چیه. شماها هم حق بازجویی از منو ندارین و من حتا یه کلمه نمی‌نویسم. ولی خب سؤال داری بپرس تا روشنت کنم».

گفت: «برا چی اینجایی؟»
گفتم: «به خاطر شعرام.»
گفت: «اهل هیچ دسته یا حزب یا گروهی هستی؟»
گفتم: «خیر». بعد اضافه کردم: «ببین اخوی من خودم هستم، عالی‌پیامم. من خودم یه حزب هستم. پرطرفدارتر از هر حزبی که سراغ داری».
بعد گفت: «اون نامه رو چطوری بیرون فرستادی؟»
گفتم: «با تلفن.»
گفت: «موبایل داری؟»
گفتم: «نخیر. جایی که تلفن عمومی هس چه نیازی به موبایل دارم؟»
گفت: «از تلفن عمومی سوء استفاده کردی؟»
گفتم: «اتفاقن اگر یه حسن استفاده از این تلفنا بشه، تلفناییه که من می‌زنم. اگه ناراحتین منو ممنوع‌التلفن کنین. استفاده از کتابخونه و باشگاه و ملاقات حضوری و همه‌ی چیزای دیگه رو که ازم گرفتین، اینم روش.»
بعد از در نصیحت درآمد که تو یه ماه بیشتر به آزادیت نمونده. تو این یه ماه هم آروم باش و بذار بدون تنش بگذره و زبونتو غلاف کن بذار قضیه تموم شه بره.
گفتم: «ببین پسر جون، من بیرونم که برم باز همین حرفا رو می‌زنم و همین چیزا رو می‌نویسم. پس چه فرقی می‌کنه این تو یا اون تو؟»
می‌خواست تعهد بگیرد. گفتم: «خودتو خسته نکن. اگه تعهد بده بودم به قبل از تو داده بودم».
گفت: «به هر جهت متن شما توهین‌آمیزه و ممکنه برات گرون تموم شه.»
گفتم: «اولن هیچ توهینی نکردم. ثانین اون توهین به مقامات درجه اول مملکت مثه رهبری و رؤسای سه‌گانه و وزرا و نماینده‌هاست که از طریق مدعی‌العموم قابل پی‌گیریه. اگه این توهینم باشه شاکی خصوصی می‌خواد. سید حسن خمینی از من شکایت کرده؟»
گفت: «نه.»
گفتم: «خب پس دیگه چی می‌گین؟ هر وقت شکایت کرد، می‌رم دادگاه

جواب می‌دم نه اینجا.»

بعد پرسید: «خود آقای سید حسن نامه رو خونده؟»

گفتم: «من چه می‌دونم! من که این تو هستم. برین از خودش بپرسین، ببینین خونده یا نخونده. اگه نخونده، بهش بدین بخونه.»

مدتی سکوت برقرار شد. به‌کلی آچمز شده بودند. معلوم نشد از کجا آمده بودند و کی این‌ها را فرستاده بود که مرا بترسانند، ولی نشد. کادر خود زندان نبودند. گفتم: «اخوی شرط می‌بندم کلیپای من تو گوشی شما هم هست و شنیدین و لذت بردین.»

خندید و گفت: «هست.»

گفتم: «پس لطفن بگو یه چایی بیارن که از صبح هیچی نخورم.»

بعد از دو ساعت به بند بازگردانده شدم و بچه‌های زیر هشت و داخل سالن نگران منتظرم بودند. با چشم و ابرو اشاره کردند: «چه شده؟».

گفتم: «هیچی، حله، برین تو اتاقاتون.»

امروز هفتم اسفند نود و چهار، روز رأی‌گیری است. از بند ما که دارالقرآن است فقط دو نفر رأی دادند. تا چه رسد به بقیه‌ی بندها.

علیرضا فرهانی که قبلن یک نامه از او را برایتان نقل کردم، چند روز مانده به آزادیم، این نامه را به من داد:

برای محمدرضا عالی‌پیام:

سخت درگیرت کردند و عجب می‌دانم که دانسته این کار را کرده باشند.

روزگاری کالبدت آزاد بود، همچون افکارت.

نقد می‌کردی و طنازی. از قضا طبع روانی هم داشتی.

این همه داشته، چون اسبِ راهواری زیر پایت بود که سوار بر آن در عرصه‌ی شعر و ادب فارسی به هر جا و هر طرف که اراده می‌کردی، تاختی

می‌زدی و با توشه‌ای درکشکول برمی‌گشتی. اما ... درد را می‌شناختی، ولی هنوز دردت نیامده بود. تا اینکه یک جای خالی در زندان ردیف شد و تو را هم به زندان آوردند و داستان شروع شد.

بار اول و دوم خواستند تو را بترسانند و دو سه ماهی نگهت داشتند. نشد و نترسیدی. این‌بار خواستند ساکتت کنند و سالی نگهت داشتند و به همگان و زندانبان سپردند که حالت را بگیرند (نقل به مضمون) و این بار الحق که سخت درگیرت کردند و بعید می‌دانم دانسته این بلا را بر سر خود آورده باشند. شدی بلای جانشان.

طبعت روان بود، سرت هم نترس شد. زبانت شیرین بود ... اما این‌بار و در گوشه‌نشینی زندان وقتی ساکنان انتهای کوره‌راه‌ها را هم دیدی و هم‌سفره‌شان شدی، وقتی توسن راهوار طبعت در مسیر سنگلاخ بیراهه‌های خاطرات مردمان رنجیده‌خاطر شد، وقتی جانت آتش گرفت، زبانت تلخ شد و حرف‌هایت شراره‌های گدازان دماوندی را که خاموش بود، مجددن به خاطر خواب آلوده‌ی ادبیات طنز ایران مثل یک سیلی ناگهان یادآور شد.

شاعر بودی، قلندر شدی. با خودت هم درگیر شده‌ای. می‌دانم.

هی لگام اسبت را به فرمان عقل می‌کشی تا شیهه‌کشان خواب آسوده‌ی کاهنان بت‌پرست لم داده بر اریکه‌ی تخت عاج نازبالش‌های باکره را آشفته نکند. اما مگر می‌شود؟

کالبدت را زندانی کردند، در عوض فکر و روحت را پراندند. پراندند مثل بادبادک‌های آسمان در اول مهر. یادت می‌آید؟ وقتی مدرسه‌ها باز می‌شد. بادبادک‌های سرکش در آسمان چقدر بی‌تاب پرواز و بالا رفتن بودند و ما با نخ عقل آن‌ها را مهار می‌کردیم تا در سقف مجاز و امن پرواز کنند. این است که می‌گویم آن‌ها که تو را درگیر حبس کردند، نخ بادبادکت را پاره کردند. ندانستند چه می‌کنند. شاید خودت هم که روز اول حبس به اتاق من آمدی و نشسته بودی، با آن حال خسته، باورت نمی‌شد که در نتیجه‌ی

حبس تنت، آن‌قدر اندیشه‌ات به پرواز درآید که در جسمت نگنجد. یکی آمد و ندانسته دستی به چراغ جادوی غبار گرفته‌ای کشید و غول چراغ جادو را از خواب بیدار کرد. چند روز دیگر قرار است از حبس بیرونت کنند، چند روز پیش حادثه‌ای باعث شد که اَبرویت تا بالای پیشانی شکاف بردارد.

مردم بیرون، زخم بدی را که روی صورتت هست می‌بینند، ولی شاید کمترشان بدانند که چه زخمی بر روح و روانت گذاشته‌اند. زخم خوبی که تو و مردم تا ابد مدیون اثرات آن خواهید بود.

بادبادک روحت از بند دستانت جسته،

حالا حالاها باید به دنبالش بدوی.

هم بندیت در رجایی‌شهر

چقدر این پسر باهوش است. واقعن خودم را بهتر از خودم می‌شناسد. نامه‌اش خستگی یک ساله را از تنم بیرون کرد.

امروز به بهداری رفتم و با رییس آن مفصل به گفتگو نشستم. سر حرف را من باز کردم: «آقای دکتر کریمی، چرا بیمارای اورژانسی رو تهران می‌فرستین؟ مگه تو کرج بیمارستان نداریم؟». گفت: «زندان به دو بیمارستان مهم کرج یعنی مدنی و رجایی بدهکاره و بدهی‌شو نمی‌ده و اونا هم از ما بیمار نمی‌پذیرن».

بعد راجع به آمبولانس بهداری صحبت کردیم، گفتم: «این خودرو واقعن آمبولانسه؟». گفت: «نه، یه وانت بیشتر نیست. حتی به درد مسافرکشی هم نمی‌خوره. من بارها درخواست تجهیزشو کردم. بیست و پنج میلیون تومن هزینه داره که معلوم نیس چه کسی باید بپردازه. قراردادی هم با اورژانس کرج داریم که برای بیمارای اورژانسی بتونیم از آمبولانس اونا استفاده کنیم، ولی باز به خاطر هزینه، با همین وانت!! بیمارا رو به بیمارستان اعزام می‌کنند».

گفتم: «چرا همراه بیمار یه پرستار اعزام نمی‌کنین؟ اگه بیمار تو راه دچار مشکل حاد بشه، این مأمور بدرقه که کاری از دستش برنمیاد». گفت: «نیرو نداریم. این بهداری با این طول و عرض یه پرستار داره که اونم بهیاره، پرستار نیست».

گفتم: «آقای دکتر، اعزام هفته‌ی پیشِ من با اون خونریزی شدید، اگه منتهی به مرگ می‌شد، کی پاسخگو بود؟». گفت: «والا چه عرض کنم».

امروز سالن پنج باز یک موش گرفتند. غلغله‌ای بود که بیا و ببین. تصورش را بکنید یک موش توی بند قاتل‌ها چه به سرش خواهد آمد. مردن برایش عروسی است.

یکی از اشرار بند، به ما زندانیان سیاسی مخفیانه گفت: «از من و چن نفر دیگه خواستن بهنام ابراهیم‌زاده رو تا سر حد مرگ کتک بزنیم، در جریان باشین». ما هم این موضوع را به رییس‌بند لو دادیم و گفتیم: «خبر داریم قراره طی یه درگیری سوری یکی از زندانیای سیاسی رو لت و پار کنن. اگه این اتفاق بیفته منتظر بازتاب بیرونیش باشین. چون ما می‌دونیم که این قضیه زیر سر شماس». در نتیجه‌ی لو رفتن، این توطئه خنثی شد.

مواد مخدر، فلش مموری و موبایل با زد و بند خود مأموران به داخل بندها راه پیدا می‌کند. یکی از زندانیان سابقه‌دار که تازه به بند ما منتقل شده برای خرید موبایل اقدام کرده بود. دلال مربوطه به او گفته بود: به ما گفته‌اند تا عالی‌پیام در این بند هست، موبایل مطلقن ممنوع.

طرف پیش من آمد و گفت: «مگه شما کی هستی که اینقد ازت حساب می‌برن؟ یا شما از این بند منتقل شو یا من». گفتم: «چند روز دیگه صبر کن حبس من داره تموم می‌شه. اون وقت این بند و این تو و این دلال‌های ... چی بگم والا!!!؟!».

نامه به رییس قوه‌ی قضاییه

چند روز بیشتر به آزادیم نمانده است. خبر دارم که بیرون دوستان در تدارک یک استقبال جانانه هستند. یک استقبال دشمن‌شکن. امروز نشستم و مروری بر این خاطرات یک ساله کردم. قلم را برداشتم و نامه‌ی زیر را به رییس قوه‌ی قضاییه نوشتم:

جناب آقای آیت الله لاریجانی
ریاست محترم قوه‌ی قضاییه
این‌جانب محمدرضا عالی‌پیام با تخلص هالو به عنوان زندانی سیاسی به خاطر اشعار طنزم که اقدام علیه امنیت ملی تشخیص داده شد، یک سال در زندان بودم. از این مدت، یک ماه را در اوین و یازده ماه را در زندان رجایی‌شهر به سر بردم. در بند دو، میان کسانی که جرم اکثر آن‌ها قتل بود و منتظر قصاص.
در این یک سال خیلی چیزها دیدم و خیلی چیزها شنیدم. درد دل آدم‌های بی‌شماری که از من خواستند تا حرف‌های آن‌ها را به گوش شما برسانم. چون صدای خودشان از چهاردیواری زندان فراتر نمی‌رود. سوال‌هایی از من می کردند که چون من نه حقوقدان بودم و نه فقیه، جوابی برای آن نداشتم.
جناب آقای لاریجانی
درست است که قصاص از احکام مسلم اسلام است، اما در آیه‌ی صد و هفتاد و هشت سوره‌ی بقره پس از حکم قصاص آمده است: «فَمَن عُفیَ لَهُ مِن اَخیهِ شَی فَاتِّباع بِالمَعروفِ وَادا اِلَیهِ بِاِحسان ذالِکَ تَخفیف مِن رَبِّکُم وَ رَحمَه». معنی‌اش را شما خوب بلدید «اگر گذشت کنید خیلی بهتر است». چرا آن‌قدر

که به قصاص اهمیت داده می‌شود، برای گذشت و بخشش فرهنگ‌سازی و تلاش نمی‌شود.
یا همان‌طور که به خاطر مصالح نظام و جلوگیری از وهن دین اسلام؛ مجازات سنگسار زناکننده یا قطع دست دزد متوقف شد، یا با به‌روز کردن بعضی احکام، حرمت شطرنج، خاویار، اوزون برون و غیره به حلیت تبدیل گردید، چرا فکری برای قصاص نمی‌شود.
جناب آقای لاریجانی
من در روزنامه از قول اخوی حضرت‌عالی خواندم: اعدام‌های قاچاقچیان تأثیری در جلوگیری از قاچاق مواد مخدر نداشته است و روزبه‌روز گسترده‌تر هم می‌شود و لذا درصدد هستیم مجازات دیگری را جایگزین آن کنیم، من از شما می‌پرسم: مگر سی و هفت سال اجرای حکم قصاص، از آمار قتل‌ها کاسته است که به آن ادامه می‌دهید؟ آمارها را من ندارم، دست شماست. ولی مطمئنم آمار جرم قتل سال به سال در حال صعود است و مجازات قصاص برای جلوگیری از آن کارساز نبوده است. پس در این‌باره هم باید فکری دیگر کرد.
من به نقل از حضرت امام شنیدم که فرمودند: حفظ نظام از اوجب واجبات است و برای حفظ نظام حتی اگر لازم به ترک نماز هم باشیم، باید ترک کنیم. وقتی برای حفظ نظام، ترک نماز اولی است، قصاص که جای خود دارد. آن هم در زمانه‌ای که من شنیدم حتی دولت عربستان هم قانون قصاص را لغو کرده است.
جناب آقای لاریجانی
کسانی که قاتل بالفطره و جانی و شرور حرفه‌ای هستند، هیچگاه اعدام نمی‌شوند. چون عده‌ای پس از چند سال حبس، وقتی زمان اعدام آنها نزدیک می‌شود، با یک قتل مجدد در زندان، پرونده‌ای جدید برای خود می‌سازند و باز چند سال دادگاه و

بیا و برو و اقلن ده سال تنفس مجدد. عده‌ای هم با عواملی که در بیرون دارند با تهدید و ارعاب شاکیان، بدون پرداخت ریالی دیه، رضایت آن‌ها را روی پرونده‌ی خود می‌گذارند. اینجا مورد داشته‌ایم که صبح روز اعدام، خانواده‌ی شاکی را از جلوی در زندان ربوده و پس از گرفتن رضایت، رهایشان کرده‌اند. پس آن کسانی که مستحق قصاص شما هستند، هیچ‌گاه بالای طناب دار نمی‌روند.

می‌مانند آن عده‌ای که قاتل حرفه‌ای نیستند، بلکه بر اثر یک تصادف، یک حادثه، یک عصبانیت آنی، یک دعوا، کارشان به قتلی ناخواسته کشیده شده و گذارشان به این زندان افتاده است و منتظر قصاص‌اند.

من در اینجا دیدم کسی را که به خاطر قتل همسرش سیزده سال بدون محاکمه به سر می‌برد[1] و حکم او صادر نشده و در پرینت او نوشته است: در دست بررسی. (مدرکش را دارم).

جناب آقای لاریجانی

بررسی یک پرونده سیزده سال طول می‌کشد؟ تازه معلوم نیست چند سال دیگر باید بگذرد تا حکم او صادر شود. حالا پس از این همه مدت اگر تبرئه شد، تکلیف این سیزده سال عمرش چیست؟ چه کسی خسارت دوری او از فرزندان و نوه‌هایش را خواهد پرداخت. اصلن وقتی این آدم آزاد شود، دیگر زندگی برایش معنایی خواهد داشت؟

من در اینجا دیدم کسی را که شاگرد کبابی بوده و شب با دوستش مشغول تمیزکردن سیخ‌ها بودند، در اثر شوخی و بی‌احتیاطی یکی از آن‌ها کشته شده و دیگری محکوم به قصاص.

من در اینجا دیدم کسی را که در شب تولد فرزندش در مهمانی

---

۱. البته الان که این یادداشت‌ها را مرتب می‌کنم، شده است هفده سال. چون هنوز در زندان است.

حین بریدن هندوانه شوخی شوخی مرتکب قتل باجناقش شده و محکوم به قصاص.
من در اینجا دیدم کسی را که دوستش را شب به منزل دعوت کرده و موقع شام حرفشان شده و یکه به دو می‌کنند. یکی آن گفته یکی این، تا اینکه با پرتاب قابلمه به سمت رفیقش بدون اینکه نیت قتل داشته باشد مرتکب قتل شده و محکوم به قصاص.
من در اینجا آدم‌های بسیاری را دیدم که در دعوا، بدون انگیزه‌ی قبلی و به‌طور اتفاقی مرتکب قتل شده‌اند و محکوم به قصاص.
کسی را شنیدم که یک جیب‌بر قصد زدن جیبش را داشت. او درگیر شده و دزد را هل می‌دهد و دزد در اثر برخورد سرش به جایی مرده و او منتظر قصاص.
من در اینجا دیدم آدمی را که هنگام ورود به خانه، زنش را با مردی غریبه لخت مشاهده کرده و در جنونی آنی مرتکب قتل شده و محکوم به قصاص.
من در اینجا مسافرکشی را دیدم که در خیابان تصادف کرده و چند نفری روی سرش ریخته و کتکش زدند و او برای تهدید آن‌ها بنزین روی خودش ریخته تا آن‌ها بترسند و فرار کنند. ولی متاسفانه آتش گرفته و تمام بدنش سوخته بود، چهل روز بعد از حادثه، پدر ضاربین بر اثر سکته‌ی قلبی می‌میرد و آن‌ها ادعا کرده بودند که پدرمان در اثر ترسی که روز حادثه بر او مستولی شده مرده و حکم قصاص برای مسافرکش بی‌چاره گرفته بودند. من تمام مدارک این‌ها را مشاهده کردم.
من در اینجا دیدم جوانی را که هنگام وقوع قتل در محل قتل نبوده و سرکارش بوده و دوربین‌های مداربسته شرکت نیز ادعای او را اثبات می‌کرد، ولی هشت سال در زندان بود. عجیب‌تر اینکه چهار سال قبل قاتل اصلی پیدا شده و سه بار هم به قتل

اعتراف کرده بود، ولی قاتل با سند آزاد و او در زندان بود.
آقای لاریجانی
در بند ما، بین این همه قاتل ناقاتل، پزشک هست، استاد دانشگاه هست، نویسنده هست، مهندس هست، معلم هست، همه‌ی این‌ها مرتکب قتل شده‌اند ولی هیچ کدام «قاتل» نیستند.
واقعن هر کسی ممکن است در اثر یک بی‌احتیاطی یا اتفاق ناخواسته، گذارش به اینجا بیفتد. حتی من و شما. اصلن در اینجا تفاوتی بین قتل عمد و غیر عمد و شبه عمد نیست. همه از دم حکم قصاص می گیرند. چون قتل غیرعمد و شبه عمد، قصاص ندارد و محکوم فقط باید دیه بدهد و اگر نداشت دولت باید از بیت‌المال بدهد و دستگاه قضا برای اینکه این بودجه بر او تحمیل نشود، همه را محکوم به قصاص می کند. مگر نه اینکه یکی از عناصر اربعه جرم، انگیزه و قصد قبلی است؟ وقتی دو نفر در خیابان درگیر می‌شوند و یکی از آن‌ها با اصابت سرش به زمین یا کاپوت ماشین می‌میرد، قاتل چه انگیزه‌ی قبلی برای قتل کسی که تا چند دقیقه قبل اصلن او را نمی‌شناخته دارد؟
جناب آقای لاریجانی
من کسانی را دیدم که سال‌های سال منتظر اجرای حکم خود بودند. ده سال. پانزده سال. بیست سال. اعتراض این‌ها این بود ما که محکوم به زندان نشده‌ایم. زنده نگه داشتن خیلی از آن‌ها هیچ لطفی در حقشان نیست، بلکه ستم مضاعفی است که بر آن‌ها می‌رود. اول اینکه همسر آن‌ها در بیرون در وضعیت بلاتکلیف برای ازدواج مجدد به سر می‌برد. دوم اینکه خیلی‌ها وضع مالی نامساعدی دارند و از پس هزینه‌ی خود در زندان برنمی‌آیند. بعضی بیمار هستند و در زندان امکان معالجه‌ی آن‌ها و دسترسی به دارو وجود ندارد. بعضی بسیار پیر و فرتوت هستند

و نیاز به مراقبت دارند.
از این‌ها که بگذریم، وقتی شما قاتلی را پس از ده بیست سال زندانی بودن اعدام می کنید، این آدم دیگر آن آدم ده بیست سال پیش نیست و خیلی از آن‌ها متحول شده‌اند. این فقط شناسنامه‌ی او را یدک می کشد. پس شاید پر بی‌راه نباشد اگر بگوییم کس دیگری را به جای کس دیگری اعدام می کنید.
جناب آقای لاریجانی
موارد بسیاری را دیده‌ام که کسی رضایت شاکی خود را جلب کرده است، ولی هنوز ماه‌ها ست که در زندان است و منتظر نتیجه‌ی کاغذ بازی و امضا بازی و ارسال پرونده از این دادگاه به آن اجرای احکام و از آن اجرای احکام به دادستانی و از دادستانی به ..... آیا نمی‌شود به مجرد اعلام رضایت شاکی، با یک تلفن، یا با یک فکس، یا با یک ایمیل، دستور آزادی زندانی را داد؟ من موردی را دیدم که پس از هشت ماه از اعلام رضایت شاکی‌اش، هنوز در زندان بود. اگر در این مدت برای او اتفاقی در زندان بیفتد چه کسی پاسخگوست؟ کما اینکه مواردی داشته‌ایم که چنین افرادی در زندان در پی دعوا کشته یا ناقص‌العضو شده‌اند.
جناب لاریجانی
زندانی را برای اعدام روز یکشنبه از بند به انفرادی منتقل می کنند و پس از سه روز، یعنی در چهارشنبه بالای دار می کشند. در این سه روز خدا می‌داند محکوم چند بار می‌میرد و زنده می‌شود. با این حال زندانی‌ای را دیدم که در طول چند ماه سه بار برای اعدام بردندش و چهارشنبه زنده برگشت. می گفت وقتی بالای سکو رفتم و طناب را دور گردنم انداختند، روحانی زندان از خانواده‌ی شاکی خواست او را ببخشند. چیزی که در پای اعدام معمول است و هر بار خانواده‌ی شاکی گفته بودند باید

فکر کنند. در نتیجه او را برگردانده بودند. آیا این شکنجه نیست که سه بار این بلا را سر زندانی بیاورند و او هنوز در بند منتظر بار چهارم به زندگی ادامه دهد؟ او محکوم به یک بار اعدام شده، محکوم به چهار بار شکنجه که نشده است. سال‌ها زندانی کشیدنش به جای خود. چرا باید زندگی و مرگ یک آدم در اختیار اولیای دمی قرار گیرد که این‌طور بی‌رحمانه به شکنجه‌ی مجرم می‌پردازند.

جناب لاریجانی

مقتول در زیر خاک سال به سال پوسیده‌تر می‌شود، ولی قیمت او دچار ارزش افزوده می‌گردد. من اینجا زندانی‌ای را دیدم که می‌گفت سالی که مرا به زندان آوردند دیه هفت میلیون تومان بود. امروز نزدیک دویست میلیون تومان است. اگر بنا به پرداخت دیه بود آن روز می‌توانستم بدهم، ولی دیگر امکانش را ندارم. حکمم را هم اجرا نمی‌کنند. آیا این زندانی‌ها محکوم به زنده به گور شدن هستند؟ در اندرزگاه یک، یک زندانی بیست و پنج سال در زندان ماند تا مرد.

جناب آقای لاریجانی

من نمی‌دانم هزینه‌ی ماهانه‌ی نگهداری یک زندانی چقدر است. ما با یک حساب اجمالی به رقم ماهی دو میلیون تومان رسیدیم. یعنی نظام برای نگهداری هر زندانی ماهانه دو میلیون تومان دارد از جیب مردم می‌پردازد.

زندانی‌های زیادی اینجا هستند که محکوم به پرداخت دیه شده‌اند یا قصاصی هستند و شاکیان با دریافت دیه رضایت می‌دهند. ولی محکوم پولی برای پرداخت دیه ندارد. بنابراین باید تا ابد در زندان بماند و با توجه به اینکه دیه سال به سال گران‌تر می‌شود، ناتوانی او در پرداخت دیه بیشتر می‌گردد. حالا فرض کنیم این هزینه

ماهی دو میلیون تومان طی سال‌های آتی افزایش نیابد (که مسلمن می‌یابد) ظرف ده سال شما دویست میلیون تومان هزینه خواهید کرد (که با احتساب تورم این مدت به شش سال کاهش می‌یابد). با این حساب اگر دولت دیه‌ی مقتول را از بیت‌المال بپردازد، به‌صرفه‌تر نخواهد بود تا اینکه مادام‌العمر او را در زندان نگه دارد؟ با این روش، هم یک زندانی به جمع خانواده‌اش برمی‌گردد. فرزندش از بی‌پدری و همسرش از بی‌شوهری نجات می‌یابد، و هم در دراز مدت بار اقتصادی نگهداری او از دوش دولت برداشته می‌شود، هم از آمار زندانیان کاسته می‌شود. شاکی هم از بلاتکلیفی درآمده و با دریافت پول دیه، زندگی خود را سر و سامان می‌دهد و باز تکرار می‌کنم، این پیشنهاد برای اشرار و قاتلین حرفه‌ای نیست، بلکه برای کسانی است که یک قتل ناخواسته اول و آخر در عمر خود دارند و همه هم نادم و پشیمانند. اگر سیاسی می‌اندیشید، بار فشار بین‌المللی را بر دوش خود کم کرده‌اید، اگر اقتصادی می‌اندیشید، با یک حسابِ دو دو تا چهار تا می‌بینید که به نفع شماست و اگر انسانی می‌اندیشید ....

جناب آقای لاریجانی

فرض می‌کنیم همه‌ی این کسانی که به خاطر این قتل‌های ناخواسته مجرم هستند، باید زندانی باشند. آیا خانواده‌ی آن‌ها هم مجرم هستند؟ آن‌ها چه گناهی کرده‌اند که باید سال‌ها بدون سرپرست خانواده زندگی کنند؟ هزینه‌ی زندگی آن‌ها را چه کسی باید بدهد؟ بچه‌هایی که هم بابا دارند و هم ندارند، زن‌هایی که هم شوهر دارند و هم ندارند. فکر نمی‌کنید با حبس کردن یک نفر به خاطر جرم قتل ناخواسته، چند بچه‌ی فاسد، معتاد، دزد، قاتل و شرور تحویل جامعه می‌دهید؟ آیا می‌دانید بسیاری از این زن‌ها خواهی نخواهی به فساد کشیده می‌شوند.

آمار خانواده‌هایی که به همین دلیل متلاشی شده‌اند را دارید؟
من آنچه شرط بلاغ است با تو می‌گویم
تو نیز نامه‌ی من را به بایگانی ده

محمدرضا عالی‌پیام

در بند پنج که زندانیان هجده تا بیست و پنج سال را در خود جای داده، لواط بسیار رایج است. امروز دو نوجوان را از بند پنج به سالن ما منتقل کردند. تعریف می‌کرند که در آنجا بسیار اذیت شده و مورد آزار قرار گرفته‌اند. آن‌ها در آنجا صاحب داشته و شب‌ها اجاره‌شان می‌داده است. می‌گفتند وقتی به رییس‌بند گزارش می‌کردیم که اینجا لواط بیداد می‌کند، پاسخ می‌داد: «شما اشتباه می‌کنین. حتمن دچار توهم شدین». راجع به این بند قبلن نوشته‌ام.

بندها در این زندان به این صورت تقسیم شده است:

بند ۱- اشرار و گنده‌لات‌ها

بند ۲- قتلی‌ها و تجاوز به عنف و آدم‌رباها و سارقین مسلح

بند ۳- سوپرلات‌های خیلی شرور. در سالن نه و سالن هشت پیرمردهای قاتل، عموم آن‌ها شرور هستند و تیزی بند. این سالن به رینگ خونین شهرت دارد. ریاست زندان از زندانیان این بند استفاده‌ی ابزاری کرده، آن‌ها را به ضرب و شتم زندانیان سیاسی یا کسانی که باید به نوعی تنبیه می‌شدند وامی‌دارد. بسیاری از این کتک‌خورده‌ها در بهداری زندان فوت کرده و علت فوت نیز درگیری داخلی زندانیان ذکر می‌شود.

بند ۴- در سالن دوازده بهایی‌ها و مجاهدین، در سالن یازده اشرار و قاچاقچی‌ها، در سالن سیزده القاعده‌ای و داعشی‌ها

بند ۵- نوجوانان و جوانان

بند ۶- اشرار غیر قابل کنترل. بدترین بند زندان رجایی‌شهر. آنجا همه شمشیر و قمه دارند.

بند ۷- معتادان

بند ۸- این بند چیزی شبیه بند دو. الف اوین است و در اختیار سپاه. محل بازداشت و بازجویی افراد سیاسی امنیتی و درِ جداگانه دارد. می‌گفتند حتا رییس زندان هم آنجا حق تردد ندارد.

بند ۹- کارگری. کسانی که امور بنایی و لوله‌کشی و جوش‌کاری و آشپزی و نظافت و خدمات کلی و غیره را به عهده دارند. آن‌ها در زندان آزادانه می‌گردند.

بند ۱۰- فرهنگی‌ها. کسانی که امور کتابخانه و سینما را به عهده دارند و دانشجوها

– سیاسی‌ها هم در همه‌ی بندها قر و قاتی هستند و مرتب جابه‌جا می‌شوند.

اعتیاد و مصرف مواد مخدر و لواط در همه‌ی بندها به جز سالن دوازده به وفور دیده می‌شود. کلیپ‌های هالو هم که در همه‌ی بندها هست. فت و فراوون.

یوسف رحمت‌آبادی که مرتکب قتل برادر معاون یکی از وزرا شده بود، امروز می‌گفت: «مقتول در مرحله‌ی دادگاه شاکی‌های دیگری هم پیدا کرد. ولی دیگر چه سود! چون توسط من به سزای عملش رسیده بود».

امروز علی‌اشرف پروانه که قبلن راجع به او صحبت کرده‌ام به من مراجعه کرد و گفت: «یه نامه به رییس سازمان زندان‌ها نوشتم که خالی از ایراد املایی و انشایی نیست. برام ویراستاریش کن». نامه را به شرح زیر برایش بازنویسی کردم:

ریاست محترم سازمان زندان‌ها
با سلام و احترام
این‌جانب زندانی به نام علی‌اشرف پروانه که مدت شانزده سال است در زندان رجایی‌شهر به سر می‌برم، لازم است موضوعی را به اختصار به عرض برسانم. رییس اندرزگاه سه، آقای سعید

احمدی، خیاطی اندرزگاه یا بهتر است بگویم یک اتاق سه در سه را به زندانیان اجاره داده و ماهی یک میلیون تومان بابت همین اتاق کوچک اجاره می گیرد و یک زیر پله که توسط خود زندانیان آماده سازی شده را به عنوان آرایشگاه اندرزگاه به مبلغ ماهی سیصد هزار تومان اجاره داده است. لازم به ذکر است وسایل و ابزار خیاطی و آرایشگاه شامل چرخ خیاطی، اتو، ماشین اصلاح، سشوار و غیره را نیز خود زندانیان اجاره کننده خریده‌اند و معلوم نیست این پول که صرفن جهت اجاره مکان دریافت می‌شود، کجا ثبت یا هزینه می گردد و به جیب چه کسی می‌رود. آنچه مسلم است برای زندانی هزینه نمی‌شود، چون تمام هزینه‌های اندرزگاه از قبیل لامپ مهتابی، آیفون تصویری، تلفن روی میز رییس، هواکش، دستگاه فتوکپی و حتا لوازم‌التحریر اندرزگاه توسط زندانیان خریداری می‌شود.

با یک حساب سرانگشتی به راحتی قابل محاسبه است که ایشان در طول دو سال و اندی که ریاست این اندرزگاه را به عهده دارد، فقط مبلغ بیش از سی میلیون تومان از بابت اجاره‌ی این دو مکان درآمد داشته است.

البته این فقط یکی از درآمدهای ایشان است. نامبرده وسایل زندانیان اعدامی از قبیل فرش و یخچال و تلویزیون و کولر و ... را به انبار منتقل و سپس توسط عواملش به سایر زندانی‌ها می‌فروشد. من این مراتب را به رییس زندان آقای مردانی گزارش کردم. نامبرده نیز به جای برخورد با ایشان، مرا از آن اندرزگاه به اندرزگاه دو منتقل نمود.

سوال من این است آیا هزینه‌ی نگهداری زندانی در زندان باید توسط زندانی و خانواده‌ی او پرداخت شود؟ آیا زندانبان حق فروش وسایل زندانی اعدامی را دارد؟ پول آن به کجا می‌رود؟ آیا

روا‌ست که زندانی بابت خیاط‌خانه یا آرایشگاه چنین اجاره‌های سنگینی بپردازد؟ مگر یک خیاطی یا آرایشگاه چقدر درآمد دارد؟ پول آن در جیب چه کسی است؟
خواهشمند است دستور رسیدگی صادر فرموده ما را نیز در جریان اقدامات انجام شده قرار دهید.
با تشکر - علی‌اشرف پروانه

چیزی به آزادیم نمانده است. امروز به آقای دری، پدر حانیه زنگ زدم و گفتم دو هفته‌ی دیگر آزاد می‌شوم. اگر اجازه می‌دهید در ایام تعطیلات نوروز خدمت برسیم و قرار ازدواج هانی و حانیه را بگذاریم. موافقت کرد و من خبرش را به بچه‌ها دادم.

راجع به آقای باغانی دبیر کل کانون صنفی معلمان ایران و دبیر شورای هماهنگی کانون‌های صنفی سراسر کشور قبلن نوشته‌ام. او هم از کسانی است که برای آموختن عروض و قافیه علاقه نشان داد و چه زود آموخت آنچه را باید می‌آموخت. در همه‌ی بحرها شعر گفت و کلیات شمس و مولانا را دوره کرد و یک شاعر تمام عیار شد. البته ناگفته نماند او هم برای من کلاس تاریخ گذاشت و من نیز از او بسیار آموختم.
باغانی در سالن پنج بود. چون من اتاق تکی داشتم و مرتب سرم در کار نوشتن و خواندن بود، گفت: اشکالی ندارد من روزها برای مطالعه به اتاق شما بیایم؟ این‌گونه بود که یک هم‌اتاقی نیمه وقت پیدا کردم. روزها بعد از آمار و باز شدن در سالن‌ها پایین می‌آمد و عصرها قبل از آمار برمی‌گشت.
از او که فوق‌لیسانس تاریخ و تمدن ملل اسلامی دارد، شنیدنی‌های جالبی داشتم. از جمله اینکه هیتلر شرکت معلم‌ها در جبهه‌های جنگ را ممنوع اعلام کرده و گفته بود: اگر شکست بخوریم که شما باید دوباره آلمان را بسازید، اگر پیروز شدیم باید جهان را اداره کنید.

هم‌چنین خانم مرکل در نشستش با متخصصان صنعتی آلمان که تقاضا داشتند حقوقشان به سطح حقوق معلم‌ها برسد، با اعتراض گفته بود: از چنین درخواستی خجالت نمی‌کشید؟ آیا شما می‌خواهید حقوقتان با کسانی که شما را به اینجا رسانده‌اند، برابر باشد؟

چهارشنبه سوری

امروز چهارشنبه سوری است و زندان سوت و کور. به هر کس گفتم: «چرا کاری نمی‌کنین؟». همه می‌گفتند: «دوربینا ما رو می‌بینن». دیدم اینجا همه اخته‌اند. خودم راه افتادم و اتاق به اتاق هر کس مقوا و جعبه و کارتن اضافه‌ی به درد نخور داشت جمع کردم و بردم در حیاط. دو کپه کردم و آتش زدم و شروع کردم به آواز خواندن. زندانی‌هایی که در حیاط بودند دورادور من را نظاره می‌کردند. مدتی گذشت و دیدند خبری نشد. یواش‌یواش با احتیاط نزدیک شدند. آن‌هایی هم که از پشت پنجره‌ها نظاره‌گر بودند به تدریج در حیاط جمع شدند. نیم ساعت بعد بزن و بکوبی شد که بیا و ببین. سرخی تو از من زردی من از تو. حتا پیرمردها هم از روی آتش پریدند.

زندانی‌ها می‌گفتند: هرگز به خاطر نمی‌آورند که در این زندان شب چهارشنبه سوری برگزار شده باشد.

دو روز بیشتر به آزادی من نمانده است. یک مسئله هست که باید حتمن حل کنم. فرستادم سراغ همان دوست چپ‌گرایمان که یک بار مشغول نماز دیده بودمش. آمد و نشست و ضمن صحبت‌ها و وصیت‌هایی که داشتم و بده بستان کتاب‌های امانتی، گفتم: «فلانی تو نماز می‌خونی. چرا؟». به کلی و از بیخ منکر شد و گفت: «من؟ وا ... یه حرفایی می‌زنیا!». گفتم: «ببین،

من که از کسی نشنیدم. خودم دیدم. با همین دو تا چشام. تو برا چی نماز می‌خونی؟». راه هرگونه انکاری را به رویش بستم. گفت: «می‌دونی چیه؟ این هم‌اتاقیم خبرچینه. جلو اون یه خورده احتیاط می‌کنم». گفتم: «ببین پسرم، اولن هم‌اتاقیت خودش نماز نمی‌خونه، دوم اون روز هم‌اتاقیت تو اتاق نبود و تو تنها بودی. سوم تو این زندان غیر دو نفر، هیچ کدوم از سیاسی امنیتی‌ها نماز نمی‌خونن. چهارم برای نماز نخوندن سیاسی امنیتی‌ها رو توبیخ نمی‌کنن. پنجم اگه برای حفظ ظاهر بخوای نماز بخونی باید بری تو نمازخونه که همه ببینن، نه اینکه بری تو اتاقت و پرده رو هم بکشی. ششم اینکه من فقط اسمم هالوئه خودم هالو نیستم. تو برا چی نماز می‌خوندی؟».

بنده خدا بدجوری گیر کرده بود. گفتم: «مرد و مردونه پیش خودمون میمونه و به رفقات نگفتم و نمی‌گم تو نماز می‌خوندی. حالا بگو چرا؟». گفت: «راستشو بگم؟ مثه یه آدم تشنه که بعضی وقتا خیلی تشنه‌اش می‌شه و می‌ره سر یخچال و آب ور می‌داره می‌خوره، منم یه وقتایی دلم می‌خواد نماز بخونم. درونم بهش احتیاج داره». گفتم: «خب این همون خداییه که یه روز ازم سوال کردی. حالا پاشو برو».

امروز بیست و پنجم اسفند و فردا روز آزادی من است. می‌دانم خارج از زندان دوستان مراسم مبسوطی جلوی در زندان تدارک دیده‌اند و از علاقمندان دعوت شده حدود ساعت شش عصر جلوی رجایی‌شهر در استقبال از هالو شرکت کنند. دیشب تا صبح مشغول تکمیل دفترچه اشعارم بودم. دو جلد قبلی دارد اتاق به اتاق دست به دست می‌چرخد و این جلد سوم است. آن‌ها را برای زندانیان یادگاری می‌گذارم تا از رویشان نسخه‌برداری کنند. به قول قدیمی‌ها: استنساخ.

شنیدم بعضی از دوستان تعجب کرده بودند چرا عالی‌پیام بیست و شش اسفند نود و چهار آزاد می‌شود، چون یک سال و سه ماه و یک روز حبس نباید

آزادیش در این روز باشد. این توضیح را برای آن‌ها نوشتم و قبل از آزادی توسط بچه‌ها در فیس بوک و کانالم منتشر کردم:

«من دوم اردیبهشت نود و چهار خود را معرفی کردم. با احتساب یک ماه زندان ایام بازداشت در اوین و هفت روز برای اضافه‌ی یک روز شش ماهه اول سال (که سی و یک روز است) در پرینت اولیه‌ی آزادی من بیست و شش خرداد نود و پنج اعلام شده بود.

با استفاده از ماده قانونی ۱۳۴ که جدیدن تصویب شده است، پس از سه ماه مکاتبه و دوندگی و تهدید به اعتصاب غذا و تهدید به مصاحبه با شبکه‌های خارجی و... درخواست قانونی مرا اعمال کردند و نود و یک روز در دل یک سال قرار گرفت.

طبق ماده ۱۳۴ اگر محکومی در یک پرونده دو یا چند محکومیت به زندان داشته باشد، آن که بیشتر است محاسبه می‌شود. این قانون «قاعده‌ی اشد مجازات» نام دارد.

شنیدم بعضی دوستان گفته‌اند عالی‌پیام از عفو استفاده کرده است. جهت اطلاع این دوستان باید بگویم دریغ از یک روز مرخصی.

خیر دوستان، من از هیچ عفوی استفاده نکردم و در پایان قانونی حبس خودم باید آزاد بشوم، اگر بشوم ...».

بلندگو نام مرا پیج کرد. رفتم بالا، یکی از مسئولین زندان مرا احضار کرده بود. نامش را نمی‌برم تا برایش مشکل‌ساز نشود. به همراه سربازی به دفترش راهنمایی شدم. شلوغ بود. گفت: «بنشین». نشستم تا دفتر خلوت شد. سرباز را گفت: «بیرون باش». به منشی هم گفت: «کسی داخل نشه». بعد به من گفت: «بیا جلو». مرا روی صندلی‌یی که کنار میزش بود دعوت کرد. وقتی نشستم، کشوی میزش را باز کرد. شش جلد از کتاب‌های من داخل کشوی میزش بود. گفت: «زود باش اینا رو امضا کن». گفتم: «یا ابل فض. اینارو از کجا آوردین؟». گفت: «کاریت نباشه. پسرم داده براش امضا کنی».

سازمان زندانها و اقدامات تأمینی و تربیتی کشور — اعلام وضعیت زندانی

استان تهران - زندان رجائی شهر

تاریخ چاپ: ۰۹:۳۷ - ۱۳۹۴/۰۲/۰۳-۱۸۲

نام: سید محمدرضا
نام خانوادگی: عالی پیام
نام پدر: ماشاالله
شماره شناسنامه: ۴۳۱
سال تولد: ۱۳۳۶
محل صدور: تهران

وضعیت زندانی: حاضر به خواب
محل نگهداری: اندرزگاه ۲ - سالن ۶
شماره عکس: ۱۳۵۴۲۲۹۹۵۳
شماره آمار: ۹۴۲۰۶۰۰۶۶۲
شماره ملی: ۰۰۴۳۷۳۴۰۵۷

تاریخ بازداشت: ۱۳۹۴/۰۲/۰۲
تاریخ تحویل به زندان: ۱۳۹۴/۰۲/۰۲
تاریخ ترک زندان:
شماره شورا: ۰

قرار ردیف : ۱ نوع قرار: محکوم وضعیت قضایی: محکوم / صدور حکم قطعی

مبلغ قرار: ۰ ریال
شماره قرار: ۹۳۰۴۳۷
شماره پرونده: ۹۳۰۴۳۷
توضیحات قرار:

دادگاه / دادسرا: تهران / دادسرای عمومی ناحیه ۳۳ مقدس
شعبه: شعبه ۱ / دادیار اجرای احکام
تاریخ قرار: ۱۳۹۴/۰۲/۰۲

جرم ۱: ۱ فعالیت تبلیغی علیه نظام جمهوری اسلامی ۲ توهین به مقدسات اسلام

محکومیت: ۱ سال و ۳ ماه و ۱ روز حبس

شماره محکومیت: ۹۳۰۴۳۷/ج
تاریخ محکومیت: ۱۳۹۴/۰۲/۰۲
مبلغ محکومیت مالی: ۰ ریال
شعبه اجرا: شعبه ۱ / دادیار اجرای احکام
دادگاه / دادسرا اجرا: دادسرای عمومی ناحیه ۳۳ مقدس
مدت بازداشت قبلی: ۳۰ روز

شروع محکومیت: ۱۳۹۴/۰۲/۰۲
پایان محکومیت حبس: ۱۳۹۵/۰۳/۲۶
پایان محکومیت با جریمه: ۱۳۹۵/۰۳/۲۶
توضیحات تقویم:
۳۰ روز بازداشت قبلی
۴۲۱ روز جمع ایام حبس

شماره شورا: ۰
تعداد سابقه: ۰
جمع ایام مرخصی: ۰
جمع ایام فرار و غیبت از مرخصی: ۰
توضیحات پرونده:

تاریخ خاتمه حبس: ۱۳۹۵/۰۳/۲۶
تاریخ خاتمه حبس با احتساب جریمه: ۱۳۹۵/۰۳/۲۶
سایر مجازاتها:

در این پرینت که متعلق به قبل از اعمال ماده ۱۳۴ است، آزادی من بیست و سوم خرداد نود و پنج ثبت شده است.

سازمان زندانها و اقدامات تأمینی و تربیتی کشور
استان تهران - زندان رجائی شهر
تاریخ چاپ: [illegible]

اعلام وضعیت زندانی

نام: سید محمدرضا
نام خانوادگی: عالی پیام
نام پدر: ماشاالله
شماره شناسنامه: ۴۳۱
سال تولد: ۱۳۳۶
محل صدور: تهران

وضعیت زندانی: بازگشت از اعزام
محل نگهداری: اندرزگاه ۲ - سالن ۶
شماره عکس: ۱۳۵۴۲۲۹۹۵۳
شماره آمار: ۹۴۲۰۶۰۰۶۶۲
شماره ملی: ۰۰۴۳۷۳۴۰۵۷

تاریخ بازداشت: ۱۳۹۴/۰۲/۰۲
تاریخ تحویل به زندان: ۱۳۹۴/۰۲/۰۲
تاریخ ترک زندان:
شماره شورا: ۰

قرار ردیف : ۱ نوع قرار: **محکوم** وضعیت قضایی: **محکوم / صدور حکم قطعی**

مبلغ قرار: ۰ ریال
شماره قرار: ۹۳۰۴۳۷
شماره پرونده: ۹۳۰۴۳۷
مرجع صادر کننده: **دادیار محترم اجرای احکام شعبه ۱ دادسرای عمومی ناحیه ۳۳ مقدس تهران**
تاریخ قرار: ۱۳۹۴/۰۲/۰۲
توضیحات قرار: مخالفت بازادی مشروط ۹۴.۹.۱

جـــرم ۱: ۱ فعالیت تبلیغی علیه نظام جمهوری اسلامی ۲ توهین به مقدسات اسلام

محکومیت: ۱ سال حبس

اعمال ماده۱۳۴ وصرفا مجازات اشد اجرا گردد ۹۴.۸.۶

شماره محکومیت: ۹۳۰۴۳۷/ج
تاریخ محکومیت: ۱۳۹۴/۰۲/۰۲
مبلغ محکومیت مالی: ۰ ریال
مرجع اجرا کننده: **دادیار محترم اجرای احکام شعبه ۱ دادسرای عمومی ناحیه ۳۳ مقدس تهران**
مدت بازداشت قبلی: ۳۰ روز

شروع محکومیت: ۱۳۹۴/۰۲/۰۲
پایان محکومیت حبس: ۱۳۹۴/۱۲/۲۶
پایان محکومیت با جریمه: ۱۳۹۴/۱۲/۲۶
توضیحات تقویم:
۳۰ روز بازداشت قبلی
۳۳۰ روز جمع ایام حبس

شماره شورا: ۰
تعداد سابقه: ۰
جمع ایام مرخصی: ۰
جمع ایام فرار و غیبت از مرخصی: ۰
توضیحات پرونده:

تاریخ خاتمه حبس: ۱۳۹۴/۱۲/۲۶
تاریخ خاتمه حبس با احتساب جریمه: ۱۳۹۴/۱۲/۲۶
سایر مجازاتها:

در این پرینت که ذکر شده: اعمال ماده ۱۳۴ و صرفن مجازات اشد اجرا گردد، تاریخ آزادی من بیست و ششم اسفند نود و چهار ذکر شده است.

یاد روزی افتادم که مرحوم صدرا از انجمن امیرکبیر با من تماس گرفت و گفت: «سه دوره از کتابات رو برسون برای پرونده‌ی انجمن تو پلیس امنیت خواستن». بردم. چند روز دیگر تماس گرفت و گفت: «سه دوره دیگه برسون». گفتم: «اینو برا کجا؟». گفت: «برا همون‌جا. اونا رو که بردیم افسرا ریختن و هر کدوم یکی دو تا گذاشتن تو جیبشون و بردن خونه. برا پرونده چیزی باقی نموند».

آزادی

بعد از آمار صبح خوابیدم. تا ساعت شش بعد از ظهر که آمار بگیرند و اسم مرا برای آزادشدن اعلام کنند، وقت زیادی داشتم. بچه‌های زندان هم تدارک بدرقه دیده بودند. به من که نمی‌گفتند تا سورپریز باشد، ولی جسته گریخته در جریان بودم.

ساعت نه صبح بود که یکی از بچه‌ها مرا بیدار کرد:

- پا شو، بلن‌گو داره تو رو پیج می‌کنه.

بلند شدم. به دستشویی رفتم تا دست و رویم را بشویم که دوباره صدای بلندگو بلند شد. با عجله خودم را به زیر هشت رساندم. به من گفتند رییس شما را احضار کرده. مأموری ایستاده بود. یکراست مرا به اتاق آقای مردانی برد. منتظر من بود. سلام کردم و نشستم. گفت: «چقد پیر و شکسته شدی عالی‌پیام!». گفتم: «زندان شماست دیگه، می‌خواستی آدمو جوون و سر حال کنه؟». گفت: «تو یه سال اینجا بودی و این‌جور پیر شدی. ما که بیست ساله اینجاییم چرا پیر نشدیم؟». گفتم: «شما هم از غذایی که ما می‌خوریم می‌خورید؟ شما هم شب‌ها اینجا لای ساس و سوسک و هزارپا می‌خوابید؟ شما هم آب آهکی چاه می‌خورید؟ شما هم سه روز سه روز تو سرمای چند درجه زیر صفر با شوفاژ خراب لای یه تا پتو خودتونو می‌پیچید؟ یا پیش زن و

بچه‌تون دارید گُل می‌گید و گل‌می‌شنوید؟».

گفت: «خب حالا هرچی بود بالاخره تموم شد و آزاد شدی». گفتم: «بله، امروز روز آزادیه و نمی‌دونم بازم شما رو می‌بینم یا نه». گفت: «امیدوارم اگه هم دیدیم تو زندون نباشه. حالا می‌تونی بری». بلند شدم از دری که آمده بودم خارج شوم، گفت: «نه، از اون در نه، از این در. این مأمور تو رو تا دم در هدایت می‌کنه». وا رفتم. گفتم: «یعنی همین الان برم بیرون؟». گفت: «بله». گفتم: «مگه زندانیا بعد آمار آزاد نمی‌شن؟» گفت: «از دادستانی تماس گرفتن و گفتن عالی‌پیام رو همین الان آزاد کنید». گفتم: «وسایلم تو اتاقه. حداقل برم اونا رو بیارم». گفت: «اجازه‌ی بازگشت به بند رو نداری. می‌فرستم وسایلت رو بیارن». شستم خبردار شد. آن‌ها نگران استقبال مردم از هالو جلوی زندان بودند که هیچ رقم نمی‌شد جلوی این جمعیت را گرفت. گفتم: «یه چیزایی از دیگران نزد من امانته و چیزایی من پیش دیگران دارم. لااقل یه ساعت به من مهلت بدین برم و برگردم». گفت: «یه دقیقه هم نمی‌شه». بعد مأموری را فرستاد و وسایلم را آوردند.

همراه مأمور به انبار قرنطینه رفتیم تا وسایلی را که موقع ورود به زندان از من گرفته بودند پس بگیرم. قبض را دادم. مسئول مربوطه نیم ساعتی قفسه‌ها را گشت و بعد گفت: «نیست». گفتم: «چی نیست؟» گفت: «کیسه‌ی وسایل تو نیست». گفتم: «مگه می‌شه؟» گفت: «حالا که شده».

بعله، شده است و می‌شود. زندانیان زیادی می‌گفتند که کیسه‌ی وسایلشان در انبار گم شده است. همین چند وقت پیش دم انتخابات خانواده‌ی یک زندانی برای گرفتن شناسنامه‌ی او مراجعه کرده بودند. شناسنامه‌ی او در جیب کتش بود که دم در موقع ورود گرفته بودند. قبض را داده بود تا وسایلش را به خانواده‌اش بدهند. اما کیسه گم شده بود و هرچه گشتند پیدا نشد. به من می‌گفت: «دکتر، تمام مدارکم در آن کیسه بود». گفتم: «اگه اعدام شدی که تو اون دنیا بهشون نیاز نداری، اگه هم آزاد شدی که می‌ری المثنا می‌گیری». حالا وسایل خودم گم شده بود. دم در چهار زانو نشستم و گفتم: «تا وسایلمو

نگیرم از اینجا جُم نمی‌خورم». مأمور بدرقه‌ی من مرتب غر می‌زد که: «آقا بلن شو بریم. من باید تو رو دم در تحویل بدم برگردم. منو علاف نکن». راست می‌گفت. وقت ناهار بود و بنده خدا دلش شور غذایش را می‌زد که اگر نباشد، می‌خورندش. با او کارمان به کل‌کل کشید و با مسئول انبار به بگو مگو. درشت گفت. درشت شنید. گفتم: «همه‌تون دزدید. اینجا زندان نیس. دزدخونه‌اس. زنگ بزن به رییست بگو عالی‌پیام از زندان بیرون نمی‌ره و وسایلشو می‌خواد».

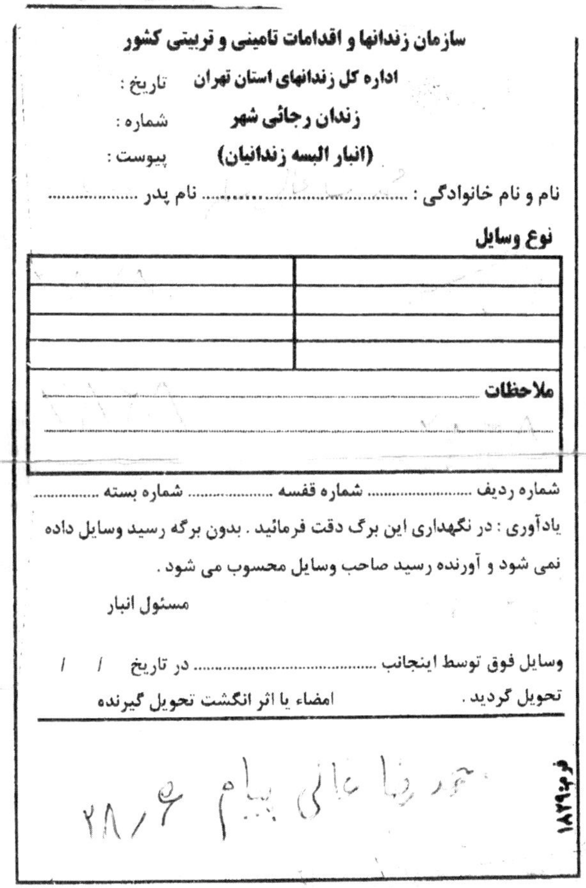

سازمان زندانها و اقدامات تامینی و تربیتی کشور

اداره کل زندانهای استان تهران تاریخ :

زندان رجائی شهر شماره :

(انبار البسه زندانیان) پیوست :

نام و نام خانوادگی : .... **نام پدر** ....

نوع وسایل

ملاحظات ....

شماره ردیف .... **شماره قفسه** .... **شماره بسته** ....

یادآوری : در نگهداری این برگ دقت فرمائید . بدون برگه رسید وسایل داده نمی شود و آورنده رسید صاحب وسایل محسوب می شود .

مسئول انبار

وسایل فوق توسط اینجانب .... **در تاریخ** / /

تحویل گردید . **امضاء یا اثر انگشت تحویل گیرنده**

محمدرضا عالی‌پیام ۲۸/۶

فرم ۱۸۲۹۰

آمدم بیرون و کنار باغچه چهارزانو نشستم. مأمور بدرقه کارش به التماس کشید. ولی من هم رگ هالوییم گل کرده بود. بهترین فرصت بود برای وقت‌کشی تا شش بعد از ظهر. رکب زده بودند. باید رکب می‌خوردند.

بعد از ساعتی دو تن از معاونین زندان آمدند. یکی از آن‌ها گفت: «چیه عالی‌پیام؟ دم رفتن هم دست از شلوغ بازی ور نمی‌داری؟». گفتم: «چه شلوغ بازی‌یی؟ وسایلمو بدین برم». گفت: «قبضتو بده ببینم». ندادم. ترسیدم بگیرد و پس ندهد. شماره‌اش را خواندم و گذاشتم توی جیبم. آن دو به همراه مسئول انبار وارد انبار شدند و شروع کردند به گشتن. همه‌ی قفسه‌ها را زیر و رو کردند. گفتم: «بی‌خود نگردین. پیدا نمی‌کنین. اونا رو فروختن و خوردن و از هضم رابع هم گذشته».

معاون زندان گفت: «مگه چی توش داشتی من خسارتشو بدم». گفتم: «یه جفت کفش آدیداس ایتالیایی نهصد هزار تومن. یه دست گرمکن نورت فیس اصل خارجی یک و نیم میلیون تومن، یه سوییشرت نایک برند اصلی یک میلیون و هشتصد هزار تومن. یه کاپشن ربوک آمریکایی سه میلیون و صد، یک کلاه پوما دویست هزار تومن. بقیه‌اش مهم نیست. لباس زیر و جوراب و پلیور و پیرهن و سایر وسایلم لوتی‌خور».

رقم‌ها را که شنید، گرخید. دوباره برگشتند توی انبار و با مسئول انبار یکه به دو کردن. صدای بلندشان تا بیرون می‌آمد. مسئول می‌گفت: «گم که نشده بالاخره پیدا می‌شه». ساعت از سه گذشته بود و من فقط کافی بود سه ساعت دیگر معطل کنم.

معاون زندان بیرون آمد و نشست کنار من و گفت: «شما برو، من قول می‌دم تا فردا اینارو پیدا کنم و زنگ می‌زنم بیا ببر. اگه هم پیدا نشد پولشو می‌دیم». گفتم: «بعید می‌دونم زندان ردیف بودجه‌ای برای این‌جور هزینه‌ها داشته باشه». گفت: «من خودم می‌دم. از پول خودم می‌دم». گفتم: «من از این زندان برم بیرون دیگه صاحب وسایلم نیستم. چکشو بده برم». گفت: «به من اعتماد نداری؟» گفتم: «معلومه که ندارم».

مستاصل شده بود. گفت: «حالا می گی چیکار کنیم؟» گفتم: «منو بر گردونین تو بند، وسایلم که پیدا شد، می‌رم. لااقل زنگ بزنم به خونواده‌ام برام لباس بیارن. من که نمی‌تونم با این زیرشلواری و دمپایی برم بیرون». گفت: «پاشو بیا». مرا داخل انبار برد. کنار دیوار حدود بیست جفت کفش درب و داغون چیده شده بود. گفت: «هرکدوم از اینا رو که می‌خوای بپوش برو». گفتم: «اینا مال کیه؟» گفت: «چیکار داری مال کیه. تو بپوش برو». گفتم: «اولن اینا مال زندانیای بدبختیه که اون تو هستن. من مال کی رو بپوشم برم؟ در ثانی این کفشا مگه نباید توی کیسه‌ی وسایل زندانیا باشه؟ چرا اینجا کنار دیواره؟ معلومه کیسه رو خالی کردن و لباسا و وسایل به درد بخورشو فروختن و اینا روی دستشون مونده، چیندن اینجا. شما از این آقای مسئول انبار نمی‌پرسی چرا این کفشا تو کیسه‌اش نیست؟».

خلاصه آن‌قدر معطل کردم که ساعت شش شد. از اینکه نقشه‌ی دادستان برای بر هم زدن استقبالم نگرفت خوشحال بودم و توی دلم به مسئول انبار ایول می‌گفتم.

مأمورین از یکی دو ساعت قبل جمعیت جلوی زندان را با تهدید و ارعاب متفرق کرده بودند. عده‌ای رفته بودند و عده‌ای هم پشت ماشین‌ها و کوچه‌های اطراف پنهان شده بودند. با خروج هالو از در زندان، دوباره جمع شدند و باز سر و کله‌ی مأموران پیدا شد. منتها این بار مودبانه و با خواهش و تمنا که برای ما مسئولیت دارد و چه و چه ....

دیدن دوستان و آشنایان و عزیزانی که یک سال ندیده بودمشان برایم لذت‌بخش بود و عطر گل‌هایی که دستشان بود، نشئه‌انگیز، ولی دیدن من برای آن‌ها تعجب‌آور، چون هیچ‌کدام تا به حال هالو را با زیرشلواری و دمپایی و سبیلی به آن کلفتی ندیده بودند.

چه جوری رفته بودم تو، چه جوری اومدم بیرون
نگی اون‌جوری میزونه ولی این‌جوری نامیزون

مهم این کله‌ی شقه که جون تو همون کله‌اس
ببین حالا چه جوری باز شعرش می‌زنه بیرون

نامه به قاضی

بعد از آزادی از زندان، اولین کاری که کردم، نوشتن نامه‌ی زیر برای قاضی بود که گذاشتم در صفحه‌ی فیس بوک:

قاضی محترم
حبس خود را کشیدم و آزاد شدم. هرچند معلوم نیست این خلاصی از زندان تا کی پایدار بماند و کی دوباره به حبس برگردم. دوستان "هم لباس شما و همدل با من" در بازپرسی و دادگاه به من گفته بودند: «عالی‌پیام، یک مقام کله گنده

پشت پرونده‌ی توست و دستور داده حال تو را بگیرند تا دلش خنک شود». برای همین هم شما چشم خود را بر قانون بستید و پرونده‌ای را که امر به مختومه بود باز کردید و به من حکم زندان دادید. وقتی هم که از اوین مرا به رجایی‌شهر آوردند، رییس زندان، خصوصی به من گفت: دستور داده‌اند تو را به رجایی‌شهر بفرستند تا حالت را بگیرند.

علی‌ای‌حال هرچه بود گذشت. اما لازم می‌دانم مراتب سپاس خود را از شما بنا به دلایل زیر اعلام کنم:

۱ـ خیلی‌ها به من لقب سوپاپ اطمینان رژیم داده بودند و می‌گفتند از خودشان است و چرا او را نمی‌گیرند و ...؟ شما مرا از همه‌ی این اتهامات تبرئه[1] کردید.

۲ـ یک سال فرصت کافی و بی‌دغدغه به من دادید تا بدون گرفتاری‌ها و کارهای روزمره و مهمانی‌ها و وقت تلف‌کردن‌های بیرون زندان، به کارهای تحقیقاتی نیمه کاره‌ی خودم بپردازم. هرچند به دستور مقامات زندان اجازه‌ی استفاده از کتابخانه را نداشتم، ولی بودند دوستانی که کتاب‌های مورد نیاز را برایم می‌آوردند.

۳ـ تشکر از شما به خاطر فراهم‌آوردن فرصتی طلایی برای یک سال زندگی با کسانی که معلول ظلم و فقر و بی‌عدالتی جامعه‌ای هستند که شما ساخته‌اید. لمس درد کسانی که مطرود اجتماع شده‌اند، ولی حق زندگی کردن دارند.

۴ـ تشکر از شما به خاطر برقرار کردن ارتباط تنگاتنگ هالو با قشری از جامعه که هیچ گاه با تفکر و مطالعه انسی نداشته است

---

۱. پسرم می‌گفت: «بابا با اینکه زندان رفتی خیلیا تو فضای مجازی می‌گن زندان رفتن هالو سیاه‌بازیه. هالو از خودشونه و الکی می‌گن زندونه». گفتم: «مثه اینکه تا منو اعدام نکنن این ملت باورشون نمی‌شه». گفت: «مطمئن باش اون موقع هم می‌گن از خودشون بود، تاریخ مصرفش تموم شد حذفش کردن».

و انتقال افکار و اندیشه‌ی هالویی به آن‌ها. با خبر شدنشان از اینکه در بیرون از زندان چه می‌گذرد و چه بر سر آن‌ها آمده است و چرا آمده است.

۵ ـ تشکر از شما به خاطر ایجاد فرصتی مغتنم برای تشکیل کلاس‌های عروض و قافیه و آشنایی زندانیان با شعر و فرهنگ و ادب و از همه مهم‌تر، توان بیان درد خود به زبان شعر. حضور هالو در این زندان بیش از سی شاعر معترض تحویل شما داد. همه که اعدام نمی‌شوند. نیمی از این‌ها پس از سال‌ها حبس به جامعه بازمی‌گردند. کما اینکه در زمان محکومیت خود من، بسیاری از این هنرجوها آزاد شدند.

۶ ـ تشکر از شما به خاطر عوض کردن رنگ و مزه و احساس اشعار من، شعرهایی که در زندان سروده و پخش شد را با اشعار قبلم مقایسه کنید. آیا فکر کردید با زندانی شدن هالو دهانش بسته می‌شود؟ خیر، اشعارش صیقلی شد و واقع بینانه‌تر. چون من بخشی از جامعه را که زندانیان عادی و غیر سیاسی باشند تا به حال به این خوبی درک نکرده بودم.

۷ ـ جناب آقای قاضی، در زندان شنیدم که شاعران دیگری را هم دستگیر و روانه‌ی زندان کرده‌اید. از این بابت هم از شما ممنونم. چون همان‌طور که به قول شما زمین از حجت خدا خالی نمی‌ماند، زندان نیز نباید از شاعران دگراندیش خالی بماند.

۸ ـ جناب آقای قاضی، شما همراه هالو، اشعار هالو را وارد این زندان کردید. خیلی‌ها هالو را نمی‌شناختند، ولی الان که شما دارید این نامه را می‌خوانید، دفترچه دفترچه اشعار هالو دارد رونویس می‌شود و بسیاری از آن‌ها را از بر شده‌اند. باز اشتباه کردید.

۹ ـ آقای قاضی، من یک آدم فرهنگی بودم. سرم به فیلم‌سازی‌ام بود و وقتی ممنوع کار شدم، به شعر. شما از من یک آدم سیاسی ساختید. بسیاری از فعالان سیاسی را فقط نامشان را شنیده بودم. ولی چه در این زندان و چه در اوین فرصت کافی برای آشنایی نزدیک با آن‌ها، نشست و برخاست و تبادل افکار فراهم آوردید. این اشتباهتان محشر کبرا بود.
خلاصه خواستید حالم را بگیرید، ولی ندانسته حال دادید. حتا عدم استفاده از باشگاه و کتابخانه و سالن سینما و بخش فرهنگی و مرخصی و عفو عمومی و عفو مشروط و راه براه محرومیت از ملاقات حضوری و این‌ها هم حالم را نگرفت. دمم گرم. نوروز باستانی بر شما هم مبارک.

از چنین فرصتی که ساخته‌ای
من که بردم، ولی تو باخته‌ای
من اگر پیرم و به زنجیرم
تو شدی خط‌خطی و من شیرم
از قضا یا قدر هر آن چه که بود
تو ضرر کرده‌ای و هالو سود
جان من مثل دفعه‌ی ماضی
باز هم اشتباه کن قاضی
باز هم جان استر و یابو
حال‌گیری کنید از هالو

پنجره‌ی اتاق کارم در خانه به کوچه باز می‌شود. هر شب که صدای جاروی رفتگر محله را می‌شنیدم، بیرون می‌رفتم با سینی شام. بعد یک چای با هم می‌خوردیم و کمی درددل می‌کردیم.

یک سال می‌شد که ندیده بودمش. آن شب صدای جارویش را که شنیدم، مثل همیشه رفتم بیرون، با سینی شام. نشستیم به صحبت. مرا با آن سبیل و موهایی که سفیدتر شده بود و زخمی که بر پیشانی داشتم نشناخت. پرسید: «این آقایی که اینجا بود رفت؟». خندیدم. گفتم: «کدوم آقا؟». گفت: «آقایی که قبل از شما تو این خونه بود». گفتم: «بی‌وفا، ایول، حالا دیگه منو نمی‌شناسی؟». در تاریکی به صورتم خیره شد. با لهجه‌ی شیرین آذری‌اش پرسید: «جان من خودتی؟». خندیدم و گفتم: «جان تو خودشه». گفت: «پس کجا بودی این همه وقت؟ بودی و حال ما رو نمی‌پرسیدی؟ چرا قیافه‌ات اینقد عوض شده؟» گفتم: «زندان بودم».

جا خورد. لقمه در گلویش ماند. گفتم: «نترس، از دیوار کسی بالا نرفتم. من به خاطر تو زندان بودم». بیشتر جا خورد. راستش کمی ترسید. گفت: «مگه من چیکار کردم؟» گفتم: «نترس عزیز دل برادر. تو کاری نکردی. تو جزو شریف‌ترین آدم‌هایی هستی که می‌شناسم. فقط بگو ماهی چقد می‌گیری؟» گفت: «هشتصد تومن». گفتم: «چقد اجاره خونه می‌دی؟» گفت: «پونصد تومن». گفتم: «چند تا بچه داری؟» گفت: «دو تا دختر». گفتم: «فکر می‌کنی با این ماهی سیصد تومن که برات می‌مونه می‌تونی جهازشونو تهیه کنی؟» گفت: «ای آقای مهندس، من شیکم‌شونو هم نمی‌تونم سیر کنم». گفتم: «حالا فهمیدی من برای چی رفتم زندان؟ چون گفتم چرا وقتی آدمایی مثه تو توی این مملکت شب تا صب جون می‌کنن، پول این مملکت باید بره سوریه و لبنان خرج بشه؟ چرا یه عده میلیاردی بدزدن و کسی جلودارشون نباشه. چرا میلیاردها تومن باید خرج راه‌پیمایی اربعین بشه. چرا این همه آقازاده ماشین پورشه دارن.

چرا گردن آخوندا روز به روز کلفت‌تر می‌شه و گردن شماها روز به روز خم‌تر».
اشک چشمانش را پاک کرد و بلند شد و سینی خالی را به من داد و گفت: «ولش کن آقای مهندس. کو گوش شنوا. خودتو زنو بچه‌تو فدای این چیزا نکن. اینارو توپم تکون نمی‌ده».
و رفت.

دادنامه ۹۳/٤/۲۹ ۲٦/۳۲/۹۳

به تاریخ ۹۳/۴/۱۶ در وقت فوق العاده شعبه ۲۶ دادگاه انقلاب اسلامی به تصدی امضا کنندگان ذیل تشکیل شد.

پرونده کلاسه ۱۹۰۶۸ ط د اتهامی محمدرضا عالی پیام فرزند ماشاالله تحت نظر است . باتوجه به اوراق و محتویات پرونده واستماع مدافعات متهم و اخذ اخرین دفاع وتوجها به اینکه اینجانب با حفظ سمت به موجب ابلاغ ویژه ریاست محترم قوه قضائیه به شماره ۱۹۶۶/۹۱/ق/۴/۳ مورخ ۹۱/۶/۱۵ دادرس دادگاه عمومی تهران نیز هستم، ضمن اعلام ختم دادرسی با استعانت از خداوند متعال به شرح ذیل مبادرت به انشاء حکم می نماید.

رای دادگاه

حسب کیفر خواست صادره از دادسرای عمومی وانقلاب تهران اقای سید محمد رضا عالی پیام فرزند ماشالله به شماره شناسنامه ۴۳۱ متولد ۱۳۳۶ صادره از تهران، شیعه مسلمان، متاهل، آزاد با تودیع وثیقه، شغل شاعر، متهم است به :

الف-فعالیت تبلیغی علیه نظام جمهوری سلامی ایران با سرودن اشعار طنز در بین مردم وارسال آن از طریق پیامک واینترنت برای افراد دیگر.

ب- توهین به مقدسات قرآن کریم وامام زمان (عج)

ج-توهین به حضرت امام خمینی (ره) و مقام معظم رهبری

د-توهین به ریاست محترم جمهوری اسلامی و مسئولین نظام

با توجه به مفاد کیفر خواست دادسرا و گزارش مرکز پشتیبانی عملیات اطلاعات پاواناجا و صورتجلسه کشف آلات و ادوات مجرمانه از قبیل لب تاب و دوحلقه فیلم ویدئویی و مقداری سر رسید و دفتر یادداشت حاوی دست نوشته های متهم و غیره همچنین بررسی و بازبینی لب تاب و استخراج عکس های مستهجن ومبتذل که تصاویر این اقدامات در پرونده ضبط می باشد و توهین به مقام معظم رهبری و حضرت امام خمینی (ره) ورییس جمهور که در آن مشهود است واین که متهم علیرغم حضور در زندان به تاریخ ۹۱/۱۰/۶ شعر هالو تحت عنوان : «این گونه زندان گشت دانشگاه» سروده ودر سایت کلمه منتشر شده است.سوابق شغلی وفعالیت هایی در زمینه بازیگری و کارگردانی و غیره موجب گردیده که از سوی وزارت ارشاد ممنوع کاری شود. به دنبال این موضوع در انجمن های مختلف علمی ادبی هنری عضویت یافته وبا برگزاری جلسات در حضور شعرا و

اعضاء انجمن به سیاه کاری و شعر خوانی علیه نظام مقدس جمهوری اسلامی ایران نماید. سرودن اشعار در قالب طنز به صورت سیاه نمایی علیه نظام جمهوری اسلامی و تحریک مردم به عدم مشارکت در انتخابات یکی از این مصادیق می باشد.

اولین جلسه دادگاه به تاریخ ۹۱/۱۱/۱۶ برگزار و متهم مدعی شد که این همان اتهاماتی می باشد که قبلا در همین شعبه تفهیم اتهام و حکم بر برائت من صادر گردید(دادنامه شماره ۹۰/۶۴۲ مورخ ۹۲/۱۰/۲۸) لازم به ذکر است در این دادنامه اتهام متهم فعالیت تبلیغی علیه نظام جمهوری اسلامی و توهین به رئیس جمهور بود که سایر اتهامات مندرج در کیفر خواست اخیر در آن پرونده لحاظ نشده بود.به دنبال ادعای متهم ریاست محترم وقت دادگاه پرونده را با رفع نقص به دادسرا اعاده تا مشخص نمایند آیا افعال انتسابی به متهم پس از تاریخ ۹۰/۱۰/۲۸ (یعنی تاریخ صدور برائت) می باشد یا خیر.

پس از اعاده پرونده به دادسرا نواقص مورد نظر رفع وار سوی مرکز پشتیبانی عملیات اطلاعات ناجا صراحتا اعلام می گردد که اشعار وسروده ها و اجرای آن بعد از تاریخ ۹۰/۱۰/۲۸ می باشد. همچنین اعلام داشته اند اجرای قطعاتی به نام آقا جون، زازله، من دیگه رای نمی دهم به ترتیب در مرداد ۹۰ و بهمن ۸۹ و آبان ۹۰ می باشد. لیکن متهم بعد از صدور حکم برائت اقدام به چاپ و انتشار آن نموده است . در خصوص تصاویر توهین آمیز نیز مشخص گردید که نام برده به طرق مختلف اقدام به جمع آوری نموده ولی مدرکی دال بر انتشار آن ها از سوی ایشان به دست نیامده است.

النهایه با توجه به مراتب فوق الذکر در خصوص اتهام توهین به حضرت امام خمینی (ره) و مقام معظم رهبری و رئیس جمهور محترم وقت آن چه از گزارش مرجع انتظامی مشهود است، نامبرده صرفا اقدام به جمع آوری تصاویر نموده شخصا در تولید و انتشار آن مداخله نداشته و حسب اظهارات متهم از طریق اشخاص ثالث برای وی از طریق ایمیل ارسال شده است که صرف نگهداری آن فعل مجرمانه تلقی نمی شود. لذا با لحاظ انکار قاطع متهم و با رعایت ماده۱۲۰ قانون مجازات اسلامی اصلاحی سال ۹۲ واصل ۳۷ قانون اساسی و ماده ۱۷۷ قانون آیین دادرسی کیفری حکم بر برائت وی صادر و اعلام می نماید.در خصوص اتهام فعالیت تبلیغی علیه نظام جمهوری اسلامی و توهین به مقدسات با توجه به گردشکار فوق الذکر و متن اشعار و سروده ها و اقاریر صریح متهم به ماهیت این اشعار و استمرار و عملکرد متهم در سرودن شعر با مضامین سیاه نمایی بر علیه نظام جمهوری اسلامی وتوهین و تحقیر حضرت ولی عصر (عج) و در دفاعیات وی احراز بزهکاریش و توجها به این که اعمال مجرمانه وی مشمول قانون مجازات اسلامی سابق می باشد و حسب ماده ۱۰ قانون مجازات اسلامی اخیر التصویب می بایست بر اساس قانون حاکم بر زمان وقوع جرم تعیین مجازات نموده وان که مجازات سابق اخف و به نفع متهم می باشد. لذا با رعایت ماده ۴۲ همان قانون و مواد ۵۰۰ و ۵۱۳ از قانون مجازات اسلامی نامبرده از حیث اتهام فعالیت تبلیغی علیه نظام

دادنامه ۹۳/٤/۲۹

۲٦/۳۲/۹۳

جمهوری اسلامی به تحمل ۹۱ روز حبس تعزیری و از جهت توهین به مقدسات به یکسال حبس تعزیری محکوم می نماید.

ایام بازداشت قبلی به هنگام اجرای حکم، کسر و محاسبه خواهد شد.

در خصوص الات و ادوات مکشوفه که مرتبط با جرم می باشد، در اجرای ماده ۱۰ قانون مجازات اسلامی سابق و ماده ۲۱۵ قانون مجازات اسلامی اخیر التصویب امحاء و وسایل سیستم رایانه پس از تخلیه کامل تحویل متهم می‌گردد. رای صادره حضوری و پس از ابلاغ ظرف مدت ۲۰ روز قابل تجدید نظر استان تهران می باشد

ماشاالله احمدزاده

دادرس شعبه ۲۶ دادگاه انقلاب اسلامی

و دادرس دادگاه عمومی تهران

قاضی من در تمام مراحل صلواتی بود، ولی نمی‌دانم چرا حکم را احمدزاده امضا کرده است!

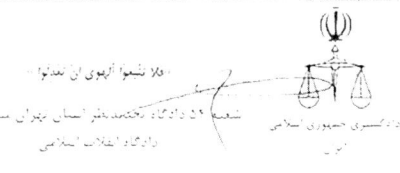

ریاست جمهوری اسلامی ایران

دادگستری جمهوری اسلامی ایران

«ولا تتبعوا الهوی ان تعدلوا»

شعبه ۵۴ دادگاه تجدیدنظر استان تهران مستقر در دادگاه انقلاب اسلامی

شماره دادنامه: ۹۳۰۹۹۷۰۲۲۵۸۰۰۱۸۹
شماره پرونده: ۹۱۰۹۹۸۰۲۷۷۰۰۰۰۳۸
شماره بایگانی شعبه: ۹۳۰۳۷۸
تاریخ تنظیم: ۱۳۹۳/۰۷/۱۴

دادنامه

پرونده کلاسه 910998027700038 شعبه 54 دادگاه تجدیدنظر استان تهران مستقر در دادگاه انقلاب اسلامی دادنامه شماره 9309970225800189

تجدیدنظرخوانده:

آقای سیدمحمدرضا عالی نسب به نشانی تهران خ قائم مقام فراهانی کوچه میراحسنی پ14 ط3

اتهام ها:

1. اهانت به بنیانگذار جمهوری اسلامی ایران
2. اهانت به مقدسات اسلام
3. اهانت به مراجع مسلم تقلید
4. اهانت به مقام معظم رهبری

گردشکار- دادگاه با بررسی اوراق و محتویات پرونده ختم دادرسی را اعلام و به شرح زیر مبادرت به صدور رأی می‌نماید .

((رأی دادگـــاه))

در خصوص اعتراض و تجدیدنظرخواهی آقای سید محمد رضا عالی نسب از دادنامه شماره93/32/26 مورخ 93/4/29 صادره از شعبه 26 دادگاه انقلاب اسلامی تهران که به موجب آن نامبرده به اتهام موضوع مواد 500 قانون مجازات اسلامی به تحمل نود و یک روز حبس تعزیری با احتساب ایام بازداشت قبلی و ماده 513 قانون مجازات اسلامی به تحمل یکسال حبس با احتساب ایام بازداشت قبلی محکومیت یافته است . با ملاحظه محتویات پرونده و لایحه اعتراضیه تجدیدنظرخواه و اینکه از ناحیه ایشان ایراد و اشکال موجه و موثری که مطابق شقوق مندرج در ماده 240 قانون دادرسی دادگاههای عمومی و انقلاب در امور کیفری سبب بی اعتباری و در نتیجه نقض دادنامه صادره و رسیدگی بیشتر را فراهم نماید مطرح نگردیده است و عمده مطالب آورده شده در لایحه اعتراضیه تکرار مطالب بدوی است . بنابراین دادنامه بدوی از نظر رعایت اصول و تشریفات دادرسی و مبانی استدلال خالی از ایراد و نقض قانونی است لذا دادگاه مستنداً به بند الف از ماده 257 قانون مارالذکر ضمن رد تجدیدنظرخواهی به عمل آمده دادنامه معترض عنه را عیناً تایید می نماید . رأی صادره به استناد ماده 248 همین قانونی قطعی است .

مستشاران شعبه 54 دادگاه تجدیدنظر استان تهران

بابایی — نورعرب

بسمه تعالی

اداره
دفتر

تاریخ: ۱۳۹۷/۰۶/۲۴
شماره: ۱۴۹۵/۲۴۰
پیوست: ندارد

دادگستری جمهوری اسلامی ایران

با صلوات بر محمد و آل محمد

"سال حمایت از کالای ایرانی"

مدیر محترم دفتر کل اداره سجل کیفری دادسرای عمومی و انقلاب تهران

با سلام و احترام

بازگشت به نامه شماره ۲۳۶۸/۲۰۱۷ مورخ ۹۷/۰۶/۲۱ موضوع آقای **سیدمحمدرضا عالی پیام** فرزند سید ماشاالله، بدین‌وسیله اعلام می‌دارد؛ پرونده کلاسه ۹۱۰۱۳۶ شعبه سوم دادیاری پس از انحلال شعبه فوق با کلاسه ۹۱۰۱۱۳ در شعبه سوم بازپرسی ثبت و با صدور کیفرخواست به دادگاه ارسال و پس از صدور رأی با کلاسه ۹۳۰۴۳۷ ثبت شعبه اول اجرای احکام شده ، نامبرده در این پرونده به تحمل یکسال حبس تعزیری بابت اتهام فعالیت تبلیغی علیه نظام محکوم شده و پس از اعمال ماده ۱۳۴ ق.م.ا مجازات اشد(یکسال حبس) به مورد اجرا گذاشته شده، نامبرده در تاریخ ۹۴/۰۲/۰۲ جهت گذراندن دوران محکومیت به زندان معرفی و در تاریخ ۹۴/۱۲/۲۶ از زندان آزاد و پرونده در تاریخ ۹۵/۰۵/۲۷ مختومه شده است اضافه می‌نماید نامبرده یک فقره سابقه دیگر با کلاسه ۸۹۰۰۲۵ در شعبه چهارم بازپرسی با اتهام فعالیت تبلیغی علیه نظام و توهین به ریاست جمهوری دارد که با صدور کیفرخواست به دادگاه انقلاب ارسال شده و تاکنون اعاده نشده است لذا جهت اطلاع از آخرین وضعیت پرونده فوق با دادگاه انقلاب مکاتبه نمائید./ج

حسین انتظار ریحانی
مدیر دفتر کل دادسرای ناحیه ۳۳ (شهید مقدس)

نشانی: تهران-انتهای اتوبان یادگار امام _خیابان شهید کچوئی _جنب بازداشتگاه اوین_دادسرای ناحیه سی و سه تلفن: ۲۲۱۸۷۸۵۰ و ۲۲۱۸۷۸۵۷-۲۲۱۸۷۸۵۷-فکس: ۲۲۱۸۷۸۵۸
پورتال: http://dadgostari-th.ir

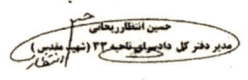

شماره: ۱۱۶۹۰/۹۷/ع
تاریخ: ۱۳۹۷/۰۶/۲۱

جمهوری اسلامی ایران
قوه قضائیه

از: اداره سجل کیفري دادسراي عمومي و انقلاب تهران

به: .... سرپرست محترم دادسرای ناحیه [illegible]

موضوع: استعلام

آقای/خانم : نام **سیدمحمدرضا** نام خانوادگی **عالی بیام** فرزند **سیدماشاءاله**
دارنده شماره شناسنامه **۴۳۱** و شماره ملی **۰۰۴۳۷۳۴۰۵۷** صادره از **تهران**
متولد **۱۳۳۶/۰۳/۲۰**
به اتهام و با قرار ذیل سابقه بازداشت دارد.
خواهشمند است دستور فرمائید میزان و نوع محکومیت
شماره و تاریخ حکم قطعي و تاریخ خاتمه کیفر نامبرده را به این نمایندگي اعلام نمایند
و چنانچه پرونده به نحوي از انحاء مختومه شده است، نحوه و تاریخ آنرا مرقوم دارند.

شماره رکورد	اتهام	شماره عکس	تاریخ بازداشت	شهر بازداشت	شماره قرار	مرجع صدور قرار
۷۶۳۹۶۹۹	فعالیت(نظام)	۳۲۹۹۵۳	۱۳۹۱/۰۵/۲۸	تهران	۹۱۰۱۳۶	بازپرس ش ۳ اوین

شرح اتهام	فعالیت تبلیغی علیه نظام مقدس جمهوری اسلامی ایران	**توضیحات**	---

دادیار اداره سجل کیفري دادسراي عمومي و انقلاب تهران
علي محمد عظیمي

مبلغ ۲۰۰۰۰۰ ریال بابت هزینه هاي قانوني طي کد ثبت دادرسی تک نسخه ای
به شماره ۷۳۹۰۹۹۷۰۶۲۱۹۳ در تاریخ ۱۳۹۷/۰۵/۳۰ دریافت شد.

فرم شماره ۵۴/۲۲۰۱/۱۳۵۲ دفتر طرح وبرنامه ریزی

9 0 2 1 1 1 2 7 1 7 6 8 2

جمهوری اسلامی ایران
قوه قضائیه

شماره: ۱۱۶۹۰۱۹۷ /۳
تاریخ: ۱۳۹۷/۰۶/۲۱

از: اداره سجل کیفري دادسراي عمومي و انقلاب تهران
به: ....
موضوع: استعلام

آقای/خانم : نام **سیدمحمدرضا** نام خانوادگی **عالي پيام** فرزند **سيدماشاءاله**
دارنده شماره شناسنامه **۴۳۱** و شماره ملی **۰۰۴۳۷۳۴۰۵۷** صادره از **تهران**
متولد **۱۳۳۶/۰۳/۲۰**
به اتهام و با قرار ذیل سابقه بازداشت دارد.
خواهشمند است دستور فرمائید میزان و نوع محکومیت
شماره و تاریخ حکم قطعي و تاریخ خاتمه کیفر نامبرده را به این نمایندگي اعلام نمایند
و چنانچه پرونده به نحوي از انحاء مختومه شده است، نحوه و تاریخ آنرا مرقوم دارند.

شماره رکورد	اتهام	شماره عکس	تاریخ بازداشت	شهر بازداشت	شماره قرار	مرجع صدور قرار
۷۶۳۹۶۹۹	فعالیت(علیه جمهوری اسلامي)	ندارد	۱۳۹۲/۰۱/۲۴	تهران	۹۱۰۱۱۳/ب۳	بار پرسي ش ۳
شرح اتهام	فعالیت تبلیغي علي نظام و توهین به مقدسات اسلامي و مقام معظم رهبري و حضرت امام و ریاست جمهور		**توضيحات**	---		

دادیار اداره سجل کیفري دادسراي عمومي و انقلاب تهران
علي محمد عظیمي

مبلغ ۲۰۰۰۰۰ ریال بابت هزینه هاي قانوني طي کد ثبت دادرسی تک نسخه ای
به شماره ۷۳۹۰۹۹۷۰۶۲۱۹۳ در تاریخ ۱۳۹۷/۰۵/۳۰ دریافت شد.

فرم شماره ۵۴/۲۲۰۱/۱۳۵۲ دفتر طرح وبرنامه ریزي

جمهوری اسلامی ایران
قوه قضائیه

شماره: ۱۱۶۹۰/۹۷/۲
تاریخ: ۱۳۹۷/۰۶/۳۱

از: اداره سجل کیفري دادسراي عمومي و انقلاب تهران

به: .... [illegible]

موضوع: استعلام

آقای/خانم : نام **سیدمحمدرضا** نام خانوادگی **عالی پیام** فرزند **سیدماشاءاله**

دارنده شماره شناسنامه **۴۳۱** و شماره ملی **۰۰۴۳۷۳۴۰۵۷** صادره از **تهران**

متولد **۱۳۲۶/۰۳/۲۰**

به اتهام و با قرار ذیل سابقه برداشت دارد.

خواهشمند است دستور فرمائید میزان و نوع محکومیت

شماره و تاریخ حکم قطعي و تاریخ خاتمه کیفر نامبرده را به این نمایندگی اعلام نمایند

و چنانچه پرونده به نحوي از انحاء مختومه شده است، نحوه و تاریخ آنرا مرقوم دارند.

شماره رکورد	اتهام	شماره عکس	تاریخ برداشت	شهر برداشت	شماره قرار	مرجع صدور قرار
۵۷۳۳۶۷۸	فعالیت		۱۳۹۴/۰۲/۰۲	تهران	۹۳۰۴۳۷	دادیار اجرای احکام ش ۱ ن ۳۳ تهران
شرح اتهام	فعالیت تبلیغي علیه جمهوری اسلامی ۲ توهین به مقدسات اسلام		توضیحات	---		

دادیار اداره سجل کیفري دادسراي عمومي و انقلاب تهران
علی محمد عظیمی

مبلغ ۲۰۰۰۰۰ ریال بابت هزینه های قانونی طي کد ثبت دادرسی تک نسخه ای به شماره ۷۳۹۰۹۹۷۰۶۲۱۹۳ در تاریخ ۱۳۹۷/۰۵/۳۰ دریافت شد.

فرم شماره ۵۴/۲۲۰۱/۱۳۵۲ دفتر طرح وبرنامه ریزي

9021112717682

سپیدی این صفحه برای توست...

نشر مهری

منتشر کرده است:

خاطرات

خاطرات و سرگذشت خان محمد نارویی و یارانش ● شهین نارویی نصرتی
سلیطه ● سارا افراسیابی
روزنگاری‌های دیاسپورا (در چهار جلد) ● عزت گوشه‌گیر
نغمه رویش ● م. الف. رها
اندیشه در قفس ● مصطفی تراکمه
رسول ● رضا نیمروز
جنگ و زندگی ● هاشم روزی
میان دو دنیا (خاطراتی از سه سال اسارت در سلول‌های انفرادی قرارگاه اشرف) ● رضا گوران
من به روشنی اندیشیده‌ام، من به صبح... ● عباس منشی‌رودسری؛ به کوششِ بانو صابری
گذر عمر (خاطرات یک پرستار) ● فرزانه جامعی
هی دلم می‌خواهد بخوابم ● مهشید جهانبخش
زخم‌های بی‌التیام (خاطرات فرشته هدایتی) ● فرشته خلج هدایتی
آرزوهای کال (در سه جلد) ● فرانک مستوفی
روزی که پیر شدم ● نوشابه امیری
مالا (در دو جلد) ● محمد خوش‌ذوق

جستار

روزمرگی در سرزمین رنج‌ها (روایت‌هایی از زندگی و روزگار شهروندان ایران زیر سایه جمهوری اسلامی) ● امیر عباس کلهر
نظریه مفاهیم واقعی ● جمشید شیخ لارآبادی
آبروی فقر یا چگونه فلاکت جانشین فقر می‌شود ● مجید رهنما؛ مترجم: و مقدمه: نازی عظیما
سوراخ فلسفه ● حسام‌الدین توکلی
از کتاب‌ها و ترانه‌ها ● فرشته مولوی
یک تصویر ارگانیک از یک نمونه ● تام تُر
مرثیه‌ای برای شکسپیر ● شهروز رشید
دفترهای دوکا ● شهروز رشید

Memories of Prison

by:

Seyedmohammadreza Alee payam
HALLOO

British Library Cataloguing Publication Data:
A catalogue record for this book is available from the British Library
ISBN: 978-1-916635-93-7

Third Edition.392 pages. Printed in the United Kingdom, Spring 2023
Cover Design: Mehri Studio
Edit: Haniyeh Dori, Yaneh Sari

No part of this book may be reproduced or transmitted in any form or by any means, electronic or mechanical, including photocopying and recording, or in any information storage or retrieval system without the prior written permission of © Seyedmohammadreza Alee payam.
All rights reserved.

www.mehripublication.com
info@mehripublication.com

Memories of Prison

by:
Seyedmohammadreza Alee payam
HALLOO